婴幼儿照护服务
政策法规汇编

张利洪 / 主编

西南财经大学出版社

中国·成都

图书在版编目(CIP)数据

婴幼儿照护服务政策法规汇编/张利洪主编.—成都:西南财经大学出版社,2024.5

ISBN 978-7-5504-6212-0

Ⅰ.①婴… Ⅱ.①张… Ⅲ.①母婴保健法—汇编—中国

Ⅳ.①D922.169

中国国家版本馆 CIP 数据核字(2024)第 106207 号

婴幼儿照护服务政策法规汇编

YINGYOUER ZHAOHU FUWU ZHENGCE FAGUI HUIBIAN

主　编　张利洪

策划编辑:李邓超

责任编辑:金欣蕾

责任校对:冯　雪

封面设计:墨创文化

责任印制:朱曼丽

出版发行	西南财经大学出版社(四川省成都市光华村街55号)
网　　址	http://cbs.swufe.edu.cn
电子邮件	bookcj@swufe.edu.cn
邮政编码	610074
电　　话	028-87353785
照　　排	四川胜翔数码印务设计有限公司
印　　刷	成都市火炬印务有限公司
成品尺寸	185 mm×260 mm
印　　张	19.625
字　　数	622 千字
版　　次	2024 年 5 月第 1 版
印　　次	2024 年 5 月第 1 次印刷
书　　号	ISBN 978-7-5504-6212-0
定　　价	49.80 元

▶▶ 出版说明

　　由国家卫生健康委员会人口家庭司编的《婴幼儿照护服务文件汇编（2021版）》（中国人口出版社出版）汇集了2019年至2021年的20余个规范性文件。这本书对于普及和宣传婴幼儿照护服务基本理念和规范具有一定的作用，但是由于其文件覆盖时间范围短，不涵盖地方和国外相关政策，本书拟对我国近现代以来的婴幼儿照护服务政策法规、地方性婴幼儿照护服务政策法规，以及日本、韩国和印度政策法规进行汇编。本书可作为婴幼儿发展与健康管理专业（本科）、婴幼儿托育服务与管理专业（专科）、婴幼儿托育专业（中职）等专业的教材的辅助资料。本书既可作为托育服务政策法规与职业伦理课程教师的参考工具用书，也可作为相关研究人员、行政管理人员的参考资料。

　　为方便读者阅读使用此书，编者就此书的适用对象、编排逻辑等问题做一简单交代。本书的定位是实用优先，兼顾学术，针对的对象是托幼机构从业人员、行政部门管理者、有关专业的教师和学生等，以及专门从事相关学术研究的学者。这个定位决定了本书所选编的文件的时间不能局限于近几年以及只涉及我国的政策法规。为了弥补篇幅受限的不足，读者可扫位于本书末的二维码获得1949—2024年5月我国婴幼儿照护服务政策法规的详细目录和地方性婴幼儿照护服务政策法规目录。

　　本书文件分为三编。第一编为中华人民共和国婴幼儿照护服务政策法规。该编遵循先中央政策法规，后地方政策法规进行排列。中央部分遵循先法规后政策进行排列。在中央部分里，前面四类严格按照《中华人民共和国立法法》涉及的四个层次（宪法、法律、行政法规、规章）排列；政策性文件按发文主体性质的不同分为党政联合发文、党政（含中共中央办公厅和国务院办公厅）独立发文、国家行政主管部门各部委联合或单独发文三个部分。由于国家行政主管部门各部委联合或单独发文的文件较多，因此对其进行主题归类。个别文件可划归为不同类型，遵循生育、养育和教育三位一体原则进行组合。文件名后的时间为发布日期或最新修订日期。第二编和第三编以满足学术研究需要为主要目的。因对国外资料的收集有一定难度，本书只列举了日本、韩国和印度三国的相关文件。

随着托育服务法列入《十四届全国人大常委会立法规划》和婴幼儿照护服务政策法规体系的逐步健全，加强对相关政策法规的研究，系统地整理这些规范性文件是一个持续而又必要的基础性工作。本书没有注明出处的文件均来自相应的官网，其他文件都标明了出处。感谢李兴荣教授的大力引荐，感谢西南财经大学出版社领导对选题的认同和李邓超编辑、金欣蕾编辑的辛勤付出。没有李兴荣教授的引荐，就没有此书的出版。最后感谢西华师范大学校级立项教材经费的特别资助。

政策法规汇编是一项十分严谨的工作，难免有一些不足之处，敬请读者批评指正（283702403@qq.com）。本团队将持续完善本书内容，也将在未来合适的时间汇编更丰富的文献资料。

编者

2024 年 4 月 13 日 78 栋

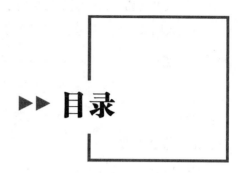

▶▶ 目录

第一编 | 中华人民共和国婴幼儿照护服务政策法规

一、中华人民共和国宪法（节选）（2018-03-11）

......

第四十九条　婚姻、家庭、母亲和儿童受国家的保护。

夫妻双方有实行计划生育的义务。

父母有抚养教育未成年子女的义务，成年子女有赡养扶助父母的义务。

禁止破坏婚姻自由，禁止虐待老人、妇女和儿童。

......

二、法律规定

中华人民共和国传染病防治法（节选）（2013-06-29）

......

第十五条　国家实行有计划的预防接种制度。国务院卫生行政部门和省、自治区、直辖市人民政府卫生行政部门，根据传染病预防、控制的需要，制定传染病预防接种规划并组织实施。用于预防接种的疫苗必须符合国家质量标准。

国家对儿童实行预防接种证制度。国家免疫规划项目的预防接种实行免费。医疗机构、疾病预防控制机构与儿童的监护人应当相互配合，保证儿童及时接受预防接种。具体办法由国务院制定。

......

中华人民共和国反家庭暴力法（节选）（2015-12-27）

......

第五条　反家庭暴力工作遵循预防为主，教育、矫治与惩处相结合原则。

反家庭暴力工作应当尊重受害人真实意愿，保护当事人隐私。

未成年人、老年人、残疾人、孕期和哺乳期的妇女、重病患者遭受家庭暴力的，应当给予特殊保护。

……

中华人民共和国母婴保健法（节选）（2017-11-04）

……

第一条　为了保障母亲和婴儿健康，提高出生人口素质，根据宪法，制定本法。

第二条　国家发展母婴保健事业，提供必要条件和物质帮助，使母亲和婴儿获得医疗保健服务。

国家对边远贫困地区的母婴保健事业给予扶持。

第三条　各级人民政府领导母婴保健工作。

母婴保健事业应当纳入国民经济和社会发展计划。

第四条　国务院卫生行政部门主管全国母婴保健工作，根据不同地区情况提出分级分类指导原则，并对全国母婴保健工作实施监督管理。

国务院其他有关部门在各自职责范围内，配合卫生行政部门做好母婴保健工作。

第五条　国家鼓励、支持母婴保健领域的教育和科学研究，推广先进、实用的母婴保健技术，普及母婴保健科学知识。

第六条　对在母婴保健工作中做出显著成绩和在母婴保健科学研究中取得显著成果的组织和个人，应当给予奖励。

……

第十四条　医疗保健机构应当为育龄妇女和孕产妇提供孕产期保健服务。

孕产期保健服务包括下列内容：

（一）母婴保健指导：对孕育健康后代以及严重遗传性疾病和碘缺乏病等地方病的发病原因、治疗和预防方法提供医学意见；

（二）孕妇、产妇保健：为孕妇、产妇提供卫生、营养、心理等方面的咨询和指导以及产前定期检查等医疗保健服务；

（三）胎儿保健：为胎儿生长发育进行监护，提供咨询和医学指导；

（四）新生儿保健：为新生儿生长发育、哺乳和护理提供的医疗保健服务。

第十五条　对患严重疾病或者接触致畸物质，妊娠可能危及孕妇生命安全或者可能严重影响孕妇健康和胎儿正常发育的，医疗保健机构应当予以医学指导。

第十六条　医师发现或者怀疑患严重遗传性疾病的育龄夫妻，应当提出医学意见。育龄夫妻应当根据医师的医学意见采取相应的措施。

第十七条　经产前检查，医师发现或者怀疑胎儿异常的，应当对孕妇进行产前诊断。

第十八条　经产前诊断，有下列情形之一的，医师应当向夫妻双方说明情况，并提出终止妊娠的医学意见：

（一）胎儿患严重遗传性疾病的；

（二）胎儿有严重缺陷的；

（三）因患严重疾病，继续妊娠可能危及孕妇生命安全或者严重危害孕妇健康的。

第十九条　依照本法规定施行终止妊娠或者结扎手术，应当经本人同意，并签署意见。本人无行为能力的，应当经其监护人同意，并签署意见。

依照本法规定施行终止妊娠或者结扎手术的，接受免费服务。

第二十条　生育过严重缺陷患儿的妇女再次妊娠前，夫妻双方应当到县级以上医疗保健机构接受医学检查。

第二十一条　医师和助产人员应当严格遵守有关操作规程，提高助产技术和服务质量，预防和减少产伤。

第二十二条　不能住院分娩的孕妇应当由经过培训、具备相应接生能力的接生人员实行消毒接生。

第二十三条　医疗保健机构和从事家庭接生的人员按照国务院卫生行政部门的规定，出具统一制发的新生儿出生医学证明；有产妇和婴儿死亡以及新生儿出生缺陷情况的，应当向卫生行政部门报告。

第二十四条　医疗保健机构为产妇提供科学育儿、合理营养和母乳喂养的指导。

医疗保健机构对婴儿进行体格检查和预防接种，逐步开展新生儿疾病筛查、婴儿多发病和常见病防治等医疗保健服务。

……

第二十八条　各级人民政府应当采取措施，加强母婴保健工作，提高医疗保健服务水平，积极防治由环境因素所致严重危害母亲和婴儿健康的地方性高发性疾病，促进母婴保健事业的发展。

第二十九条　县级以上地方人民政府卫生行政部门管理本行政区域内的母婴保健工作。

第三十条　省、自治区、直辖市人民政府卫生行政部门指定的医疗保健机构负责本行政区域内的母婴保健监测和技术指导。

第三十一条　医疗保健机构按照国务院卫生行政部门的规定，负责其职责范围内的母婴保健工作，建立医疗保健工作规范，提高医学技术水平，采取各种措施方便人民群众，做好母婴保健服务工作。

第三十二条　医疗保健机构依照本法规定开展婚前医学检查、遗传病诊断、产前诊断以及施行结扎手术和终止妊娠手术的，必须符合国务院卫生行政部门规定的条件和技术标准，并经县级以上地方人民政府卫生行政部门许可。

严禁采用技术手段对胎儿进行性别鉴定，但医学上确有需要的除外。

……

中华人民共和国残疾人保障法（节选）（2018-10-26）

……

第十六条　康复工作应当从实际出发，将现代康复技术与我国传统康复技术相结合；以社区康复为基础，康复机构为骨干，残疾人家庭为依托；以实用、易行、受益广的康复内容为重点，优先开展残疾儿童抢救性治疗和康复；发展符合康复要求的科学技术，鼓励自主创新，加强康复新技术的研究、开发和应用，为残疾人提供有效的康复服务。

......

第二十六条　残疾幼儿教育机构、普通幼儿教育机构附设的残疾儿童班、特殊教育机构的学前班、残疾儿童福利机构、残疾儿童家庭，对残疾儿童实施学前教育。

初级中等以下特殊教育机构和普通教育机构附设的特殊教育班，对不具有接受普通教育能力的残疾儿童、少年实施义务教育。

高级中等以上特殊教育机构、普通教育机构附设的特殊教育班和残疾人职业教育机构，对符合条件的残疾人实施高级中等以上文化教育、职业教育。

提供特殊教育的机构应当具备适合残疾人学习、康复、生活特点的场所和设施。

......

中华人民共和国劳动法（节选）（2018-12-29）

......

第五十八条　国家对女职工和未成年工实行特殊劳动保护。

未成年工是指年满十六周岁未满十八周岁的劳动者。

......

第六十条　不得安排女职工在经期从事高处、低温、冷水作业和国家规定的第三级体力劳动强度的劳动。

第六十一条　不得安排女职工在怀孕期间从事国家规定的第三级体力劳动强度的劳动和孕期禁忌从事的劳动。对怀孕七个月以上的女职工，不得安排其延长工作时间和夜班劳动。

第六十二条　女职工生育享受不少于九十天的产假。

第六十三条　不得安排女职工在哺乳未满一周岁的婴儿期间从事国家规定的第三级体力劳动强度的劳动和哺乳期禁忌从事的其他劳动，不得安排其延长工作时间和夜班劳动。

......

中华人民共和国疫苗管理法（节选）（2019-06-29）

......

第六条　国家实行免疫规划制度。

居住在中国境内的居民，依法享有接种免疫规划疫苗的权利，履行接种免疫规划疫苗的义务。政府免费向居民提供免疫规划疫苗。

县级以上人民政府及其有关部门应当保障适龄儿童接种免疫规划疫苗。监护人应当依法保证适龄儿童按时接种免疫规划疫苗。

......

第十二条　各级人民政府及其有关部门、疾病预防控制机构、接种单位、疫苗上市许可持有人和疫苗行业协会等应当通过全国儿童预防接种日等活动定期开展疫苗安全法律、法规以及预防接种知识等的宣传教育、普及工作。

新闻媒体应当开展疫苗安全法律、法规以及预防接种知识等的公益宣传，并对疫苗违法行为进行舆论监督。有关疫苗的宣传报道应当全面、科学、客观、公正。

......

第四十七条　国家对儿童实行预防接种证制度。在儿童出生后一个月内，其监护人应当到儿童居住地承担预防接种工作的接种单位或者出生医院为其办理预防接种证。接种单位或者出生医院不得拒绝办理。监护人应当妥善保管预防接种证。

预防接种实行居住地管理，儿童离开原居住地期间，由现居住地承担预防接种工作的接种单位负责对其实施接种。

预防接种证的格式由国务院卫生健康主管部门规定。

第四十八条　儿童入托、入学时，托幼机构、学校应当查验预防接种证，发现未按照规定接种免疫规划疫苗的，应当向儿童居住地或者托幼机构、学校所在地承担预防接种工作的接种单位报告，并配合接种单位督促其监护人按照规定补种。疾病预防控制机构应当为托幼机构、学校查验预防接种证等提供技术指导。

儿童入托、入学预防接种证查验办法由国务院卫生健康主管部门会同国务院教育行政部门制定。

......

第九十二条　监护人未依法保证适龄儿童按时接种免疫规划疫苗的，由县级人民政府卫生健康主管部门批评教育，责令改正。

托幼机构、学校在儿童入托、入学时未按照规定查验预防接种证，或者发现未按照规定接种的儿童后未向接种单位报告的，由县级以上地方人民政府教育行政部门责令改正，给予警告，对主要负责人、直接负责的主管人员和其他直接责任人员依法给予处分。

......

中华人民共和国基本医疗卫生与健康促进法（节选）（2019-12-28）

......

第四条　国家和社会尊重、保护公民的健康权。

国家实施健康中国战略，普及健康生活，优化健康服务，完善健康保障，建设健康环境，发展健康产业，提升公民全生命周期健康水平。

国家建立健康教育制度，保障公民获得健康教育的权利，提高公民的健康素养。

第五条　公民依法享有从国家和社会获得基本医疗卫生服务的权利。

国家建立基本医疗卫生制度，建立健全医疗卫生服务体系，保护和实现公民获得基本医疗卫生服务的权利。

第六条　各级人民政府应当把人民健康放在优先发展的战略地位，将健康理念融入各项政策，坚持预防为主，完善健康促进工作体系，组织实施健康促进的规划和行动，推进全民健身，建立健康影响评估制度，将公民主要健康指标改善情况纳入政府目标责任考核。

全社会应当共同关心和支持医疗卫生与健康事业的发展。

……

第二十四条 国家发展妇幼保健事业，建立健全妇幼健康服务体系，为妇女、儿童提供保健及常见病防治服务，保障妇女、儿童健康。

国家采取措施，为公民提供婚前保健、孕产期保健等服务，促进生殖健康，预防出生缺陷。

……

第二十六条 国家发展残疾预防和残疾人康复事业，完善残疾预防和残疾人康复及其保障体系，采取措施为残疾人提供基本康复服务。

县级以上人民政府应当优先开展残疾儿童康复工作，实行康复与教育相结合。

……

第三十六条 各级各类医疗卫生机构应当分工合作，为公民提供预防、保健、治疗、护理、康复、安宁疗护等全方位全周期的医疗卫生服务。

各级人民政府采取措施支持医疗卫生机构与养老机构、儿童福利机构、社区组织建立协作机制，为老年人、孤残儿童提供安全、便捷的医疗和健康服务。

……

第六十条 国家建立健全以临床需求为导向的药品审评审批制度，支持临床急需药品、儿童用药品和防治罕见病、重大疾病等药品的研制、生产，满足疾病防治需求。

……

第七十四条 国家建立营养状况监测制度，实施经济欠发达地区、重点人群营养干预计划，开展未成年人和老年人营养改善行动，倡导健康饮食习惯，减少不健康饮食引起的疾病风险。

……

第七十六条 国家制定并实施未成年人、妇女、老年人、残疾人等的健康工作计划，加强重点人群健康服务。

国家推动长期护理保障工作，鼓励发展长期护理保险。

……

中华人民共和国民法典（节选）（2020-05-28）

……

第一千一百六十九条 教唆、帮助他人实施侵权行为的，应当与行为人承担连带责任。

教唆、帮助无民事行为能力人、限制民事行为能力人实施侵权行为的，应当承担侵权责任；该无民事行为能力人、限制民事行为能力人的监护人未尽到监护职责的，应当承担相应的责任。

……

第一千一百八十八条 无民事行为能力人、限制民事行为能力人造成他人损害的，由监护人承担侵权责任。监护人尽到监护职责的，可以减轻其侵权责任。

有财产的无民事行为能力人、限制民事行为能力人造成他人损害的，从本人财产中支付赔偿费用；不足部分，由监护人赔偿。

第一千一百八十九条　无民事行为能力人、限制民事行为能力人造成他人损害，监护人将监护职责委托给他人的，监护人应当承担侵权责任；受托人有过错的，承担相应的责任。

……

第一千一百九十九条　无民事行为能力人在幼儿园、学校或者其他教育机构学习、生活期间受到人身损害的，幼儿园、学校或者其他教育机构应当承担侵权责任；但是，能够证明尽到教育、管理职责的，不承担侵权责任。

……

第一千二百零一条　无民事行为能力人或者限制民事行为能力人在幼儿园、学校或者其他教育机构学习、生活期间，受到幼儿园、学校或者其他教育机构以外的第三人人身损害的，由第三人承担侵权责任；幼儿园、学校或者其他教育机构未尽到管理职责的，承担相应的补充责任。幼儿园、学校或者其他教育机构承担补充责任后，可以向第三人追偿。

……

中华人民共和国未成年人保护法（节选）（2020-10-17）

……

第一条　为了保护未成年人身心健康，保障未成年人合法权益，促进未成年人德智体美劳全面发展，培养有理想、有道德、有文化、有纪律的社会主义建设者和接班人，培养担当民族复兴大任的时代新人，根据宪法，制定本法。

第二条　本法所称未成年人是指未满十八周岁的公民。

第三条　国家保障未成年人的生存权、发展权、受保护权、参与权等权利。

未成年人依法平等地享有各项权利，不因本人及其父母或者其他监护人的民族、种族、性别、户籍、职业、宗教信仰、教育程度、家庭状况、身心健康状况等受到歧视。

第四条　保护未成年人，应当坚持最有利于未成年人的原则。处理涉及未成年人事项，应当符合下列要求：

（一）给予未成年人特殊、优先保护；

（二）尊重未成年人人格尊严；

（三）保护未成年人隐私权和个人信息；

（四）适应未成年人身心健康发展的规律和特点；

（五）听取未成年人的意见；

（六）保护与教育相结合。

……

第十五条　未成年人的父母或者其他监护人应当学习家庭教育知识，接受家庭教育指导，创造良好、和睦、文明的家庭环境。

共同生活的其他成年家庭成员应当协助未成年人的父母或者其他监护人抚养、教育和保护未成年人。

第十六条　未成年人的父母或者其他监护人应当履行下列监护职责：

（一）为未成年人提供生活、健康、安全等方面的保障；

（二）关注未成年人的生理、心理状况和情感需求；

（三）教育和引导未成年人遵纪守法、勤俭节约，养成良好的思想品德和行为习惯；

（四）对未成年人进行安全教育，提高未成年人的自我保护意识和能力；

（五）尊重未成年人受教育的权利，保障适龄未成年人依法接受并完成义务教育；

（六）保障未成年人休息、娱乐和体育锻炼的时间，引导未成年人进行有益身心健康的活动；

（七）妥善管理和保护未成年人的财产；

（八）依法代理未成年人实施民事法律行为；

（九）预防和制止未成年人的不良行为和违法犯罪行为，并进行合理管教；

（十）其他应当履行的监护职责。

……

第十八条　未成年人的父母或者其他监护人应当为未成年人提供安全的家庭生活环境，及时排除引发触电、烫伤、跌落等伤害的安全隐患；采取配备儿童安全座椅、教育未成年人遵守交通规则等措施，防止未成年人受到交通事故的伤害；提高户外安全保护意识，避免未成年人发生溺水、动物伤害等事故。

……

第二十条　未成年人的父母或者其他监护人发现未成年人身心健康受到侵害、疑似受到侵害或者其他合法权益受到侵犯的，应当及时了解情况并采取保护措施；情况严重的，应当立即向公安、民政、教育等部门报告。

第二十一条　未成年人的父母或者其他监护人不得使未满八周岁或者由于身体、心理原因需要特别照顾的未成年人处于无人看护状态，或者将其交由无民事行为能力、限制民事行为能力、患有严重传染性疾病或者其他不适宜的人员临时照护。

未成年人的父母或者其他监护人不得使未满十六周岁的未成年人脱离监护单独生活。

第二十二条　未成年人的父母或者其他监护人因外出务工等原因在一定期限内不能完全履行监护职责的，应当委托具有照护能力的完全民事行为能力人代为照护；无正当理由的，不得委托他人代为照护。

未成年人的父母或者其他监护人在确定被委托人时，应当综合考虑其道德品质、家庭状况、身心健康状况、与未成年人生活情感上的联系等情况，并听取有表达意愿能力未成年人的意见。

具有下列情形之一的，不得作为被委托人：

（一）曾实施性侵害、虐待、遗弃、拐卖、暴力伤害等违法犯罪行为；

（二）有吸毒、酗酒、赌博等恶习；

（三）曾拒不履行或者长期怠于履行监护、照护职责；

（四）其他不适宜担任被委托人的情形。

……

第四十一条　婴幼儿照护服务机构、早期教育服务机构、校外培训机构、校外托管机构等应当参照本章有关规定，根据不同年龄阶段未成年人的成长特点和规律，做好未成年人保护工作。

……

第四十六条　国家鼓励大型公共场所、公共交通工具、旅游景区景点等设置母婴室、婴儿护理台以及方便幼儿使用的坐便器、洗手台等卫生设施，为未成年人提供便利。

……

第五十四条　禁止拐卖、绑架、虐待、非法收养未成年人，禁止对未成年人实施性侵害、性骚扰。

禁止胁迫、引诱、教唆未成年人参加黑社会性质组织或者从事违法犯罪活动。

禁止胁迫、诱骗、利用未成年人乞讨。

……

第八十四条　各级人民政府应当发展托育、学前教育事业，办好婴幼儿照护服务机构、幼儿园，支持社会力量依法兴办母婴室、婴幼儿照护服务机构、幼儿园。

县级以上地方人民政府及其有关部门应当培养和培训婴幼儿照护服务机构、幼儿园的保教人员，提高其职业道德素质和业务能力。

……

第八十九条　地方人民政府应当建立和改善适合未成年人的活动场所和设施，支持公益性未成年人活动场所和设施的建设和运行，鼓励社会力量兴办适合未成年人的活动场所和设施，并加强管理。

地方人民政府应当采取措施，鼓励和支持学校在国家法定节假日、休息日及寒暑假期将文化体育设施对未成年人免费或者优惠开放。

地方人民政府应当采取措施，防止任何组织或者个人侵占、破坏学校、幼儿园、婴幼儿照护服务机构等未成年人活动场所的场地、房屋和设施。

……

第九十条　各级人民政府及其有关部门应当对未成年人进行卫生保健和营养指导，提供卫生保健服务。

卫生健康部门应当依法对未成年人的疫苗预防接种进行规范，防治未成年人常见病、多发病，加强传染病防治和监督管理，做好伤害预防和干预，指导和监督学校、幼儿园、婴幼儿照护服务机构开展卫生保健工作。

教育行政部门应当加强未成年人的心理健康教育，建立未成年人心理问题的早期发现和及时干预机制。卫生健康部门应当做好未成年人心理治疗、心理危机干预以及精神障碍早期识别和诊断治疗等工作。

……

第一百一十九条　学校、幼儿园、婴幼儿照护服务等机构及其教职员工违反本法

第二十七条、第二十八条、第三十九条规定的，由公安、教育、卫生健康、市场监督管理等部门按照职责分工责令改正；拒不改正或者情节严重的，对直接负责的主管人员和其他直接责任人员依法给予处分。

......

第一百三十条 本法中下列用语的含义：

（一）密切接触未成年人的单位，是指学校、幼儿园等教育机构；校外培训机构；未成年人救助保护机构、儿童福利机构等未成年人安置、救助机构；婴幼儿照护服务机构、早期教育服务机构；校外托管、临时看护机构；家政服务机构；为未成年人提供医疗服务的医疗机构；其他对未成年人负有教育、培训、监护、救助、看护、医疗等职责的企业事业单位、社会组织等。

......

中华人民共和国教育法（节选）（2021-04-29）

......

第十七条 国家实行学前教育、初等教育、中等教育、高等教育的学校教育制度。

国家建立科学的学制系统。学制系统内的学校和其他教育机构的设置、教育形式、修业年限、招生对象、培养目标等，由国务院或者由国务院授权教育行政部门规定。

第十八条 国家制定学前教育标准，加快普及学前教育，构建覆盖城乡，特别是农村的学前教育公共服务体系。

各级人民政府应当采取措施，为适龄儿童接受学前教育提供条件和支持。

......

中华人民共和国食品安全法（节选）（2021-04-29）

......

第二十六条 食品安全标准应当包括下列内容：

......

（三）专供婴幼儿和其他特定人群的主辅食品的营养成分要求；

......

第六十七条 预包装食品的包装上应当有标签。标签应当标明下列事项：

（一）名称、规格、净含量、生产日期；

......

（九）法律、法规或者食品安全标准规定应当标明的其他事项。

专供婴幼儿和其他特定人群的主辅食品，其标签还应当标明主要营养成分及其含量。

食品安全国家标准对标签标准事项另有规定的，从其规定。

......

第七十四条 国家对保健食品、特殊医学用途配方食品和婴幼儿配方食品等特殊食品实行严格监督管理。

......

第八十一条　婴幼儿配方食品生产企业应当实施从原料进厂到成品出厂的全过程质量控制，对出厂的婴幼儿配方食品实施逐批检验，保证食品安全。

生产婴幼儿配方食品使用的生鲜乳、辅料等食品原料、食品添加剂等，应当符合法律、行政法规的规定和食品安全国家标准，保证婴幼儿生长发育所需的营养成分。

婴幼儿配方食品生产企业应当将食品原料、食品添加剂、产品配方及标签等事项向省、自治区、直辖市人民政府食品安全监督管理部门备案。

婴幼儿配方乳粉的产品配方应当经国务院食品安全监督管理部门注册。注册时，应当提交配方研发报告和其他表明配方科学性、安全性的材料。

不得以分装方式生产婴幼儿配方乳粉，同一企业不得用同一配方生产不同品牌的婴幼儿配方乳粉。

第八十二条　保健食品、特殊医学用途配方食品、婴幼儿配方乳粉的注册人或者备案人应当对其提交材料的真实性负责。

省级以上人民政府食品安全监督管理部门应当及时公布注册或者备案的保健食品、特殊医学用途配方食品、婴幼儿配方乳粉目录，并对注册或者备案中获知的企业商业秘密予以保密。

保健食品、特殊医学用途配方食品、婴幼儿配方乳粉生产企业应当按照注册或者备案的产品配方、生产工艺等技术要求组织生产。

第八十三条　生产保健食品、特殊医学用途配方食品、婴幼儿配方食品和其他专供特定人群的主辅食品的企业，应当按照良好生产规范的要求建立与所生产食品相适应的生产质量管理体系，定期对该体系的运行情况进行自查，保证其有效运行，并向所在地县级人民政府食品安全监督管理部门提交自查报告。

　……

第一百零九条　县级以上人民政府食品安全监督管理部门根据食品安全风险监测、风险评估结果和食品安全状况等，确定监督管理的重点、方式和频次，实施风险分级管理。

县级以上地方人民政府组织本级食品安全监督管理、农业行政等部门制定本行政区域的食品安全年度监督管理计划，向社会公布并组织实施。

食品安全年度监督管理计划应当将下列事项作为监督管理的重点：

（一）专供婴幼儿和其他特定人群的主辅食品；

　……

第一百二十三条　违反本法规定，有下列情形之一，尚不构成犯罪的，由县级以上人民政府食品安全监督管理部门没收违法所得和违法生产经营的食品，并可以没收用于违法生产经营的工具、设备、原料等物品；违法生产经营的食品货值金额不足一万元的，并处十万元以上十五万元以下罚款；货值金额一万元以上的，并处货值金额十五倍以上三十倍以下罚款；情节严重的，吊销许可证，并可以由公安机关对其直接负责的主管人员和其他直接责任人员处五日以上十五日以下拘留：

　……

（二）生产经营营养成分不符合食品安全标准的专供婴幼儿和其他特定人群的主辅

食品；

......

明知从事前款规定的违法行为，仍为其提供生产经营场所或者其他条件的，由县级以上人民政府食品安全监督管理部门责令停止违法行为，没收违法所得，并处十万元以上二十万元以下罚款；使消费者的合法权益受到损害的，应当与食品生产经营者承担连带责任。

违法使用剧毒、高毒农药的，除依照有关法律、法规规定给予处罚外，可以由公安机关依照第一款规定给予拘留。

第一百二十四条 违反本法规定，有下列情形之一，尚不构成犯罪的，由县级以上人民政府食品安全监督管理部门没收违法所得和违法生产经营的食品、食品添加剂，并可以没收用于违法生产经营的工具、设备、原料等物品；违法生产经营的食品、食品添加剂货值金额不足一万元的，并处五万元以上十万元以下罚款；货值金额一万元以上的，并处货值金额十倍以上二十倍以下罚款；情节严重的，吊销许可证：

......

（七）以分装方式生产婴幼儿配方乳粉，或者同一企业以同一配方生产不同品牌的婴幼儿配方乳粉；

......

除前款和本法第一百二十三条、第一百二十五条规定的情形外，生产经营不符合法律、法规或者食品安全标准的食品、食品添加剂的，依照前款规定给予处罚。

生产食品相关产品新品种，未通过安全性评估，或者生产不符合食品安全标准的食品相关产品的，由县级以上人民政府食品安全监督管理部门依照第一款规定给予处罚。

......

第一百二十六条 违反本法规定，有下列情形之一的，由县级以上人民政府食品安全监督管理部门责令改正，给予警告；拒不改正的，处五千元以上五万元以下罚款；情节严重的，责令停产停业，直至吊销许可证：

......

（九）婴幼儿配方食品生产企业未将食品原料、食品添加剂、产品配方、标签等向食品安全监督管理部门备案；

......

餐具、饮具集中消毒服务单位违反本法规定用水，使用洗涤剂、消毒剂，或者出厂的餐具、饮具未按规定检验合格并随附消毒合格证明，或者未按规定在独立包装上标注相关内容的，由县级以上人民政府卫生行政部门依照前款规定给予处罚。

食品相关产品生产者未按规定对生产的食品相关产品进行检验的，由县级以上人民政府食品安全监督管理部门依照第一款规定给予处罚。

食用农产品销售者违反本法第六十五条规定的，由县级以上人民政府食品安全监督管理部门依照第一款规定给予处罚。

......

中华人民共和国人口与计划生育法（节选）（2021-08-20）

......

第十一条　人口与计划生育实施方案应当规定调控人口数量，提高人口素质，推动实现适度生育水平，优化人口结构，加强母婴保健和婴幼儿照护服务，促进家庭发展的措施。

......

第十七条　公民有生育的权利，也有依法实行计划生育的义务，夫妻双方在实行计划生育中负有共同的责任。

......

第二十二条　禁止歧视、虐待生育女婴的妇女和不育的妇女。

禁止歧视、虐待、遗弃女婴。

......

第二十五条　符合法律、法规规定生育子女的夫妻，可以获得延长生育假的奖励或者其他福利待遇。

国家支持有条件的地方设立父母育儿假。

第二十六条　妇女怀孕、生育和哺乳期间，按照国家有关规定享受特殊劳动保护并可以获得帮助和补偿。国家保障妇女就业合法权益，为因生育影响就业的妇女提供就业服务。

公民实行计划生育手术，享受国家规定的休假。

第二十七条　国家采取财政、税收、保险、教育、住房、就业等支持措施，减轻家庭生育、养育、教育负担。

第二十八条　县级以上各级人民政府综合采取规划、土地、住房、财政、金融、人才等措施，推动建立普惠托育服务体系，提高婴幼儿家庭获得服务的可及性和公平性。

国家鼓励和引导社会力量兴办托育机构，支持幼儿园和机关、企业事业单位、社区提供托育服务。

托育机构的设置和服务应当符合托育服务相关标准和规范。托育机构应当向县级人民政府卫生健康主管部门备案。

第二十九条　县级以上地方各级人民政府应当在城乡社区建设改造中，建设与常住人口规模相适应的婴幼儿活动场所及配套服务设施。

公共场所和女职工比较多的用人单位应当配置母婴设施，为婴幼儿照护、哺乳提供便利条件。

第三十条　县级以上各级人民政府应当加强对家庭婴幼儿照护的支持和指导，增强家庭的科学育儿能力。

医疗卫生机构应当按照规定为婴幼儿家庭开展预防接种、疾病防控等服务，提供膳食营养、生长发育等健康指导。

......

第三十五条　国家建立婚前保健、孕产期保健制度，防止或者减少出生缺陷，提高出生婴儿健康水平。

……

第三十七条　医疗卫生机构应当针对育龄人群开展优生优育知识宣传教育，对育龄妇女开展围孕期、孕产期保健服务，承担计划生育、优生优育、生殖保健的咨询、指导和技术服务，规范开展不孕不育症诊疗。

……

第三十九条　严禁利用超声技术和其他技术手段进行非医学需要的胎儿性别鉴定；严禁非医学需要的选择性别的人工终止妊娠。

……

第四十一条　托育机构违反托育服务相关标准和规范的，由卫生健康主管部门责令改正，给予警告；拒不改正的，处五千元以上五万元以下的罚款；情节严重的，责令停止托育服务，并处五万元以上十万元以下的罚款。

托育机构有虐待婴幼儿行为的，其直接负责的主管人员和其他直接责任人员终身不得从事婴幼儿照护服务；构成犯罪的，依法追究刑事责任。

……

中华人民共和国家庭教育促进法（节选）（2021-10-23）

……

第十八条　未成年人的父母或者其他监护人应当树立正确的家庭教育理念，自觉学习家庭教育知识，在孕期和未成年人进入婴幼儿照护服务机构、幼儿园、中小学校等重要时段进行有针对性的学习，掌握科学的家庭教育方法，提高家庭教育的能力。

第十九条　未成年人的父母或者其他监护人应当与中小学校、幼儿园、婴幼儿照护服务机构、社区密切配合，积极参加其提供的公益性家庭教育指导和实践活动，共同促进未成年人健康成长。

……

第三十三条　儿童福利机构、未成年人救助保护机构应当对本机构安排的寄养家庭、接受救助保护的未成年人的父母或者其他监护人提供家庭教育指导。

……

第四十四条　婴幼儿照护服务机构、早期教育服务机构应当为未成年人的父母或者其他监护人提供科学养育指导等家庭教育指导服务。

第四十五条　医疗保健机构在开展婚前保健、孕产期保健、儿童保健、预防接种等服务时，应当对有关成年人、未成年人的父母或者其他监护人开展科学养育知识和婴幼儿早期发展的宣传和指导。

……

中华人民共和国职业教育法（节选）（2022-04-20）

……

第二十一条　县级以上地方人民政府应当举办或者参与举办发挥骨干和示范作用

的职业学校、职业培训机构，对社会力量依法举办的职业学校和职业培训机构给予指导和扶持。

国家根据产业布局和行业发展需要，采取措施，大力发展先进制造等产业需要的新兴专业，支持高水平职业学校、专业建设。

国家采取措施，加快培养托育、护理、康养、家政等方面技术技能人才。

……

中华人民共和国妇女权益保障法（节选）（2022-10-30）

……

第五十一条　国家实行生育保险制度，建立健全婴幼儿托育服务等与生育相关的其他保障制度。

国家建立健全职工生育休假制度，保障孕产期女职工依法享有休息休假权益。

地方各级人民政府和有关部门应当按照国家有关规定，为符合条件的困难妇女提供必要的生育救助。

……

中华人民共和国刑法（节选）（2023-12-29）

……

第二百四十条　拐卖妇女、儿童的，处五年以上十年以下有期徒刑，并处罚金；有下列情形之一的，处十年以上有期徒刑或者无期徒刑，并处罚金或者没收财产；情节特别严重的，处死刑，并处没收财产：

（一）拐卖妇女、儿童集团的首要分子；

（二）拐卖妇女、儿童三人以上的；

（三）奸淫被拐卖的妇女的；

（四）诱骗、强迫被拐卖的妇女卖淫或者将被拐卖的妇女卖给他人迫使其卖淫的；

（五）以出卖为目的，使用暴力、胁迫或者麻醉方法绑架妇女、儿童的；

（六）以出卖为目的，偷盗婴幼儿的；

（七）造成被拐卖的妇女、儿童或者其亲属重伤、死亡或者其他严重后果的；

（八）将妇女、儿童卖往境外的。

拐卖妇女、儿童是指以出卖为目的，有拐骗、绑架、收买、贩卖、接送、中转妇女、儿童的行为之一的。

第二百四十一条　收买被拐卖的妇女、儿童的，处三年以下有期徒刑、拘役或者管制。

收买被拐卖的妇女，强行与其发生性关系的，依照本法第二百三十六条的规定定罪处罚。

收买被拐卖的妇女、儿童，非法剥夺、限制其人身自由或者有伤害、侮辱等犯罪行为的，依照本法的有关规定定罪处罚。

收买被拐卖的妇女、儿童，并有第二款、第三款规定的犯罪行为的，依照数罪并罚的规定处罚。

收买被拐卖的妇女、儿童又出卖的，依照本法第二百四十条的规定定罪处罚。

收买被拐卖的妇女、儿童，对被买儿童没有虐待行为，不阻碍对其进行解救的，可以从轻处罚；按照被买妇女的意愿，不阻碍其返回原居住地的，可以从轻或者减轻处罚。

……

第二百六十条　虐待家庭成员，情节恶劣的，处二年以下有期徒刑、拘役或者管制。

犯前款罪，致使被害人重伤、死亡的，处二年以上七年以下有期徒刑。

第一款罪，告诉的才处理，但被害人没有能力告诉，或者因受到强制、威吓无法告诉的除外。

第二百六十条之一　对未成年人、老年人、患病的人、残疾人等负有监护、看护职责的人虐待被监护、看护的人，情节恶劣的，处三年以下有期徒刑或者拘役。

单位犯前款罪的，对单位判处罚金，并对其直接负责的主管人员和其他直接责任人员，依照前款的规定处罚。

有第一款行为，同时构成其他犯罪的，依照处罚较重的规定定罪处罚。

第二百六十一条　对于年老、年幼、患病或者其他没有独立生活能力的人，负有扶养义务而拒绝扶养，情节恶劣的，处五年以下有期徒刑、拘役或者管制。

第二百六十二条　拐骗不满十四周岁的未成年人，脱离家庭或者监护人的，处五年以下有期徒刑或者拘役。

……

三、行政法规

乳品质量安全监督管理条例（节选）（2008-10-09）
中华人民共和国国务院令　第 536 号

……

第六条第三款　制定婴幼儿奶粉的质量安全国家标准应当充分考虑婴幼儿身体特点和生长发育需要，保证婴幼儿生长发育所需的营养成分。

……

第三十条第一款　乳制品生产企业应当符合良好生产规范要求。国家鼓励乳制品生产企业实施危害分析与关键控制点体系，提高乳制品安全管理水平。生产婴幼儿奶粉的企业应当实施危害分析与关键控制点体系。

……

第三十二条　生产乳制品使用的生鲜乳、辅料、添加剂等，应当符合法律、行政法规的规定和乳品质量安全国家标准。

生产的乳制品应当经过巴氏杀菌、高温杀菌、超高温杀菌或者其他有效方式杀菌。

生产发酵乳制品的菌种应当纯良、无害，定期鉴定，防止杂菌污染。

生产婴幼儿奶粉应当保证婴幼儿生长发育所需的营养成分，不得添加任何可能危害婴幼儿身体健康和生长发育的物质。

……

第三十三条第三款 婴幼儿奶粉标签还应当标明主要营养成分及其含量，详细说明使用方法和注意事项。

第三十四条 出厂的乳制品应当符合乳品质量安全国家标准。

乳制品生产企业应当对出厂的乳制品逐批检验，并保存检验报告，留取样品。检验内容应当包括乳制品的感官指标、理化指标、卫生指标和乳制品中使用的添加剂、稳定剂以及酸奶中使用的菌种等；婴幼儿奶粉在出厂前还应当检测营养成分。对检验合格的乳制品应当标识检验合格证号；检验不合格的不得出厂。检验报告应当保存 2 年。

……

第三十六条第一款 乳制品生产企业发现其生产的乳制品不符合乳品质量安全国家标准、存在危害人体健康和生命安全危险或者可能危害婴幼儿身体健康或者生长发育的，应当立即停止生产，报告有关主管部门，告知销售者、消费者，召回已经出厂、上市销售的乳制品，并记录召回情况。

……

第四十二条第一款 对不符合乳品质量安全国家标准、存在危害人体健康和生命安全或者可能危害婴幼儿身体健康和生长发育的乳制品，销售者应当立即停止销售，追回已经售出的乳制品，并记录追回情况。

……

第四十八条 县级以上质量监督部门、工商行政管理部门在监督检查中，对不符合乳品质量安全国家标准、存在危害人体健康和生命安全危险或者可能危害婴幼儿身体健康和生长发育的乳制品，责令并监督生产企业召回、销售者停止销售。

……

第五十六条 乳制品生产企业违反本条例第三十六条的规定，对不符合乳品质量安全国家标准、存在危害人体健康和生命安全或者可能危害婴幼儿身体健康和生长发育的乳制品，不停止生产、不召回的，由质量监督部门责令停止生产、召回；拒不停止生产、拒不召回的，没收其违法所得、违法乳制品和相关的工具、设备等物品，并处违法乳制品货值金额 15 倍以上 30 倍以下罚款，由发证机关吊销许可证照。

第五十七条 乳制品销售者违反本条例第四十二条的规定，对不符合乳品质量安全国家标准、存在危害人体健康和生命安全或者可能危害婴幼儿身体健康和生长发育的乳制品，不停止销售、不追回的，由工商行政管理部门责令停止销售、追回；拒不停止销售、拒不追回的，没收其违法所得、违法乳制品和相关的工具、设备等物品，并处违法乳制品货值金额 15 倍以上 30 倍以下罚款，由发证机关吊销许可证照。

第五十八条 违反本条例规定，在婴幼儿奶粉生产过程中，加入非食品用化学物质或其他可能危害人体健康的物质的，或者生产、销售的婴幼儿奶粉营养成分不足、不符合乳品质量安全国家标准的，依照本条例规定，从重处罚。

……

女职工劳动保护特别规定（节选）（2012-04-28）

中华人民共和国国务院令　第 619 号

第一条　为了减少和解决女职工在劳动中因生理特点造成的特殊困难，保护女职工健康，制定本规定。

第二条　中华人民共和国境内的国家机关、企业、事业单位、社会团体、个体经济组织以及其他社会组织等用人单位及其女职工，适用本规定。

……

第五条　用人单位不得因女职工怀孕、生育、哺乳降低其工资、予以辞退、与其解除劳动或者聘用合同。

第六条　女职工在孕期不能适应原劳动的，用人单位应当根据医疗机构的证明，予以减轻劳动量或者安排其他能够适应的劳动。

对怀孕 7 个月以上的女职工，用人单位不得延长劳动时间或者安排夜班劳动，并应当在劳动时间内安排一定的休息时间。

怀孕女职工在劳动时间内进行产前检查，所需时间计入劳动时间。

第七条　女职工生育享受 98 天产假，其中产前可以休假 15 天；难产的，增加产假 15 天；生育多胞胎的，每多生育 1 个婴儿，增加产假 15 天。

女职工怀孕未满 4 个月流产的，享受 15 天产假；怀孕满 4 个月流产的，享受 42 天产假。

第八条　女职工产假期间的生育津贴，对已经参加生育保险的，按照用人单位上年度职工月平均工资的标准由生育保险基金支付；对未参加生育保险的，按照女职工产假前工资的标准由用人单位支付。

女职工生育或者流产的医疗费用，按照生育保险规定的项目和标准，对已经参加生育保险的，由生育保险基金支付；对未参加生育保险的，由用人单位支付。

第九条　对哺乳未满 1 周岁婴儿的女职工，用人单位不得延长劳动时间或者安排夜班劳动。

用人单位应当在每天的劳动时间内为哺乳期女职工安排 1 小时哺乳时间；女职工生育多胞胎的，每多哺乳 1 个婴儿每天增加 1 小时哺乳时间。

第十条　女职工比较多的用人单位应当根据女职工的需要，建立女职工卫生室、孕妇休息室、哺乳室等设施，妥善解决女职工在生理卫生、哺乳方面的困难。

……

第十二条　县级以上人民政府人力资源社会保障行政部门、安全生产监督管理部门按照各自职责负责对用人单位遵守本规定的情况进行监督检查。

工会、妇女组织依法对用人单位遵守本规定的情况进行监督。

……

第十三条第一款　用人单位违反本规定第六条第二款、第七条、第九条第一款规定的，由县级以上人民政府人力资源社会保障行政部门责令限期改正，按照受侵害女职工每人 1 000 元以上 5 000 元以下的标准计算，处以罚款。

……

第十四条　用人单位违反本规定，侵害女职工合法权益的，女职工可以依法投诉、举报、申诉，依法向劳动人事争议调解仲裁机构申请调解仲裁，对仲裁裁决不服的，依法向人民法院提起诉讼。

第十五条　用人单位违反本规定，侵害女职工合法权益，造成女职工损害的，依法给予赔偿；用人单位及其直接负责的主管人员和其他直接责任人员构成犯罪的，依法追究刑事责任。

……

残疾人教育条例（节选）（2017-02-01）
中华人民共和国国务院令　第674号

……

第八条　残疾人家庭应当帮助残疾人接受教育。

残疾儿童、少年的父母或者其他监护人应当尊重和保障残疾儿童、少年接受教育的权利，积极开展家庭教育，使残疾儿童、少年及时接受康复训练和教育，并协助、参与有关教育机构的教育教学活动，为残疾儿童、少年接受教育提供支持。

……

第三十一条　各级人民政府应当积极采取措施，逐步提高残疾幼儿接受学前教育的比例。

县级人民政府及其教育行政部门、民政部门等有关部门应当支持普通幼儿园创造条件招收残疾幼儿；支持特殊教育学校和具备办学条件的残疾儿童福利机构、残疾儿童康复机构等实施学前教育。

第三十二条　残疾幼儿的教育应当与保育、康复结合实施。

招收残疾幼儿的学前教育机构应当根据自身条件配备必要的康复设施、设备和专业康复人员，或者与其他具有康复设施、设备和专业康复人员的特殊教育机构、康复机构合作对残疾幼儿实施康复训练。

第三十三条　卫生保健机构、残疾幼儿的学前教育机构、儿童福利机构和家庭，应当注重对残疾幼儿的早期发现、早期康复和早期教育。

卫生保健机构、残疾幼儿的学前教育机构、残疾儿童康复机构应当就残疾幼儿的早期发现、早期康复和早期教育为残疾幼儿家庭提供咨询、指导。

……

残疾预防和残疾人康复条例（节选）（2018-09-18）
中华人民共和国国务院令　第703号

……

第十四条　承担新生儿疾病和未成年人残疾筛查、诊断的医疗卫生机构应当按照规定将残疾和患有致残性疾病的未成年人信息，向所在地县级人民政府卫生主管部门报告。接到报告的卫生主管部门应当按照规定及时将相关信息与残疾人联合会共享，并共同组织开展早期干预。

……

第十六条　国家鼓励公民学习残疾预防知识和技能，提高自我防护意识和能力。

未成年人的监护人应当保证未成年人及时接受政府免费提供的疾病和残疾筛查，努力使有出生缺陷或者致残性疾病的未成年人及时接受治疗和康复服务。未成年人、老年人的监护人或者家庭成员应当增强残疾预防意识，采取有针对性的残疾预防措施。

第十七条　县级以上人民政府应当组织卫生、教育、民政等部门和残疾人联合会整合从事残疾人康复服务的机构（以下称康复机构）、设施和人员等资源，合理布局，建立和完善以社区康复为基础、康复机构为骨干、残疾人家庭为依托的残疾人康复服务体系，以实用、易行、受益广的康复内容为重点，为残疾人提供综合性的康复服务。

县级以上人民政府应当优先开展残疾儿童康复工作，实行康复与教育相结合。

……

第二十六条第一款　国家建立残疾儿童康复救助制度，逐步实现0—6岁视力、听力、言语、肢体、智力等残疾儿童和孤独症儿童免费得到手术、辅助器具配置和康复训练等服务；完善重度残疾人护理补贴制度；通过实施重点康复项目为城乡贫困残疾人、重度残疾人提供基本康复服务，按照国家有关规定对基本型辅助器具配置给予补贴。具体办法由国务院有关部门商中国残疾人联合会根据经济社会发展水平和残疾人康复需求等情况制定。

……

中华人民共和国食品安全法实施条例（节选）（2019-10-11）
中华人民共和国国务院令　第721号

……

第十二条　保健食品、特殊医学用途配方食品、婴幼儿配方食品等特殊食品不属于地方特色食品，不得对其制定食品安全地方标准。

……

第十七条　国务院食品安全监督管理部门会同国务院农业行政等有关部门明确食品安全全程追溯基本要求，指导食品生产经营者通过信息化手段建立、完善食品安全追溯体系。

食品安全监督管理等部门应当将婴幼儿配方食品等针对特定人群的食品以及其他食品安全风险较高或者销售量大的食品的追溯体系建设作为监督检查的重点。

……

第三十八条　对保健食品之外的其他食品，不得声称具有保健功能。

对添加食品安全国家标准规定的选择性添加物质的婴幼儿配方食品，不得以选择性添加物质命名。

……

第六十八条　有下列情形之一的，依照食品安全法第一百二十五条第一款、本条例第七十五条的规定给予处罚：

……

（三）以食品安全国家标准规定的选择性添加物质命名婴幼儿配方食品；

……

中华人民共和国母婴保健法实施办法（节选）（2023-07-20）①

中华人民共和国国务院令　第 308 号

第一条　根据《中华人民共和国母婴保健法》（以下简称母婴保健法），制定本办法。

第二条　在中华人民共和国境内从事母婴保健服务活动的机构及其人员应当遵守母婴保健法和本办法。

从事计划生育技术服务的机构开展计划生育技术服务活动，依照《计划生育技术服务管理条例》的规定执行。

第三条　母婴保健技术服务主要包括下列事项：

（一）有关母婴保健的科普宣传、教育和咨询；

（二）婚前医学检查；

（三）产前诊断和遗传病诊断；

（四）助产技术；

（五）实施医学上需要的节育手术；

（六）新生儿疾病筛查；

（七）有关生育、节育、不育的其他生殖保健服务。

第四条　公民享有母婴保健的知情选择权。国家保障公民获得适宜的母婴保健服务的权利。

第五条　母婴保健工作以保健为中心，以保障生殖健康为目的，实行保健和临床相结合，面向群体、面向基层和预防为主的方针。

第六条　各级人民政府应当将母婴保健工作纳入本级国民经济和社会发展计划，为母婴保健事业的发展提供必要的经济、技术和物质条件，并对少数民族地区、贫困地区的母婴保健事业给予特殊支持。

县级以上地方人民政府根据本地区的实际情况和需要，可以设立母婴保健事业发展专项资金。

第七条　国务院卫生行政部门主管全国母婴保健工作，履行下列职责：

（一）制定母婴保健法及本办法的配套规章和技术规范；

（二）按照分级分类指导的原则，制定全国母婴保健工作发展规划和实施步骤；

（三）组织推广母婴保健及其他生殖健康的适宜技术；

（四）对母婴保健工作实施监督。

第八条　县级以上各级人民政府财政、公安、民政、教育、人力资源社会保障等部门应当在各自职责范围内，配合同级卫生行政部门做好母婴保健工作。

……

第十七条　医疗、保健机构应当为育龄妇女提供有关避孕、节育、生育、不育和

---

① 2023 年 7 月 20 日，《国务院关于修改和废止部分行政法规的规定》对《中华人民共和国母婴保健法实施办法》的部分条款予以修改。

生殖健康的咨询和医疗保健服务。

　　医师发现或者怀疑育龄夫妻患有严重遗传性疾病的，应当提出医学意见；限于现有医疗技术水平难以确诊的，应当向当事人说明情况。育龄夫妻可以选择避孕、节育、不孕等相应的医学措施。

　　第十八条　医疗、保健机构应当为孕产妇提供下列医疗保健服务：

　　（一）为孕产妇建立保健手册（卡），定期进行产前检查；

　　（二）为孕产妇提供卫生、营养、心理等方面的医学指导与咨询；

　　（三）对高危孕妇进行重点监护、随访和医疗保健服务；

　　（四）为孕产妇提供安全分娩技术服务；

　　（五）定期进行产后访视，指导产妇科学喂养婴儿；

　　（六）提供避孕咨询指导和技术服务；

　　（七）对产妇及其家属进行生殖健康教育和科学育儿知识教育；

　　（八）其他孕产期保健服务。

　　第十九条　医疗、保健机构发现孕妇患有下列严重疾病或者接触物理、化学、生物等有毒、有害因素，可能危及孕妇生命安全或者可能严重影响孕妇健康和胎儿正常发育的，应当对孕妇进行医学指导和下列必要的医学检查：

　　（一）严重的妊娠合并症或者并发症；

　　（二）严重的精神性疾病；

　　（三）国务院卫生行政部门规定的严重影响生育的其他疾病。

　　第二十条　孕妇有下列情形之一的，医师应当对其进行产前诊断：

　　（一）羊水过多或者过少的；

　　（二）胎儿发育异常或者胎儿有可疑畸形的；

　　（三）孕早期接触过可能导致胎儿先天缺陷的物质的；

　　（四）有遗传病家族史或者曾经分娩过先天性严重缺陷婴儿的；

　　（五）初产妇年龄超过 35 周岁的。

　　第二十一条　母婴保健法第十八条规定的胎儿的严重遗传性疾病、胎儿的严重缺陷、孕妇患继续妊娠可能危及其生命健康和安全的严重疾病目录，由国务院卫生行政部门规定。

　　第二十二条　生育过严重遗传性疾病或者严重缺陷患儿的，再次妊娠前，夫妻双方应当按照国家有关规定到医疗、保健机构进行医学检查。医疗、保健机构应当向当事人介绍有关遗传性疾病的知识，给予咨询、指导。对诊断患有医学上认为不宜生育的严重遗传性疾病的，医师应当向当事人说明情况，并提出医学意见。

　　第二十三条　严禁采用技术手段对胎儿进行性别鉴定。

　　对怀疑胎儿可能为伴性遗传病，需要进行性别鉴定的，由省、自治区、直辖市人民政府卫生行政部门指定的医疗、保健机构按照国务院卫生行政部门的规定进行鉴定。

　　第二十四条　国家提倡住院分娩。医疗、保健机构应当按照国务院卫生行政部门制定的技术操作规范，实施消毒接生和新生儿复苏，预防产伤及产后出血等产科并发症，降低孕产妇及围产儿发病率、死亡率。

没有条件住院分娩的，应当由经过培训、具备相应接生能力的家庭接生人员接生。

高危孕妇应当在医疗、保健机构住院分娩。

县级人民政府卫生行政部门应当加强对家庭接生人员的培训、技术指导和监督管理。

第二十五条　医疗、保健机构应当按照国家有关规定开展新生儿先天性、遗传性代谢病筛查、诊断、治疗和监测。

第二十六条　医疗、保健机构应当按照规定进行新生儿访视，建立儿童保健手册（卡），定期对其进行健康检查，提供有关预防疾病、合理膳食、促进智力发育等科学知识，做好婴儿多发病、常见病防治等医疗保健服务。

第二十七条　医疗、保健机构应当按照规定的程序和项目对婴儿进行预防接种。

婴儿的监护人应当保证婴儿及时接受预防接种。

第二十八条　国家推行母乳喂养。医疗、保健机构应当为实施母乳喂养提供技术指导，为住院分娩的产妇提供必要的母乳喂养条件。

医疗、保健机构不得向孕产妇和婴儿家庭宣传、推荐母乳代用品。

第二十九条　母乳代用品产品包装标签应当在显著位置标明母乳喂养的优越性。

母乳代用品生产者、销售者不得向医疗、保健机构赠送产品样品或者以推销为目的有条件地提供设备、资金和资料。

第三十条　妇女享有国家规定的产假。有不满1周岁婴儿的妇女，所在单位应当在劳动时间内为其安排一定的哺乳时间。

第三十一条　母婴保健医学技术鉴定委员会分为省、市、县三级。

母婴保健医学技术鉴定委员会成员应当符合下列任职条件：

（一）县级母婴保健医学技术鉴定委员会成员应当具有主治医师以上专业技术职务；

（二）设区的市级和省级母婴保健医学技术鉴定委员会成员应当具有副主任医师以上专业技术职务。

……

第三十三条　母婴保健医学技术鉴定委员会进行医学鉴定时须有5名以上相关专业医学技术鉴定委员会成员参加。

鉴定委员会成员应当在鉴定结论上署名；不同意见应当如实记录。鉴定委员会根据鉴定结论向当事人出具鉴定意见书。

母婴保健医学技术鉴定管理办法由国务院卫生行政部门制定。

第三十四条　县级以上地方人民政府卫生行政部门负责本行政区域内的母婴保健监督管理工作，履行下列监督管理职责：

（一）依照母婴保健法和本办法以及国务院卫生行政部门规定的条件和技术标准，对从事母婴保健工作的机构和人员实施许可，并核发相应的许可证书；

（二）对母婴保健法和本办法的执行情况进行监督检查；

（三）对违反母婴保健法和本办法的行为，依法给予行政处罚；

（四）负责母婴保健工作监督管理的其他事项。

第三十五条　从事遗传病诊断、产前诊断的医疗、保健机构和人员，须经省、自治区、直辖市人民政府卫生行政部门许可；但是，从事产前诊断中产前筛查的医疗、保健机构，须经县级人民政府卫生行政部门许可。

从事婚前医学检查的医疗、保健机构和人员，须经县级人民政府卫生行政部门许可。

从事助产技术服务、结扎手术和终止妊娠手术的医疗、保健机构和人员，须经县级人民政府卫生行政部门许可，并取得相应的合格证书。

第三十六条　卫生监督人员在执行职务时，应当出示证件。

卫生监督人员可以向医疗、保健机构了解情况，索取必要的资料，对母婴保健工作进行监督、检查，医疗、保健机构不得拒绝和隐瞒。

卫生监督人员对医疗、保健机构提供的技术资料负有保密的义务。

第三十七条　医疗、保健机构应当根据其从事的业务，配备相应的人员和医疗设备，对从事母婴保健工作的人员加强岗位业务培训和职业道德教育，并定期对其进行检查、考核。

医师和助产人员（包括家庭接生人员）应当严格遵守有关技术操作规范，认真填写各项记录，提高助产技术和服务质量。

助产人员的管理，按照国务院卫生行政部门的规定执行。

从事母婴保健工作的执业医师应当依照母婴保健法的规定取得相应的资格。

第三十八条　医疗、保健机构应当按照国务院卫生行政部门的规定，对托幼园、所卫生保健工作进行业务指导。

第三十九条　国家建立孕产妇死亡、婴儿死亡和新生儿出生缺陷监测、报告制度。

第四十条　医疗、保健机构或者人员未取得母婴保健技术许可，擅自从事婚前医学检查、遗传病诊断、产前诊断、终止妊娠手术和医学技术鉴定或者出具有关医学证明的，由卫生行政部门给予警告，责令停止违法行为，没收违法所得；违法所得 5 000 元以上的，并处违法所得 3 倍以上 5 倍以下的罚款；没有违法所得或者违法所得不足 5 000 元的，并处 5 000 元以上 2 万元以下的罚款。

第四十一条　从事母婴保健技术服务的人员出具虚假医学证明文件的，依法给予行政处分；有下列情形之一的，由原发证部门撤销相应的母婴保健技术执业资格或者医师执业证书：

（一）因延误诊治，造成严重后果的；

（二）给当事人身心健康造成严重后果的；

（三）造成其他严重后果的。

第四十二条　违反本办法规定进行胎儿性别鉴定的，由卫生行政部门给予警告，责令停止违法行为；对医疗、保健机构直接负责的主管人员和其他直接责任人员，依法给予行政处分。进行胎儿性别鉴定两次以上的或者以营利为目的进行胎儿性别鉴定的，并由原发证机关撤销相应的母婴保健技术执业资格或者医师执业证书。

……

托儿所幼儿园卫生保健管理办法（2010-09-06）

中华人民共和国卫生部 中华人民共和国教育部令 第76号

第一条 为提高托儿所、幼儿园卫生保健工作水平，预防和减少疾病发生，保障儿童身心健康，制定本办法。

第二条 本办法适用于招收0~6岁儿童的各级各类托儿所、幼儿园（以下简称托幼机构）。

第三条 托幼机构应当贯彻保教结合、预防为主的方针，认真做好卫生保健工作。

第四条 县级以上各级人民政府卫生行政部门应当将托幼机构的卫生保健工作作为公共卫生服务的重要内容，加强监督和指导。

县级以上各级人民政府教育行政部门协助卫生行政部门检查指导托幼机构的卫生保健工作。

第五条 县级以上妇幼保健机构负责对辖区内托幼机构卫生保健工作进行业务指导。业务指导的内容包括：膳食营养、体格锻炼、健康检查、卫生消毒、疾病预防等。

疾病预防控制机构应当定期为托幼机构提供疾病预防控制咨询服务和指导。

卫生监督执法机构应当依法对托幼机构的饮用水卫生、传染病预防和控制等工作进行监督检查。

第六条 托幼机构设有食堂提供餐饮服务的，应当按照《食品安全法》《食品安全法实施条例》以及有关规章的要求，认真落实各项食品安全要求。

食品药品监督管理部门等负责餐饮服务监督管理的部门应当依法加强对托幼机构食品安全的指导与监督检查。

第七条 托幼机构的建筑、设施、设备、环境及提供的食品、饮用水等应当符合国家有关卫生标准、规范的要求。

第八条 新设立的托幼机构，招生前应当取得县级以上地方人民政府卫生行政部门指定的医疗卫生机构出具的符合《托儿所幼儿园卫生保健工作规范》的卫生评价报告。

各级教育行政部门应当将卫生保健工作质量纳入托幼机构的分级定类管理。

第九条 托幼机构的法定代表人或者负责人是本机构卫生保健工作的第一责任人。

第十条 托幼机构应当根据规模、接收儿童数量等设立相应的卫生室或者保健室，具体负责卫生保健工作。

卫生室应当符合医疗机构基本标准，取得卫生行政部门颁发的《医疗机构执业许可证》。

保健室不得开展诊疗活动，其配置应当符合保健室设置基本要求。

第十一条 托幼机构应当聘用符合国家规定的卫生保健人员。卫生保健人员包括医师、护士和保健员。

在卫生室工作的医师应当取得卫生行政部门颁发的《医师执业证书》，护士应当取得《护士执业证书》。

在保健室工作的保健员应当具有高中以上学历，经过卫生保健专业知识培训，具有托幼机构卫生保健基础知识，掌握卫生消毒、传染病管理和营养膳食管理等技能。

第十二条　托幼机构聘用卫生保健人员应当按照收托150名儿童至少设1名专职卫生保健人员的比例配备卫生保健人员。收托150名以下儿童的，应当配备专职或者兼职卫生保健人员。

第十三条　托幼机构卫生保健人员应当定期接受当地妇幼保健机构组织的卫生保健专业知识培训。

托幼机构卫生保健人员应当对机构内的工作人员进行卫生知识宣传教育、疾病预防、卫生消毒、膳食营养、食品卫生、饮用水卫生等方面的具体指导。

第十四条　托幼机构工作人员上岗前必须经县级以上人民政府卫生行政部门指定的医疗卫生机构进行健康检查，取得《托幼机构工作人员健康合格证》后方可上岗。

托幼机构应当组织在岗工作人员每年进行1次健康检查；在岗人员患有传染性疾病的，应当立即离岗治疗，治愈后方可上岗工作。

精神病患者、有精神病史者不得在托幼机构工作。

第十五条　托幼机构应当严格按照《托儿所幼儿园卫生保健工作规范》开展卫生保健工作。

托幼机构卫生保健工作包括以下内容：

（一）根据儿童不同年龄特点，建立科学、合理的一日生活制度，培养儿童良好的卫生习惯；

（二）为儿童提供合理的营养膳食，科学制订食谱，保证膳食平衡；

（三）制订与儿童生理特点相适应的体格锻炼计划，根据儿童年龄特点开展游戏及体育活动，并保证儿童户外活动时间，增进儿童身心健康；

（四）建立健康检查制度，开展儿童定期健康检查工作，建立健康档案。坚持晨检及全日健康观察，做好常见病的预防，发现问题及时处理；

（五）严格执行卫生消毒制度，做好室内外环境及个人卫生。加强饮食卫生管理，保证食品安全；

（六）协助落实国家免疫规划，在儿童入托时应当查验其预防接种证，未按规定接种的儿童要告知其监护人，督促监护人带儿童到当地规定的接种单位补种；

（七）加强日常保育护理工作，对体弱儿进行专案管理。配合妇幼保健机构定期开展儿童眼、耳、口腔保健，开展儿童心理卫生保健；

（八）建立卫生安全管理制度，落实各项卫生安全防护工作，预防伤害事故的发生；

（九）制订健康教育计划，对儿童及其家长开展多种形式的健康教育活动；

（十）做好各项卫生保健工作信息的收集、汇总和报告工作。

第十六条　托幼机构应当在疾病预防控制机构指导下，做好传染病预防和控制管理工作。

托幼机构发现传染病患儿应当及时按照法律、法规和卫生部的规定进行报告，在疾病预防控制机构的指导下，对环境进行严格消毒处理。

在传染病流行期间，托幼机构应当加强预防控制措施。

第十七条　疾病预防控制机构应当收集、分析、调查、核实托幼机构的传染病疫情，发现问题及时通报托幼机构，并向卫生行政部门和教育行政部门报告。

第十八条　儿童入托幼机构前应当经医疗卫生机构进行健康检查，合格后方可进入托幼机构。

托幼机构发现在园（所）的儿童患疑似传染病时应当及时通知其监护人离园（所）诊治。患传染病的患儿治愈后，凭医疗卫生机构出具的健康证明方可入园（所）。

儿童离开托幼机构3个月以上应当进行健康检查后方可再次入托幼机构。

医疗卫生机构应当按照规定的体检项目开展健康检查，不得违反规定擅自改变。

第十九条　托幼机构有下列情形之一的，由卫生行政部门责令限期改正，通报批评；逾期不改的，给予警告；情节严重的，由教育行政部门依法给予行政处罚：

（一）未按要求设立保健室、卫生室或者配备卫生保健人员的；

（二）聘用未进行健康检查或者健康检查不合格的工作人员的；

（三）未定期组织工作人员健康检查的；

（四）招收未经健康检查或健康检查不合格的儿童入托幼机构的；

（五）未严格按照《托儿所幼儿园卫生保健工作规范》开展卫生保健工作的。

卫生行政部门应当及时将处理结果通报教育行政部门，教育行政部门将其作为托幼机构分级定类管理和质量评估的依据。

第二十条　托幼机构未取得《医疗机构执业许可证》擅自设立卫生室，进行诊疗活动的，按照《医疗机构管理条例》的有关规定进行处罚。

第二十一条　托幼机构未按照规定履行卫生保健工作职责，造成传染病流行、食物中毒等突发公共卫生事件的，卫生行政部门、教育行政部门依据相关法律法规给予处罚。

县级以上医疗卫生机构未按照本办法规定履行职责，导致托幼机构发生突发公共卫生事件的，卫生行政部门依据相关法律法规给予处罚。

第二十二条　小学附设学前班、单独设立的学前班参照本办法执行。

第二十三条　各省、自治区、直辖市可以结合当地实际，根据本办法制定实施细则。

第二十四条　对认真执行本办法，在托幼机构卫生保健工作中做出显著成绩的单位和个人，由各级人民政府卫生行政部门和教育行政部门给予表彰和奖励。

第二十五条　《托儿所幼儿园卫生保健工作规范》由卫生部负责制定。

第二十六条　本办法自 2010 年 11 月 1 日起施行。1994 年 12 月 1 日由卫生部、原国家教委联合发布的《托儿所、幼儿园卫生保健管理办法》同时废止。

家庭服务业管理暂行办法（节选）（2012-12-18）

中华人民共和国商务部令　2012 年第 11 号

第一条　为了满足家庭服务消费需求，维护家庭服务消费者、家庭服务人员和家庭服务机构的合法权益，规范家庭服务经营行为，促进家庭服务业发展，制定本办法。

第二条　在中华人民共和国境内从事家庭服务活动，适用本办法。

本办法所称家庭服务业，是指以家庭为服务对象，由家庭服务机构指派或介绍家庭服务员进入家庭成员住所提供烹饪、保洁、搬家、家庭教育、儿童看护以及孕产妇、婴幼儿、老人和病人的护理等有偿服务，满足家庭生活需求的服务行业。

本办法所称家庭服务机构，是指依法设立从事家庭服务经营活动的企业、事业、民办非企业单位和个体经济组织等营利性组织。

本办法所称家庭服务员，是指根据家庭服务合同的约定提供家庭服务的人员。

本办法所称消费者，是指接受家庭服务的对象。

第三条　家庭服务的经营和管理，应当坚持社会效益与经济效益并重的原则。家庭服务各方当事人应当遵循自愿、平等、诚实、守信、安全和方便的原则。

第四条　商务部承担全国家庭服务业行业管理职责，负责监督管理家庭服务机构的服务质量，指导协调合同文本规范和服务矛盾纠纷处理工作。县级以上商务主管部门负责本行政区域内家庭服务业的监督管理。

......

第八条　家庭服务机构从事家庭服务活动须取得工商行政管理部门颁发的营业执照。

......

第十三条　从事家庭服务活动，家庭服务机构或家庭服务员应当与消费者以书面形式签订家庭服务合同。

第十四条　家庭服务合同应至少包括以下内容：

（一）家庭服务机构的名称、地址、负责人、联系方式和家庭服务员的姓名、身份证号码、健康状况、技能培训情况、联系方式等信息；消费者的姓名、身份证号码、住所、联系方式等信息。

（二）服务地点、内容、方式和期限等。

（三）服务费用及其支付形式。

（四）各方权利与义务、违约责任与争议解决方式等。

......

第十九条　家庭服务员应当如实向家庭服务机构提供本人身份、学历、健康状况、技能等证明材料，并向家庭服务机构提供真实有效的住址和联系方式。

第二十条　家庭服务员应符合以下基本要求：

（一）遵守国家法律、法规和社会公德；

（二）遵守职业道德；

（三）遵守合同，按照合同约定内容提供服务；

（四）掌握相应职业技能，具备必需的职业素质。

……

第二十八条 县级以上商务主管部门建立健全家庭服务机构信用档案和客户服务跟踪监督管理机制，建立完善家庭服务机构和家庭服务员信用评价体系。

第二十九条 县级以上商务主管部门积极会同相关部门，依法规范家庭服务机构从业行为，查处违法经营行为。

第三十条 县级以上商务主管部门指导制定家庭服务合同范本，指导协调服务纠纷处理工作。

……

五、党政联合发文

全国托幼工作会议纪要（节选）（1979-10-11）

中发〔1979〕73号

……

为做好托幼工作，会议建议必须认真解决以下几个问题：

（一）加强托幼工作的统一领导和分工合作

会议建议国务院设立托幼工作领导小组，由教育部、卫生部、计委、建委、农委、财政部、商业部、民政部、劳动总局、城建总局、全国总工会、全国妇联、中国人民保卫儿童全国委员会等单位的负责同志组成。各省、市、自治区设立相应的托幼工作领导小组，由有关部门组成。地、市、县（区）等各级如何建立托幼工作领导机构，可由省、市、自治区党委研究决定。

会议认为托幼工作领导小组的任务是：

1. 贯彻执行党中央、国务院有关托幼工作的方针、政策和指示；

2. 研究制定托儿所、幼儿园的发展规划，推动托幼事业发展和提高；

3. 研究解决托幼工作中的重大问题，督促有关部门贯彻执行；

4. 推动有关部门加强托幼工作的宣传，表彰先进；

5. 进行调查研究，定期检查托幼工作，组织交流经验；

6. 调查了解未入园所的婴幼儿的情况，宣传科学育儿知识，加强卫生保健和教育工作。

托幼工作领导小组下设办公室，作为常设机构，进行日常工作。办公室配备若干有专业知识和办事能力的专职干部，由各级编制委员会在现有干部中调剂解决。

参加托幼工作领导小组的各有关部门，都要配备一定力量，按照各自担负的任务分别进行工作。计划部门根据可能，负责将托幼事业所需人力、物力、财力列入各级计划；财政部门负责有关托幼事业的经费开支等问题；教育部门负责幼儿教育的业务领导，包括对托儿所内三岁以上幼儿班进行业务指导，培训幼儿园的园长和保教人员，办好示范性幼儿园，加强幼教科研工作的领导；卫生部门负责托儿所业务领导及幼儿园卫生保健业务指导，培训托儿所的所长和保育、医务、炊事等人员，提高卫生保健、营养等知识，办好示范性托儿所，加强对儿童保健科研工作的领导；商业部门负责儿童仪器服装、用具和玩教具的供应；劳动部门会同有关部门研究解决托儿所、幼儿园工作人员的工资、劳动保险、福利待遇等问题；建委、城建局和房管部门统筹规划与居民人口相适应的托儿所、幼儿园的建筑，负责调剂解决并修缮园所用房；妇联和工会负责发动群众和组织社会力量，推动托幼事业的发展，协助主管部门加强对托幼工作人员的政治思想教育，工会着重协助工交、财贸、文教等企事业单位办好托幼事业。其他部门各按自己的业务范围，为办好托幼事业提供有利条件。各类园所的行政领导由主办单位负责。

（二）积极解决托幼工作的经费和保教人员的工资、劳动保险、福利待遇问题

目前，托幼事业经费不足，特别是城镇民办园所的经费很困难，严重地影响着这项事业的发展和提高。但是现在国家百业待举，财力有限，我们必须继续发扬自力更生、艰苦奋斗、勤俭办一切事业的精神，依靠国家、集体、社会、个人各个方面，采用多种办法，解决好经费来源问题。

各级教育、卫生部门举办的幼儿园、托儿所经费和培训各类园所保教人员、医务人员以及开展托幼工作其他活动所需费用，分别由教育事业费和卫生事业费列支。各级财政部门在确定教育、卫生事业费年度指标时，对这些费用，要予以安排。

各企业、事业、机关、部队举办的园所的经费，由各主办单位自行解决。

对城镇民办园所，根据各地经验，其经费来源可从以下几个方面解决：

1. 孩子家长交保育费；

2. 孩子家长所在单位，向送托园所交管理费。管理费的标准，由当地托幼领导机构，参考全民所有制企业单位对其举办的园所补贴的费用和当地实际情况规定

3. 园所的开办费、添置大型设备及房屋修缮等开支，由地方财政部门在自筹经费（如城市附加收入，区、街企业收入和机动财力等）中酌情补贴；

4. 保教人员的退休、退养问题由各园所主办单位根据经济状况适当解决，如有困难，可向地方财政部门申请补助。对长期从事托幼工作做出贡献的保教人员应优先照顾。

城镇民办园所保教人员的工资、劳动保险、福利待遇，由市、县（区）和街道有关领导部门规定。要创造条件，采取措施，尽快解决。她们的一切待遇应不低于区、街生产人员的一般水平，民办园所医务人员的待遇不低于同级医务人员的水平。关于公办园所保教人员的工资、劳动保险、福利待遇，应结合全国工资、劳动保险、福利制度的改革予以解决。

农村社队园所保教人员的待遇，应相当于同等劳动力的报酬。经过培训考核或工作成绩突出的保教人员，其报酬可高于同等劳动力。

（三）坚持"两条腿走路"的方针，恢复、发展、整顿、提高各类托幼组织积极地恢复和发展卫生部门、教育部门办的示范性托儿所、幼儿园，有条件的地方也可以办实验性园所

从目前我国的实际情况出发，为了满足群众普及托幼组织的要求，应继续提倡机

关、部队、学校、工矿、企事业等单位积极恢复和建立哺乳室、托儿所、幼儿园。工矿企事业单位办的托儿所、幼儿园应积极搞好整顿，多收孩子。不仅收女职工的，也要收男职工的孩子。单位小或孩子少自办有困难的，大力推动按系统办、与附近单位联合办、单位和街道合办。乳儿托儿所目前极少，应注意发展。有些大单位办的园所房舍宽敞，设备齐全，师资充足，但孩子较少，应当挖潜，向社会开放，吸收附近职工子女入托，按规定收保育费和管理费。

城镇民办园所分布在街道居民区，职工孩子就近入托，接送方便。对这类园所要扶植其巩固、提高，有需要和有条件的地方要适当发展。

目前托幼机构分布很不合理，职工住宅区托儿所、幼儿园很少。城建和房管部门应根据群众需要，新建、扩建或腾出一部分房屋举办园所。房租应低于民用房标准。凡以前托儿所、幼儿园的房屋、设备已移作他用的，应当归还。归还确有困难的，要给以人力、物力、财力补偿，协助新建。尤其是华侨资助兴办的，一定要限期归还或重建。

农村要大力发展农忙托幼组织，有条件的社队要举办常年托儿所、幼儿园（班），要普及婴幼儿卫生保健和教养知识，提高现有园所的保教水平。

随着生产的发展和国民经济管理体制的改革，生活服务事业将逐步向社会化的方向发展，托幼事业社会化也是必然趋势。有条件的省、市、自治区可以选择一些市、区对托儿所、幼儿园全面规划，合理布局，进行托幼组织社会化的试点，取得经验。

对托儿户也要加强指导，可由居委会、妇代会、妇幼保健站或地区医疗单位负责，定期向托儿户讲授婴幼儿卫生保健常识，不断提高他们的教养水平。

（四）建设一支又红又专的保教队伍

为了大力发展托幼事业，提高保教质量，必须高度重视建设一支又红又专的保教队伍。在三年调整期间，已恢复学前专业的高等师范院校要办好这个专业，主要培养幼儿师范教师、幼教科研人员和幼教行政干部。各省、市、自治区都要恢复和建立幼儿师范学校；目前条件不具备的地方，可在中等师范学校内开设幼师班。中等卫生学校要办好妇幼医士专业，并积极创造条件提高保育人员的业务水平。毕业生的分配应保证用在托幼事业上，面向公办和城镇民办的各类托儿所、幼儿园，担任相应的职务。招生指标建议由计委统一解决。

幼儿师范要逐步地为农村社队托儿所、幼儿园代培幼教骨干。

同时，要采用多种形式加强对各类园所在职保教人员的培训。使教养员、保育员逐步达到相当幼儿师范和中等卫校毕业的水平，托儿所、幼儿园的所长和园长逐步成为婴幼儿保健和教育的内行。

当前，对现有城市保教队伍要按照教育部、卫生部制定的城市幼儿园、托儿所工作条例逐步进行整顿。

各省、市、自治区教育局、卫生局应做出规划，建设一支又红又专的保教队伍。

（五）努力提高保教质量

婴幼儿正处在身心发展极为重要的时期，必须十分重视从各方面创造条件，保证他们在德、智、体等方面得到良好的发展，使他们健康活泼地成长。

教育部、卫生部分别制定了城市幼儿园、托儿所工作条例和卫生保健制度（征求意见稿），补充修订后颁发试行。各有关部门应注意总结试行中的经验。

要加强婴幼儿卫生保健工作，增强他们的体质。要从小培养孩子爱祖国、爱人民、爱劳动、爱科学、爱护公共财物，讲卫生，有礼貌，尊敬老人和师长等美德。要注意充分运用直观教学，丰富儿童的知识，发展他们的智力。要根据儿童年龄特点积极创造条件，开展各种生动活泼的有教育意义的游戏。在各种活动中，充分发挥儿童的主动性和创造性。要防止和克服婴幼儿教育小学化和成人化。严禁体罚和变相体罚儿童。对少数民族儿童要照顾民族习惯。

在保教人员中要开展提高保教质量和服务质量的社会主义劳动竞赛。对热爱保教事业、成绩优秀的保教人员要给以表扬和奖励。

教育、卫生部门要组织各方面的研究人员和保教人员开展有关婴幼儿卫生保健、教育等方面的科学研究。要重视组织和发展科研队伍，并切实做好专业人员的归队工作。

……

教育部党组

卫生部党组

国家劳动总局党组

全国总工会党组

全国妇联党组

1979 年 9 月 12 日

中共中央 国务院关于优化生育政策促进人口长期均衡发展的决定（2021-06-26）

人口发展是关系中华民族发展的大事情。为贯彻落实党的十九大和十九届二中、三中、四中、五中全会精神，促进人口长期均衡发展，现就优化生育政策，实施一对夫妻可以生育三个子女政策，并取消社会抚养费等制约措施、清理和废止相关处罚规定，配套实施积极生育支持措施（以下简称实施三孩生育政策及配套支持措施），作出如下决定。

一、充分认识优化生育政策、促进人口长期均衡发展的重大意义

党和国家始终坚持人口与发展综合决策，科学把握人口发展规律，坚持计划生育基本国策，有力促进了经济发展和社会进步，为全面建成小康社会奠定了坚实基础。党的十八大以来，党中央高度重视人口问题，根据我国人口发展变化形势，作出逐步调整完善生育政策、促进人口长期均衡发展的重大决策，各项工作取得显著成效。当前，进一步适应人口形势新变化和推动高质量发展新要求，实施三孩生育政策及配套支持措施，具有重大意义。

（一）有利于改善人口结构，落实积极应对人口老龄化国家战略。老龄化是全球性人口发展大趋势，也是我国发展面临的重大挑战。预计"十四五"期间我国人口将进入中度老龄化阶段，2035 年前后进入重度老龄化阶段，将对经济运行全领域、社会建设各环节、社会文化多方面产生深远影响。实施三孩生育政策及配套支持措施，有利

于释放生育潜能，减缓人口老龄化进程，促进代际和谐，增强社会整体活力。

（二）有利于保持人力资源禀赋优势，应对世界百年未有之大变局。人口是社会发展的主体，也是影响经济可持续发展的关键变量。实施三孩生育政策及配套支持措施，有利于未来保持适度人口总量和劳动力规模，更好发挥人口因素的基础性、全局性、战略性作用，为高质量发展提供有效人力资本支撑和内需支撑。

（三）有利于平缓总和生育率下降趋势，推动实现适度生育水平。群众生育观念已总体转向少生优育，经济负担、子女照料、女性对职业发展的担忧等成为制约生育的主要因素。实施三孩生育政策及配套支持措施，促进生育政策与相关经济社会政策同向发力，有利于满足更多家庭的生育意愿，有利于提振生育水平。

（四）有利于巩固全面建成小康社会成果，促进人与自然和谐共生。今后一个时期，我国人口众多的基本国情不会改变，人口与资源环境承载力仍然处于紧平衡状态，脱贫地区以及一些生态脆弱、资源匮乏地区人口与发展矛盾仍然比较突出。实施三孩生育政策及配套支持措施，有利于进一步巩固脱贫攻坚和全面建成小康社会成果，引导人口区域合理分布，促进人口与经济、社会、资源、环境协调可持续发展。

二、指导思想、主要原则和目标

（五）指导思想。坚持以习近平新时代中国特色社会主义思想为指导，立足新发展阶段、贯彻新发展理念、构建新发展格局，实施积极应对人口老龄化国家战略，实施三孩生育政策及配套支持措施，改革服务管理制度，提升家庭发展能力，推动实现适度生育水平，促进人口长期均衡发展，为建设富强民主文明和谐美丽的社会主义现代化强国、实现中华民族伟大复兴的中国梦提供坚实基础和持久动力。

（六）主要原则

——以人民为中心。顺应人民群众期盼，积极稳妥推进优化生育政策，促进生育政策协调公平，满足群众多元化的生育需求，将婚嫁、生育、养育、教育一体考虑，切实解决群众后顾之忧，释放生育潜能，促进家庭和谐幸福。

——以均衡为主线。把促进人口长期均衡发展摆在全党全国工作大局、现代化建设全局中谋划部署，兼顾多重政策目标，统筹考虑人口数量、素质、结构、分布等问题，促进人口与经济、社会、资源、环境协调可持续发展，促进人的全面发展。

——以改革为动力。着眼于我国人口发展面临的突出矛盾和问题，着眼于现代化建设战略安排，深化改革，破除影响人口长期均衡发展的思想观念、政策法规、体制机制等制约因素，提高人口治理能力和水平。

——以法治为保障。坚持重大改革于法有据、依法实施，将长期以来党领导人民在统筹解决人口问题方面的创新理念、改革成果、实践经验转化为法律，保障人民群众合法权益，保障新时代人口工作行稳致远，保障人口发展战略目标顺利实现。

（七）主要目标

到 2025 年，积极生育支持政策体系基本建立，服务管理制度基本完备，优生优育服务水平明显提高，普惠托育服务体系加快建设，生育、养育、教育成本显著降低，生育水平适当提高，出生人口性别比趋于正常，人口结构逐步优化，人口素质进一步提升。

到 2035 年，促进人口长期均衡发展的政策法规体系更加完善，服务管理机制运转高效，生育水平更加适度，人口结构进一步改善。优生优育、幼有所育服务水平与人民群众对美好生活的需要相适应，家庭发展能力明显提高，人的全面发展取得更为明显的实质性进展。

三、组织实施好三孩生育政策

（八）依法实施三孩生育政策。修改《中华人民共和国人口与计划生育法》，提倡适龄婚育、优生优育，实施三孩生育政策。各省（自治区、直辖市）综合考虑本地区人口发展形势、工作基础和政策实施风险，做好政策衔接，依法组织实施。

（九）取消社会抚养费等制约措施。取消社会抚养费，清理和废止相关处罚规定。将入户、入学、入职等与个人生育情况全面脱钩。依法依规妥善处理历史遗留问题。对人口发展与经济、社会、资源、环境矛盾较为突出的地区，加强宣传倡导，促进相关惠民政策与生育政策有效衔接，精准做好各项管理服务。

（十）建立健全人口服务体系。以"一老一小"为重点，建立健全覆盖全生命周期的人口服务体系。加强基层服务管理体系和能力建设，增强抚幼养老功能。落实生育登记制度，做好生育咨询指导。推进出生医学证明、儿童预防接种、户口登记、医保参保、社保卡申领等"出生一件事"联办。

（十一）加强人口监测和形势研判。完善国家生命登记管理制度，健全覆盖全人群、全生命周期的人口监测体系，密切监测生育形势和人口变动趋势。依托国家人口基础信息库等平台，实现教育、公安、民政、卫生健康、医保、社保等人口服务基础信息融合共享、动态更新。建立人口长期均衡发展指标体系，健全人口预测预警制度。

四、提高优生优育服务水平

（十二）保障孕产妇和儿童健康。全面落实妊娠风险筛查与评估、高危孕产妇专案管理、危急重症救治、孕产妇死亡个案报告和约谈通报等母婴安全五项制度。实施妇幼健康保障工程，加快推进各级妇幼保健机构标准化建设和规范化管理，加强危重孕产妇、新生儿救治能力及儿科建设，夯实县乡村三级基层网络，加快补齐生育相关公共服务短板。促进生殖健康服务融入妇女健康管理全过程。加强儿童保健门诊标准化、规范化建设，加强对儿童青少年近视、营养不均衡、龋齿等风险因素和疾病的筛查、诊断、干预。做好儿童基本医疗保障工作。

（十三）综合防治出生缺陷。健全出生缺陷防治网络，落实三级预防措施。加强相关知识普及和出生缺陷防控咨询，强化婚前保健，推进孕前优生健康检查，加强产前筛查和诊断，推动围孕期、产前产后一体化管理服务和多学科协作。扩大新生儿疾病筛查病种范围，促进早筛早诊早治。做好出生缺陷患儿基本医疗和康复救助工作。

（十四）规范人类辅助生殖技术应用。强化规划引领，严格技术审批，建设供需平衡、布局合理的人类辅助生殖技术服务体系。加强人类辅助生殖技术服务监管，严格规范相关技术应用。开展孕育能力提升专项攻关，规范不孕不育诊治服务。

五、发展普惠托育服务体系

（十五）建立健全支持政策和标准规范体系。将婴幼儿照护服务纳入经济社会发展规划，强化政策引导，通过完善土地、住房、财政、金融、人才等支持政策，引导社会力量积极参与。以市地级行政区为单位制定整体解决方案，建立工作机制，推进托育服务健康发展。加大专业人才培养力度，依法逐步实行从业人员职业资格准入制度。发展智慧托育等新业态，培育托育服务、乳粉奶业、动画设计和制作等行业民族品牌。

（十六）大力发展多种形式的普惠服务。发挥中央预算内投资的引导和撬动作用，推动建设一批方便可及、价格可接受、质量有保障的托育服务机构。支持有条件的用人单位为职工提供托育服务。鼓励国有企业等主体积极参与各级政府推动的普惠托育服务体系建设。加强社区托育服务设施建设，完善居住社区婴幼儿活动场所和服务设施。制定家庭托育点管理办法。支持隔代照料、家庭互助等照护模式。支持家政企业扩大育儿服务。鼓励和支持有条件的幼儿园招收 2 至 3 岁幼儿。

（十七）加强综合监管。各类机构开展婴幼儿照护服务必须符合国家和地方相关标准和规范，并对婴幼儿安全和健康负主体责任。地方政府要承担监管责任，建立健全登记备案制度、信息公示制度、评估制度，加强动态管理，建立机构关停等特殊情况应急处置机制。

六、降低生育、养育、教育成本

（十八）完善生育休假与生育保险制度。严格落实产假、哺乳假等制度。支持有条件的地方开展父母育儿假试点，健全假期用工成本分担机制。继续做好生育保险对参保女职工生育医疗费用、生育津贴待遇等的保障，做好城乡居民医保参保人生育医疗费用保障，减轻生育医疗费用负担。

（十九）加强税收、住房等支持政策。结合下一步修改个人所得税法，研究推动将 3 岁以下婴幼儿照护费用纳入个人所得税专项附加扣除。地方政府在配租公租房时，对符合当地住房保障条件且有未成年子女的家庭，可根据未成年子女数量在户型选择等方面给予适当照顾。地方政府可以研究制定根据养育未成年子女负担情况实施差异化租赁和购买房屋的优惠政策。

（二十）推进教育公平与优质教育资源供给。推进城镇小区配套幼儿园治理，持续提升普惠性幼儿园覆盖率，适当延长在园时长或提供托管服务。推进义务教育优质均衡发展和城乡一体化，有效解决"择校热"难题。依托学校教育资源，以公益普惠为原则，全面开展课后文体活动、社会实践项目和托管服务，推动放学时间与父母下班时间衔接。改进校内教学质量和教育评价，将学生参加课外培训频次、费用等情况纳入教育督导体系。平衡家庭和学校教育负担，严格规范校外培训。

（二十一）保障女性就业合法权益。规范机关、企事业等用人单位招录、招聘行为，促进妇女平等就业。落实好《女职工劳动保护特别规定》，定期开展女职工生育权益保障专项督查。为因生育中断就业的女性提供再就业培训公共服务。将生育友好作为用人单位承担社会责任的重要方面，鼓励用人单位制定有利于职工平衡工作和家庭关系的措施，依法协商确定有利于照顾婴幼儿的灵活休假和弹性工作方式。适时对现行有关休假和工作时间的政策规定进行相应修改完善。

七、加强政策调整有序衔接

（二十二）维护好计划生育家庭合法权益。对全面两孩政策调整前的独生子女家庭和农村计划生育双女家庭，继续实行现行各项奖励扶助制度和优惠政策。探索设立独生子女父母护理假制度。加强立法，保障响应党和国家号召、实行计划生育家庭的合法权益。

（二十三）建立健全计划生育特殊家庭全方位帮扶保障制度。根据经济社会发展水平等因素，实行特别扶助制度扶助标准动态调整。对符合条件的计划生育特殊家庭成员，落实基本养老、基本医疗保障相关政策；优先安排入住公办养老机构，提供无偿或低收费托养服务；对住房困难的，优先纳入住房保障。有条件的地方可对计划生育特殊家庭成员中的生活长期不能自理、经济困难的老年人发放护理补贴。落实好扶助所需资金，有条件的地方可探索建立公益金或基金，重点用于帮扶计划生育特殊家庭。

（二十四）建立健全政府主导、社会组织参与的扶助关怀工作机制。通过公开招投标方式，支持有资质的社会组织接受计划生育特殊家庭委托，开展生活照料、精神慰藉等服务，依法代办入住养老机构、就医陪护等事务。深入开展"暖心行动"。建立定期巡访制度，落实计划生育特殊家庭"双岗"联系人制度，扎牢织密帮扶安全网。

八、强化组织实施保障

（二十五）加强党的领导。各级党委和政府要提高政治站位，增强国情、国策意识，坚持一把手亲自抓、负总责，坚持和完善目标管理责任制，加强统筹规划、政策协调和工作落实，推动出台积极生育支持措施，确保责任到位、措施到位、投入到位、落实到位。

（二十六）动员社会力量。加强政府和社会协同治理，充分发挥工会、共青团、妇联等群团组织在促进人口发展、家庭建设、生育支持等方面的重要作用。积极发挥计划生育协会作用，加强基层能力建设，做好宣传教育、生殖健康咨询服务、优生优育指导、计划生育家庭帮扶、权益维护、家庭健康促进等工作。鼓励社会组织开展健康知识普及、婴幼儿照护服务等公益活动。以满足老年人生活需求和营造婴幼儿健康成长环境为导向，开展活力发展城市创建活动。

（二十七）深化战略研究。面向建设社会主义现代化强国和实现中华民族伟大复兴，持续深化国家人口中长期发展战略和区域人口发展规划研究，完善人口空间布局，优化人力资源配置。加强新时代中国特色人口学科和理论体系建设，发展人口研究高端智库，促进国际交流合作。

（二十八）做好宣传引导。加强政策宣传解读，把各地区各部门和全社会的思想行动统一到党中央重大决策部署上来，引导社会各界正确认识人口的结构性变化，弘扬主旋律、汇聚正能量，及时妥善回应社会关切，营造良好氛围。弘扬中华民族传统美德，尊重生育的社会价值，提倡适龄婚育、优生优育，鼓励夫妻共担育儿责任，破除高价彩礼等陈规陋习，构建新型婚育文化。

（二十九）加强工作督导。各省（自治区、直辖市）要按照本决定要求，制定实施方案，狠抓任务落实，及时研究解决苗头性、倾向性问题，确保优化生育政策取得积极成效。各省（自治区、直辖市）党委和政府每年要向党中央、国务院报告本地区人口工作情况，中央将适时开展督查。

国务院办公厅关于促进 3 岁以下婴幼儿照护服务发展的指导意见（2019-04-17）

国办发〔2019〕15 号

各省、自治区、直辖市人民政府，国务院各部委、各直属机构：

3 岁以下婴幼儿（以下简称婴幼儿）照护服务是生命全周期服务管理的重要内容，事关婴幼儿健康成长，事关千家万户。为促进婴幼儿照护服务发展，经国务院同意，现提出如下意见。

一、总体要求

（一）指导思想。以习近平新时代中国特色社会主义思想为指导，全面贯彻党的十九大和十九届二中、三中全会精神，按照统筹推进"五位一体"总体布局和协调推进"四个全面"战略布局要求，坚持以人民为中心的发展思想，以需求和问题为导向，推进供给侧结构性改革，建立完善促进婴幼儿照护服务发展的政策法规体系、标准规范体系和服务供给体系，充分调动社会力量的积极性，多种形式开展婴幼儿照护服务，逐步满足人民群众对婴幼儿照护服务的需求，促进婴幼儿健康成长、广大家庭和谐幸福、经济社会持续发展。

（二）基本原则。家庭为主，托育补充。人的社会化进程始于家庭，儿童监护抚养是父母的法定责任和义务，家庭对婴幼儿照护负主体责任。发展婴幼儿照护服务的重点是为家庭提供科学养育指导，并对确有照护困难的家庭或婴幼儿提供必要的服务。

政策引导，普惠优先。将婴幼儿照护服务纳入经济社会发展规划，加快完善相关政策，强化政策引导和统筹引领，充分调动社会力量积极性，大力推动婴幼儿照护服务发展，优先支持普惠性婴幼儿照护服务机构。

安全健康，科学规范。按照儿童优先的原则，最大限度地保护婴幼儿，确保婴幼儿的安全和健康。遵循婴幼儿成长特点和规律，促进婴幼儿在身体发育、动作、语言、认知、情感与社会性等方面的全面发展。

属地管理，分类指导。在地方政府领导下，从实际出发，综合考虑城乡、区域发展特点，根据经济社会发展水平、工作基础和群众需求，有针对性地开展婴幼儿照护服务。

（三）发展目标。到 2020 年，婴幼儿照护服务的政策法规体系和标准规范体系初步建立，建成一批具有示范效应的婴幼儿照护服务机构，婴幼儿照护服务水平有所提升，人民群众的婴幼儿照护服务需求得到初步满足。

到 2025 年，婴幼儿照护服务的政策法规体系和标准规范体系基本健全，多元化、多样化、覆盖城乡的婴幼儿照护服务体系基本形成，婴幼儿照护服务水平明显提升，人民群众的婴幼儿照护服务需求得到进一步满足。

二、主要任务

（一）加强对家庭婴幼儿照护的支持和指导。

全面落实产假政策，鼓励用人单位采取灵活安排工作时间等积极措施，为婴幼儿

第一编　中华人民共和国婴幼儿照护服务政策法规

照护创造便利条件。

支持脱产照护婴幼儿的父母重返工作岗位，并为其提供信息服务、就业指导和职业技能培训。

加强对家庭的婴幼儿早期发展指导，通过入户指导、亲子活动、家长课堂等方式，利用互联网等信息化手段，为家长及婴幼儿照护者提供婴幼儿早期发展指导服务，增强家庭的科学育儿能力。

切实做好基本公共卫生服务、妇幼保健服务工作，为婴幼儿家庭开展新生儿访视、膳食营养、生长发育、预防接种、安全防护、疾病防控等服务。

（二）加大对社区婴幼儿照护服务的支持力度。

地方各级政府要按照标准和规范在新建居住区规划、建设与常住人口规模相适应的婴幼儿照护服务设施及配套安全设施，并与住宅同步验收、同步交付使用；老城区和已建成居住区无婴幼儿照护服务设施的，要限期通过购置、置换、租赁等方式建设。有关标准和规范由住房城乡建设部于2019年8月底前制定。鼓励通过市场化方式，采取公办民营、民办公助等多种方式，在就业人群密集的产业聚集区域和用人单位完善婴幼儿照护服务设施。

鼓励地方各级政府采取政府补贴、行业引导和动员社会力量参与等方式，在加快推进老旧居住小区设施改造过程中，通过做好公共活动区域的设施和部位改造，为婴幼儿照护创造安全、适宜的环境和条件。

各地要根据实际，在农村社区综合服务设施建设中，统筹考虑婴幼儿照护服务设施建设。

发挥城乡社区公共服务设施的婴幼儿照护服务功能，加强社区婴幼儿照护服务设施与社区服务中心（站）及社区卫生、文化、体育等设施的功能衔接，发挥综合效益。支持和引导社会力量依托社区提供婴幼儿照护服务。发挥网格化服务管理作用，大力推动资源、服务、管理下沉到社区，使基层各类机构、组织在服务保障婴幼儿照护等群众需求上有更大作为。

加大对农村和贫困地区婴幼儿照护服务的支持，推广婴幼儿早期发展项目。

（三）规范发展多种形式的婴幼儿照护服务机构。

举办非营利性婴幼儿照护服务机构的，在婴幼儿照护服务机构所在地的县级以上机构编制部门或民政部门注册登记；举办营利性婴幼儿照护服务机构的，在婴幼儿照护服务机构所在地的县级以上市场监管部门注册登记。婴幼儿照护服务机构经核准登记后，应当及时向当地卫生健康部门备案。登记机关应当及时将有关机构登记信息推送至卫生健康部门。

地方各级政府要将需要独立占地的婴幼儿照护服务设施和场地建设布局纳入相关规划，新建、扩建、改建一批婴幼儿照护服务机构和设施。城镇婴幼儿照护服务机构建设要充分考虑进城务工人员随迁婴幼儿的照护服务需求。

支持用人单位以单独或联合相关单位共同举办的方式，在工作场所为职工提供福利性婴幼儿照护服务，有条件的可向附近居民开放。鼓励支持有条件的幼儿园开设托班，招收2至3岁的幼儿。

各类婴幼儿照护服务机构可根据家庭的实际需求，提供全日托、半日托、计时托、临时托等多样化的婴幼儿照护服务；随着经济社会发展和人民消费水平提升，提供多层次的婴幼儿照护服务。

落实各类婴幼儿照护服务机构的安全管理主体责任，建立健全各类婴幼儿照护服务机构安全管理制度，配备相应的安全设施、器材及安保人员。依法加强安全监管，督促各类婴幼儿照护服务机构落实安全责任，严防安全事故发生。

加强婴幼儿照护服务机构的卫生保健工作。认真贯彻保育为主、保教结合的工作方针，为婴幼儿创造良好的生活环境，预防控制传染病，降低常见病的发病率，保障婴幼儿的身心健康。各级妇幼保健机构、疾病预防控制机构、卫生监督机构要按照职责加强对婴幼儿照护服务机构卫生保健工作的业务指导、咨询服务和监督检查。

加强婴幼儿照护服务专业化、规范化建设，遵循婴幼儿发展规律，建立健全婴幼儿照护服务的标准规范体系。各类婴幼儿照护服务机构开展婴幼儿照护服务必须符合国家和地方相关标准和规范，并对婴幼儿的安全和健康负主体责任。运用互联网等信息化手段对婴幼儿照护服务机构的服务过程加强监管，让广大家长放心。建立健全婴幼儿照护服务机构备案登记制度、信息公示制度和质量评估制度，对婴幼儿照护服务机构实施动态管理。依法逐步实行工作人员职业资格准入制度，对虐童等行为零容忍，对相关个人和直接管理人员实行终身禁入。婴幼儿照护服务机构设置标准和管理规范由国家卫生健康委制定，各地据此做好婴幼儿照护服务机构核准登记工作。

三、保障措施

（一）加强政策支持。充分发挥市场在资源配置中的决定性作用，梳理社会力量进入的堵点和难点，采取多种方式鼓励和支持社会力量举办婴幼儿照护服务机构。鼓励地方政府通过采取提供场地、减免租金等政策措施，加大对社会力量开展婴幼儿照护服务、用人单位内设婴幼儿照护服务机构的支持力度。鼓励地方政府探索试行与婴幼儿照护服务配套衔接的育儿假、产休假。创新服务管理方式，提升服务效能水平，为开展婴幼儿照护服务创造有利条件、提供便捷服务。

（二）加强用地保障。将婴幼儿照护服务机构和设施建设用地纳入土地利用总体规划、城乡规划和年度用地计划并优先予以保障，农用地转用指标、新增用地指标分配要适当向婴幼儿照护服务机构和设施建设用地倾斜。鼓励利用低效土地或闲置土地建设婴幼儿照护服务机构和设施。对婴幼儿照护服务设施和非营利性婴幼儿照护服务机构建设用地，符合《划拨用地目录》的，可采取划拨方式予以保障。

（三）加强队伍建设。高等院校和职业院校（含技工院校）要根据需求开设婴幼儿照护相关专业，合理确定招生规模、课程设置和教学内容，将安全照护等知识和能力纳入教学内容，加快培养婴幼儿照护相关专业人才。将婴幼儿照护服务人员作为急需紧缺人员纳入培训规划，切实加强婴幼儿照护服务相关法律法规培训，增强从业人员法治意识；大力开展职业道德和安全教育、职业技能培训，提高婴幼儿照护服务能力和水平。依法保障从业人员合法权益，建设一支品德高尚、富有爱心、敬业奉献、素质优良的婴幼儿照护服务队伍。

（四）加强信息支撑。充分利用互联网、大数据、物联网、人工智能等技术，结合婴幼儿照护服务实际，研发应用婴幼儿照护服务信息管理系统，实现线上线下结合，在优化服务、加强管理、统计监测等方面发挥积极作用。

（五）加强社会支持。加快推进公共场所无障碍设施和母婴设施的建设和改造，开辟服务绿色通道，为婴幼儿出行、哺乳等提供便利条件，营造婴幼儿照护友好的社会环境。企业利用新技术、新工艺、新材料和新装备开发与婴幼儿照护相关的产品必须经过严格的安全评估和风险监测，切实保障安全性。

四、组织实施

（一）强化组织领导。各级政府要提高对发展婴幼儿照护服务的认识，将婴幼儿照护服务纳入经济社会发展相关规划和目标责任考核，发挥引导作用，制定切实管用的政策措施，促进婴幼儿照护服务规范发展。

（二）强化部门协同。婴幼儿照护服务发展工作由卫生健康部门牵头，发展改革、教育、公安、民政、财政、人力资源社会保障、自然资源、住房城乡建设、应急管理、税务、市场监管等部门要按照各自职责，加强对婴幼儿照护服务的指导、监督和管理。积极发挥工会、共青团、妇联、计划生育协会、宋庆龄基金会等群团组织和行业组织的作用，加强社会监督，强化行业自律，大力推动婴幼儿照护服务的健康发展。

（三）强化监督管理。加强对婴幼儿照护服务的监督管理，建立健全业务指导、督促检查、考核奖惩、安全保障和责任追究制度，确保各项政策措施、规章制度落实到位。按照属地管理和分工负责的原则，地方政府对婴幼儿照护服务的规范发展和安全监管负主要责任，制定婴幼儿照护服务的规范细则，各相关部门按照各自职责负监管责任。对履行职责不到位、发生安全事故的，要严格按照有关法律法规追究相关人员的责任。

（四）强化示范引领。在全国开展婴幼儿照护服务示范活动，建设一批示范单位，充分发挥示范引领、带动辐射作用，不断提高婴幼儿照护服务整体水平。

国务院办公厅

2019 年 4 月 17 日

附件：

促进 3 岁以下婴幼儿照护服务发展工作部门职责分工（略）

国务院关于实施健康中国行动的意见（节选）（2019-07-15）

国发〔2019〕13 号

各省、自治区、直辖市人民政府，国务院各部委、各直属机构：

人民健康是民族昌盛和国家富强的重要标志，预防是最经济最有效的健康策略。党中央、国务院发布《"健康中国2030"规划纲要》，提出了健康中国建设的目标和任务。党的十九大作出实施健康中国战略的重大决策部署，强调坚持预防为主，倡导健康文明生活方式，预防控制重大疾病。为加快推动从以治病为中心转变为以人民健康为中心，动员全社会落实预防为主方针，实施健康中国行动，提高全民健康水平，现提出以下意见。

一、行动背景

新中国成立后特别是改革开放以来，我国卫生健康事业获得了长足发展，居民主要健康指标总体优于中高收入国家平均水平。随着工业化、城镇化、人口老龄化进程加快，我国居民生产生活方式和疾病谱不断发生变化。心脑血管疾病、癌症、慢性呼吸系统疾病、糖尿病等慢性非传染性疾病导致的死亡人数占总死亡人数的88%，导致的疾病负担占疾病总负担的70%以上。居民健康知识知晓率偏低，吸烟、过量饮酒、缺乏锻炼、不合理膳食等不健康生活方式比较普遍，由此引起的疾病问题日益突出。肝炎、结核病、艾滋病等重大传染病防控形势仍然严峻，精神卫生、职业健康、地方病等方面问题不容忽视。

为坚持预防为主，把预防摆在更加突出的位置，积极有效应对当前突出健康问题，必须关口前移，采取有效干预措施，细化落实《"健康中国2030"规划纲要》对普及健康生活、优化健康服务、建设健康环境等部署，聚焦当前和今后一段时期内影响人民健康的重大疾病和突出问题，实施疾病预防和健康促进的中长期行动，健全全社会落实预防为主的制度体系，持之以恒加以推进，努力使群众不生病、少生病，提高生活质量。

二、总体要求

（一）指导思想。以习近平新时代中国特色社会主义思想为指导，全面贯彻党的十九大和十九届二中、三中全会精神，坚持以人民为中心的发展思想，坚持改革创新，贯彻新时代卫生与健康工作方针，强化政府、社会、个人责任，加快推动卫生健康工作理念、服务方式从以治病为中心转变为以人民健康为中心，建立健全健康教育体系，普及健康知识，引导群众建立正确健康观，加强早期干预，形成有利于健康的生活方式、生态环境和社会环境，延长健康寿命，为全方位全周期保障人民健康、建设健康中国奠定坚实基础。

（二）基本原则

普及知识、提升素养。把提升健康素养作为增进全民健康的前提，根据不同人群特点有针对性地加强健康教育与促进，让健康知识、行为和技能成为全民普遍具备的素质和能力，实现健康素养人人有。

自主自律、健康生活。倡导每个人是自己健康第一责任人的理念，激发居民热爱健康、追求健康的热情，养成符合自身和家庭特点的健康生活方式，合理膳食、科学运动、戒烟限酒、心理平衡，实现健康生活少生病。

早期干预、完善服务。对主要健康问题及影响因素尽早采取有效干预措施，完善防治策略，推动健康服务供给侧结构性改革，提供系统连续的预防、治疗、康复、健康促进一体化服务，加强医疗保障政策与健康服务的衔接，实现早诊早治早康复。

全民参与、共建共享。强化跨部门协作，鼓励和引导单位、社区（村）、家庭和个人行动起来，形成政府积极主导、社会广泛动员、人人尽责尽力的良好局面，实现健康中国行动齐参与。

（三）总体目标

到2022年，健康促进政策体系基本建立，全民健康素养水平稳步提高，健康生活方式加快推广，重大慢性病发病率上升趋势得到遏制，重点传染病、严重精神障碍、地方病、职业病得到有效防控，致残和死亡风险逐步降低，重点人群健康状况显著改善。

到 2030 年，全民健康素养水平大幅提升，健康生活方式基本普及，居民主要健康影响因素得到有效控制，因重大慢性病导致的过早死亡率明显降低，人均健康预期寿命得到较大提高，居民主要健康指标水平进入高收入国家行列，健康公平基本实现。

三、主要任务

……

7. 实施妇幼健康促进行动。孕产期和婴幼儿时期是生命的起点。针对婚前、孕前、孕期、儿童等阶段特点，积极引导家庭科学孕育和养育健康新生命，健全出生缺陷防治体系。加强儿童早期发展服务，完善婴幼儿照护服务和残疾儿童康复救助制度。促进生殖健康，推进农村妇女宫颈癌和乳腺癌检查。到 2022 年和 2030 年，婴儿死亡率分别控制在 7.5‰及以下和 5‰及以下，孕产妇死亡率分别下降到 18/10 万及以下和 12/10 万及以下。

……

国务院

2019 年 6 月 24 日

国务院办公厅关于促进养老托育服务健康发展的意见（2020-12-14）

国办发〔2020〕52 号

各省、自治区、直辖市人民政府，国务院各部委、各直属机构：

促进养老托育服务健康发展，有利于改善民生福祉，有利于促进家庭和谐，有利于培育经济发展新动能。为贯彻落实党中央、国务院决策部署，更好发挥各级政府作用，更充分激发社会力量活力，更好实现社会效益和经济效益相统一，持续提高人民群众的获得感、幸福感、安全感，经国务院同意，现提出以下意见。

一、健全老有所养、幼有所育的政策体系

（一）分层次加强科学规划布局。根据"一老一小"人口分布和结构变化，科学谋划"十四五"养老托育服务体系，促进服务能力提质扩容和区域均衡布局。省级人民政府要将养老托育纳入国民经济和社会发展规划统筹推进，并制定"十四五"养老托育专项规划或实施方案。建立常态化督查机制，督促专项规划或实施方案的编制和实施，确保新建住宅小区与配套养老托育服务设施同步规划、同步建设、同步验收、同步交付。

（二）统筹推进城乡养老托育发展。强化政府保基本兜底线职能，健全基本养老服务体系。优化乡村养老设施布局，整合区域内服务资源，开展社会化管理运营，不断拓展乡镇敬老院服务能力和辐射范围。完善老年人助餐服务体系，加强农村老年餐桌建设。探索在脱贫地区和城镇流动人口集聚区设置活动培训场所，依托基层力量提供集中托育、育儿指导、养护培训等服务，加强婴幼儿身心健康、社会交往、认知水平等方面早期发展干预。

（三）积极支持普惠性服务发展。大力发展成本可负担、方便可及的普惠性养老托育服务。引导各类主体提供普惠性服务，支持非营利性机构发展，综合运用规划、土地、住房、财政、投资、融资、人才等支持政策，扩大服务供给，提高服务质量，提升可持续发展能力。优化养老托育营商环境，推进要素市场制度建设，实现要素价格市场决定、流动自主有序、配置高效公平，促进公平竞争。

（四）强化用地保障和存量资源利用。在年度建设用地供应计划中保障养老托育用地需求，并结合实际安排在合理区位。调整优化并适当放宽土地和规划要求，支持各类主体利用存量低效用地和商业服务用地等开展养老托育服务。在不违反国家强制性标准和规定前提下，各地可结合实际制定存量房屋和设施改造为养老托育场所设施的建设标准、指南和实施办法。建立健全"一事一议"机制，定期集中处置存量房屋和设施改造手续办理、邻避民扰等问题。在城市居住社区建设补短板和城镇老旧小区改造中统筹推进养老托育服务设施建设，鼓励地方探索将老旧小区中的国企房屋和设施以适当方式转交政府集中改造利用。支持在社区综合服务设施开辟空间用于"一老一小"服务，探索允许空置公租房免费提供给社会力量供其在社区为老年人开展助餐助行、日间照料、康复护理、老年教育等服务。支持将各类房屋和设施用于发展养老托育，鼓励适当放宽最长租赁期限。非独立场所按照相关安全标准改造建设托育点并通过验收的，不需变更土地和房屋性质。

（五）推动财税支持政策落地。各地要建立工作协同机制，加强部门信息互通共享，确保税费优惠政策全面、及时惠及市场主体。同步考虑公建服务设施建设与后期运营保障，加强项目支出规划管理。完善运营补贴激励机制，引导养老服务机构优先接收经济困难的失能失智、高龄、计划生育特殊家庭老年人。对吸纳符合条件劳动者的养老托育机构按规定给予社保补贴。

（六）提高人才要素供给能力。加强老年医学、老年护理、社会工作、婴幼儿发展与健康管理、婴幼儿保育等学科专业建设，结合行业发展动态优化专业设置，完善教学标准，加大培养力度。按照国家职业技能标准和行业企业评价规范，加强养老托育从业人员岗前培训、岗位技能提升培训、转岗转业培训和创业培训。加大脱贫地区相关技能培训力度，推动大城市养老托育服务需求与脱贫地区劳动力供给有效对接。深化校企合作，培育产教融合型企业，支持实训基地建设，推行养老托育"职业培训包"和"工学一体化"培训模式。

二、扩大多方参与、多种方式的服务供给

（七）增强家庭照护能力。支持优质机构、行业协会开发公益课程，利用互联网平台等免费开放，依托居委会、村委会等基层力量提供养老育幼家庭指导服务，帮助家庭成员提高照护能力。建立常态化指导监督机制，加强政策宣传引导，强化家庭赡养老年人和监护婴幼儿的主体责任，落实监护人对孤寡老人、遗弃儿童的监护责任。

（八）优化居家社区服务。发展集中管理运营的社区养老和托育服务网络，支持具备综合功能的社区服务设施建设，引导专业化机构进社区、进家庭。建立家庭托育点登记备案制度，研究出台家庭托育点管理办法，明确登记管理、人员资质、服务规模、监督管理等制度规范，鼓励开展互助式服务。

（九）提升公办机构服务水平。加强公办和公建民营养老机构建设，坚持公益属性，切实满足特困人员集中供养需求。建立入住综合评估制度，结合服务能力适当拓展服务对象，重点为经济困难的失能失智、高龄、计划生育特殊家庭老年人提供托养服务。完善公建民营机制，打破以价格为主的筛选标准，综合从业信誉、服务水平、可持续性等质量指标，引进养老托育运营机构早期介入、全程参与项目工程建设，探索开展连锁化运营。

（十）推动培训疗养资源转型发展养老服务。按照"应改尽改、能转则转"的原则，将转型发展养老服务作为党政机关和国有企事业单位所属培训疗养机构改革的主要方向。各地要加大政策支持和协调推进力度，集中解决资产划转、改变土地用途、房屋报建、规划衔接等困难，确保转养老服务项目2022年底前基本投入运营。鼓励培训疗养资源丰富、养老需求较大的中东部地区先行突破，重点推进。

（十一）拓宽普惠性服务供给渠道。实施普惠养老托育专项行动，发挥中央预算内投资引领作用，以投资换机制，引导地方政府制定支持性"政策包"，带动企业提供普惠性"服务包"，建设一批普惠性养老服务机构和托育服务机构。推动有条件的用人单位以单独或联合相关单位共同举办的方式，在工作场所为职工提供托育服务。支持大型园区建设服务区内员工的托育设施。

（十二）引导金融机构提升服务质效。鼓励政府出资产业投资基金及市场化的创业投资基金、私募股权基金等按照市场化、法治化原则，加大对养老托育领域的投资力度。创新信贷支持方式，在依法合规、风险可控、商业可持续前提下，推进应收账款质押贷款，探索收费权质押贷款，落实好信贷人员尽职免责政策。鼓励金融机构合理确定贷款期限，灵活提供循环贷款、年审制贷款、分期还本付息等多种贷款产品和服务。扩大实施养老产业专项企业债券和养老项目收益债券，支持合理灵活设置债券期限、选择权及还本付息方式，鼓励发行可续期债券。引导保险等金融机构探索开发有针对性的金融产品，向养老托育行业提供增信支持。支持保险机构开发相关责任险及养老托育机构运营相关保险。

三、打造创新融合、包容开放的发展环境

（十三）促进康养融合发展。支持面向老年人的健康管理、预防干预、养生保健、健身休闲、文化娱乐、旅居养老等业态深度融合。发挥中医药独特优势，促进中医药资源广泛服务老年人群体。支持各类机构举办老年大学、参与老年教育，推动举办"老年开放大学""网上老年大学"，搭建全国老年教育资源共享和公共服务平台。

（十四）深化医养有机结合。发展养老服务联合体，支持根据老年人健康状况在居家、社区、机构间接续养老。为居家老年人提供上门医疗卫生服务，构建失能老年人长期照护服务体系。有效利用社区卫生服务机构、乡镇卫生院等基层医疗资源，开展社区医养结合能力提升行动。针对公共卫生突发事件，提升养老机构应急保障能力，增设隔离功能并配备必要的防控物资和设备，加强工作人员应急知识培训。

（十五）强化产品研发和创新设计。健全以企业为主体的创新体系，鼓励采用新技术、新工艺、新材料、新装备，增强以质量和信誉为核心的品牌意识，建立健全企业知识产权管理体系，推进高价值专利培育和商标品牌建设，培育养老托育服务、乳粉奶业、动画设计与制作等行业民族品牌。促进"一老一小"用品制造业设计能力提升，完善创新设计生态系统。

（十六）促进用品制造提质升级。逐步完善养老托育服务和相关用品标准体系，加强标准制修订，强化标准实施推广，探索建立老年用品认证制度。推进互联网、大数据、人工智能、5G等信息技术和智能硬件的深度应用，促进养老托育用品制造向智能制造、柔性生产等数字化方式转型。推进智能服务机器人后发赶超，启动康复辅助器具应用推广工程，实施智慧老龄化技术推广应用工程，构建安全便捷的智能化养老基础设施体系。鼓励国内外多方共建养老托育产业合作园区，加强市场、规则、标准方面的软联通，打造制造业创新示范高地。

（十七）培育智慧养老托育新业态。创新发展健康咨询、紧急救护、慢性病管理、生活照护、物品代购等智慧健康养老服务。发展"互联网+养老服务"，充分考虑老年群体使用感受，研究开发适老化智能产品，简化应用程序使用步骤及操作界面，引导帮助老年人融入信息化社会，创新"子女网上下单、老人体验服务"等消费模式，鼓励大型互联网企业全面对接养老服务需求，支持优质养老机构平台化发展，培育区域性、行业性综合信息平台。发展互联网直播互动式家庭育儿服务，鼓励开发婴幼儿养育课程、父母课堂等。

（十八）加强宜居环境建设。普及公共基础设施无障碍建设，鼓励有条件的地区结合城镇老旧小区改造加装电梯。加强母婴设施配套，在具备条件的公共场所普遍设置专席及绿色通道。引导房地产项目开发充分考虑养老育幼需求。指导各地加快推进老年人居家适老化改造。以满足老年人生活需求和营造婴幼儿成长环境为导向，推动形成一批具有示范意义的活力发展城市和社区。

四、完善依法从严、便利高效的监管服务

（十九）完善养老托育服务综合监管体系。以养老托育机构质量安全、从业人员、运营秩序等方面为重点加强监管。落实政府在制度建设、行业规划、行政执法等方面的监管责任，实行监管清单式管理，明确监管事项、监管依据、监管措施、监管流程、监管结果及时向社会公布。养老托育机构对依法登记、备案承诺、履约服务、质量安全、应急管理、消防安全等承担主体责任。健全行业自律规约，加强正面宣传引导和社会舆论监督，加快构建以信用为基础的新型监管机制。

（二十）切实防范各类风险。加强突发事件应对，建立完善养老托育机构突发事件预防与应急准备、监测与预警、应急处置与救援、事后恢复与重建等工作机制。将养老托育纳入公共安全重点保障范围，支持服务机构安全平稳运转。完善退出机制，建立机构关停等特殊情况应急处置机制。严防"一老一小"领域以虚假投资、欺诈销售、高额返利等方式进行的非法集资，保护消费者合法权益。

（二十一）优化政务服务环境。完善机构设立办事指南，优化办事流程，实施并联服务，明确办理时限，推进"马上办、网上办、就近办"。制定养老托育政务服务事项清单，推进同一事项无差别受理、同标准办理，力争实现"最多跑一次"。推进养老托育政务服务的"好差评"工作，完善评价规则，加强评价结果运用，改进提升政务服务质量。

（二十二）积极发挥多方合力。支持公益慈善类社会组织参与，鼓励机构开发志愿服务项目，建立健全"一老一小"志愿服务项目库。引导互联网平台等社会力量建立养老托育机构用户评价体系。以普惠为导向建立多元主体参与的养老和托育产业合作平台，在要素配置、行业自律、质量安全、国际合作等方面积极作为。发挥行业协会商会等社会组织积极性，开展机构服务能力综合评价，引领行业规范发展，更好弘扬尊老爱幼社会风尚。

（二十三）强化数据资源支撑。依据养老产业统计分类，开展养老产业认定方法研究，推进重要指标年度统计。探索构建托育服务统计指标体系。利用智库和第三方力量加强研究，开展人口趋势预测和养老托育产业前景展望，通过发布年度报告、白皮书等形式，服务产业发展，引导社会预期。

坚持党委领导、政府主导，地方各级政府要建立健全"一老一小"工作推进机制，结合实际落实本意见要求，以健全政策体系、扩大服务供给、打造发展环境、完善监管服务为着力点，促进养老托育健康发展，定期向同级人民代表大会常务委员会报告服务能力提升成效。国务院各部门要根据职责分工，制定具体落实举措，推动各项任务落地。国家发展改革委要建立"一老一小"服务能力评价机制，加强对本意见落实工作的跟踪督促，及时向国务院报告。

附件：促进养老托育服务健康发展重点任务分工表（略）

国务院办公厅

2020 年 12 月 14 日

中国儿童发展纲要（2021—2030）（节选）（2021-09-27）

……

二、发展领域、主要目标和策略措施

（一）儿童与健康。

主要目标：

1. 覆盖城乡的儿童健康服务体系更加完善，儿童医疗保健服务能力明显增强，儿童健康水平不断提高。

2. 普及儿童健康生活方式，提高儿童及其照护人健康素养。

3. 新生儿、婴儿和 5 岁以下儿童死亡率分别降至 3.0‰、5.0‰和 6.0‰以下，地区和城乡差距逐步缩小。

4. 构建完善覆盖婚前、孕前、孕期、新生儿和儿童各阶段的出生缺陷防治体系，预防和控制出生缺陷。

5. 儿童常见疾病和恶性肿瘤等严重危害儿童健康的疾病得到有效防治。

6. 适龄儿童免疫规划疫苗接种率以乡（镇、街道）为单位保持在 90%以上。

7. 促进城乡儿童早期发展服务供给，普及儿童早期发展的知识、方法和技能。

8. 5 岁以下儿童贫血率和生长迟缓率分别控制在 10% 和 5% 以下，儿童超重、肥胖上升趋势得到有效控制。

9. 儿童新发近视率明显下降，小学生近视率降至 38% 以下，初中生近视率降至 60% 以下，高中阶段学生近视率降至 70% 以下。0—6 岁儿童眼保健和视力检查覆盖率达到 90% 以上。

……

策略措施：

1. 优先保障儿童健康。将儿童健康理念融入经济社会发展政策，儿童健康主要指标纳入政府目标和责任考核。完善涵盖儿童的基本医疗卫生制度，加强儿童医疗保障政策与公共卫生政策衔接。加大对儿童医疗卫生与健康事业的投入力度，支持革命老区、民族地区、边疆地区和欠发达地区的儿童健康事业发展，逐步实现基本妇幼健康服务均等化。建设统一的妇幼健康信息平台，推动妇幼健康信息平台与电子健康档案的互联互通和信息共享，完善妇幼健康统计调查制度，推行"互联网+妇幼健康"服务模式，完善妇幼健康大数据，加强信息互联共享，实现儿童健康全周期全过程管理和服务的信息化、智能化。开展"儿童健康综合发展示范县"创建活动。

2. 完善儿童健康服务体系。构建国家、区域、省、市、县级儿童医疗保健服务网络，以妇幼保健机构、儿童医院和综合医院儿科为重点，统筹规划和配置区域内儿童健康服务资源。省、市、县级均各设置 1 所政府举办、标准化的妇幼保健机构，每千名儿童拥有儿科执业（助理）医生达到 1.12 名、床位增至 3.17 张。建立完善以区县妇幼保健机构为龙头、乡镇卫生院、社区卫生服务中心为枢纽，村卫生室为基础的基层儿童保健服务网络，每所乡镇卫生院、社区卫生服务中心至少配备 1 名提供规范儿童基本医疗服务的全科医生，至少配备 2 名专业从事儿童保健的医生。完善儿童急救体系。加快儿童医学人才培养，提高全科医生的儿科和儿童保健专业技能，提高儿科医务人员薪酬待遇。

3. 加大儿童健康知识宣传普及力度。强化父母或其他监护人是儿童健康第一责任人的理念，依托家庭、社区、学校、幼儿园、托育机构，加大科学育儿、预防疾病、及时就医、合理用药、合理膳食、应急避险、心理健康等知识和技能宣传普及力度，促进儿童养成健康行为习惯。构建全媒体健康知识传播机制。发挥健康科普专家库和资源库作用。推进医疗机构规范设置"孕妇学校"和家长课堂，鼓励医疗机构、医务人员、相关社会组织等开展健康科普活动。预防和制止儿童吸烟（含电子烟）、酗酒，保护儿童远离毒品。

4. 保障新生儿安全与健康。深入实施危重新生儿筛查与评估、高危新生儿专案管理、危急重症救治、新生儿死亡评审等制度。加强新生儿规范化访视工作，新生儿访视率保持在 90% 以上。完善医疗机构产科、新生儿科质量规范化管理体系，加强新生儿保健专科建设。依托现有机构加强危重新生儿救治中心建设，强化危重新生儿救治保障。

5. 加强出生缺陷综合防治。建立多部门联动防治出生缺陷的工作机制，落实出生缺陷三级防治措施，加强知识普及和出生缺陷防控咨询，推广婚姻登记、婚育健康宣传教育、生育指导"一站式"服务。强化婚前孕前保健，提升产前筛查和诊断能力，推动围孕期、产前产后一体化和多学科诊疗协作，规范服务与质量监管。扩大新生儿疾病筛查病种范围，建立筛查、阳性病例召回、诊断、治疗和随访一体化服务模式，促进早筛早诊早治。加强地中海贫血防治。健全出生缺陷防治网络，加强出生缺陷监测，促进出生缺陷防治领域科技创新和成果转化。

6. 加强儿童保健服务和管理。加强儿童保健门诊标准化、规范化建设，提升儿童保健服务质量。扎实开展0—6岁儿童健康管理工作，3岁以下儿童系统管理率和7岁以下儿童健康管理率保持在90%以上。推进以视力、听力、肢体、智力及孤独症等五类残疾为重点的0—6岁儿童残疾筛查，完善筛查、诊断、康复、救助相衔接的工作机制。提高儿童康复服务能力和水平。增强学校、幼儿园、托育机构的常见病预防保健能力，按标准配备校医、幼儿园及托育机构卫生保健人员和必要保健设备。加强对孤儿、流动儿童、留守儿童和困境儿童等重点人群的健康管理。

7. 强化儿童疾病防治。以早产、低出生体重、贫血、肥胖、心理行为异常、视力不良、龋齿等儿童健康问题为重点，推广儿童疾病防治适宜技术，建立早期筛查、诊断和干预服务机制。加强儿童口腔保健，12岁儿童龋患率控制在25%以内。加强儿童重大传染性疾病、新发传染病管理以及艾滋病、梅毒、乙肝母婴阻断工作。完善儿童血液病、恶性肿瘤等重病诊疗体系、药品供应制度、综合保障制度，开发治疗恶性肿瘤等疾病的特效药。科学合理制定罕见病目录，加强罕见病管理。推广应用中医儿科适宜技术。

8. 加强儿童免疫规划疫苗管理和预防接种。扩大国家免疫规划，维持较高水平的国家免疫规划疫苗接种率。支持多联多价等新型疫苗研制。加强疫苗研制、生产、流通和预防接种管理。完善预防接种异常反应补偿相关政策。

9. 加强儿童早期发展服务。建立健全多部门协作的儿童早期发展工作机制，开展涵盖良好健康、充足营养、回应性照护、早期学习、安全保障等多维度的儿童早期发展综合服务。加强对家庭和托育机构的婴幼儿早期发展指导服务。促进儿童早期发展服务进农村、进社区、进家庭，探索推广入户家访指导等适合农村边远地区儿童、困境儿童的早期发展服务模式。

10. 改善儿童营养状况。关注儿童生命早期1 000天营养，开展孕前、孕产期营养与膳食评价指导。实施母乳喂养促进行动，强化爱婴医院管理，加强公共场所和工作场所母婴设施建设，6个月内婴儿纯母乳喂养率达到50%以上。普及为6月龄以上儿童合理添加辅食的知识技能。开展儿童生长发育监测和评价，加强个性化营养指导，保障儿童营养充足。加强食育教育，引导科学均衡饮食、吃动平衡，预防控制儿童超重和肥胖。加强学校、幼儿园、托育机构的营养健康教育和膳食指导。加大碘缺乏病防治知识宣传普及力度。完善食品标签体系。

11. 有效控制儿童近视。加强0—6岁儿童眼保健和视力检查工作，推动建立儿童视力电子档案。减轻学生学业负担，指导监督学生做好眼保健操，纠正不良读写姿势。保障学校、幼儿园、托育机构室内采光、照明和课桌椅、黑板等达到规定标准。指导家长掌握科学用眼护眼知识并引导儿童科学用眼护眼。教育儿童按需科学规范合理使用电子产品。确保儿童每天接触户外自然光不少于 1 小时。

12. 增强儿童身体素质。推进阳光体育运动，开足开齐体育与健康课。保障儿童每天至少 1 小时中等及以上强度的运动，培养儿童良好运动习惯。全面实施《国家学生体质健康标准》，完善学生健康体检和体质监测制度。鼓励公共体育场馆设施免费或优惠向周边学校和儿童开放，落实学校体育场馆设施在课余和节假日向学生开放政策，支持学校向体育类社会组织购买课后体育服务。进一步加大户外运动、健身休闲等配套公共基础设施建设力度。合理安排儿童作息，保证每天睡眠时间小学生达到 10 小时、初中生达到 9 小时、高中生达到 8 小时。

13. 加强儿童心理健康服务。构建儿童心理健康教育、咨询服务、评估治疗、危机干预和心理援助公共服务网络。中小学校配备心理健康教育教师。积极开展生命教育和挫折教育，培养儿童珍爱生命意识和自我情绪调适能力。关注和满足孤儿、事实无人抚养儿童、留守儿童和困境儿童心理发展需要。提高教师、家长预防和识别儿童心理行为异常的能力，加强儿童医院、精神专科医院和妇幼保健机构儿童心理咨询及专科门诊建设。大力培养儿童心理健康服务人才。

14. 为儿童提供性教育和性健康服务。引导儿童树立正确的性别观念和道德观念，正确认识两性关系。将性教育纳入基础教育体系和质量监测体系，增强教育效果。引导父母或其他监护人根据儿童年龄阶段和发展特点开展性教育，加强防范性侵害教育，提高儿童自我保护意识和能力。促进学校与医疗机构密切协作，提供适宜儿童的性健康服务，保护就诊儿童隐私。设立儿童性健康保护热线。

15. 加强儿童健康领域科研创新。围绕儿童重大疾病的预防、诊断、治疗、康复和健康管理开展基础研究和应用研究。加强儿科科技创新基地、平台建设，发挥儿科医学领域国家临床医学研究中心重要作用。鼓励儿童用药研发生产，加快儿童用药申报审批工作。完善儿童临床用药规范，药品说明书明确表述儿童用药信息。扩大国家基本药物目录中儿科用药品种和剂型范围，探索制定国家儿童基本药物目录，及时更新儿童禁用药品目录。推动儿童健康科技国际交流合作。

（二）儿童与安全。

……

策略措施：

1. 创建儿童安全环境。树立儿童伤害可防可控意识，通过宣传教育、改善环境、加强执法、使用安全产品、开展评估等策略，创建有利于儿童成长的家庭、学校、社区安全环境。开展安全自护教育，提高儿童及其看护人的安全意识，帮助其掌握安全知识技能，培养儿童安全行为习惯。落实学校、幼儿园、托育机构等安全管理主体责任，开展儿童防伤害、防暴力、避灾险、会自救等教育活动。

……

5. 预防和控制儿童跌倒、跌落、烧烫伤、中毒等伤害。消除环境危险因素，推广使用窗户护栏、窗口限位器等防护用品，减少儿童跌倒、跌落。教育儿童远离火源，引导家庭分隔热源，安全使用家用电器，推广使用具有儿童保护功能的家用电器，预防儿童烧烫伤。推广使用儿童安全包装，提升儿童看护人对农药、药物、日用化学品等的识别及保管能力，避免儿童中毒。预防婴幼儿窒息，提升看护人对婴幼儿有效照护能力。规范犬类管理及宠物饲养，预防动物咬伤。加强防灾减灾教育，提高儿童及其看护人针对地震、火灾、踩踏等的防灾避险技能。

6. 加强儿童食品安全监管。完善儿童食品安全标准体系。强化婴幼儿配方食品和婴幼儿辅助食品安全监管，加大婴幼儿配方乳粉产品抽检监测及不合格食品处罚力度。落实学校、幼儿园、托育机构食品安全管理主体责任，消除儿童集体用餐各环节食品安全隐患，加强校内及周边食品安全监管。严肃查处食品安全违法违规行为。

......

12. 完善监测机制。建立健全国家和地方儿童遭受意外和暴力伤害监测体系，通过医疗机构、学校、幼儿园、托育机构、社区、司法机关等多渠道收集儿童伤害数据，促进数据规范化。建立多部门、多专业参与的数据共享、分析、评估和利用工作机制。

......

（四）儿童与福利。

......

策略措施：

5. 发展普惠托育服务体系。将婴幼儿照护服务纳入经济社会发展规划，研究编制托育服务发展专项规划，强化政策引导，综合运用土地、住房、财政、金融、人才等支持政策，扩大托育服务供给。大力发展多种形式的普惠托育服务，推动建设一批承担指导功能的示范托育服务机构和社区托育服务设施，支持有条件的用人单位为职工提供托育服务，鼓励国有企业等主体积极参与各级政府推动的普惠托育服务体系建设，支持和引导社会力量依托社区提供普惠托育服务，鼓励和支持有条件的幼儿园招收2—3岁幼儿，制定家庭托育点管理办法。加大专业人才培养培训力度，依法逐步实行从业人员职业资格准入制度。制定完善托育服务的标准规范，加强综合监管，推动托育服务规范健康发展。

......

（五）儿童与家庭。

......

策略措施：

8. 完善支持家庭生育养育教育的法律法规政策。推进家庭教育立法及实施。完善三孩生育政策配套措施。促进出生人口性别比趋于正常。提高优生优育服务水平，增加优质普惠托育服务供给，推进教育公平与优质教育资源供给，落实产假制度和生育津贴，探索实施父母育儿假。推动将3岁以下婴幼儿照护服务费用纳入个人所得税专项附加扣除，加强住房等支持政策，减轻生育养育教育负担。将困境儿童及其家庭支持与保障作为家庭支持政策的优先领域。加快完善家政服务标准，提高家庭服务智慧化和数字化水平。鼓励用人单位创办母婴室和托育托管服务设施，实施弹性工时、居家办公等灵活的家庭友好措施。

......

"十四五"城乡社区服务体系建设规划（节选）（2022-01-21）

......

一、谱写城乡社区服务体系建设新篇章

......

（二）战略导向。

加强城乡社区服务体系建设，是立足新发展阶段，不断夯实国家治理体系和治理能力基础的重大举措，是贯彻新发展理念，不断满足人民群众对更高生活品质新期待的重要途径，是进一步扩大内需、促进就业、拉动消费，不断推动构建新发展格局的重要抓手。必须围绕中心、服务大局，优先发展社区就业、养老、托育服务，大力发展社区服务业。必须走共同富裕道路，保障特殊困难群体平等享受有关基本公共服务，彰显公平正义。必须强化问题导向，补齐社区应急管理、风险防控、医疗卫生、社会心理服务等方面短板弱项。必须深化改革创新，充分运用数字技术为社区赋能减负，提升服务品质和效能。

......

三、增加城乡社区服务供给

......

（八）强化为民服务功能。

聚焦幼有所育、学有所教、病有所医、老有所养、弱有所扶和文体服务有保障，推动基本公共服务资源向村（社区）下沉。重点强化社区养老、托育、助残服务供给，做好对困难群体和特殊人群关爱照护，推动社区与居家养老服务协同发展。着力提升基层卫生、医疗保障服务能力，做好传染病、慢性病防控和儿童保健等工作，推进健康社区和村（居）民委员会下属公共卫生委员会建设。加强基层公共就业服务，在有条件的村（社区）设立就业创业空间，重点为村（社区）居民中的失业人员、就业困难人员、高校毕业生、退役军人、农村转移劳动力、残疾人等群体提供服务。大力发展社区教育，助力构建终身学习体系。扩大文化、体育、科普等公共服务供给。加强婚姻家庭文化服务。适应农村经济社会发展，增加行政村和较大自然村基本公共服务供给，提升邮政、金融、电信、供销、广播电视等公共事业服务水平。重点加强脱贫村和易地扶贫搬迁集中安置社区的教育、卫生、就业、社保、养老、社会救助、未成年人保护、环境保护等公共服务资源配置。

（九）强化便民服务功能。

全面推进城市一刻钟便民生活圈建设，加快推进农村生活服务便利化。引导市场、社会力量发展社区托育、养老等服务业态。推动物流配送、快递、再生资源回收网点设施辐射符合条件的村（社区），鼓励发展社区物业、维修、家政、餐饮、零售、美容美发等生活性服务业，支持相关企业在村（社区）设置服务网点，满足居民多样化需求。鼓励有条件的地方引进专业化物业服务，建立健全业主和物业服务企业双向选择机制。完善城市居民委员会组织体系，指导和监督业主委员会、物业服务企业依法履行职责。依托村级综合服务设施、供销合作社等强化农村地区农产品收购、农资供应等服务供给。

……

五、加快社区服务数字化建设

……

（十四）构筑美好数字服务新场景。

开发社区协商议事、政务服务办理、养老、家政、卫生、托育等网上服务项目应用，推动社区物业设备设施、安防等智能化改造升级。集约建设智慧社区信息系统，开发智慧社区移动应用服务，加速线上线下融合。推进数字社区服务圈、智慧家庭建设，促进社区家庭联动智慧服务生活圈发展。大力发展社区电子商务，探索推动无人物流配送进社区。推动"互联网+"与社区服务的深度融合，逐步构建服务便捷、管理精细、设施智能、环境宜居、私密安全的智慧社区。以县（市、区、旗）为单位，支持利用互联网、物联网、区块链等现代信息技术，深入组织开展智慧社区、现代社区服务体系试点建设，高效匹配社区全生活链供需，扩大多层次便利化社会服务供给。鼓励社会资本投资建设智慧社区，运用第五代移动通信（5G）、物联网等现代信息技术推进智慧社区信息基础设施建设。

……

七、组织保障

……

（十八）政策保障。

按规定落实经费保障，确保村（社区）组织有钱为民办事，确保管理服务有效覆盖常住人口。统筹利用现有资金渠道，支持社区服务项目和设施建设。鼓励通过慈善捐赠等方式，引导社会资金投向城乡社区治理领域。切实保障社区综合服务设施建设用地，优先用于社区养老、托育、助残、未成年人保护等服务。落实城乡社区服务税收、公用事业收费、用工保险和社会组织登记等优惠政策。社区服务网点的水、电、气、热执行居民生活类价格。

（十九）法治支撑。推动修订并贯彻实施《中华人民共和国村民委员会组织法》《中华人民共和国城市居民委员会组织法》等法律法规。制定实施农村社区服务站建设标准，强化村级综合服务功能。完善社区公共服务目录及准入制度，全面规范、清理村（居）民委员会出具证明事项，推动为村（社区）减负增效，让社区工作者有更多时间服务群众。研究制定社区服务法规政策、社区服务质量综合评价体系及认证办法，完善村（社区）志愿服务、社会工作专业服务制度。探索建立养老、托育、家政、物业等领域社区服务信用管理体系。推进社区服务标准化建设，鼓励制定社区服务标准，研究制定智慧社区建设标准，加强数据安全管理和居民隐私保护。加强村（社区）服务档案建设，提高档案管理信息化水平。

……

（一）卫生健康营养相关政策文件

托儿所幼儿园卫生保健工作规范（节选）（2012-05-09）

为贯彻落实《托儿所幼儿园卫生保健管理办法》（以下简称《管理办法》），加强托儿所、幼儿园（以下简称托幼机构）卫生保健工作，切实提高托幼机构卫生保健工作质量，特制定《托儿所幼儿园卫生保健工作规范》（以下简称《规范》）。

托幼机构卫生保健工作的主要任务是贯彻预防为主、保教结合的工作方针，为集体儿童创造良好的生活环境，预防控制传染病，降低常见病的发病率，培养健康的生活习惯，保障儿童的身心健康。

第一部分　卫生保健工作职责

一、托幼机构

（一）按照《管理办法》要求，设立保健室或卫生室，其设置应当符合本《规范》保健室设置基本要求。根据接收儿童数量配备符合相关资质的卫生保健人员。

（二）新设立的托幼机构，应当按照本《规范》卫生评价的要求进行设计和建设，招生前应当取得县级以上卫生行政部门指定的医疗卫生机构出具的符合本《规范》的卫生评价报告。

（三）制订适合本园（所）的卫生保健工作制度和年度工作计划，定期检查各项卫生保健制度的落实情况。

（四）严格执行工作人员和儿童入园（所）及定期健康检查制度。坚持晨午检及全日健康观察工作，卫生保健人员应当深入各班巡视。做好儿童转园（所）健康管理工作。定期开展儿童生长发育监测和五官保健，将儿童体检结果及时反馈给家长。

（五）加强园（所）的传染病预防控制工作。做好入园（所）儿童预防接种证的查验，配合有关部门按时完成各项预防接种工作。建立儿童传染病预防控制制度，做好晨午检，儿童缺勤要追查，因病缺勤要登记。明确传染病疫情报告人，发现传染病病人或疑似传染病人要早报告、早治疗，相关班级要重点消毒管理。做好园（所）内环境卫生、各项日常卫生和消毒工作。

（六）加强园（所）的伤害预防控制工作，建立因伤害缺勤登记报告制度，及时发现安全隐患，做好园（所）内伤害干预和评估工作。

（七）根据各年龄段儿童的生理、心理特点，在卫生保健人员参与下制订合理的一日生活制度和体格锻炼计划，开展适合儿童年龄特点的保育工作和体格锻炼。

（八）严格执行食品安全工作要求，配备食堂从业、管理人员和食品安全监管人员，制订各岗位工作职责，上岗前应当参加食品安全。

（九）卫生保健人员应当按时参加妇幼保健机构召开的工作例会，并接受相关业务培训与指导；定期对托幼机构内工作人员进行卫生保健知识的培训；积极开展传染病、常见病防治的健康教育，负责消毒隔离工作的检查指导，做好疾病的预防与管理。

（十）根据工作要求，完成各项卫生保健工作记录的填写，作好各种统计分析，并将数据按要求及时上报辖区内妇幼保健机构。

二、妇幼保健机构

（一）配合卫生行政部门，制订辖区内托幼机构卫生保健工作规划、年度计划并组织实施，制订辖区内托幼机构卫生保健工作评估实施细则，建立完善的质量控制体系和评估制度。

（二）依据《管理办法》，由卫生行政部门指定的妇幼保健机构对新设立的托幼机构进行招生前的卫生评价工作，并出具卫生评价报告。

（三）受卫生行政部门委托，妇幼保健机构对取得办园（所）资格的托幼机构每3年进行1次卫生保健工作综合评估，并将结果上报卫生行政部门。

（四）地市级以上妇幼保健机构负责对当地托幼机构卫生保健人员进行岗前培训及考核，合格者颁发培训合格证。县级以上妇幼保健机构每年至少组织1次相关知识的业务培训或现场观摩活动。

（五）妇幼保健机构定期对辖区内的托幼机构卫生保健工作进行业务指导。内容包括一日生活安排、儿童膳食、体格锻炼、健康检查、卫生消毒、疾病预防、伤害预防、心理行为保健、健康教育、卫生保健资料管理等工作。

（六）协助辖区内食品药品监督管理、卫生监督和疾病预防控制等部门，开展食品安全、传染病预防与控制宣传教育等工作。

（七）对辖区内承担托幼机构儿童和工作人员健康检查服务的医疗卫生机构进行相关专业技术的指导和培训。

（八）负责定期组织召开辖区内托幼机构卫生保健工作例会，交流经验、学习卫生保健知识和技能。收集信息，掌握辖区内托幼机构卫生保健情况，为卫生行政部门决策提供相关依据。

三、相关机构

（一）疾病预防控制机构负责定期为托幼机构提供疾病预防控制的宣传、咨询服务和指导。

（二）卫生监督执法机构依法对托幼机构的饮用水卫生、传染病预防和控制等工作进行监督检查。

（三）食品药品监督管理机构中负责餐饮服务监督管理的部门依法加强对托幼机构食品安全的指导与监督检查。

（四）乡镇卫生院、村卫生室和社区卫生服务中心（站）应通过妇幼卫生网络、预防接种系统以及日常医疗卫生服务等多种途径掌握辖区中的适龄儿童数，并加强与托幼机构的联系，取得配合，做好儿童的健康管理。

第二部分　卫生保健工作内容与要求

一、一日生活安排

（一）托幼机构应当根据各年龄段儿童的生理、心理特点，结合本地区的季节变化和本托幼机构的实际情况，制订合理的生活制度。

（二）合理安排儿童作息时间和睡眠、进餐、大小便、活动、游戏等各个生活环节的时间、顺序和次数，注意动静结合、集体活动与自由活动结合、室内活动与室外活动结合，不同形式的活动交替进行。

（三）保证儿童每日充足的户外活动时间。全日制儿童每日不少于 2 小时，寄宿制儿童不少于 3 小时，寒冷、炎热季节可酌情调整。

（四）根据儿童年龄特点和托幼机构服务形式合理安排每日进餐和睡眠时间。制订餐、点数，儿童正餐间隔时间 3.5~4 小时，进餐时间 20~30 分钟餐，餐后安静活动或散步时间 10~15 分钟。3~6 岁儿童午睡时间根据季节以 2~2.5 小时/日为宜，3 岁以下儿童日间睡眠时间可适当延长。

（五）严格执行一日生活制度，卫生保健人员应当每日巡视，观察班级执行情况，发现问题及时予以纠正，以保证儿童在托幼机构内生活的规律性和稳定性。

二、儿童膳食

（一）膳食管理。

1. 托幼机构食堂应当按照《食品安全法》《食品安全法实施条例》以及《餐饮服务许可管理办法》《餐饮服务食品安全监督管理办法》《学校食堂与学生集体用餐卫生管理规定》等有关法律法规和规章的要求，取得《餐饮服务许可证》，建立健全各项食品安全管理制度。

2. 托幼机构应当为儿童提供符合国家《生活饮用水卫生标准》的生活饮用水。保证儿童按需饮水。每日上、下午各 1~2 次集中饮水。1~3 岁儿童饮水量 50~100 毫升/次，3~6 岁儿童饮水量 100~150 毫升/次，并根据季节变化酌情调整饮水量。

3. 儿童膳食应当专人负责，建立有家长代表参加的膳食委员会并定期召开会议，进行民主管理。工作人员与儿童膳食要严格分开，儿童膳食费专款专用，账目每月公布，每学期膳食收支盈亏不超过 2%。

4. 儿童食品应当在具有《食品生产许可证》或《食品流通许可证》的单位采购。食品进货前必须采购查验及索票索证，托幼机构应建立食品采购和验收记录。

5. 儿童食堂应当每日清扫、消毒，保持内外环境整洁。食品加工用具必须生熟标识明确、分开使用、定位存放。餐饮具、熟食盛器应在食堂或清洗消毒间集中清洗消毒，消毒后保洁存放。库存食品应当分类、注有标识、注明保质日期、定位储藏。

6. 禁止加工变质、有毒、不洁、超过保质期的食物，不得制作和提供冷荤凉菜。留样食品应当按品种分别盛放于清洗消毒后的密闭专用容器内，在冷藏条件下存放 48 小时以上；每样品种不少于 100 克以满足检验需要，并作好记录。

7. 进餐环境应当卫生、整洁、舒适。餐前做好充分准备，按时进餐，保证儿童情绪愉快，培养儿童良好的饮食行为和卫生习惯。

（二）膳食营养。

1. 托幼机构应当根据儿童生理需求，以《中国居民膳食指南》为指导，参考"中国居民膳食营养素参考摄入量（DRIs）"和各类食物每日参考摄入量（见表1），制订儿童膳食计划。

2. 根据膳食计划制订带量食谱，1~2 周更换 1 次。食物品种要多样化且合理搭配。

3. 在主副食的选料、洗涤、切配、烹调的过程中，方法应当科学合理，减少营养素的损失，符合儿童清淡口味，达到营养膳食的要求。烹调食物注意色、香、味、形，提高儿童的进食兴趣。

4. 托幼机构至少每季度进行 1 次膳食调查和营养评估。儿童热量和蛋白质平均摄入量全日制托幼机构应当达到"DRIs"的 80% 以上，寄宿制托幼机构应当达到"DRIs"的 90% 以上。维生素 A、B_1、B_2、C 及矿物质钙、铁、锌等应当达到"DRIs"的 80% 以上。三大营养素热量占总热量的百分比是蛋白质 12%~15%，脂肪 30%~35%，碳水化合物 50%~60%。每日早餐、午餐、晚餐热量分配比例为 30%、40% 和 30%。优质蛋白质占蛋白质总量的 50% 以上。

5. 有条件的托幼机构可为贫血、营养不良、食物过敏等儿童提供特殊膳食。不提供正餐的托幼机构，每日至少提供 1 次点心。

表 1 儿童各类食物每日参考摄入量

食物种类	1~3 岁	3~6 岁
谷类	100~150 克	180~260 克
蔬菜类	150~200 克	200~250 克
水果类	150~200 克	150~300 克
鱼虾类	100 克	40~50 克
禽畜肉类	100 克	30~40 克
蛋类	100 克	60 克
液态奶	350~500 毫升	300~400 毫升
大豆及豆制品	—	25 克
烹调油	20~25 克	25~30 克

注：《中国孕期、哺乳期妇女和 0~6 岁儿童膳食指南》（中国营养学会妇幼分会，2010 年）。

三、体格锻炼

（一）托幼机构应当根据儿童的年龄及生理特点，每日有组织地开展各种形式的体格锻炼，掌握适宜的运动强度，保证运动量，提高儿童身体素质。

（二）保证儿童室内外运动场地和运动器械的清洁、卫生、安全，做好场地布置和运动器械的准备。定期进行室内外安全隐患排查。

（三）利用日光、空气、水和器械，有计划地进行儿童体格锻炼。做好运动前的准备工作。运动中注意观察儿童面色、精神状态、呼吸、出汗量和儿童对锻炼的反应，若有不良反应要及时采取措施或停止锻炼；加强运动中的保护，避免运动伤害。运动后注意观察儿童的精神、食欲、睡眠等状况。

（四）全面了解儿童健康状况，患病儿童停止锻炼；病愈恢复期的儿童运动量要根据身体状况予以调整；体弱儿童的体格锻炼进程应当较健康儿童缓慢，时间缩短，并要对儿童运动反应进行仔细的观察。

四、健康检查

（一）儿童健康检查。

1. 入园（所）健康检查。

（1）儿童入托幼机构前应当经医疗卫生机构进行健康检查，合格后方可入园（所）。

（2）承担儿童入园（所）体检的医疗卫生机构及人员应当取得相应的资格，并接受相关专业技术培训。应当按照《管理办法》规定的项目开展健康检查，规范填写"儿童入园（所）健康检查表（见附件 1）"，不得违反规定擅自改变健康检查项目。

（3）儿童入园（所）体检中发现疑似传染病者应当"暂缓入园（所）"，及时确诊治疗。

（4）儿童入园（所）时，托幼机构应当查验"儿童入园（所）健康检查表""0~6 岁儿童保健手册""预防接种证"。发现没有预防接种证或未依照国家免疫规划受种的儿童，应当在 30 日内向托幼机构所在地的接种单位或县级疾病预防控制机构报告，督促监护人带儿童到当地规定的接种单位补证或补种。托幼机构应当在儿童补证或补种后复验预防接种证。

2. 定期健康检查。

（1）承担儿童定期健康检查的医疗卫生机构及人员应当取得相应的资格。儿童定期健康检查项目包括：测量身长（身高）、体重，检查口腔、皮肤、心肺、肝脾、脊柱、能肢等，测查视力、听力，检测血红蛋白或血常规。

（2）1~3 岁儿童每年健康检查 2 次，每次间隔 6 个月；3 岁以上儿童每年健康检查 1 次。所有儿童每年进行 1 次血红蛋白或血常规检测。1~3 岁儿童每年进行 1 次听力筛查；4 岁以上儿童每年检查 1 次视力。体检后应当及时向家长反馈健康检查结果。

（3）儿童离开园（所）3 个月以上需重新按照入园（所）检查项目进行健康检查。

（4）转园（所）儿童持原托幼机构提供的"儿童转园（所）健康证明""0~6 岁儿童保健手册"可直接转园（所）。"儿童转园（所）健康证明"有效期 3 个月。

3. 晨午检及全日健康观察。

（1）做好每日晨间或午间入园（所）检查。检查内容包括询问儿童在家有无异常情况，观察精神状况、有无发热和皮肤异常，检查有无携带不安全物品等，发现问题及时处理。

（2）应当对儿童进行全日健康观察，内容包括饮食、睡眠、大小便、精神状况、情绪、行为等，并作好观察及处理记录。

（3）卫生保健人员每日深入班级巡视 2 次，发现患病、疑似传染病儿童应当尽快隔离并与家长联系，及时到医院诊治，并追访诊治结果。

（4）患病儿童应当离园（所）休息治疗。如果接受家长委托喂药时，应当做好药品交接和登记，并请家长签字确认。

（二）工作人员健康检查。

1. 上岗前健康检查。

（1）托幼机构工作人员上岗前必须按照《管理办法》的规定，经县级以上人民政府卫生行政部门指定的医疗卫生机构进行健康检查（见附件 2），取得《托幼机构工作人员健康合格证》后方可上岗。

（2）精神病患者或者有精神病史者不得在托幼机构工作。

2. 定期健康检查

（1）托幼机构在岗工作人员必须按照《管理办法》规定的项目每年进行 1 次健康

检查（见附件2）。

（2）在岗工作人员患有精神病者，应当立即调离托幼机构。

（3）凡患有下列症状或疾病者须离岗，治愈后须持县级以上人民政府卫生行政部门指定的医疗卫生机构出具的诊断证明，并取得"托幼机构工作人员健康合格证"后，方可回园（所）工作。

1）发热、腹泻等症状；

2）流感、活动性肺结核等呼吸道传染性疾病；

3）痢疾、伤寒、甲型病毒性肝炎、戊型病毒性肝炎等消化道传染性疾病；

4）淋病、梅毒、滴虫性阴道炎、化脓性或者渗出性皮肤病等。

（4）体检过程中发现异常者，由体检的医疗卫生机构通知托幼机构的患病工作人员到相关专科进行复查和确诊，并追访诊治结果。

五、卫生与消毒

（一）环境卫生。

1. 托幼机构应当建立室内外环境卫生清扫和检查制度，每周全面检查1次并记录，为儿童提供整洁、安全、舒适的环境。

2. 室内应当有防蚊、蝇、鼠、虫及防暑和防寒设备，并放置在儿童接触不到的地方，集中消毒应在儿童离园（所）后进行。

3. 保持室内空气清新、阳光充足。采取湿式清扫方式清洁地面。厕所做到清洁通风、无异味，每日定时打扫，保持地面干燥。便器每次用后及时清洗干净。

4. 卫生洁具各班专用专放并有标记。抹布用后及时清洗干净，晾晒、干燥后存放；拖布清洗后应当晾晒或控干后存放。

5. 枕席、凉席每日用温水擦拭，被褥每月暴晒1~2次，床上用品每月清洗1~2次。

6. 保持玩具、图书表面的清洁卫生，每周至少进行1次玩具清洗，每2周图书翻晒1次。

（二）个人卫生。

1. 儿童日常生活用品专人专用，保持清洁。要求每人每日1巾1杯专用，每人1床位1被。

2. 培养儿童良好卫生习惯。饭前便后应当用肥皂、流动水洗手早晚洗脸、刷牙，饭后漱口，做到勤洗头洗澡换衣、勤剪指（趾）甲，保持服装整洁。

3. 工作人员应承保持仪表整洁，注意个人卫生。饭前便后和护理儿童前应用肥皂、流动水洗手；上班时不戴戒指，不留长指甲；不在园（所）内吸烟。

（三）预防性消毒。

1. 儿童活动室、卧室应当经常开窗通风，保持室内空气清新。每日至少开窗通风2次，每次至少10~15分钟。在不适宜开窗通风时，每日应当采取其他方法对室内空气消毒2次。

2. 餐桌每餐使用前消毒。水杯每日清洗消毒，用水杯喝豆浆、牛奶等易附着于杯壁的饮品后，应当及时清洗消毒。反复使用的餐巾每次使用后消毒。擦手毛巾每日消毒1次。

3. 门把手、水龙头、床围栏等儿童易触摸的物体表面每日消毒 1 次。坐便器每次使用后及时冲洗，接触皮肤部位及时消毒。

4. 使用符合国家标准或规定的消毒器械和消毒剂。环境和物品的预防性消毒方法应当符合要求（见附件 3）。

六、传染病预防与控制

（一）督促家长按免疫程序和要求完成儿童预防接种。配合疾病预防控制机构做好托幼机构儿童常规接种、群体性接种或应急接种工作。

（二）托幼机构应当建立传染病管理制度。托幼机构内发现传染病疫情或疑似病例后，应当立即向属地疾病预防控制机构（农村乡镇卫生院防保组）报告。

（三）班级老师每日登记本班儿童的出勤情况。对因病缺勤的儿童，应当了解儿童的患病情况和可能的原因，对疑似患传染病的，要及时报告给园（所）疫情报告人。园（所）疫情报告人接到报告后应当及时追查儿童的患病情况和可能的病因，以做到对传染病人的早发现。

（四）托幼机构内发现疑似传染病例时，应当及时设立临时隔离室，对患儿采取有效的隔离控制措施。临时隔离室内环境、物品应当便于实施随时性消毒与终末消毒，控制传染病在园（所）内暴发和续发。

（五）托幼机构应当配合当地疾病预防控制机构对被传染病病原体污染（或可疑污染）的物品和环境实施随时性消毒与终末消毒。

（六）发生传染病期间，托幼机构应当加强晨午检和全日健康观察，并采取必要的预防措施，保护易感儿童。对发生传染病的班级按要求进行医学观察，医学观察期间该班与其他班相对隔离，不办理入托和入园（所）手续。

（七）卫生保健人员应当定期对儿童及其家长开展预防接种和传染病防治知识的健康教育，提高其防护能力和意识。传染病流行期间，加强对家长的宣传工作。

（八）患传染病的儿童隔离期满后，凭医疗卫生机构出具的痊愈证明方可返回园（所）。根据需要，来自疫区或有传染病接触史的儿童，检疫期过后方可入园（所）。

七、常见病预防与管理

（一）托幼机构应当通过健康教育普及卫生知识，培养儿童良好的卫生习惯；提供合理平衡膳食；加强体格锻炼，增强儿童体质，提高对疾病的抵抗能力。

（二）定期开展儿童眼、耳、口腔保健，发现视力低常、听力异常、龋齿等问题进行登记管理，督促家长及时带患病儿童到医疗卫生机构进行诊断及矫治。

（三）对贫血、营养不良、肥胖等营养性疾病儿童进行登记管理，对中重度贫血和营养不良儿童进行专案管理，督促家长及时带患病儿童进行治疗和复诊。

（四）对先心病、哮喘、癫痫等疾病儿童，及对有药物过敏史或食物过敏史的儿童进行登记，加强日常健康观察和保育护理工作。

（五）重视儿童心理行为保健，开展儿童心理卫生知识的宣传教育，发现心理行为问题的儿童及时告知家长到医疗保健机构进行诊疗。

八、伤害预防

（一）托幼机构的各项活动应当以儿童安全为前提，建立定期全园（所）安全排查制度，落实预防儿童伤害的各项措施。

（二）托幼机构的房屋、场地、家具、玩教具、生活设施等应当符合国家相关安全标准和规定。

（三）托幼机构应当建立重大自然灾害、食物中毒、踩踏、火灾、暴力等突发事件的应急预案，如果发生重大伤害时应当立即采取有效措施，并及时向上级有关部门报告。

（四）接的机构应当加强对工作人员、儿童及监护人的安全教育和突发事件应急处理能力的培训，定期进行安全演练，普及安全知识，提高自我保护和自救的能力。

（五）保教人员应当定期接受预防儿童伤害相关知识和急救技能的培训，做好儿童安全工作，消除安全隐患，预防跌落、溺水、交通事故、烧（烫）伤、中毒、动物致伤等伤害的发生。

九、健康教育

（一）托幼机构应当根据不同季节、疾病流行等情况制订全年健康教育工作计划，并组织实施。

（二）健康教育的内容包括膳食营养、心理卫生、疾病预防、儿童安全以及良好行为习惯的培养等。健康教育的形式包括举办健康教育课堂、发放健康教育资料、宣传专栏、咨询指导、家长开放日等。

（三）采取多种途径开展健康教育宣传。每季度对保教人员开展 1 次健康讲座，每学期至少举办 1 次家长讲座。每班有健康教育图书，并组织儿童开展健康教育活动。

（四）做好健康教育记录，定期评估相关知识知晓率、良好生活卫生习惯养成、儿童健康状况等健康教育效果。

十、信息收集

（一）托幼机构应当建立健康档案，包括：托幼机构工作人员健康合格证、儿童入园（所）健康检查表、儿童健康检查表或手册、儿童转园（所）健康证明。

（二）托幼机构应当对卫生保健工作进行记录，内容包括：出勤、晨午检及全日健康观察、膳食管理、卫生消毒、营养性疾病、常见病、传染病、伤害和健康教育等记录（见附件 4）。

（三）工作记录和健康档案应当真实、完整、字迹清晰。工作记录应当及时归档，至少保存 3 年。

（四）定期对儿童出勤、健康检查、膳食营养、常见病和传染病等进行统计分析，掌握儿童健康及营养状况（见附件 5）。

（五）有条件的托幼机构可应用计算机软件对儿童体格发育评价、膳食营养评估等卫生保健工作进行管理。

第三部分　新设立托幼机构招生前卫生评价

一、卫生评价流程

（一）新设立的托幼机构，应当按照本《规范》卫生评价的标准进行设计和建设，招生前须向县级以上地方人民政府卫生行政部门指定的医疗卫生机构提交"托幼机构卫生评价申请书"（见附件 6）。

（二）由县级以上地方人民政府卫生行政部门指定的医疗卫生机构负责组织专业人

员，根据"新设立托幼机构招生前卫生评价表"（见附件7）的要求，在20个工作日内对提交申请的托幼机构进行卫生评价。根据检查结果出具"托幼机构卫生评价报告"（见附件8）。

（三）凡卫生评价为"合格"的托幼机构，即可向教育部门申请注册；凡卫生评价为"不合格"的托幼机构，整改后方可重新申请评价。

二、卫生评价标准

（一）环境卫生。

1. 园（所）内建筑物、户外场地、绿化用地及杂物堆放场地等总体布局合理，有明确功能分区。

2. 室外活动场地地面应平整、防滑，无障碍，无尖锐突出物。

3. 活动器材安全性符合国家相关规定。园（所）内严禁种植有毒、带刺的植物。

4. 室内环境的甲醛、苯及苯系物等检测结果符合国家要求。

5. 室内空气清新、光线明亮，安装防蚊蝇等有害昆虫的设施。

6. 每班有独立的厕所、盥洗室。每班厕所内设有污水池，盥洗室内有洗涤池。

7. 盥洗室内有流动水洗手装置，水龙头数量和间距设置合理。

（二）个人卫生。

1. 保证儿童每人每日1巾1杯专用，并有相应消毒设施。寄宿制儿童每人有专用洗漱用品。

2. 每班应当有专用的儿童水杯架、饮水设施及毛巾架，标识清楚，毛巾间距合理。

3. 儿童有安全、卫生、独自使用的床位和被褥。

（三）食堂卫生。

1. 食堂按照《餐饮服务许可审查规范》建设，必须获得《餐饮服务许可证》

2. 园（所）内应设置区域性餐饮具集中清洗消毒间，消毒后有保洁存放设施。应当配有食物留样专用冰箱，并有专人管理。

3. 炊事人员与儿童配备比例：提供每日三餐一点的托幼机构应当达到1∶50，提供每日一餐二点或二餐一点的1∶80。

（四）保健室或卫生室设置。

1. 根据《托儿所幼儿园卫生保健管理办法》要求，设立保健室或卫生室。卫生室须有《医疗机构执业许可证》。

2. 保健室面积不少于12平方米，设有儿童观察床、桌椅、药品柜、资料柜、流动水或代用流动水等设施。

3. 保健室应配备儿童杠杆式体重秤、身高计（供2岁以上儿童使用）、量床（供2岁及以下儿童使用）、国际标准视力表或标准对数视力表灯箱、体围测量软尺等设备，以及消毒压舌板、体温计、手电筒等晨检用品。

4. 保健室应配备消毒剂、紫外线消毒灯或其他空气消毒装置。

（五）卫生保健人员配备。

1. 托幼机构的法定代表人或者负责人是本机构卫生保健工作的第一责任人。

2. 根据预招收儿童的数量配备符合国家规定的卫生保健人员。按照收托150名儿童至少设 1 名专职卫生保健人员的比例配备卫生保健人员，收托 150 名以下儿童的可配备兼职卫生保健人员。

3. 卫生保健人员上岗前应当接受当地妇幼保健机构组织的卫生保健专业知识培训并考核合格。

（六）工作人员健康检查。

1. 托幼机构工作人员上岗前应当经县级以上卫生行政部门指定的医疗卫生机构进行健康检查，并取得《托幼机构工作人员健康合格证》。

2. 炊事人员上岗前须取得《食品从业人员健康证》。

（七）卫生保健制度。

托幼机构应根据实际情况建立健全卫生保健制度，并具有可操作性。卫生保健制度包括一日生活安排、膳食管理、体格锻炼、卫生与消毒、入园（所）及定期健康检查、传染病预防与控制、常见疾病预防与管理、伤害预防、健康教育、卫生保健信息收集的制度。

第四部分　附件

……

食品药品监管总局　国家卫生计生委　工商总局
关于进一步规范母乳代用品宣传和销售行为的通知（2013-10-17）

食药监食监一〔2013〕214 号

各省、自治区、直辖市食品药品监督管理局、卫生厅局（卫生计生委）、工商行政管理局、质量技术监督局，新疆生产建设兵团食品药品监督管理局、卫生局、质量技术监督分局：

为切实保障婴幼儿身体健康，进一步规范母乳代用品宣传和销售行为，按照《中华人民共和国母婴保健法》及其实施办法、《母乳代用品销售管理办法》等规定，现就有关事项通知如下：

一、严格婴儿配方食品质量安全和标签监管

婴儿配方食品是重要的母乳代用品。食品药品监管部门、工商行政管理部门、质量技术监督部门要在认真抓好婴儿配方食品特别是婴儿配方乳粉质量安全的基础上，按照《母乳代用品销售管理办法》和食品安全国家标准规定，加大婴儿配方食品标签标识的日常检查力度，督促婴儿配方食品生产企业依法进行标识标注，督促婴儿配方食品经营单位落实进货查验和查验记录制度。婴儿配方食品标签标识上，应用醒目的文字标注说明母乳喂养优越性的宣传标语，不得印有婴儿图片，不得使用"人乳化""母乳化"或类似名词。

二、严禁医疗机构及其人员宣传和销售母乳代用品

卫生计生行政部门要加强对医疗机构及其人员的监督管理，加强医德医风建设，巩固爱婴医院成果，大力推进母乳喂养，维护儿童健康。如有需要，医院应从零售渠道购买母乳代用品，并保留购物小票和发票。严禁医疗机构接受母乳代用品生产经营

单位的馈赠和赞助，不得收取回扣、获取利益。严禁母乳代用品生产经营单位在医疗机构做各种形式的推销宣传。严禁医疗机构及其人员向孕妇及其家庭宣传、推销母乳代用品。母乳是婴幼儿的最佳营养来源，母乳喂养是确保婴幼儿健康最为有效方式之一。积极倡导、促进母乳喂养，实行"早接触、早开奶、早吸吮"，为孕产妇及其家庭提供母乳喂养的必要帮助与指导。

三、规范母乳代用品广告宣传

工商行政管理部门要依法加强对母乳代用品广告的监管检查，加大对发布虚假违法母乳代用品广告特别是虚假违法婴儿配方食品广告的打击力度。严肃查处违反《中华人民共和国广告法》《食品广告发布暂行规定》等相关规定，含有明示或暗示替代母乳，使用哺乳妇女和婴儿的形象等违法内容的婴儿配方食品广告，切实保障文明诚信的广告市场秩序。

四、加大违法违规行为的惩处力度

监管部门要高度重视，落实监管责任，加大违法违规案件查处力度，做到有举必查、违法必究、执法必严。

（一）食品药品监管部门、工商行政管理部门和质量技术监督部门对日常检查中发现婴儿配方食品生产经营单位和广告宣传单位存在问题的，依法从严处理，并及时通报有关部门。

（二）卫生计生行政部门对违反有关规定的医疗机构及其人员，依据《医疗机构人员违纪违规问题调查处理暂行办法》和《医疗机构从业人员行为规范》等有关规定，从严查处。情节严重的，降低医疗机构评审等次，追究相关责任。

（三）婴儿配方食品生产经营单位应当严格执行《母乳代用品销售管理办法》等法律法规，不得违规推销宣传婴儿配方食品。监管部门发现母乳代用品特别是婴儿配方食品宣传和销售活动中存在商业贿赂的，应移交相关部门依法处置；构成犯罪的，应根据《最高人民法院、最高人民检察院关于办理商业贿赂刑事案件适用法律若干问题的意见》相关条款，移交司法机关依法追究刑事责任。

五、工作要求

（一）监管部门要加强组织领导，明确责任，建立长效监管机制。加大对婴儿配方食品生产经营单位、医疗机构及其人员、广告宣传单位的监督检查力度，严禁出现违法违规宣传和销售母乳代用品。及时总结推广典型做法和经验，形成长效监管机制。

（二）监管部门要密切配合，通力协作，形成工作合力。进一步加强部门间、区域间监管执法联动，强化跨部门、跨地区信息通报和案件协查，严惩母乳代用品的违规宣传和销售行为。

（三）监管部门要畅通投诉举报渠道，向社会公开投诉方式，鼓励社会各界投诉举报母乳代用品违规宣传和销售行为，及时核查处置违法违规行为。

国家食品药品监督管理总局
中华人民共和国国家卫生和计划生育委员会
中华人民共和国国家工商行政管理总局
2013 年 10 月 17 日

国家卫生健康委办公厅关于印发婴幼儿喂养健康教育核心信息的通知 （2020-07-29）

国卫办妇幼函〔2020〕649号

各省、自治区、直辖市及新疆生产建设兵团卫生健康委：

为贯彻落实《健康中国行动（2019-2030年）》，指导儿童家长和社会公众树立科学育儿理念，普及婴幼儿喂养健康知识和技能，提升群众健康素养水平，促进儿童健康成长，我委组织编写了《婴幼儿喂养健康教育核心信息》。现印发给你们，供参考使用。

国家卫生健康委办公厅
2020年7月29日

婴幼儿喂养健康教育核心信息

婴幼儿喂养主要包括儿童从出生到3岁期间的母乳喂养、辅食添加、合理膳食和饮食行为培养。这一时期是生命最初1 000天中的重要阶段，科学良好的喂养有利于促进儿童健康，为其一生发展奠定良好基础。通过强化健康教育，向父母、养育人和社会公众传播婴幼儿科学喂养的重要意义，普及喂养知识和技能，是改善儿童营养状况、减少和控制儿童营养不良和疾病发生的重要措施。

一、母乳是婴儿最理想的天然食物，0~6个月婴儿提倡纯母乳喂养

母乳含有丰富的营养素、免疫活性物质和水分，能够满足0-6个月婴儿生长发育所需全部营养，任何配方奶、牛羊奶等无法替代。6个月内的健康婴儿提倡纯母乳喂养，不需要添加水和其他食物。母乳喂养经济、方便、省时、卫生，有助于婴儿达到最佳的生长发育及健康状态。早产儿、低体重儿更加提倡母乳喂养。母亲应当按需哺乳，每日8~10次及以上，确保婴儿摄入足够乳汁。要了解和识别婴儿咂嘴、吐舌、寻觅等进食信号，及时哺喂，不应等到婴儿饥饿哭闹时再哺喂。婴儿从出生开始，应当在医生指导下每天补充维生素D 400-800国际单位，促进生长发育。正常足月婴儿出生后6个月内一般不用补充钙剂。

二、母乳喂养能够有效促进母婴健康，降低患病风险

母乳喂养可以降低婴儿患感冒、腹泻、肺炎等疾病的风险，减少成年后肥胖、糖尿病和心脑血管疾病等慢性病的发生，促进大脑发育，增进亲子关系。母乳喂养还可减少母亲产后出血、乳腺癌、卵巢癌的发生风险。绝大多数母亲都能成功母乳喂养，母亲和家庭应当树立母乳喂养信心。婴儿配方奶是无法纯母乳喂养时的无奈选择。

三、特殊情形下母乳喂养，应当听从医务人员指导

哺乳母亲患病时，应当及时咨询医务人员，了解疾病和用药对母乳喂养的影响，遵循医务人员意见，确定是否继续母乳喂养。母亲患一般感冒、腹泻时，乳汁中的特异抗体可以保护婴儿免于感染，母亲可坚持母乳喂养。婴儿发生腹泻，不需要禁食，可以继续母乳喂养，应当在医生指导下及时补充体液，避免发生脱水。对于早产儿、低出生体重儿和其他患病婴儿，应当听从医务人员指导，做到科学合理喂养。

四、婴儿 6 个月起应当添加辅食，在添加辅食基础上可继续母乳喂养至 2 岁及以上

6 个月后单一母乳喂养已不能完全满足婴儿生长发育需求，应当在继续母乳喂养基础上引入其他营养丰富的食物。这一时期，婴儿进食能力日渐完善，是添加辅食的最佳时机。此外，6 个月前后也是婴儿行为发育的关键时期，添加辅食能够帮助婴儿逐步适应不同食物，促进味觉发育，锻炼咀嚼、吞咽和消化功能，培养良好饮食习惯，避免日后挑食和偏食。过早、过迟添加辅食均会影响婴儿生长发育。在添加辅食的基础上，母乳喂养可持续至 2 岁及以上，保障婴幼儿获取足够的营养素和能量。混合喂养及人工喂养的婴儿，满 6 个月也要及时添加辅食。

五、添加辅食坚持由少量到多量、由一种到多种，引导婴儿逐步适应

添加辅食应从每日一次开始，尝试在一餐中以辅食替代部分母乳，逐步过渡到以单独一餐辅食替代一次母乳。添加辅食还应当从单一食物开始，每次只添加一种新食物，逐次引入。开始可选择含铁丰富的泥糊状食物，每次喂食 1 小勺，逐渐加量。父母和养育人要耐心鼓励婴儿尝试新的食物，留意观察婴儿反应。有的婴儿很快接受新的食物，有的则需要多次尝试。待婴儿 2~3 日习惯一种新食物口味后，再添加另外一种，逐步刺激味觉发育。引入新食物 1~2 日内，婴儿若出现皮疹、腹泻、呕吐等轻微不适，应当暂停添加，待症状好转后再次尝试小量喂食。若仍出现不适或症状严重，应当及时就医。

六、6 个月至 2 岁期间逐步增加辅食添加的频次、种类，确保婴幼儿良好生长发育

婴幼儿辅食添加频次、种类不足，将明显影响生长发育，导致贫血、低体重、生长迟缓、智力发育落后等健康问题。6~9 个月婴儿，每日需要添加辅食 1~2 次，哺乳 4~5 次，辅食与哺乳交替进行。9~12 个月婴儿，每日添加辅食增为 2 至 3 次，哺乳降为 2 至 3 次。1~2 岁幼儿鼓励尝试家庭膳食，每日与家庭成员共同进食 3 餐，期间加餐 2 次，并继续母乳喂养。制作辅食的食物包括谷薯类、豆类和坚果类、动物性食物（鱼、禽、肉及内脏）、蛋、含维生素 A 丰富的蔬果、其他蔬果、奶类及奶制品等 7 类。添加辅食种类每日应当不少于 4 种，并且至少要包括一种动物性食物、一种蔬菜和一种谷薯类食物。6~12 个月辅食添加对婴儿生长发育尤为重要，要特别注意添加的频次和种类。

七、逐渐调整辅食质地，满足 6 个月至 2 岁婴幼儿所需营养素和能量供给

6 个月至 2 岁婴幼儿生长发育迅速，营养和能量需求高。这个阶段婴幼儿胃容量有限，因此辅食质地需要保持足够稠度。与婴幼儿的咀嚼、吞咽能力相适应，婴幼儿的辅食应当从泥糊状逐步过渡到团块状固体食物。婴儿 6 个月之后添加泥糊状食物，9 个月过渡到带小颗粒的稠粥、烂面、肉末、碎菜等，10~12 个月食物应当更稠，并可尝试块状食物。1 岁以后吃软烂饭，2 岁左右接近家庭日常饮食。贫困地区或食物供应不够丰富的地区，婴幼儿不能从食物中获得充足营养和微量元素时，应当在医生指导下给予辅食营养补充剂（如营养包）。

八、耐心鼓励婴幼儿进食，培养良好饮食习惯

婴幼儿 6 个月至 2 岁添加辅食，2~3 岁基本独立进食，喂养方式发生变化。从哺

乳逐渐过渡到喂食、自主进食、与家人同桌吃饭，这个过程可促进婴幼儿大动作、精细动作的发育，有利于家庭亲子关系建立，促进儿童情感、认知、语言和交流能力发展。父母和养育人要营造快乐、轻松的进食环境，鼓励但不强迫婴幼儿进食。引导婴幼儿与家人一起就餐，自主进食。关注婴幼儿发出的饥饿和饱足信号，与婴儿面对面充分交流，不以食物作为奖励和惩罚手段。婴幼儿进餐时不观看电视、电脑、手机等电子产品，每次进餐时间控制在 20 分钟左右，最长不超过 30 分钟。

九、提倡家庭自制食物，控制婴幼儿糖和盐的摄入

鼓励家庭选择新鲜、营养丰富的食材，自制多样化食物，为婴幼儿提供丰富的味觉体验，促进味觉发育。清淡口味有利于婴幼儿感受、接受不同食物的天然味道，降低偏食挑食风险，也有利于控制糖、盐摄入，降低儿童期及成人期发生肥胖、糖尿病、高血压、心脑血管疾病的风险。1 岁以内婴儿辅食应当保持原味，不加盐、糖和调味品。1 岁以后辅食要少盐少糖。2 岁后幼儿食用家庭膳食，仍要少盐少糖，避免食用腌制品、熏肉、含糖饮料等高盐高糖和辛辣刺激性食物。2 岁以内婴幼儿辅食宜单独制作，保持食物清洁卫生，预防腹泻和其他疾病。婴幼儿进食要有成人看护，不逗笑打闹，防止进食意外。整粒花生、坚果、果冻等食物易吸入气管，引起窒息，婴幼儿应当避免食用。

十、定期评价婴幼儿生长发育和营养状况，及时获取科学喂养指导

营养评价和健康指导，是儿童健康检查服务的重要内容。1 岁以内婴儿应当在 3、6、8 和 12 个月时，1~3 岁幼儿在 18、24、30 和 36 个月时，到乡镇卫生院、社区卫生服务中心（站）或妇幼保健院接受儿童健康检查，评价生长发育和营养状况，在医生指导下及时调整喂养行为。

关于印发儿童入托、入学预防接种证查验办法的通知（2021-01-21）

国卫办疾控发〔2021〕4 号

各省、自治区、直辖市及新疆生产建设兵团卫生健康委、教育厅（教委、教育局），中国疾病预防控制中心：

为落实《中华人民共和国疫苗管理法》规定，进一步规范儿童入托、入学预防接种证查验工作，提高适龄儿童国家免疫规划疫苗接种率，加强托育机构、幼儿园和学校传染病防控，国家卫生健康委会同教育部制定了《儿童入托、入学预防接种证查验办法》。现印发给你们，请遵照执行。

国家卫生健康委办公厅 教育部办公厅

2021 年 1 月 21 日

儿童入托、入学预防接种证查验办法

为落实《中华人民共和国传染病防治法》《中华人民共和国疫苗管理法》要求，进一步规范儿童入托、入学预防接种证查验工作，提高适龄儿童国家免疫规划疫苗接种率，加强托育机构、幼儿园和学校传染病防控，根据《学校卫生工作条例》《托儿所幼儿园卫生保健管理办法》，制定本办法。

一、组织机构及职责

（一）卫生健康行政部门。卫生健康行政部门负责管理辖区托育机构预防接种证查验工作，会同教育行政部门管理辖区幼儿园、学校预防接种证查验工作，督促疾病预防控制机构和接种单位及时为预防接种证查验提供技术支持，组织开展预防接种证查验工作的检查和考核。

（二）教育行政部门。教育行政部门负责对幼儿园和学校预防接种证查验工作的管理，督促辖区幼儿园和学校完成预防接种证查验相关工作。

（三）疾病预防控制机构。疾病预防控制机构负责托育机构、幼儿园和学校预防接种证查验工作的培训和技术指导，指导接种单位做好儿童入托、入学预防接种完成情况评估和补证、补种以及预防接种证查验资料的收集和报告工作。

（四）托育机构、幼儿园和学校。托育机构、幼儿园和学校应当将预防接种证查验工作纳入儿童入托、入学报名程序，组织开展儿童入托、入学预防接种证查验工作。

（五）接种单位。接种单位负责收集辖区托育机构、幼儿园和学校基本信息，为辖区托育机构、幼儿园和学校提供预防接种证查验技术支持，评估儿童入托、入学预防接种完成情况，对无证、漏种儿童开展补证、补种工作，收集和报告预防接种证查验资料。

二、查验单位和对象

（一）查验单位。现阶段全国所有托育机构、幼儿园和小学均应当开展入托、入学预防接种证查验工作。其他类型学校是否纳入预防接种证查验管理，由当地卫生健康行政部门和教育行政部门根据疾病防控的需要确定。

（二）查验对象。所有新入托、入学、转学、插班儿童。

三、工作流程

（一）通知查验对象。托育机构、幼儿园和学校在新学年开学前，通过新生入托、入学招生简章或报名须知等形式，通知新生报名时须出具预防接种证，或出具接种单位提供的其他形式能够评估儿童预防接种完成情况的资料。

（二）儿童入托、入学预防接种完成情况评估。

1. 儿童居住地或托育机构、幼儿园和学校所在地的接种单位，根据儿童年龄、预防接种记录（预防接种证、预防接种卡或预防接种个案信息记录等）、现行国家免疫规划疫苗儿童免疫程序和查验地省级人民政府制定的接种方案和增加的免疫规划疫苗种类，评估儿童预防接种完成情况，并将评估结果记录到预防接种证，或出具其他形式能够评估儿童预防接种完成情况的资料，评估资料应当记录儿童预防接种已完成或未完成及需补种疫苗种类、剂次等关键信息。

2. 对需要补办预防接种证的儿童，接种单位应当根据预防接种卡或预防接种个案信息记录，为儿童补办预防接种证。

3. 对需要补种疫苗的儿童，接种单位应当及时告知儿童监护人未按照免疫程序完成接种的疫苗种类、需补种剂次，并预约补种时间。

4. 对计划入托、入学的儿童，在完成相应免疫规划疫苗全程接种后，接种单位应当及时将预防接种完成情况填写在预防接种证上。

5. 接种单位可利用免疫规划信息系统，为入托、入学儿童或托育机构、幼儿园和学校提供儿童入托、入学预防接种完成情况评估服务。

（三）托育机构、幼儿园和学校查验。

1. 托育机构、幼儿园和学校在儿童入托、入学时，须查验预防接种证上入托、入学预防接种完成情况评估结果或接种单位提供的其他形式评估儿童预防接种完成情况的资料。

2. 对需要补种疫苗的儿童，托育机构、幼儿园和学校须督促儿童监护人及时带儿童到接种单位补种疫苗，并在儿童补种疫苗后再次核对预防接种证或其他形式能够评估儿童预防接种完成情况的资料，查验疫苗补种完成情况。

3. 儿童入托、入学预防接种证查验工作须在新生开学后或儿童转学、插班 30 日内完成。对需要补种疫苗的儿童，托育机构、幼儿园和学校应当在当年 12 月底之前再次查验预防接种完成情况。

4. 对入托、入学时未提供预防接种完成情况评估资料的儿童，托育机构、幼儿园和学校应当督促儿童监护人尽快提供相关资料。

5. 预防接种证查验相关资料应当纳入学生健康档案和学校卫生资料管理。

（四）疫苗补种。

1. 疫苗补种工作由儿童居住地的接种单位或托育机构、幼儿园、学校所在地接种单位负责。

2. 接种单位应当按照现行国家免疫规划疫苗儿童免疫程序和所在地省级人民政府制定的接种方案和增加的免疫规划疫苗种类，为需要补种疫苗的儿童提供疫苗补种服务。

3. 接种单位为儿童补种疫苗后，应当及时在预防接种证、免疫规划信息系统（或预防接种卡）完整记录预防接种情况。

4. 对需要补种疫苗的儿童，接种单位完成补种后，应当在预防接种证上入托、入学预防接种完成情况评估页填写补种完成信息，供儿童监护人交托育机构、幼儿园和学校再次查验。

四、资料管理

（一）乡镇卫生院、社区卫生服务中心等每年汇总辖区儿童入托、入学预防接种查验评估资料，填写"儿童入托、入学预防接种证查验情况报表"（见附件），在次年 1 月 10 日前报县级疾病预防控制机构。

（二）县级疾病预防控制机构于次年 1 月 20 日前，汇总辖区"儿童入托、入学预防接种证查验情况报表"，报县级卫生健康行政部门和市级疾病预防控制机构。

（三）市级疾病预防控制机构于次年 1 月 31 日前，汇总辖区"儿童入托、入学预防接种证查验情况报表"，报省级疾病预防控制机构。

（四）省级疾病预防控制机构于次年 2 月 15 日前，汇总辖区"儿童入托、入学预防接种证查验情况报表"，报中国疾病预防控制中心。

五、工作要求

（一）各地卫生健康行政部门和教育行政部门要密切合作，每年部署安排好辖区儿童入托、入学预防接种证查验工作，并联合开展检查指导。

（二）各地卫生健康行政部门要安排疾病预防控制机构和接种单位查验预防接种证和漏种儿童补种工作经费，根据《传染病防治卫生监督工作规范》，对辖区医疗卫生机构和托育机构预防接种证查验工作进行监督检查。

（三）教育行政部门要加强对辖区幼儿园和学校预防接种证查验工作的监督检查。

（四）县级卫生健康行政部门和教育行政部门每年组织疾病预防控制机构开展辖区托育机构、幼儿园和学校的预防接种证查验业务培训。

（五）接种单位应当如实评估儿童入托、入学预防接种完成情况。

（六）托育机构、幼儿园和学校应当督促未评估预防接种完成情况的入托、入学儿童，在开学 30 日内完成预防接种完成情况评估和查验。对于无接种禁忌、未完成相应免疫规划疫苗全程接种的儿童，托育机构、幼儿园和学校应当在儿童入托、入学时，督促儿童尽快补种疫苗，并及时复验预防接种完成情况。

（七）鼓励各地利用免疫规划信息系统开展儿童入托、入学预防接种证查验工作。

国家卫生健康委办公厅

2021 年 1 月 25 日

附件：儿童入托、入学预防接种证查验情况报表（略）

国家免疫规划疫苗儿童免疫程序及说明（2021 年版）（2021-02-23）

第一部分 一般原则

一、接种年龄

（一）接种起始年龄：免疫程序表所列各疫苗剂次的接种时间，是指可以接种该剂次疫苗的最小年龄。

（二）儿童年龄达到相应剂次疫苗的接种年龄时，应尽早接种，建议在下述推荐的年龄之前完成国家免疫规划疫苗相应剂次的接种：

1. 乙肝疫苗第 1 剂：出生后 24 小时内完成。

2. 卡介苗：小于 3 月龄完成。

3. 乙肝疫苗第 3 剂、脊灰疫苗第 3 剂、百白破疫苗第 3 剂、麻腮风疫苗第 1 剂、乙脑减毒活疫苗第 1 剂或乙脑灭活疫苗第 2 剂：小于 12 月龄完成。

4. A 群流脑多糖疫苗第 2 剂：小于 18 月龄完成。

5. 麻腮风疫苗第 2 剂、甲肝减毒活疫苗或甲肝灭活疫苗第 1 剂、百白破疫苗第 4 剂：小于 24 月龄完成。

6. 乙脑减毒活疫苗第 2 剂或乙脑灭活疫苗第 3 剂、甲肝灭活疫苗第 2 剂：小于 3 周岁完成。

7. A 群 C 群流脑多糖疫苗第 1 剂：小于 4 周岁完成。

8. 脊灰疫苗第 4 剂：小于 5 周岁完成。

9. 白破疫苗、A 群 C 群流脑多糖疫苗第 2 剂、乙脑灭活疫苗第 4 剂：小于 7 周岁完成。

如果儿童未按照上述推荐的年龄及时完成接种，应根据补种通用原则和每种疫苗的具体补种要求尽早进行补种。

二、接种部位

疫苗接种途径通常为口服、肌内注射、皮下注射和皮内注射，具体见第二部分"每种疫苗的使用说明"。注射部位通常为上臂外侧三角肌处和大腿前外侧中部。当多种疫苗同时注射接种（包括肌内、皮下和皮内注射）时，可在左右上臂、左右大腿分别接种，卡介苗选择上臂。

三、同时接种原则

（一）不同疫苗同时接种：两种及以上注射类疫苗应在不同部位接种。严禁将两种或多种疫苗混合吸入同一支注射器内接种。

（二）现阶段的国家免疫规划疫苗均可按照免疫程序或补种原则同时接种。

（三）不同疫苗接种间隔：两种及以上注射类减毒活疫苗如果未同时接种，应间隔不小于 28 天进行接种。国家免疫规划使用的灭活疫苗和口服类减毒活疫苗，如果与其他灭活疫苗、注射或口服类减毒活疫苗未同时接种，对接种间隔不做限制。

四、补种通用原则

未按照推荐年龄完成国家免疫规划规定剂次接种的小于 18 周岁人群，在补种时掌握以下原则：

（一）应尽早进行补种，尽快完成全程接种，优先保证国家免疫规划疫苗的全程接种。

（二）只需补种未完成的剂次，无须重新开始全程接种。

（三）当遇到无法使用同一厂家同种疫苗完成接种程序时，可使用不同厂家的同种疫苗完成后续接种。

（四）具体补种建议详见第二部分"每种疫苗的使用说明"中各疫苗的补种原则部分。

五、流行季节疫苗接种

国家免疫规划使用的疫苗都可以按照免疫程序和预防接种方案的要求，全年（包括流行季节）开展常规接种，或根据需要开展补充免疫和应急接种。

第二部分　每种疫苗的使用说明

一、重组乙型肝炎疫苗（乙肝疫苗，HepB）

（一）免疫程序与接种方法

1. 接种对象及剂次：按"0-1-6 个月"程序共接种 3 剂次，其中第 1 剂在新生儿出生后 24 小时内接种，第 2 剂在 1 月龄时接种，第 3 剂在 6 月龄时接种。

2. 接种途径：肌内注射。

3. 接种剂量：①重组（酵母）HepB：每剂次 10 μg，无论产妇乙肝病毒表面抗原（HBsAg）阳性或阴性，新生儿均接种 10 μg 的 HepB。②重组［中国仓鼠卵巢（CHO）细胞］HepB：每剂次 10 μg 或 20 μg，HBsAg 阴性产妇所生新生儿接种 10 μg 的 HepB，HBsAg 阳性产妇所生新生儿接种 20 μg 的 HepB。

（二）其他事项

1. 在医院分娩的新生儿由出生的医院接种第 1 剂 HepB，由辖区接种单位完成后续剂次接种。未在医院分娩的新生儿由辖区接种单位全程接种 HepB。

2. HBsAg 阳性产妇所生新生儿，可按医嘱肌内注射 100 国际单位乙肝免疫球蛋白（HBIG），同时在不同（肢体）部位接种第 1 剂 HepB。HepB、HBIG 和卡介苗（BCG）可在不同部位同时接种。

3. HBsAg 阳性或不详产妇所生新生儿建议在出生后 12 小时内尽早接种第 1 剂 HepB；HBsAg 阳性或不详产妇所生新生儿体重小于 2 000 g 者，也应在出生后尽早接种第 1 剂 HepB，并在婴儿满 1 月龄、2 月龄、7 月龄时按程序再完成 3 剂次 HepB 接种。

4. 危重症新生儿，如极低出生体重儿（出生体重小于 1 500 g 者）、严重出生缺陷、重度窒息、呼吸窘迫综合征等，应在生命体征平稳后尽早接种第 1 剂 HepB。

5. 母亲为 HBsAg 阳性的儿童接种最后一剂 HepB 后 1~2 个月进行 HBsAg 和乙肝病毒表面抗体（抗–HBs）检测，若发现 HBsAg 阴性、抗–HBs 阴性或小于 10 mIU/ml，可再按程序免费接种 3 剂次 HepB。

（三）补种原则

1. 若出生 24 小时内未及时接种，应尽早接种。

2. 对于未完成全程免疫程序者，需尽早补种，补齐未接种剂次。

3. 第 2 剂与第 1 剂间隔应不小于 28 天，第 3 剂与第 2 剂间隔应不小于 60 天，第 3 剂与第 1 剂间隔不少于 4 个月。

二、皮内注射用卡介苗（卡介苗，BCG）

（一）免疫程序与接种方法

1. 接种对象及剂次：出生时接种 1 剂。

2. 接种途径：皮内注射。

3. 接种剂量：0.1 ml。

（二）其他事项

1. 严禁皮下或肌内注射。

2. 早产儿胎龄大于 31 孕周且医学评估稳定后，可以接种 BCG。胎龄小于或等于 31 孕周的早产儿，医学评估稳定后可在出院前接种。

3. 与免疫球蛋白接种间隔不做特别限制。

（三）补种原则

1. 未接种 BCG 的小于 3 月龄儿童可直接补种。

2. 3 月龄~3 岁儿童对结核菌素纯蛋白衍生物（TB-PPD）或卡介菌蛋白衍生物（BCG-PPD）试验阴性者，应予补种。

3. 大于或等于 4 岁儿童不予补种。

4. 已接种 BCG 的儿童，即使卡痕未形成也不再予以补种。

三、脊髓灰质炎（脊灰）灭活疫苗（IPV）、二价脊灰减毒活疫苗（脊灰减毒活疫苗，bOPV）

（一）免疫程序与接种方法

1. 接种对象及剂次：共接种 4 剂，其中 2 月龄、3 月龄各接种 1 剂 IPV，4 月龄、4 周岁各接种 1 剂 bOPV。

2. 接种途径：

IPV：肌内注射。

bOPV：口服。

3. 接种剂量：

IPV：0.5 ml。

bOPV：糖丸剂型每次1粒；液体剂型每次2滴（约0.1 ml）。

（二）其他事项

1. 如果儿童已按疫苗说明书接种过 IPV 或含 IPV 成分的联合疫苗，可视为完成相应剂次的脊灰疫苗接种。如儿童已按免疫程序完成 4 剂次含 IPV 成分疫苗接种，则 4 岁无须再接种 bOPV。

2. 以下人群建议按照说明书全程使用 IPV：原发性免疫缺陷、胸腺疾病、HIV 感染、正在接受化疗的恶性肿瘤、近期接受造血干细胞移植、正在使用具有免疫抑制或免疫调节作用的药物（例如大剂量全身类固醇皮质激素、烷化剂、抗代谢药物、TNF-α 抑制剂、IL-1 阻滞剂或其他免疫细胞靶向单克隆抗体治疗）、目前或近期曾接受免疫细胞靶向放射治疗。

（三）补种原则

1. 小于 4 岁儿童未达到 3 剂（含补充免疫等），应补种完成 3 剂；大于或等于 4 岁儿童未达到 4 剂（含补充免疫等），应补种完成 4 剂。补种时遵循先 IPV 后 bOPV 的原则。两剂次间隔不小于 28 天。对于补种后满 4 剂次脊灰疫苗接种的儿童，可视为完成脊灰疫苗全程免疫。

2. 既往已有三价脊灰减毒活疫苗（tOPV）免疫史（无论剂次数）的迟种、漏种儿童，用 bOPV 补种即可，不再补种 IPV。既往无 tOPV 免疫史的儿童，2019 年 10 月 1 日（早于该时间已实施 2 剂 IPV 免疫程序的省份，可根据具体实施日期确定）之前出生的补齐 1 剂 IPV，2019 年 10 月 1 日之后出生的补齐 2 剂 IPV。

四、吸附无细胞百白破联合疫苗（百白破疫苗，DTaP）、吸附白喉破伤风联合疫苗（白破疫苗，DT）

（一）免疫程序与接种方法

1. 接种对象及剂次：共接种 5 剂次，其中 3 月龄、4 月龄、5 月龄、18 月龄各接种 1 剂 DTaP，6 周岁接种 1 剂 DT。

2. 接种途径：肌内注射。

3. 接种剂量：0.5 ml。

（二）其他事项

1. 如儿童已按疫苗说明书接种含百白破疫苗成分的其他联合疫苗，可视为完成相应剂次的 DTaP 接种。

2. 根据接种时的年龄选择疫苗种类，3 月龄~5 周岁使用 DTaP，6~11 周岁使用儿童型 DT。

（三）补种原则

1. 3 月龄~5 周岁未完成 DTaP 规定剂次的儿童，需补种未完成的剂次，前 3 剂每剂间隔不小于 28 天，第 4 剂与第 3 剂间隔不小于 6 个月。

2. 大于或等于 6 周岁儿童补种参考以下原则：

（1）接种 DTaP 和 DT 累计小于 3 剂的，用 DT 补齐 3 剂，第 2 剂与第 1 剂间隔 1~2 月，第 3 剂与第 2 剂间隔 6~12 个月。

（2）DTaP 和 DT 累计大于或等于 3 剂的，若已接种至少 1 剂 DT，则无须补种；若仅接种了 3 剂 DTaP，则接种 1 剂 DT，DT 与第 3 剂 DTaP 间隔不小于 6 个月；若接种了 4 剂 DTaP，但满 7 周岁时未接种 DT，则补种 1 剂 DT，DT 与第 4 剂 DTaP 间隔不小于 12 个月。

五、麻疹腮腺炎风疹联合减毒活疫苗（麻腮风疫苗，MMR）

（一）免疫程序与接种方法

1. 接种对象及剂次：共接种 2 剂次，8 月龄、18 月龄各接种 1 剂。

2. 接种途径：皮下注射。

3. 接种剂量：0.5 ml。

（二）其他事项

1. 如需接种包括 MMR 在内多种疫苗，但无法同时完成接种时，应优先接种 MMR 疫苗。

2. 注射免疫球蛋白者应间隔不少于 3 个月接种 MMR，接种 MMR 后 2 周内避免使用免疫球蛋白。

3. 当针对麻疹疫情开展应急接种时，可根据疫情流行病学特征考虑对疫情波及范围内的 6~7 月龄儿童接种 1 剂含麻疹成分疫苗，但不计入常规免疫剂次。

（三）补种原则

1. 自 2020 年 6 月 1 日起，2019 年 10 月 1 日及以后出生儿童未按程序完成 2 剂 MMR 接种的，使用 MMR 补齐。

2. 2007 年扩免后至 2019 年 9 月 30 日出生的儿童，应至少接种 2 剂含麻疹成分疫苗、1 剂含风疹成分疫苗和 1 剂含腮腺炎成分疫苗，对不足上述剂次者，使用 MMR 补齐。

3. 2007 年扩免前出生的小于 18 周岁人群，如未完成 2 剂含麻疹成分的疫苗接种，使用 MMR 补齐。

4. 如果需补种两剂 MMR，接种间隔应不小于 28 天。

六、乙型脑炎减毒活疫苗（乙脑减毒活疫苗，JE-L）

（一）免疫程序与接种方法

1. 接种对象及剂次：共接种 2 剂次。8 月龄、2 周岁各接种 1 剂。

2. 接种途径：皮下注射。

3. 接种剂量：0.5 ml。

（二）其他事项

1. 青海、新疆和西藏地区无乙脑疫苗免疫史的居民迁居其他省份或在乙脑流行季节前往其他省份旅行时，建议接种 1 剂 JE-L。

2. 注射免疫球蛋白者应间隔不少于 3 个月接种 JE-L。

（三）补种原则

乙脑疫苗纳入免疫规划后出生且未接种乙脑疫苗的适龄儿童，如果使用 JE-L 进行补种，应补齐 2 剂，接种间隔不少于 12 个月。

七、乙型脑炎灭活疫苗（乙脑灭活疫苗，JE-I）

（一）免疫程序与接种方法

1. 接种对象及剂次：共接种 4 剂次。8 月龄接种 2 剂，间隔 7~10 天；2 周岁和 6 周岁各接种 1 剂。

2. 接种途径：肌内注射。

3. 接种剂量：0.5 ml。

（二）其他事项

注射免疫球蛋白者应间隔不少于 1 个月接种 JE-I。

（三）补种原则

乙脑疫苗纳入免疫规划后出生且未接种乙脑疫苗的适龄儿童，如果使用 JE-I 进行补种，应补齐 4 剂，第 1 剂与第剂接种间隔为 7~10 天，第 2 剂与第 3 剂接种间隔为 1~12 个月，第 3 剂与第 4 剂接种间隔不小于 3 年。

八、A 群脑膜炎球菌多糖疫苗（A 群流脑多糖疫苗，MPSV-A）、A 群 C 群脑膜炎球菌多糖疫苗（A 群 C 群流脑多糖疫苗，MPSV-AC）

（一）免疫程序与接种方法

1. 接种对象及剂次：MPSV-A 接种 2 剂次，6 月龄、9 月龄各接种 1 剂。MPSV-AC 接种 2 剂次，3 周岁、6 周岁各接种 1 剂。

2. 接种途径：皮下注射。

3. 接种剂量：0.5 ml。

（二）其他事项

1. 两剂次 MPSV-A 间隔不少于 3 个月。

2. 第 1 剂 MPSV-AC 与第 2 剂 MPSV-A，间隔不少于 12 个月。

3. 两剂次 MPSV-AC 间隔不少于 3 年，3 年内避免重复接种。

4. 当针对流脑疫情开展应急接种时，应根据引起疫情的菌群和流行病学特征，选择相应种类流脑疫苗。

5. 对于小于 24 月龄儿童，如已按流脑结合疫苗说明书接种了规定的剂次，可视为完成 MPSV-A 接种剂次。

6. 如儿童 3 周岁和 6 周岁时已接种含 A 群和 C 群流脑疫苗成分的疫苗，可视为完成相应剂次的 MPSV-AC 接种。

（三）补种原则

流脑疫苗纳入免疫规划后出生的适龄儿童，如未接种流脑疫苗或未完成规定剂次，根据补种时的年龄选择流脑疫苗的种类：

1. 小于 24 月龄儿童补齐 MPSV-A 剂次。大于或等于 24 月龄儿童不再补种或接种 MPSV-A，仍需完成两剂次 MPSV-AC。

2. 大于或等于 24 月龄儿童如未接种过 MPSV-A，在 3 周岁前尽早接种 MPSV-AC；

如已接种过 1 剂次 MPSV-A，间隔不少于 3 个月尽早接种 MPSV-AC。

3. 补种剂次间隔参照本疫苗其他事项要求执行。

九、甲型肝炎减毒活疫苗（甲肝减毒活疫苗，HepA-L）

（一）免疫程序与接种方法

1. 接种对象及剂次：18 月龄接种 1 剂。

2. 接种途径：皮下注射。

3. 接种剂量：0.5 ml 或 1.0 ml，按照相应疫苗说明书使用。

（二）其他事项

1. 如果接种 2 剂次及以上含甲型肝炎灭活疫苗成分的疫苗，可视为完成甲肝疫苗免疫程序。

2. 注射免疫球蛋白后应间隔不少于 3 个月接种 HepA-L。

（三）补种原则

甲肝疫苗纳入免疫规划后出生且未接种甲肝疫苗的适龄儿童，如果使用 HepA-L进行补种，补种 1 剂 HepA-L。

十、甲型肝炎灭活疫苗（甲肝灭活疫苗，HepA-I）

（一）免疫程序与接种方法

1. 接种对象及剂次：共接种 2 剂次，18 月龄和 24 月龄各接种 1 剂。

2. 接种途径：肌内注射。

3. 接种剂量：0.5 ml。

（二）其他事项

如果接种 2 剂次及以上含 HepA-I 成分的联合疫苗，可视为完成 HepA-I 免疫程序。

（三）补种原则

1. 甲肝疫苗纳入免疫规划后出生且未接种甲肝疫苗的适龄儿童，如果使用 HepA-I进行补种，应补齐 2 剂 HepA-I，接种间隔不小于 6 个月。

2. 如已接种过 1 剂次 HepA-I，但无条件接种第 2 剂 HepA-I 时，可接种 1 剂 HepA-L完成补种，间隔不小于 6 个月。

第三部分　常见特殊健康状态儿童接种

一、早产儿与低出生体重儿

早产儿（胎龄小于 37 周）和/或低出生体重儿（出生体重小于 2 500 g）如医学评估稳定并且处于持续恢复状态（无须持续治疗的严重感染、代谢性疾病、急性肾脏疾病、肝脏疾病、心血管疾病、神经和呼吸道疾病），按照出生后实际月龄接种疫苗。卡介苗接种详见第二部分"每种疫苗的使用说明"。

二、过敏

所谓"过敏性体质"不是疫苗接种的禁忌证。对已知疫苗成分严重过敏或既往因接种疫苗发生喉头水肿、过敏性休克及其他全身性严重过敏反应的，禁忌继续接种同种疫苗。

三、人类免疫缺陷病毒（HIV）感染母亲所生儿童

对于 HIV 感染母亲所生儿童的 HIV 感染状况分 3 种：（1）HIV 感染儿童；（2）HIV

感染状况不详儿童;(3)HIV 未感染儿童。由医疗机构出具儿童是否为 HIV 感染、是否出现症状、是否有免疫抑制的诊断。HIV 感染母亲所生小于 18 月龄婴儿在接种前不必进行 HIV 抗体筛查,按 HIV 感染状况不详儿童进行接种。

(一)HIV 感染母亲所生儿童在出生后暂缓接种卡介苗,当确认儿童未感染 HIV 后再予以补种;当确认儿童 HIV 感染,不予接种卡介苗。

(二)HIV 感染母亲所生儿童如经医疗机构诊断出现艾滋病相关症状或免疫抑制症状,不予接种含麻疹成分疫苗;如无艾滋病相关症状,可接种含麻疹成分疫苗。

(三)HIV 感染母亲所生儿童可按照免疫程序接种乙肝疫苗、百白破疫苗、A 群流脑多糖疫苗、A 群 C 群流脑多糖疫苗和白破疫苗等。

(四)HIV 感染母亲所生儿童除非已明确未感染 HIV,否则不予接种乙脑减毒活疫苗、甲肝减毒活疫苗、脊灰减毒活疫苗,可按照免疫程序接种乙脑灭活疫苗、甲肝灭活疫苗、脊灰灭活疫苗。

(五)非 HIV 感染母亲所生儿童,接种疫苗前无须常规开展 HIV 筛查。如果有其他暴露风险,确诊为 HIV 感染的,后续疫苗接种按照附表中 HIV 感染儿童的接种建议。

对不同 HIV 感染状况儿童接种国家免疫规划疫苗的建议见表 1。

四、免疫功能异常

除 HIV 感染者外的其他免疫缺陷或正在接受全身免疫抑制治疗者,可以接种灭活疫苗,原则上不予接种减毒活疫苗(补体缺陷患者除外)。

五、其他特殊健康状况

下述常见疾病不作为疫苗接种禁忌:生理性和母乳性黄疸,单纯性热性惊厥史,癫痫控制处于稳定期,病情稳定的脑疾病、肝脏疾病、常见先天性疾病(先天性甲状腺功能减低、苯丙酮尿症、唐氏综合征、先天性心脏病)和先天性感染(梅毒、巨细胞病毒和风疹病毒)。

对于其他特殊健康状况儿童,如无明确证据表明接种疫苗存在安全风险,原则上可按照免疫程序进行疫苗接种。

表 1　HIV 感染母亲所生儿童接种国家免疫规划疫苗建议

疫苗种类	HIV 感染儿童		HIV 感染状况不详儿童		HIV 未感染儿童
	有症状或有免疫抑制	有症状和无免疫抑制	有症状或有免疫抑制	无症状	
乙肝疫苗	√	√	√	√	√
卡介苗	×	×	暂缓接种	暂缓接种	√
脊灰灭活疫苗	√	√	√	√	√
脊灰减毒活疫苗	×	×	×	×	√
百白破疫苗	√	√	√	√	√
白破疫苗	√	√	√	√	√
麻腮风疫苗	×	√	×	√	√

疫苗种类	HIV 感染儿童		HIV 感染状况不详儿童		HIV 未感染儿童
	有症状或有免疫抑制	有症状和无免疫抑制	有症状或有免疫抑制	无症状	
乙脑灭活疫苗	√	√	√	√	√
乙脑减毒活疫苗	×	×	×	×	√
A 群流脑多糖疫苗	√	√	√	√	√
A 群 C 群流脑多糖疫苗	√	√	√	√	√
甲肝减毒活疫苗	×	×	×	×	√
甲肝灭活疫苗	√	√	√	√	√

注：暂缓接种：当确认儿童 HIV 抗体阴性后再补种，确认 HIV 抗体阳性儿童不予接种；"√"表示"无特殊禁忌"，"×"表示"禁止接种"。

国家卫生健康委办公厅关于印发 0～6 岁儿童眼保健及视力检查服务规范（试行）的通知（2021-06-17）

国卫办妇幼发〔2021〕11 号

各省、自治区、直辖市及新疆生产建设兵团卫生健康委：

为进一步规范 0～6 岁儿童眼保健及视力检查服务，早期发现儿童常见眼病、视力不良及远视储备量不足，及时转诊干预，控制和减少儿童可控性眼病及视力不良的发展，预防近视发生，根据《综合防控儿童青少年近视实施方案》《国家基本公共卫生服务规范（第三版）》，我们组织制定了《0～6 岁儿童眼保健及视力检查服务规范（试行）》（可从国家卫生健康委官方网站下载）。现印发给你们，请参照执行。

国家卫生健康委办公厅

2021 年 6 月 17 日

0～6 岁儿童眼保健及视力检查服务规范（试行）

为贯彻落实教育部、国家卫生健康委等 8 部门《综合防控儿童青少年近视实施方案》，进一步规范和加强 0～6 岁儿童眼保健和视力检查服务，促进儿童眼健康，结合《国家基本公共卫生服务规范（第三版）》（国卫基层发〔2017〕13 号），进一步细化儿童眼保健及视力检查服务内容，制定本规范。

一、服务对象

辖区内常住的 0～6 岁儿童。

二、服务时间及频次

根据不同年龄段正常儿童眼及视觉发育特点，结合 0～6 岁儿童健康管理服务时间和频次，为 0～6 岁儿童提供 13 次眼保健和视力检查服务。其中，新生儿期 2 次，分别在新生儿家庭访视和满月健康管理时；婴儿期 4 次，分别在 3、6、8、12 月龄时；1 至 3 岁幼儿期 4 次，分别在 18、24、30、36 月龄时；学龄前期 3 次，分别在 4、5、6 岁时。

三、服务内容

儿童眼保健和视力检查主要目的是早期发现儿童常见眼病、视力不良及远视储备量不足，及时转诊干预，控制和减少儿童可控性眼病及视力不良的发展，预防近视发生。

0~6岁儿童眼保健及视力检查服务主要由具备相应服务能力的乡镇卫生院、社区卫生服务中心等基层医疗卫生机构或县级妇幼保健机构及其他具备条件的县级医疗机构提供，内容包括健康教育、眼病筛查及视力评估、健康指导、转诊服务和登记儿童眼健康档案信息等。

县级妇幼保健机构或其他具备条件的县级医疗机构接收转诊儿童，开展专项检查、视力复筛和复查、眼病诊疗、转诊服务和登记儿童眼健康档案信息等。

0~6岁儿童眼保健及视力检查服务内容示意图和服务项目见附件1和2。

（一）健康教育。

面向社会公众和儿童家长普及儿童眼保健科学知识，提高视力不良防控意识，提升科学知识知晓率，引导家庭积极主动接受儿童眼保健和视力检查服务。

（二）眼病筛查及视力评估。

1. 新生儿期（新生儿家庭访视和满月健康管理）

新生儿常规眼保健服务和早产儿视网膜病变筛查服务由助产机构负责。在此基础上，基层医疗卫生机构开展以下服务。

（1）检查眼外观。观察眼睑有无缺损和上睑下垂，眼部有无脓性分泌物、持续流泪，双眼球大小是否对称，角膜是否透明、双侧对称，瞳孔是否居中、形圆、双侧对称，瞳孔区是否发白，巩膜是否黄染。

（2）筛查眼病高危因素。重点询问和观察新生儿是否存在下列眼病主要高危因素：

①出生体重<2 000 g的低出生体重儿或出生孕周<32周的早产儿；

②曾在新生儿重症监护病房住院超过7天并有连续高浓度吸氧史；

③有遗传性眼病家族史，或家庭存在眼病相关综合征，包括近视家族史、先天性白内障、先天性青光眼、先天性小眼球、眼球震颤、视网膜母细胞瘤等；

④母亲孕期有巨细胞病毒、风疹病毒、疱疹病毒、梅毒或弓形体等引起的宫内感染；

⑤颅面部畸形，大面积颜面血管瘤，或哭闹时眼球外凸；

⑥眼部持续流泪，有大量分泌物。

（3）光照反应检查（满月健康管理时）。评估新生儿有无光感。检查者将手电灯快速移至婴儿眼前照亮瞳孔区，重复多次，双眼分别进行。婴儿出现反射性闭目动作为正常，表明婴儿眼睛有光感。

（4）转诊指征。①眼睑缺损、上睑下垂，眼部有脓性分泌物、持续流泪，双眼球大小不一致，角膜混浊、双侧不等大，瞳孔不居中、不圆、双侧不等大，瞳孔区发白，巩膜黄染等；②出生体重<2 000 g的低出生体重儿或出生孕周<32周的早产儿，出生后4~6周或矫正胎龄32周时，未按要求进行眼底检查；存在其他眼病高危因素，未做过眼科专科检查；③光照反应检查异常。

2. 婴儿期（3、6、8、12 月龄）

（1）检查眼外观。观察双眼球大小是否对称，结膜有无充血，眼部有无分泌物或持续溢泪，角膜是否透明、双侧对称，瞳孔是否居中、形圆、双侧对称，瞳孔区是否发白，6 月龄及以后观察有无眼球震颤。

（2）瞬目反射（3 月龄时）。评估婴儿的近距离视力能力。受检者取顺光方向，检查者以手或大物体在受检者眼前快速移动，不接触到受检者。婴儿立刻出现反射性防御性的眨眼动作为正常。

（3）红球试验（3 月龄时）。评估婴儿眼睛追随及注视能力。在婴儿眼前 20～33 cm 处，用直径 5 cm 左右的红色小球缓慢移动，重复 2～3 次。婴儿表现出短暂寻找或追随注视红球为正常。

（4）视物行为观察。通过观察和询问家长，了解儿童日常视物时是否存在异常行为表现，如 3 月龄时不与家人对视、对外界反应差，6 月龄时视物明显歪头或距离近、畏光、眯眼或经常揉眼等。

（5）红光反射检查、眼位检查、单眼遮盖厌恶试验（6 月龄时）。

6 月龄时，基层医疗卫生机构告知家长带婴儿至县级妇幼保健机构或其他具备条件的县级医疗机构接受红光反射检查、眼位检查、单眼遮盖厌恶试验等专项检查，并予转诊。

8 月龄时，基层医疗卫生机构问询家长，婴儿是否已于 6 月龄接受红光反射检查、眼位检查、单眼遮盖厌恶试验等专项检查。对于尚未接受检查者，再次告知家长尽快带婴儿至县级妇幼保健机构或其他具备条件的县级医疗机构接受上述检查。

鼓励有条件的乡镇卫生院、社区卫生服务中心，于 6 月龄时为婴儿提供红光反射检查、眼位检查、单眼遮盖厌恶试验。

红光反射检查：评估瞳孔区视轴上是否存在混浊或占位性病变。采用直接检眼镜，在半暗室内，检查距离约 50 cm，检眼镜屈光度调至 0，照射光斑调至大光斑。在婴儿清醒状态，将光斑同时照射双眼，观察双眼瞳孔区的红色反光。正常应为双眼对称一致的明亮红色反光。若双眼反光亮度不一致、红光反射消失、暗淡或出现黑斑为异常。

眼位检查：筛查婴儿是否存在斜视。将手电灯放至儿童眼睛正前方 33 cm 处，吸引儿童注视光源，检查双眼角膜反光点是否在瞳孔中央。用遮眼板分别遮盖儿童的左、右眼，观察眼球有无水平或上下移动。正常儿童双眼注视光源时，瞳孔中心各有一反光点，分别遮盖左、右眼时没有明显的眼球移动。

单眼遮盖厌恶试验：评估儿童双眼视力是否存在较大差距。用遮眼板分别遮挡儿童双眼，观察儿童行为反应是否一致。双眼视力对称的儿童，分别遮挡双眼时的反应等同；若一眼对遮挡明显抗拒而另一眼不抗拒，提示双眼视力差距较大。

（6）转诊指征。①眼外观检查异常，包括婴儿双眼球大小不一致、结膜充血、眼部有分泌物、持续溢泪、角膜混浊或双侧不对称、瞳孔不居中或不圆或双侧不对称、瞳孔区发白、眼球震颤；②瞬目反射检查结果异常；③红球试验检查结果异常；④视物行为异常；⑤红光反射检查结果异常；⑥眼位检查偏斜；⑦单眼遮盖厌恶试验异常。

3. 幼儿期（18、24、30、36 月龄）

（1）检查眼外观。方法同婴儿期。增加眼睑有无红肿或肿物，眼睑有无内、外翻，是否倒睫。

（2）视物行为观察。方法同婴儿期。询问家长时增加以下内容，了解儿童日常视物时避让障碍物是否迟缓，暗处行走是否困难，有无视物明显歪头或视物过近，有无畏光、眯眼或经常揉眼等行为表现。

（3）眼位检查、单眼遮盖厌恶试验、屈光筛查（24、36 月龄时）。

24、36 月龄时，基层医疗卫生机构分别告知家长应带幼儿至县级妇幼保健机构或其他具备条件的县级医疗机构接受眼位检查、单眼遮盖厌恶试验、屈光筛查等专项检查，并予转诊。

基层医疗卫生机构在后续服务时问询家长，幼儿是否已于 24、36 月龄接受眼位检查、单眼遮盖厌恶试验、屈光筛查等专项检查。对于尚未接受检查者，再次告知家长尽快带幼儿至县级妇幼保健机构或其他具备条件的县级医疗机构接受上述检查。

鼓励有条件的乡镇卫生院、社区卫生服务中心，于 24、36 月龄时分别为幼儿提供眼位检查、单眼遮盖厌恶试验和屈光筛查。

眼位检查：方法同婴儿期。

单眼遮盖厌恶试验：方法同婴儿期。

屈光筛查：采用屈光筛查仪，开展眼球屈光度筛查，了解幼儿眼球屈光状态，监测远视储备量，早期发现远视、近视、散光、屈光参差、远视储备量不足和弱视等危险因素。若屈光筛查结果异常，但低于高度屈光不正及屈光参差转诊指征，应半年后再次复查。

（4）转诊指征。①眼外观检查异常，眼睑有红肿或肿物，眼睑内翻或外翻、倒睫等，其他症状同婴儿期；②视物行为异常；③眼位检查偏斜；④单眼遮盖厌恶试验异常；⑤屈光筛查结果异常。

1）下列屈光不正及屈光参差，可能导致弱视，见以下标准：

24 月龄。屈光不正：散光 >2.00 D，远视 $>+4.50$ D，近视 <-3.50 D。屈光参差：双眼球镜度（远视、近视）差值 >1.50 D 或双眼柱镜度（散光）差值 >1.00 D。

36 月龄。屈光不正：散光 >2.00 D，远视 $>+4.00$ D，近视 <-3.00 D。屈光参差：双眼球镜度（远视、近视）差值 >1.50 D 或双眼柱镜度（散光）差值 >1.00 D。

2）24、36 月龄时屈光筛查结果数值超出仪器检查正常值范围，但低于上述标准，且半年后复查结果仍异常。

3）可疑远视储备量不足：等效球镜度数 $<+0.00$ D（等效球镜度数 = 球镜度数 + 1/2 柱镜度数）。

4）若儿童配合良好，同一天反复三次屈光检查，不能检测出数值且排除设备问题，提示为可疑屈光不正或器质性眼病。

4. 学龄前儿童（4、5、6 岁）

（1）检查眼外观。方法同幼儿期。

（2）视物行为观察。方法同幼儿期。

（3）视力检查。采用国际标准视力表或标准对数视力表检查儿童视力。检查时，检测距离 5 m，视力表照度为 500 lux，视力表 1.0 行高度为受检者眼睛高度。遮挡一眼，勿压眼球，按照先右后左顺序，单眼检查。自上而下辨认视标，直到不能辨认的一行时为止，其上一行即可记录为儿童的视力。以儿童单眼裸眼视力值作为判断视力是否异常的标准。4 岁儿童裸眼视力一般可达 4.8（0.6）以上，5 岁及以上儿童裸眼视力一般可达 4.9（0.8）以上。

（4）眼位检查、屈光筛查。

4、5、6 岁时，基层医疗卫生机构告知家长每年应带儿童至县级妇幼保健机构或其他具备条件的县级医疗机构接受眼位检查、屈光筛查等专项检查，并予转诊。

基层医疗卫生机构在后续服务时间询家长，儿童是否已于 4、5、6 岁时接受过眼位检查、屈光筛查等专项检查。对于尚未接受检查者，再次告知家长尽快带儿童至县级妇幼保健机构或其他具备条件的县级医疗机构接受上述检查。

鼓励有条件的乡镇卫生院、社区卫生服务中心，于 4、5、6 岁时为儿童提供眼位检查和屈光筛查。

眼位检查、屈光筛查，方法同幼儿期。

（5）转诊指征：①眼外观检查异常。②视物行为异常。③4 岁儿童裸眼视力≤4.8（0.6）、5 岁及以上儿童裸眼视力≤4.9（0.8），或双眼视力相差两行及以上（标准对数视力表），或双眼视力相差 0.2 及以上（国际标准视力表）。④眼位检查偏斜。⑤屈光筛查结果异常。

1）下列屈光不正及屈光参差，可能导致弱视，见以下标准：

4 岁。屈光不正：散光>2.00 D，远视>+4.00 D，近视<-3.00 D。屈光参差：双眼球镜度（远视、近视）差值>1.50 D 或双眼柱镜度（散光）差值>1.00 D。

5 岁、6 岁。屈光不正：散光>1.50 D，远视>+3.50 D，近视<-1.50 D。屈光参差：双眼球镜度（远视、近视）差值>1.50 D 或双眼柱镜度（散光）差值>1.00 D。

2）4、5、6 岁屈光筛查结果数值超出仪器检查正常值范围，但低于上述标准，且半年后复查结果仍异常。

3）可疑远视储备量不足：等效球镜度数<+0.00 D（等效球镜度数=球镜度数+1/2 柱镜度数）。

4）若儿童配合良好，同一天反复三次屈光检查，不能检测出数值且排除设备问题，提示为可疑屈光不正或器质性眼病。

5. 检查结果异常提示

眼病筛查和视力评估结果异常，提示儿童可能存在眼病或引起严重眼病的风险，可能存在远视储备量不足。

（1）眼外观检查异常。若眼睑有缺损，提示为可疑眼睑畸形；上睑下垂，提示可疑动眼神经或提上睑肌先天发育异常或外伤导致；眼部有脓性分泌物、持续流泪，提示可疑为结膜炎、泪囊炎；角膜混浊，提示可疑为先天性青光眼、角膜水肿、角膜疾病等，可致视力下降甚至失明等；双眼球大小不一致，角膜双侧不对称，瞳孔不居中、不圆、双侧不等大，提示可疑为先天眼部结构畸形；瞳孔区发白，提示可疑为先天性白内障、视网膜母细胞瘤等；巩膜黄染提示可疑为黄疸；眼球震颤提示可疑视力异常；眼睑有红肿或肿物，提示可能存在眼睑炎症、霰粒肿或麦粒肿；倒睫提示可能存在眼睑内翻。

（2）存在眼病高危因素。提示存在发生严重眼部疾病的风险。

（3）光照反应异常。对光照无反应，提示可疑视力异常或失明。

（4）瞬目反射检查异常。婴儿不会出现反射性防御性的眨眼动作，提示可疑近距离视力异常。

（5）红球试验异常。婴儿不能追随及注视红球，提示可疑视力异常。

（6）视物行为异常。提示可能视力或眼位异常。

（7）红光反射检查异常。若双眼反光亮度不一致、红光反射消失、暗淡或出现黑斑，提示可疑为先天性白内障、白瞳症等。

（8）眼位检查异常。提示可能存在斜视，有可能导致弱视。

（9）单眼遮盖厌恶试验异常。提示可能存在屈光参差、弱视等。

（10）屈光筛查异常。①若可疑远视、近视、散光和屈光参差，可能导致弱视，需要通过进一步检查确定是否佩戴眼镜矫正。②若等效球镜度数<+0.00 D，提示远视储备量不足，有发生近视的可能性，需进一步检查并改变不良用眼行为。

（11）视力检查异常。4 岁儿童裸眼视力≤4.8（0.6）、5 岁及以上儿童裸眼视力≤4.9（0.8），或双眼视力相差两行及以上（标准对数视力表），或双眼视力相差 0.2 及以上（国际标准视力表）者为视力低常。提示可能存在屈光不正、斜视、弱视、白内障、青光眼及其他眼病。

根据检查结果，填写《0~6 岁儿童眼保健及视力检查记录表》（附件 3 表 1~表 5），逐步形成儿童眼健康档案。综合分析未见异常的，告知家长后续定期带儿童接受眼保健和视力检查；发现异常的，指导家长及时带儿童转诊。

（三）健康指导。

每次完成眼病筛查和视力评估后，应结合检查结果及时向家长普及儿童眼保健知识，开展健康指导。针对不同年龄段儿童健康指导要点详见附件 4。

（四）转诊服务。

1. 乡镇卫生院、社区卫生服务中心将尚未接受红光反射、眼位检查、单眼遮盖厌恶试验和屈光筛查的儿童，以及检查结果异常的儿童转诊至县级妇幼保健机构或其他具备条件的县级医疗机构，填写转诊建议（附件 3 表 2~表 5）及转诊单（见附件 5），指导家长及时转诊。转诊单一式两联，一联由乡镇卫生院（社区卫生服务中心）留存，另一联由儿童家长交至县级妇幼保健机构或其他具备条件的县级医疗机构。

2. 县级妇幼保健机构或其他具备条件的县级医疗机构开展以下接诊服务。

（1）对尚未在乡镇卫生院（社区卫生服务中心）接受红光反射、眼位检查、单眼遮盖厌恶试验和屈光筛查等专项检查的儿童，依据婴儿期、幼儿期、学龄前期等不同年龄段要求，提供相应检查服务。

6 月龄时，提供红光反射、眼位检查、单眼遮盖厌恶试验等专项检查，记录检查结果，填写《0~6 岁儿童眼保健及视力检查记录表》（附件 3）表 3。

24、36 月龄时，提供眼位检查、单眼遮盖厌恶试验和屈光筛查等根据专项检查，记录检查结果，填写《0~6岁儿童眼保健及视力检查记录表》（附件3）表4。

4、5、6岁时，提供眼位检查和屈光筛查等专项检查，记录检查结果，填写《0~6岁儿童眼保健及视力检查记录表》（附件3）表5。

（2）对乡镇卫生院（社区卫生服务中心）转诊的检查结果异常的儿童进行复查。对于复查结果异常的儿童，以及在本机构接受红光反射、眼位检查、单眼遮盖厌恶试验和屈光筛查等专项检查结果异常的儿童，结合实际，至少开展以下儿童常见眼病诊断、治疗、干预服务。必要时应根据病情及时转诊至上级具备条件的医疗机构进行综合评估和诊治。

①对于眼外观检查异常的患儿，需进一步复查。

对确诊为结膜炎、泪囊炎、眼睑炎症、霰粒肿及麦粒肿等的患儿，应及时控制，防止炎症扩散，促进炎症消退。

对眼部有大量脓性分泌物的情况，考虑可能为化脓性结膜炎，需尽快确诊，及时有效治疗。

对眼外观其他异常，如可疑为先天性青光眼、角膜水肿、角膜疾病、眼部结构畸形、黄疸及严重倒睫等，应及时转诊至上级医疗机构进行诊治。

②对于存在眼部疾病高危因素的新生儿，再次排查可能发生严重眼部疾病的风险，有条件的机构应进一步检查。对于出生体重<2 000 g的低出生体重儿或出生孕周<32周的早产儿，应当在生后4~6周或矫正胎龄32周，告知家长及时转诊到具备条件的医疗机构进行眼底病变筛查，排除早产儿视网膜病变。有条件的县级妇幼保健机构可以开展眼底筛查服务，对已经确诊为早产儿视网膜病的患儿，应告知家长转诊到具备相应治疗能力的医疗机构及时干预和治疗，并定期随访复查，观察视网膜发育情况至视网膜发育成熟。

③对于瞳孔区发白、光照反应、瞬目反射和红球试验异常及视物行为异常的儿童，进行红光反射检查，检查瞳孔区视轴上的混浊和眼底病变情况。若双眼反光亮度不一致、红光反射消失、暗淡或出现黑斑，提示可疑为先天性白内障、白瞳症等，应及时转诊至上级医疗机构进行诊治。有条件的县级妇幼保健机构，可以开展裂隙灯及眼底检查，进一步确诊。

④对于眼位检查异常儿童，提示可疑为斜视，应进行专业验光、眼底检查等明确斜视类型，结合斜视类型确定治疗方案。需要手术治疗的斜视类型应将患儿及时转诊至上级医疗机构进行专业眼科诊治。早期治疗斜视可以在矫正眼位、恢复外观的基础上，促进视力发育和双眼视觉功能的建立。

⑤对于单眼遮盖厌恶试验异常的儿童，可能由于双眼视力不一样导致，提示可疑为屈光参差、弱视或其他眼病，需要进一步诊疗或及时转诊。

⑥对于视力检查和屈光筛查异常的儿童，进行以下检查。

1）视力检查：对4~6岁儿童采用国际标准视力表或标准对数视力表再次进行视力检查，并结合实际开展专业眼科检查。

2）屈光筛查：对所有儿童再次开展屈光筛查，监测远视储备量情况，排查远视、近视、散光及屈光参差。

3）散瞳验光：对复查后仍可疑屈光不正或视力低常的儿童，根据实际情况进行睫状肌麻痹验光，得出准确屈光度。确定是否远视储备量不足，是否存在远视、近视、散光及屈光参差。再根据视力、眼位和年龄等因素，综合判断是否需要佩戴眼镜矫正。

对于远视储备量不足儿童，告知家长存在发生近视的可能性，应定期接受检查，改变不良用眼习惯和行为。

对于经散瞳验光、结合眼科检查确诊为弱视的患儿，消除屈光不正、屈光参差、斜视、先天性白内障、重度上睑下垂等危险因素，并根据儿童年龄、视力、依从性等情况，通过遮盖和压抑优势眼及视觉训练来促使弱视眼视力提升。弱视治疗过程中应定期随诊，根据检查结果及依从性评估，及时调整治疗方案。

（3）县级妇幼保健机构或具备相应条件的县级医疗机构填写回执单（见附件6），记录本机构开展的红光反射、眼位检查、单眼遮盖厌恶试验、屈光筛查等专项检查结果，以及复查、诊断结果或进一步转诊信息，将其反馈至乡镇卫生院（社区卫生服务中心）。由乡镇卫生院（社区卫生服务中心）归入儿童眼健康档案。

3. 其他具备条件的县级以上医疗机构接收转诊儿童，进一步开展眼病及视力异常的诊断、治疗和干预服务。及时将诊治结果反馈至县级妇幼保健机构，并由县级妇幼保健机构将结果反馈至乡镇卫生院（社区卫生服务中心），最终由乡镇卫生服务中心）归入儿童眼健康档案。

（五）建立儿童眼健康档案。

乡镇卫生院（社区卫生服务中心）、县级妇幼保健机构或具备相应条件的县级医疗机构以及县级以上医疗机构，开展眼病筛查及视力评估、健康指导、转诊和接诊服务时，应记录相应内容，建立机构间筛查、复查、诊断等信息双向交换机制，及时完善儿童眼健康档案，做到一人一档。各地应大力推进信息化建设，逐步建立儿童眼健康电子档案，联通基层医疗卫生机构、县级妇幼保健机构和诊疗机构，做到信息及时更新、互联共享，并随儿童青少年入学实时转移。

四、服务机构和人员技术要求

（一）各地要加大力度推进基层医疗卫生机构儿童眼保健及视力检查能力建设，为乡镇卫生院（社区卫生服务中心）配备开展儿童眼保健及视力检查服务所需的基本设备（见附件7）。充实儿童眼保健及视力检查的人员。从事眼保健及视力检查的人员应为接受过专业技术培训并合格的医务人员。

（二）县级妇幼保健机构或具备相应条件的县级医疗机构应配备开展儿童眼保健和视力检查、复查、相应诊疗服务工作所需的基本设备（见附件7），至少具备1间儿童眼保健诊室和1间检查室。至少有一名经儿童眼保健及视力检查技术培训并合格的执业医师或眼保健专职医务人员。

基层医疗卫生机构、县级妇幼保健机构或具备相应条件的县级医疗机构应根据辖区内常住0~6岁儿童总人数，积极创造条件，配备数量足够、符合要求的从事儿童眼保健服务的人员。

鼓励有条件的乡镇卫生院（社区卫生服务中心）和妇幼保健机构结合实际扩展相关服务项目，增加必要设备和专业人员。

五、服务职能

（一）乡镇卫生院、社区卫生服务中心。

1. 开展健康教育，普及儿童眼保健及视力不良防控知识，增强近视防控意识，宣传儿童眼病要早筛、早诊、早治。宣传动员家长定期带儿童接受眼保健及视力检查服务。

2. 结合儿童健康管理服务，同步开展0~6岁儿童眼保健及视力检查服务，登记完善儿童眼健康档案信息。

3. 对检查结果异常和远视储备量不足的儿童进行针对性健康指导、及时转诊，并跟踪随访。

4. 掌握辖区内0~6岁儿童眼健康基本情况，及时将0~6岁儿童眼保健及视力检查人数、6岁儿童视力检查人数、6岁儿童视力不良检查人数、7岁以下（0~6岁）儿童人数等数据上报至县级妇幼保健机构。对眼保健及视力检查结果异常的儿童进行登记汇总（见附件8）。

（二）县级妇幼保健机构。

1. 开展健康教育，普及儿童眼保健及视力不良防控知识，增强近视防控意识，宣传儿童眼病要早筛、早诊、早治。

2. 为乡镇卫生院、社区卫生服务中心转诊的儿童提供专项检查和复查。具备条件的县级妇幼保健机构承担相应的诊疗服务职责。鼓励和支持具备条件的县级妇幼保健机构开展斜视（非手术类）、弱视矫治服务。完善儿童眼健康档案。

3. 协助卫生健康行政部门建立区域儿童眼保健服务网络和转诊机制，推进儿童眼健康档案信息化建设，提升儿童眼健康服务能力和管理水平。

4. 针对乡镇卫生院、社区卫生服务中心提供专业人力支持，开展人员培训、技术指导和质量评估。

5. 承担辖区内0~6岁儿童眼保健及视力检查服务数据管理工作，按照妇幼卫生统计调查制度要求逐级上报，确保数据真实准确，加强数据分析利用。

（三）省级和地市级妇幼保健机构。

结合妇幼保健机构功能定位，加强自身眼保健科能力建设，协助卫生健康行政部门重点承担服务网络和信息系统建设、人员培训、业务指导、技术推广、质量控制、健康宣教和数据管理等工作。

（四）其他具备条件的县级以上医疗机构。

1. 开展健康教育，普及儿童眼保健及视力不良防控知识，增强近视防控意识，宣传儿童眼病要早筛、早诊、早治。

2. 提供儿童眼病诊断、治疗、干预等服务。

3. 将患病儿童诊治结果反馈至县级妇幼保健机构，并由县级妇幼保健机构将结果反馈至乡镇卫生院、社区卫生服务中心。

4. 会同辖区妇幼保健机构针对基层开展人员培训和技术指导。

六、工作要求

各级卫生健康行政部门要高度重视儿童眼保健及视力检查服务，加强组织领导，强化安排部署和工作指导，不断提高服务可及性及覆盖率。要完善工作机制，定期开展质量检查，保证服务质量。加强儿童眼保健及视力检查人员培训，确保由接受过眼保健及视力检查相关技术培训并合格的医务人员从事相关工作。各级卫生健康行政部门要加强区域信息平台建设和信息互联共享，尽快实现0~6岁儿童眼健康档案电子化、信息化。

七、工作指标

（一）0~6岁儿童眼保健和视力检查覆盖率：统计期限内辖区0~6岁儿童眼保健和视力检查人数/统计期限内辖区0~6岁儿童数×100%。

其中，"0~6岁儿童眼保健和视力检查人数"指0~6岁儿童当年接受1次及1次以上眼保健和视力检查的人数。

（二）0~6岁儿童眼保健和视力检查异常率：统计期限内辖区0~6岁儿童眼病筛查及视力评估异常人数/统计期限内辖区0~6岁儿童数×100%。

（三）0~6岁儿童眼保健和视力检查异常转诊率：统计期限内辖区0~6岁儿童眼病筛查及视力评估异常转诊人次数/统计期限内辖区0~6岁儿童眼病筛查及视力评估异常人次数×100%。

（四）6岁儿童视力不良检出率：统计期限内辖区6岁儿童视力不良检出人数/统计期限内辖区6岁儿童视力检查人数×100%。

6岁儿童视力不良判断标准：6岁儿童裸眼视力≤4.9（0.8），或双眼视力相差两行及以上（标准对数视力表），或双眼视力相差0.2及以上（国际标准视力表）。

（五）儿童眼健康档案建档率＝统计期限内辖区0~6岁儿童建立眼健康档案人数/统计期限内辖区0~6岁儿童数×100%。

八、名词解释

（一）视力：即视觉分辨力，是眼睛所能够分辨的外界两个物点间最小距离的能力。视力是随着屈光系统和视网膜发育逐渐发育成熟的，0~6岁是儿童视力发育的关键期，新生儿出生仅有光感，1岁视力一般可达0.2，2岁视力一般可达0.4以上，3岁视力一般可达0.5以上，4岁视力一般可达0.6以上，5岁及以上视力一般可达0.8以上。

（二）裸眼视力：又称未矫正视力，指未经任何光学镜片矫正所测得的视力，包括裸眼远视力和裸眼近视力。

（三）正视化过程：儿童眼球和视力是逐步发育成熟的，新生儿出生时，眼睛发育未成熟，处于远视状态，随着生长发育，眼球逐渐增长，眼远视屈光度数逐渐趋向正视，称之为"正视化过程"。3岁前生理屈光度为+3.00 D，4~5岁生理屈光度为+1.50 D~+2.00 D，6~7岁生理屈光度为+1.00 D~+1.50 D。

（四）远视储备量：新生儿的眼球较小，眼轴较短，此时双眼处于远视状态，这是生理性远视，称之为"远视储备量"。随着儿童生长发育，眼球逐渐长大，眼轴逐渐变长，远视度数逐渐降低而趋于正视。远视储备量不足指裸眼视力正常，散瞳验光后屈光状态虽未达到近视标准但远视度数低于相应年龄段生理值范围。如4~5岁的儿童生理屈光度为150~200度远视，则有150~200度的远视储备量，如果此年龄段儿童的生理屈光度只有 50 度远视，意味着其远视储备量消耗过多，有可能较早出现近视。

（五）屈光度：人眼对光线的曲折能力，就是眼睛的屈光度，一般用"D"表示。

（六）屈光不正：当眼处于非调节状态（静息状态）时，外界的平行光线经眼的屈光系统后，不能在视网膜黄斑中心凹聚焦，因此无法产生清晰的成像，称为屈光不正，包括近视、远视、散光和屈光参差等。

（七）斜视：是指一眼注视时，另一眼视轴偏离的异常眼位。斜视是与视觉发育、解剖发育、双眼视觉功能和眼球运动功能密切相关的一组疾病。斜视患病率约为 3%，其中出生后 6 个月内先天性内斜视患病率为 1%~2%，人群中先天性内斜视患病率为 0.1%。斜视除了影响美观外，还会导致弱视及双眼单视功能不同程度的丧失。早期治疗斜视可以在矫正眼位、恢复外观的基础上，促进视力发育和双眼视觉功能的建立。

（八）弱视：视觉发育期内由于单眼斜视、屈光参差、高度屈光不正以及视觉剥夺等异常视觉经验引起的单眼或双眼最佳矫正视力低于相应年龄正常儿童，且眼部检查无器质性病变，称为弱视。分为屈光不正性弱视、屈光参差性弱视、斜视性弱视、形觉剥夺性弱视等。根据普查结果确定年龄在 3~5 岁儿童视力的正常值下限为 0.5，6 岁及以上儿童视力正常值下限为 0.7。弱视患病率较高，为 1%~5%，弱视治疗成功率随着患儿年龄增加而下降，6 岁之后较难矫正，应早诊断早治疗。

附件 1　0~6 岁儿童眼保健及视力检查服务内容示意图（略）

附件 2　0~6 岁儿童眼保健及视力检查服务项目（略）

附件 3　儿童眼健康档案（略）

附件 4　0~6 岁儿童眼保健及视力检查健康指导要点（略）

附件 5　0~6 岁儿童眼保健及视力检查转诊单（略）

附件 6　0~6 岁儿童眼保健及视力检查回执单（略）

附件 7　0~6 岁儿童眼保健及视力检查基本设备（略）

附件 8　0~6 岁儿童眼保健及视力检查结果异常登记表（略）

国家卫生健康委办公厅关于印发托育机构婴幼儿喂养与营养指南（试行）的通知（2022-01-10）

国卫办人口函〔2021〕625 号

各省、自治区、直辖市及新疆生产建设兵团卫生健康委：

为进一步加强对托育机构工作的指导，提高托育机构服务质量，保障婴幼儿安全健康成长，国家卫生健康委组织编写了《托育机构婴幼儿喂养与营养指南（试行）》。现印发给你们，供参照执行。

国家卫生健康委办公厅

2021 年 12 月 28 日

托育机构婴幼儿喂养与营养指南（试行）

根据《国务院办公厅关于促进 3 岁以下婴幼儿照护服务发展的指导意见》（国办发〔2019〕15 号）、《托育机构设置标准（试行）》和《托育机构管理规范（试行）》《托儿所、幼儿园建筑设计规范（2019 年版）》《婴幼儿辅食添加营养指南》（WS/T 678—

2020)、《中国居民膳食指南（2016）》《婴幼儿喂养健康教育核心信息》，我委组织编写了《托育机构婴幼儿喂养与营养指南（试行）》。

本指南适用于经有关部门登记、卫生健康行政部门备案，为 3 岁以下婴幼儿提供全日托、半日托、计时托、临时托等托育服务的机构。

一、6~24 月龄婴幼儿喂养与营养要点

托育机构应与家庭配合，为实现母乳喂养提供便利条件，尽量采用亲喂母乳喂养。在母乳喂养同时为婴幼儿提供适宜的辅食。

1. 支持母乳喂养。

托育机构在妇幼保健机构、基层医疗卫生机构的指导下，做好母乳喂养宣教。按照要求设立喂奶室或喂奶区域，并配备相关设施、设备。鼓励母亲进入托育机构亲喂，做好哺乳记录，保证按需喂养。

2. 辅食添加原则与注意事项。

（1）从 6 月龄开始添加辅食，首选富含铁的泥糊状食物。

（2）鼓励尝试新的食物，每次只引入 1 种。留意观察是否出现呕吐、腹泻、皮疹等不良反应，适应 1 种食物后再添加其他新的食物。若婴幼儿出现不适或严重不良反应，及时通知家长并送医。

（3）逐渐调整辅食质地，与婴幼儿的咀嚼吞咽能力相适应，从稠粥、肉泥等泥糊状食物逐渐过渡到半固体或固体食物等。1 岁以后可吃软烂食物，2 岁之后可食用家庭膳食。

（4）逐渐增加食物种类，保证食物多样化，包括谷薯类、豆类和坚果类、动物性食物（鱼、禽、肉及内脏）、蛋、含维生素 A 丰富的蔬果、其他蔬果、奶类及奶制品等 7 类。

（5）辅食应选择安全、营养丰富、新鲜的食材，并符合婴幼儿喜好。婴幼儿辅食应单独制作，1 岁以内婴儿辅食应当保持原味，不加盐、糖和调味品。制作过程注意卫生，进食过程注意安全。

3. 自带食物管理。

如家长要求使用自带食物，托育机构应与家庭充分沟通，并做好接收和使用记录。如使用特殊医学用途婴儿配方食品，家长应提供医生或临床营养师的建议。

4. 顺应喂养。

托育机构应根据不同年龄婴幼儿的营养需要、进食能力和行为发育需要，提倡顺应喂养。喂养过程中，应及时感知婴幼儿发出的饥饿和饱足反应（动作、表情、声音等），及时做出恰当的回应，鼓励但不强迫进食。从开始辅食添加起，引导婴幼儿学习在嘴里移动、咀嚼和吞咽食物，逐步尝试自主进食。

二、24~36 月龄幼儿的喂养与营养要点

1. 合理膳食。

（1）食物搭配均衡，每日膳食由谷薯类、肉类、蛋类、豆类、乳及乳制品、蔬菜水果等组成。同类食物可轮流选用，做到膳食多样化。

（2）每日三餐两点，主副食并重。加餐以奶类、水果为主，配以少量松软面点。

分量适宜，不影响正餐进食量。晚间不宜安排甜食，以预防龋齿。

（3）保证幼儿按需饮水，根据季节酌情调整。提供安全饮用水，避免提供果汁饮料等。

（4）选择安全、营养丰富、新鲜的食材和清洁水制备食物。制作过程注意卫生，进食过程注意安全。

（5）食物合理烹调，适量油脂，少盐、少糖、少调味品。宜采用蒸、煮、炖、煨等方法，少用油炸、熏制、卤制等。

2. 培养良好的习惯。

（1）规律进餐，每次正餐控制在 30 分钟内。鼓励幼儿自主进食。

（2）安排适宜的进餐时间、地点和场景，根据幼儿特点选择和烹制食物，引导幼儿对健康食物的选择，培养不挑食不偏食的良好习惯，不限制也不强迫进食。进餐时避免分散注意力。开始培养进餐礼仪。

（3）喂养过程中注意进食安全，避免伤害。不提供易导致呛噎的食物，如花生、腰果等整粒坚果和葡萄、果冻等。

（4）合理安排幼儿的身体活动和户外活动，建议户外活动每天不少于 2 小时。

三、婴幼儿食育

食育有益于身心健康，增进亲子关系。托育机构与家庭配合开展食育，让婴幼儿感受、认识和享受食物，培养良好进食行为和饮食习惯，启蒙中华饮食文化。

1. 感受和认识食物。

适时引导婴幼儿感受食物，通过视觉、触觉、嗅觉、味觉、听觉等感知食物的色、香、味、质地，激发对食物的兴趣，促进认识食物，接受新食物。可以让幼儿观察或参与简单的植物播种、照料、采摘等过程，并让幼儿参与食物的制备。

2. 培养饮食行为。

营造安静温馨、轻松愉悦的就餐环境，引导婴幼儿享受食物，逐步养成规律就餐、专注就餐、自主进食的良好饮食习惯。正确选择零食，避免高糖、高盐和油炸食品。

3. 体验饮食文化。

培养用餐礼仪、感恩食物、珍惜食物。结合春节、元宵、端午和中秋等传统节日活动，让幼儿体验中华饮食文化。

四、喂养和膳食管理

1. 规章制度建设。

按照《食品安全法》《食品安全法实施条例》等要求，严格落实各项食品安全工作，强化责任意识，制定食品安全应急处置预案，做好食源性疾病防控工作。

（1）托育机构应建立完善的母乳、配方食品和商品辅食喂养管理制度和操作规范，包括喂奶室管理制度，配方食品和商品辅食的接收、查验及储存、使用制度，及相关卫生消毒制度。

（2）托育机构从供餐单位订餐的，应当建立健全机构外供餐管理制度，选择取得食品经营许可、能承担食品安全责任、社会信誉良好的供餐单位。对供餐单位提供的食品随机进行外观查验和必要检验，并在供餐合同（或者协议）中明确约定不合格食品的处理方式。

（3）鼓励母乳喂养，为哺乳母亲设立喂奶室，配备流动水洗手等设施、设备。

（4）托育机构乳儿班和托小班设有配餐区，位置独立，备餐区域有流动水洗手设施、操作台、调配设施、奶瓶架，配备奶瓶清洗、消毒工具，配备奶瓶、奶嘴专用消毒设备，配备乳类储存、加热设备。

（5）托育机构应配备食品安全管理人员，并制订食堂管理人员、从业人员岗位工作职责，食品安全管理人员及从业人员上岗前应当参加食品安全法律法规和婴幼儿营养等专业知识培训。

（6）婴幼儿膳食应有专人负责，班级配餐由专人配制分发，工作人员与婴幼儿膳食要严格分开。

（7）做好乳类喂养、辅食添加、就餐等工作记录。

2. 膳食和营养要求。

食品应储存在阴凉、干燥的专用储存空间。标注配方食品的开封时间，每次使用后及时密闭，并在规定时间内食用。配方食品应按照产品使用说明按需、适量调配，调配好的配方奶 1 次使用，如有剩余，直接丢弃。配方食品在规定的配餐区完成。调配好的配方奶，喂养前需要试温，做好喂养记录。

（1）托育机构应根据不同月龄（年龄）婴幼儿的生理特点和营养需求，制定符合要求的食谱，并严格按照食谱供餐。

（2）食谱按照不同月龄段进行制定和实施，每 1 周或每 2 周循环 1 次。食谱要具体到每餐次食物品种、用量、烹制或加工方法及进食时间。

（3）主副食的选料、洗涤、切配、烹调方法要适合不同月龄（年龄）婴幼儿，减少营养素的损失，符合婴幼儿清淡口味，达到营养膳食的要求。烹调食物注意色、香、味、形，提高婴幼儿的进食兴趣。

（4）食谱中各种食物提供的能量和营养素水平，参照中国营养学会颁布的《中国居民膳食营养素参考摄入量（DRIs）（2013）》推荐的相应月龄（年龄）婴幼儿每日能量平均需要量（EER）和推荐摄入量（RNI）或适宜摄入量（AI）确定。

（5）食谱各餐次热量分配：早餐提供的能量约占一日的 30%（包括上午 10 点的点心），午餐提供的能量约占一日的 40%（含下午 3 点的午后点），晚餐提供的能量约占一日的 30%（含晚上 8 点的少量水果、牛奶等）。

（6）食谱中各种食物的选择原则以及食物用量，参照中国营养学会颁布的《7~24月龄婴幼儿喂养指南（2016）》《学龄前儿童膳食指南（2016）》中膳食原则，以及《7~24 月龄婴幼儿平衡膳食宝塔》《学龄前儿童平衡膳食宝塔》中建议的食物推荐量范围。

（7）半日托及全日托的托育机构至少每季度进行一次膳食调查和营养评估。提供一餐的托育机构（含上、下午点）每日能量和蛋白质供给量应达到相应建议量的 50%以上；提供两餐的托育机构，每日能量和蛋白质供给量应达到相应建议量的 70%以上；提供三餐的托育机构，每日能量和蛋白质和其他营养素的供给量应达到相应建议量的 80%以上。

（8）三大营养素热量占总热量的百分比是蛋白质 12%～15%，脂肪 30%～35%，碳水化合物 50%～65%。优质蛋白质占蛋白质总量的 50% 以上。

（9）有条件的托育机构可为贫血、营养不良、食物过敏等婴幼儿提供特殊膳食，有特殊喂养需求的，婴幼儿监护人应当提供书面说明。

（10）定期进行生长发育监测，保障婴幼儿健康生长。

附件

建议每日食物量参照

年龄	7～8 月龄	9～12 月龄	12～24 月龄	24～36 月龄
餐次安排	母乳喂养 4～6 次，辅食喂养 2～3 次	母乳喂养 3～4 次，辅食 2～3 次	学习自主进食，逐渐适应家庭的日常饮食。幼儿在满 12 月龄后应与家人一起进餐，在继续提供辅食的同时，鼓励尝试家庭食物，类似家庭的饮食	三餐两点
母乳喂养	先母乳喂养，婴儿半饱时再喂辅食，然后再根据需要哺乳。随着婴儿辅食量增加，满 7 月龄时，多数婴儿的辅食喂养可以成为单独一餐，随后过渡到辅食喂养与哺乳间隔的模式	600 mL	1～2 岁幼儿在母乳喂养的同时，可以逐步引入鲜奶、酸奶、奶酪等乳制品。不能母乳喂养或母乳不足时，仍然建议以合适的幼儿配方奶作为补充，可引入少量鲜奶、酸奶、奶酪等，作为幼儿辅食的一部分奶量应维持约 500 mL	
奶及奶制品	>600 mL	600 mL	500 mL	300～500 mL
鱼畜禽蛋类	开始逐渐每天添加 1 个蛋黄或全蛋和 50 g 肉禽鱼，如果对蛋黄/鸡蛋过敏，需要额外再增加肉类 30 g	鸡蛋 50 g、肉禽鱼 50 g	鸡蛋 25～50 g、肉禽鱼 50～75 g	鸡蛋 50 g、肉禽鱼 50～75 g
谷物类	20～50 g	50～75 g	50～100 g	75～125 g
蔬菜、水果类	根据婴儿需要适量	每天碎菜 50 g～100 g、水果 50 g，水果可以是片块状或手指可以拿起的指状食物	蔬菜 50～50 g、水果 50～150 g	蔬菜 100～200 g、水果 100～200 g
大豆				5～15 g
烹调油	0～5 g	5～10 g	5～15 g	10～20 g
精盐		0～1.5 g		<2 g
水				600～700 mL

国家卫生健康委办公厅关于做好托育机构卫生评价工作的通知（2022-08-04）

国卫办妇幼发〔2022〕11 号

各省、自治区、直辖市及新疆生产建设兵团卫生健康委：

为贯彻落实《国务院办公厅关于促进 3 岁以下婴幼儿照护服务发展的指导意见》（国办发〔2019〕15 号），促进托育机构规范发展，满足人民群众对婴幼儿照护服务需求，保障婴幼儿健康，根据《托育机构登记和备案办法（试行）》（国卫办人口发〔2019〕25 号）有关要求，现就做好托育机构备案相关卫生评价工作通知如下。

一、备案相关卫生评价基本要求

托育机构向所在地县级卫生健康部门备案时，应当满足《托育机构卫生评价基本标准（试行）》（附件 1）各项要求，包括环境卫生、设施设备、人员配备、卫生保健制度等内容。

托育机构备案时，登录托育机构备案信息系统，按照《托育机构登记和备案办法（试行）》第八条第四项要求，向所在地县级卫生健康部门提供自我评价合格的托育机构卫生评价报告（不再另行提供《托育机构登记和备案办法（试行）》要求的评价为"合格"的《托幼机构卫生评价报告》），主要包括以下材料扫描件。

（一）托育机构开展备案相关卫生评价情况说明（附件 2）。

（二）托育机构房屋平面布局图（应按照比例，标识托育机构所使用房屋，注明功能分布和面积大小）。

（三）专（兼）职保健员有效身份证件和学历证件。

（四）室内环境中甲醛、苯及苯系物含量符合《室内空气质量标准》（GB/T 18883—2002）有关规定的检测报告。报告应当由具备资质的检验检测机构出具，检测报告出具的日期与申请备案日期之间不超过 1 个月。

（五）除集中式供水外的生活饮用水水质符合《生活饮用水卫生标准》（GB 5749—2006）要求的相关检测报告。报告应当由具备资质的检验检测机构出具，检测报告出具的日期与申请备案日期之间不超过 1 个月。

（六）本机构卫生保健制度相关材料。

备案人应当如实提供上述材料，反映真实情况，对备案材料内容的真实性负责。

二、备案与监督管理

托育机构备案前按照《托育机构卫生评价基本标准（试行）》进行自我评估，达到基本标准各项要求的方为合格。县级卫生健康部门收到托育机构备案时提交的卫生评价报告，应当核验材料的完整性。

县级卫生健康部门向托育机构提供备案回执后，应当严格按照《托育机构卫生评价基本标准（试行）》，对托育机构环境卫生、设施设备、人员配备、卫生保健制度等情况进行现场核实勘验。对于不符合《托育机构卫生评价基本标准（试行）》的，应当自接收备案材料之日起 15 个工作日内通知备案机构，说明理由、责令改正并向社会公开。

附件：1. 托育机构卫生评价基本标准（试行）

2. 托育机构开展备案相关卫生评价情况说明

国家卫生健康委办公厅

2022 年 7 月 28 日

托育机构卫生评价基本标准（试行）

主要内容	基本要求
环境卫生	1. 室外活动场地地面平整、防滑、无障碍、无尖锐突出物，使用软质地坪，确保安全
	2. 需要获得冬季日照的婴幼儿生活用房窗洞开口面积不应小于该房间面积的 20%
	3. 夏热冬冷、夏热冬暖地区的婴幼儿生活用房不宜朝西；当不可避免时，应采取遮阳措施
	4. 婴幼儿生活用房不应设置在地下室或半地下室，乳儿班和托小班应有安全围栏、地垫
	5. 室内环境中甲醛、苯及苯系物等检测结果符合国家《室内空气质量标准》（GB/T 18883—2002）要求
设施设备	6. 设有保健观察室，建筑面积不少于 6 平方米。至少设有 1 张儿童观察床。保健观察室应与婴幼儿生活用房有适当的距离，并应与婴幼儿活动路线分开
	7. 每班有专用水杯架和奶瓶存放处，标识清楚，有饮水设施
	8. 除集中式供水外的生活饮用水水质符合《生活饮用水卫生标准》（GB5749—2006）要求。饮水机等所有涉及饮用水卫生安全的产品，应当取得卫生许可
	9. 每班有专用毛巾架，标识清楚，毛巾间距合理
	10. 有消毒柜等消毒设施专用于水杯、毛巾、餐具消毒，婴幼儿每日 1 巾 1 杯专用，每日消毒
	11. 设有独立的厕所和盥洗室，盥洗室内有流动水洗手装置
	12. 招收 2 岁以下婴幼儿的应设有哺乳室或哺乳区域，哺乳室或哺乳区域应设置隐私保护设施
人员配置	13. 至少明确 1 名专（兼）职保健员。保健员应具有高中以上学历，经过妇幼保健机构组织的卫生保健专业知识培训合格，负责晨（午）检，协助辖区内医疗卫生机构开展儿童保健、传染病防控等工作
卫生保健制度	14. 建立 10 项卫生保健制度，并符合实际情况，具有可操作性： （1）一日生活制度（包含婴幼儿照护内容） （2）膳食管理制度 （3）体格锻炼制度 （4）卫生与消毒制度 （5）健康检查制度 （6）传染病预防与控制制度 （7）常见疾病预防与管理制度 （8）伤害预防制度 （9）健康教育制度 （10）卫生保健信息收集制度

附件 2　托育机构开展备案相关卫生评价情况说明（略）

（二）托育机构设置与管理相关政策文件

国家卫生健康委关于印发托育机构设置标准（试行）
和托育机构管理规范（试行）的通知（2019-10-08）

国卫人口发〔2019〕58 号

各省、自治区、直辖市及新疆生产建设兵团卫生健康委：

为加强托育机构专业化、规范化建设，按照《国务院办公厅关于促进3岁以下婴幼儿照护服务发展的指导意见》（国办发〔2019〕15号）的要求，我委组织制定了《托育机构设置标准（试行）》和《托育机构管理规范（试行）》（可从国家卫生健康委网站下载）。现印发给你们，请遵照执行。

附件：1. 托育机构设置标准（试行）
     2. 托育机构管理规范（试行）

国家卫生健康委
2019 年 10 月 8 日

附件1

托育机构设置标准（试行）

第一章　总则

第一条　为建立专业化、规范化的托育机构，根据《中华人民共和国未成年人保护法》等法律法规以及《国务院办公厅关于促进3岁以下婴幼儿照护服务发展的指导意见》，制定本标准。

第二条　坚持政策引导、普惠优先、安全健康、科学规范、属地管理、分类指导的原则，充分调动社会力量积极性，大力发展托育服务。

第三条　本标准适用于经有关部门登记、卫生健康部门备案，为3岁以下婴幼儿提供全日托、半日托、计时托、临时托等托育服务的机构。

第二章　设置要求

第四条　托育机构设置应当综合考虑城乡区域发展特点，根据经济社会发展水平、工作基础和群众需求，科学规划，合理布局。

第五条　新建居住区应当规划建设与常住人口规模相适应的托育机构。老城区和已建成居住区应当采取多种方式完善托育机构，满足居民需求。

第六条　城镇托育机构建设要充分考虑进城务工人员随迁婴幼儿的照护服务需求。

第七条　在农村社区综合服务设施建设中，应当统筹考虑托育机构建设。

第八条　支持用人单位以单独或联合其他单位共同举办的方式，在工作场所为职工提供福利性托育服务，有条件的可向附近居民开放。

第九条　鼓励通过市场化方式，采取公办民营、民办公助等多种形式，在就业人群密集的产业聚集区域和用人单位建设完善托育机构。

第十条　发挥城乡社区公共服务设施的婴幼儿照护服务功能，加强社区托育机构与社区服务中心（站）及社区卫生、文化、体育等设施的功能衔接。

第三章　场地设施

第十一条　托育机构应当有自有场地或租赁期不少于 3 年的场地。

第十二条　托育机构的场地应当选择自然条件良好、交通便利、符合卫生和环保要求的建设用地，远离对婴幼儿成长有危害的建筑、设施及污染源，满足抗震、防火、疏散等要求。

第十三条　托育机构的建筑应当符合有关工程建设国家标准、行业标准，设置符合标准要求的生活用房，根据需要设置服务管理用房和供应用房。

第十四条　托育机构的房屋装修、设施设备、装饰材料等，应当符合国家相关安全质量标准和环保标准，并定期进行检查维护。

第十五条　托育机构应当配备符合婴幼儿月龄特点的家具、用具、玩具、图书和游戏材料等，并符合国家相关安全质量标准和环保标准。

第十六条　托育机构应当设有室外活动场地，配备适宜的游戏设施，且有相应的安全防护设施。

在保障安全的前提下，可利用附近的公共场地和设施。

第十七条　托育机构应当设置符合标准要求的安全防护设施设备。

第四章　人员规模

第十八条　托育机构应当根据场地条件，合理确定收托婴幼儿规模，并配置综合管理、保育照护、卫生保健、安全保卫等工作人员。

托育机构负责人负责全面工作，应当具有大专以上学历、有从事儿童保育教育、卫生健康等相关管理工作 3 年以上的经历，且经托育机构负责人岗位培训合格。

保育人员主要负责婴幼儿日常生活照料，安排游戏活动，促进婴幼儿身心健康，养成良好行为习惯。保育人员应当具有婴幼儿照护经验或相关专业背景，受过婴幼儿保育相关培训和心理健康知识培训。

保健人员应当经过妇幼保健机构组织的卫生保健专业知识培训合格。

保安人员应当取得公安机关颁发的《保安员证》，并由获得公安机关《保安服务许可证》的保安公司派驻。

第十九条　托育机构一般设置乳儿班（6~12 个月，10 人以下）、托小班（12~24 个月，15 人以下）、托大班（24~36 个月，20 人以下）三种班型。

18 个月以上的婴幼儿可混合编班，每个班不超过 18 人。

每个班的生活单元应当独立使用。

第二十条　合理配备保育人员，与婴幼儿的比例应当不低于以下标准：乳儿班 1∶3，托小班 1∶5，托大班 1∶7。

第二十一条　按照有关托儿所卫生保健规定配备保健人员、炊事人员。

第二十二条　独立设置的托育机构应当至少有 1 名保安人员在岗。

第五章　附则

第二十三条　各省、自治区、直辖市卫生健康行政部门可根据本标准制订具体实施办法。

第二十四条　本标准自发布之日起施行。

附件 2

托育机构管理规范（试行）

第一章　总则

第一条　为加强托育机构管理，根据《中华人民共和国未成年人保护法》等法律法规以及《国务院办公厅关于促进 3 岁以下婴幼儿照护服务发展的指导意见》，制定本规范。

第二条　坚持儿童优先的原则，尊重婴幼儿成长特点和规律，最大限度地保护婴幼儿，确保婴幼儿的安全和健康。

第三条　本规范适用于经有关部门登记、卫生健康部门备案，为 3 岁以下婴幼儿提供全日托、半日托、计时托、临时托等托育服务的机构。

第二章　备案管理

第四条　托育机构登记后，应当向机构所在地的县级以上卫生健康部门备案，提交评价为"合格"的《托幼机构卫生评价报告》、消防安全检查合格证明、场地证明、工作人员资格证明等材料，填写备案书（见附件 1）和承诺书（见附件 2）。提供餐饮服务的，应当提交《食品经营许可证》。

第五条　卫生健康部门应当对申请备案的托育机构提供备案回执（见附件 3）和托育机构基本条件告知书（见附件 4）。

第六条　托育机构变更备案事项的，应当向原备案部门办理变更备案。

第七条　托育机构终止服务的，应当妥善安置收托的婴幼儿和工作人员，并办理备案注销手续。

第八条　卫生健康部门应当将托育服务有关政策规定、托育机构备案要求、托育机构有关信息在官方网站公开，接受社会查询和监督。

第三章　收托管理

第九条　婴幼儿父母或监护人（以下统称婴幼儿监护人）应当主动向托育机构提出入托申请，并提交真实的婴幼儿及其监护人的身份证明材料。

第十条　托育机构应当与婴幼儿监护人签订托育服务协议，明确双方的责任、权利义务、服务项目、收费标准以及争议纠纷处理办法等内容。

第十一条　婴幼儿进入托育机构前，应当完成适龄的预防接种，经医疗卫生机构健康检查合格后方可入托；离开机构 3 个月以上的，返回时应当重新进行健康检查。

第十二条　托育机构应当建立收托婴幼儿信息管理制度，及时采集、更新，定期向备案部门报送。

第十三条　托育机构应当建立与家长联系的制度，定期召开家长会议，接待来访和咨询，帮助家长了解保育照护内容和方法。

托育机构应当成立家长委员会，事关婴幼儿的重要事项，应当听取家长委员会的意见和建议。

托育机构应当建立家长开放日制度。

第十四条　托育机构应当加强与社区的联系与合作，面向社区宣传科学育儿知识，开展多种形式的服务活动，促进婴幼儿早期发展。

第十五条　托育机构应当建立信息公示制度，定期公示收费项目和标准、保育照护、膳食营养、卫生保健、安全保卫等情况，接受监督。

第四章　保育管理

第十六条　托育机构应当科学合理安排婴幼儿的生活，做好饮食、饮水、喂奶、如厕、盥洗、清洁、睡眠、穿脱衣服、游戏活动等服务。

第十七条　托育机构应当顺应喂养，科学制定食谱，保证婴幼儿膳食平衡。有特殊喂养需求的，婴幼儿监护人应当提供书面说明。

第十八条　托育机构应当保证婴幼儿每日户外活动不少于 2 小时，寒冷、炎热季节或特殊天气情况下可酌情调整。

第十九条　托育机构应当以游戏为主要活动形式，促进婴幼儿在身体发育、动作、语言、认知、情感与社会性等方面的全面发展。

第二十条　游戏活动应当重视婴幼儿的情感变化，注重与婴幼儿面对面、一对一的交流互动，动静交替，合理搭配多种游戏类型。

第二十一条　托育机构应当提供适宜刺激，丰富婴幼儿的直接经验，支持婴幼儿主动探索、操作体验、互动交流和表达表现，发挥婴幼儿的自主性，保护婴幼儿的好奇心。

第二十二条　托育机构应当建立照护服务日常记录和反馈制度，定期与婴幼儿监护人沟通婴幼儿发展情况。

第五章　健康管理

第二十三条　托育机构应当按照有关托儿所卫生保健规定，完善相关制度，切实做好婴幼儿和工作人员的健康管理，做好室内外环境卫生。

第二十四条　托育机构应当坚持晨午检和全日健康观察，发现婴幼儿身体、精神、行为异常时，应当及时通知婴幼儿监护人。

第二十五条　托育机构发现婴幼儿遭受或疑似遭受家庭暴力的，应当依法及时向公安机关报案。

第二十六条　婴幼儿患病期间应当在医院接受治疗或在家护理。

第二十七条　托育机构应当建立卫生消毒和病儿隔离制度、传染病预防和管理制度，做好疾病预防控制和婴幼儿健康管理工作。

第二十八条　托育机构工作人员上岗前，应当经医疗卫生机构进行健康检查，合格后方可上岗。

托育机构应当组织在岗工作人员每年进行 1 次健康检查。在岗工作人员患有传染性疾病的，应当立即离岗治疗；治愈后，须持病历和医疗卫生机构出具的健康合格证明，方可返岗工作。

第六章　安全管理

第二十九条　托育机构应当落实安全管理主体责任，建立健全安全防护措施和检查制度，配备必要的安保人员和物防、技防设施。

第三十条　托育机构应当建立完善的婴幼儿接送制度，婴幼儿应当由婴幼儿监护人或其委托的成年人接送。

第三十一条　托育机构应当制订重大自然灾害、传染病、食物中毒、踩踏、火灾、暴力等突发事件的应急预案，定期对工作人员进行安全教育和突发事件应急处理能力培训。

托育机构应当明确专兼职消防安全管理人员及管理职责，加强消防设施维护管理，确保用火用电用气安全。

托育机构工作人员应当掌握急救的基本技能和防范、避险、逃生、自救的基本方法，在紧急情况下必须优先保障婴幼儿的安全。

第三十二条　托育机构应当建立照护服务、安全保卫等监控体系。监控报警系统确保 24 小时设防，婴幼儿生活和活动区域应当全覆盖。

监控录像资料保存期不少于 90 日。

第七章　人员管理

第三十三条　托育机构工作人员应当具有完全民事行为能力和良好的职业道德，热爱婴幼儿，身心健康，无虐待儿童记录，无犯罪记录，并符合国家和地方相关规定要求的资格条件。

第三十四条　托育机构应当建立工作人员岗前培训和定期培训制度，通过集中培训、在线学习等方式，不断提高工作人员的专业能力、职业道德和心理健康水平。

第三十五条　托育机构应当加强工作人员法治教育，增强法治意识。对虐童等行为实行零容忍，一经发现，严格按照有关法律法规和规定，追究有关负责人和责任人的责任。

第三十六条　托育机构应当依法与工作人员签订劳动合同，保障工作人员的合法权益。

第八章　监督管理

第三十七条　托育机构应当加强党组织建设，积极支持工会、共青团、妇联等组织开展活动。

托育机构应当建立工会组织或职工代表大会制度，依法加强民主管理和监督。

第三十八条　托育机构应当制订年度工作计划，每年年底向卫生健康部门报告工作，必要时随时报告。

第三十九条　各级妇幼保健、疾病预防控制、卫生监督等机构应当按照职责加强对托育机构卫生保健工作的业务指导、咨询服务和监督执法。

第四十条　建立托育机构信息公示制度和质量评估制度，实施动态管理，加强社会监督。

第九章　附则

第四十一条　各省、自治区、直辖市卫生健康行政部门可根据本规范制订具体实施办法。

第四十二条　本规范自发布之日起施行。

附件：1. 托育机构备案书

2. 备案承诺书

3. 托育机构备案回执

4. 托育机构基本条件告知书

婴幼儿照护服务政策法规汇编

· 98 ·

关于印发托育机构登记和备案办法（试行）的通知（2019-12-19）

国卫办人口发〔2019〕25 号

各省、自治区、直辖市及新疆生产建设兵团卫生健康委、编办、民政厅（局）、市场监管局（厅、委）：

根据《国务院办公厅关于促进 3 岁以下婴幼儿照护服务发展的指导意见》（国办发〔2019〕15 号）要求，为规范托育机构的登记和备案管理，国家卫生健康委办公厅、中央编办综合局、民政部办公厅、市场监管总局办公厅制定了《托育机构登记和备案办法（试行）》（可从国家卫生健康委网站下载）。现印发给你们，请遵照执行。

国家卫生健康委办公厅　中央编办综合局

民政部办公厅　市场监管总局办公厅

2019 年 12 月 19 日

托育机构登记和备案办法（试行）

第一条　为贯彻落实《国务院办公厅关于促进 3 岁以下婴幼儿照护服务发展的指导意见》（国办发〔2019〕15 号）精神，规范托育机构的登记和备案管理，依据《国家卫生健康委关于印发托育机构设置标准（试行）和托育机构管理规范（试行）的通知》（国卫人口发〔2019〕58 号）及相关规定，制定本办法。

第二条　本办法适用于为 3 岁以下婴幼儿提供全日托、半日托、计时托、临时托等服务的托育机构。

第三条　举办托育机构的，应当按照本办法规定办理登记和备案。

法律、行政法规另有规定的，依照有关规定执行。

第四条　举办事业单位性质的托育机构的，向县级以上机构编制部门申请审批和登记。

举办社会服务机构性质的托育机构的，向县级以上民政部门申请注册登记。

举办营利性托育机构的，向县级以上市场监督管理部门申请注册登记。

第五条　托育机构申请登记时，应当在业务范围（或经营范围）中明确托育服务内容。

托育机构申请登记的名称中可包含"托育"字样。

第六条　登记机关应当及时将托育机构登记信息通过共享、交换等方式推送至同级卫生健康部门。

第七条　县级卫生健康部门负责辖区内已登记托育机构的备案。

第八条　托育机构应当及时向机构所在地的县级卫生健康部门备案，登录托育机构备案信息系统，在线填写托育机构备案书、备案承诺书，并提交以下材料扫描件：

（一）营业执照或其他法人登记证书；

（二）托育机构场地证明；

（三）托育机构工作人员专业资格证明及健康合格证明；

（四）评价为"合格"的《托幼机构卫生评价报告》；

（五）消防安全检查合格证明；

（六）法律法规规定的其他相关材料。

提供餐饮服务的，应当提交《食品经营许可证》。

第九条　卫生健康部门在收到托育机构备案材料后，应当在 5 个工作日内提供备案回执和托育机构基本条件告知书。

卫生健康部门发现托育机构备案内容不符合设置标准和管理规范的，应当自接收备案材料之日起 15 个工作日内通知备案机构，说明理由并向社会公开。

第十条　托育机构变更登记、注销登记后，应当及时登录托育机构备案信息系统向卫生健康部门变更备案信息或报送注销信息。

第十一条　卫生健康、编制、民政、市场监管等部门应当将托育服务有关政策规定、托育机构登记和备案要求、托育机构有关信息在官方网站公开，接受社会查询和监督。

第十二条　省级卫生健康、编制、民政、市场监管部门可结合当地实际情况制定实施细则。

第十三条　本办法自印发之日起施行。

国家卫生健康委关于做好托育机构相关工作的通知（节选）（2020-01-28）

国卫人口函〔2020〕23 号

各省、自治区、直辖市及新疆生产建设兵团卫生健康委：

根据党中央、国务院关于新型冠状病毒感染的肺炎疫情防控工作的总体部署，落实《国务院办公厅关于延长 2020 年春节假期的通知》（国办发明电〔2020〕1 号），切实保障 3 岁以下婴幼儿生命安全和身体健康，现就做好托育机构有关工作通知如下：

一、各地卫生健康行政部门要按照地方党委、政府的统一部署，切实发挥牵头作用，积极协调相关部门按照各自职责，加强对托育机构的监督管理。

二、指导各类托育机构可依法暂停开展收托、保育服务，具体恢复入托时间根据实际情况确定。

三、指导面向 3 岁以下婴幼儿的早教机构、亲子园等，暂停开展线下培训活动，鼓励利用互联网等信息化手段提供服务。

……

国家卫生健康委

2020 年 1 月 28 日

国家卫生健康委办公厅关于印发托育机构婴幼儿伤害
预防指南（试行）的通知（2021-01-20）

国卫办人口函〔2021〕19 号

各省、自治区、直辖市及新疆生产建设兵团卫生健康委：

为进一步加强对托育机构的指导，提高托育机构服务质量，保障婴幼儿安全健康成长，国家卫生健康委组织编写了《托育机构婴幼儿伤害预防指南（试行）》。现印发给你们，供参考。

国家卫生健康委办公厅

2021 年 1 月 12 日

托育机构婴幼儿伤害预防指南（试行）

为贯彻落实《国务院办公厅关于促进 3 岁以下婴幼儿照护服务发展的指导意见》（国办发〔2019〕15 号）精神，我委依据《托育机构设置标准（试行）》和《托育机构管理规范（试行）》（国卫人口发〔2019〕58 号）、《托儿所、幼儿园建筑设计规范（2019 年版）》《儿童伤害预防与控制工作指南》等，组织编写了《托育机构婴幼儿伤害预防指南（试行）》。本指南适用于经有关部门登记、卫生健康部门备案，为 3 岁以下婴幼儿提供全日托、半日托、计时托、临时托等托育服务的机构。

伤害是儿童面临的重要健康威胁，造成了沉重的疾病负担。婴幼儿伤害的发生与其自身生理和行为特点、被照护情况、环境等诸多因素有关。常见的伤害类型包括窒息、跌倒伤、烧烫伤、溺水、中毒、异物伤害、道路交通伤害等。大量证据表明，伤害不是意外，可以预防和控制。

托育机构应当最大限度地保护婴幼儿的安全健康，切实做好伤害防控工作，建立伤害防控监控制度，制定伤害防控应急预案，重点开展五方面工作：第一，根据现有法律和相关规定要求，落实安全管理的主体责任，健全细化安全防护制度，认真执行各项安全措施。第二，排查并去除托育机构内环境安全隐患，提升环境安全水平。第三，规范和加强对婴幼儿的照护。第四，开展针对工作人员、家长以及幼儿的伤害预防教育和技能培训。第五，加强对工作人员的急救技能培训，配备基本的急救物资。

本指南主要针对窒息、跌倒伤、烧烫伤、溺水、中毒、异物伤害、道路交通伤害等 3 岁以下婴幼儿常见的伤害类型，为托育机构管理者和工作人员在安全管理、改善环境、加强照护等方面开展伤害预防提供技术指导和参考。

一、婴幼儿窒息预防

窒息是指呼吸道内部或外部障碍引起血液缺氧的状态。常见的婴幼儿窒息原因包括被床上用品、成人身体、塑料袋等罩住口鼻，吸入和咽下食物、小件物品、呕吐出的胃内容物等阻塞气道，绳带等绕颈造成气道狭窄，长时间停留在密闭空间导致缺氧等。

（一）安全管理。

制定和落实预防婴幼儿窒息的管理细则，主要内容包括：婴幼儿生活环境和娱乐运动设备导致窒息风险的定期排查和清除；婴幼儿睡眠、喂养照护与管理；婴幼儿服饰、玩具安全管理；工作人员预防婴幼儿窒息的安全教育和技能培训。

（二）改善环境。

1. 将绳带、塑料袋、小块食物、小件物品等可造成婴幼儿绕颈或窒息的物品放在婴幼儿不能接触的位置。

2. 使用玩具、儿童用品等前后，检查有无零件、装饰物、扣子等破损、脱落或丢失。

3. 排除护栏、家具、娱乐运动设备中可能卡住婴幼儿头颈部的安全隐患。

4. 在橱柜、工具房等密闭空间设置防护设施，防止婴幼儿进入。

（三）加强照护。

1. 婴幼儿睡眠时，检查其口鼻是否被床上用品、衣物等覆盖，并及时清除。

2. 不喂食易引起窒息的食物；婴幼儿进食时保持安静，避免跑跳、打闹等行为。

3. 婴幼儿在娱乐运动设备上玩耍时，加强看护，避免拉绳、网格等造成窒息。

二、婴幼儿跌倒伤预防

跌倒伤是指一个人因倒在地面、地板或其他较低平面上的非故意事件造成的身体损伤。常见的婴幼儿跌倒伤原因包括：滑倒，从家具、楼梯或娱乐运动设备上跌落，从阳台坠楼等。婴幼儿正处于运动能力的发展过程中，跌倒较常见，托育机构应加强防护，预防婴幼儿跌倒伤。

（一）安全管理。

制定和落实预防婴幼儿跌倒伤的管理细则，主要内容包括：严格执行《托儿所、幼儿园建筑设计规范（2019年版）》相关条文，婴幼儿生活环境和娱乐运动设备跌倒伤风险的定期排查和清除，婴幼儿玩耍娱乐、上下楼、睡眠等活动的安全照护与管理，婴幼儿服饰、玩具安全管理，工作人员预防婴幼儿跌倒伤的安全教育和技能培训。

（二）改善环境。

1. 地面应平整、防滑、无障碍、无尖锐突出物，并宜采用软质地坪；清除可能绊倒婴幼儿的家具、电线、玩具等物品。

2. 楼梯处装有楼梯门，确保婴幼儿不能打开。

3. 规范安装娱乐运动设备，设备周围地面使用软质铺装。

4. 婴幼儿床有护栏。

5. 在窗户、楼梯、阳台等周围不摆放可攀爬的家具或设施。

6. 墙角、窗台、暖气罩、窗口竖边等阳角处应做成圆角，家具选择圆角或使用保护垫。

（三）加强照护。

1. 工作人员与家长沟通，为婴幼儿选择适宜活动的鞋、衣服等服饰。

2. 为婴幼儿换尿布、衣物时，工作人员应专心看护，始终与其保持近距离，中途不能离开。

3. 婴幼儿使用娱乐运动设备过程中或上下楼梯时，工作人员应加强看护，与其保持较近距离并确保婴幼儿在视线范围内。

4. 婴幼儿玩耍运动前，对玩耍运动环境、设备设施进行安全性检查。

三、婴幼儿烧烫伤预防

烧烫伤是由热辐射导致的对皮肤或者其他机体组织的损伤，包括皮肤或其他组织中的部分或全部细胞因热液（烫伤）、热的固体（接触烧烫伤）、火焰（烧伤）等造成的损伤以及由放射性物质、电能、摩擦或接触化学物质造成的皮肤或其他器官组织的损伤。常见的婴幼儿烧烫伤原因包括热粥、热水等烫伤，取暖设备等烫伤，蒸汽高温等烫伤，火焰烧伤等。

（一）安全管理。

制定和落实预防婴幼儿烧烫伤的管理细则，主要内容包括：严格执行《托儿所、幼儿园建筑设计规范（2019年版）》相关条文，婴幼儿生活环境烧烫伤风险的定期排查和清除，婴幼儿进食、玩耍娱乐、洗浴清洁等活动照护与管理，婴幼儿玩具用品、电器、取暖设备安全管理，工作人员预防婴幼儿烧烫伤的安全教育和技能培训。

（二）改善环境。

1. 设置热水器出水最高温度应低于 45 摄氏度。

2. 设置专门区域存放热水、热饭菜、温奶器、消毒锅等物品，专用房间放置开水炉，并设置防护措施防止婴幼儿接触；使用门栏或护栏等防止婴幼儿误入厨房、浴室等可能造成烧烫伤的区域。

3. 桌子、柜子不使用桌布等覆盖物，以避免婴幼儿拉扯桌布，热源物倾倒、坠落。

4. 化学用品、打火机、火柴等物品专门保管并上锁，不使用有明火的蚊香驱蚊。

（三）加强照护。

1. 婴幼儿饮食、盥洗前检查温度。

2. 加热、取放热物时观察周围有无婴幼儿，避免因碰撞、泼洒造成烫伤。

3. 安全使用暖水袋等可能造成婴幼儿烫伤的用品。

四、婴幼儿溺水预防

溺水为一个因液体进入而导致呼吸损伤的过程。常见的婴幼儿溺水地点包括：浴缸、水盆、水桶等室内设施，池塘、游泳池等室外场所。

（一）安全管理。

制定和落实预防婴幼儿溺水的管理细则，主要内容包括：婴幼儿生活环境溺水风险的定期排查和清除，婴幼儿洗浴清洁、玩耍等活动照护与管理，工作人员预防婴幼儿溺水的安全教育和技能培训。

（二）改善环境。

1. 托育机构内的池塘、沟渠、井、鱼缸、鱼池、涉水景观等安装护栏、护网。

2. 水缸、盆、桶等储水容器加盖，并避免婴幼儿进入储水容器所在区域。使用完水池、浴缸、盆、桶后及时排水。

（三）加强照护。

1. 保持婴幼儿在工作人员的视线范围内，避免婴幼儿误入盥洗室、厨房、水池边等有水区域。

2. 婴幼儿在水中或水边时，工作人员应专心看护，始终与其保持近距离，中途不能离开。

五、婴幼儿中毒预防

中毒是指因暴露于一种外源性物质造成细胞损伤或死亡而导致的伤害。常见的毒物包括：农药、药物、日用化学品、有毒植物、有毒气体等。本指南的中毒指急性中毒，不包括慢性中毒。

（一）安全管理。

制定和落实预防婴幼儿中毒的管理细则，主要内容包括：婴幼儿生活环境中毒风险的定期排查和清除，婴幼儿安全用药，工作人员预防婴幼儿中毒的安全教育和技能培训。

（二）改善环境。

1. 将药物、日用化学品等存放在婴幼儿无法接触的固定位置。

2. 规范使用消毒剂、清洁剂。

3. 使用煤火取暖的房间应有窗户、风斗等通风结构，并保证正常工作；正确安装、使用符合标准的燃气热水器。

4. 托育机构内不种植有毒植物，不饲养有毒动物。

（三）加强照护。

1. 玩具及生活用品应安全无毒，同时工作人员要关注婴幼儿的啃咬行为，避免婴幼儿因啃咬而导致中毒。

2. 避免有毒食物引起婴幼儿中毒，例如有毒蘑菇、未彻底加热煮熟的扁豆等。

六、婴幼儿异物伤害预防

异物伤害是指因各种因素导致异物进入体内，并对机体造成一定程度损伤，出现了各种症状和体征，如食道穿孔、气道梗阻、脑损伤等。婴幼儿异物伤害多因异物通过口、鼻、耳等进入身体造成损伤，常见的异物包括：食物、硬币、尖锐异物、电池、小磁铁、气球、玩具零件及碎片等。

（一）安全管理。

制定和落实预防婴幼儿异物伤害的管理细则，主要内容包括：婴幼儿生活环境异物伤害风险的定期排查和清除；婴幼儿饮食、玩耍等活动照护与管理；婴幼儿食物、玩具、儿童用品安全管理；工作人员预防婴幼儿异物伤害的安全教育和技能培训。

（二）改善环境。

1. 将硬币、电池、小磁铁、装饰品（例如项链、皮筋、耳环等）、文具（例如笔帽、别针）等小件物品放置在婴幼儿接触不到的区域。

2. 使用玩具、儿童用品等前后，检查有无零件、装饰物、扣子等破损、脱落或丢失。

3. 定期检查家具、娱乐运动设备有无易掉落的零件、装饰物（例如螺丝钉、螺母等），并固定。

（三）加强照护。

1. 及时收纳可能被婴幼儿放入口、鼻、耳等身体部位的小件物品。

2. 及时制止婴幼儿把硬币、电池等小件物品放入口、鼻、耳等身体部位的行为。

3. 选择适龄玩具，不提供含有小磁铁、小块零件的玩具。

4. 不提供易导致异物伤害的食物，如含有鱼刺、小块骨头的食物。

七、婴幼儿道路交通伤害预防

道路交通伤害是指道路交通碰撞造成的致死或非致死性损伤。道路交通碰撞是指发生在道路上至少牵涉一辆行进中车辆的碰撞或事件。

（一）安全管理。

制定和落实预防婴幼儿道路交通伤害的管理细则，主要内容包括：托育机构车辆安全要求和管理制度，携带婴幼儿出行安全管理制度；托育机构内车辆行驶、停放安全管理制度，运输婴幼儿出行车辆驾驶员的资质要求，儿童安全座椅安全使用要求；工作人员预防婴幼儿道路交通伤害的安全教育和技能培训。

（二）改善环境。

1. 托育机构内将婴幼儿活动区域与车辆行驶和停靠区域隔离。

2. 托育机构出入口设立专门安全区域。

3. 托育机构出入口与道路间设置隔离设施。

（三）加强照护。

1. 携带婴幼儿出行时，应严格遵守道路交通法规。

2. 携带婴幼儿出行时，密切看管并限制婴幼儿随意活动。

3. 携带婴幼儿出行时，给婴幼儿穿戴有反光标识的衣物。

4. 婴幼儿乘坐童车出行时，规范使用童车安全带。

八、其他伤害预防

除上述伤害类型以外，还要注意动物伤、锐器伤、钝器伤、冻伤、触电等其他类型伤害的预防控制。托育机构应针对本地区 3 岁以下婴幼儿实际面临的伤害问题，开展伤害防控工作，最大程度地确保婴幼儿健康安全。

九、婴幼儿伤害紧急处置提示

1. 日常加强工作人员的急救知识培训，掌握基本急救技能。

2. 发生严重婴幼儿伤害时，立即呼救并拨打 120 急救电话。等待救援期间，密切关注婴幼儿的生命体征，在掌握急救技能的前提下先予以现场急救。

3. 非严重婴幼儿伤害可先自行处置，并根据伤害情况决定是否送医。

4. 通知监护人。

附件：

托育机构急救物资配置建议

1. 消毒物品：碘伏或碘伏棉签，酒精或酒精棉片，生理盐水或生理盐水湿巾、消毒湿巾。

2. 包扎固定物品：纱布绷带，医用胶带，三角巾，有条件可配备自粘绷带、止血带、网状弹力绷带、不同型号夹板等。

3. 敷料：医用无菌纱布（大方纱、小方纱）、创可贴、干净方巾、棉签。

4. 器械：医用剪刀、镊子、体温计、一次性无菌手套、安全别针。

5. 常用药：退热药、抗生素软膏、补液盐、抗过敏药。

6. 其他：手电筒、急救手册、急救电话卡、紧急联系卡、急救毯、冰袋、退热贴，有条件可配备转运婴幼儿用的担架或平板。

国家卫生健康委办公厅关于印发托育综合服务中心建设指南（试行）的通知 （2022-01-10）

国卫办人口函〔2021〕629 号

各省、自治区、直辖市及新疆生产建设兵团卫生健康委：

为贯彻落实《国家发展改革委民政部国家卫生健康委关于印发〈"十四五"积极应对人口老龄化工程和托育建设实施方案〉的通知》（发改社会〔2021〕895 号），指导地方做好公办托育服务能力建设项目申报工作，我委组织制定了《托育综合服务中心建设指南（试行）》（可从国家卫生健康委网站下载）。现印发给你们，请遵照执行。

附件：《托育综合服务中心建设指南（试行）

国家卫生健康委办公厅
2021 年 12 月 30 日

附件

托育综合服务中心建设指南（试行）

编制说明

根据《国务院办公厅关于促进 3 岁以下婴幼儿照护服务发展的指导意见》（国办发〔2019〕15 号）、《国家发展改革委民政部国家卫生健康委关于印发〈"十四五"积极应对人口老龄化工程和托育建设实施方案〉的通知》（发改社会〔2021〕895 号）等有关文件要求，依据国家卫生健康委《托育机构设置标准（试行）》《托育机构管理规范（试行）》及相关法律法规标准规范，编制本指南。

本指南主要包括总则、项目构成与建设规模、选址与规划布局、建筑与建筑设备、相关指标等，为托育综合服务中心的建设提供技术指导。

本指南适用于托育综合服务中心的新建、改建和扩建工程项目。

第一章 总则

一、统筹规划，科学布局

托育综合服务中心的建设，应当综合考虑城乡区域发展特点，根据经济社会发展水平、本地工作基础和 3 岁以下婴幼儿家庭需求，优化资源配置，统筹设施数量、规模和布局。

二、规范建设，示范引领

托育综合服务中心的建设，应发挥示范引领、带动辐射作用，为托育服务机构高质量建设提供技术支撑及样板标杆，努力做到规模适度、功能完善、环境安全、装备适宜、经济合理。

三、创新机制，多方协作

托育综合服务中心的建设，积极争取地市级及以上政府发挥支持引导作用，充分调动社会力量积极参与，建立健全项目立项、建设、运营等机制，为托育服务健康发展提供综合保障。

第二章 项目构成与建设规模

一、托育综合服务中心建设项目由场地、房屋建筑和建筑设备组成。

（一）场地包括建筑占地、道路、室外活动场地、绿地等；

（二）房屋建筑包括托育服务用房、托育从业人员培训用房、托育产品研发和标准设计用房、婴幼儿早期发展用房、监督管理用房和设备辅助用房等；

（三）建筑设备包括给排水系统、暖通空调系统、电气系统、智能化系统及电梯等。

二、托育综合服务中心建筑面积宜为 3 000 m² 以上。根据项目建设的实际情况和具体要求，可调整相应建筑面积。

三、托育综合服务中心的托位数可根据当地实际需要设置相应的托位，原则上建设托位规模在 150 个以内为宜，可相应设置乳儿班（6~12 个月，10 人以下）、托小班（12~24 个月，15 人以下）、托大班（24~36 个月，20 人以下）三种班型。18 个月以上的婴幼儿可混合编班，每个班不超过 18 人。

四、托育服务用房主要包括婴幼儿活动用房、服务管理用房和附属用房等，每托位建筑面积不应少于 12 m²。托育服务用房参照此部分用房相关标准和规范执行。

在托育机构建设标准正式发布前，公办托育服务机构可参照此部分用房进行建设。

各类用房主要包括以下内容：

（一）婴幼儿活动用房包括但不限于班级活动单元和综合活动室，班级活动单元包括睡眠区、活动区、配餐区、清洁区、卫生间、储藏区等；

（二）服务管理用房包括但不限于晨检接待厅、保健观察室、隔离室、母婴室、警卫室、办公室、财务室、会议室、储藏室等；

（三）附属用房包括但不限于设备机房、开水间、餐食准备区、卫生间、清洁间、车库等。

五、托育从业人员培训用房可包括实训室、培训室、教师办公室等，并可根据需要设置绘画室、手工室、辅食制作室、讨论室、报告厅、教研室、远程示教室等。托育从业人员培训用房总建筑面积宜为 1 000 m²~2 000 m²，可按 10 m²/学员（同期学员数量）计算。

六、托育产品研发和标准设计用房可根据研发业务需要设置，可包括研发室、标准设计室、教具制作室、从业人员培训教材编写室、绘本创作室、影音制作室、模拟体验室、产品展示厅等，建筑面积宜为 600 m²~800 m²。鼓励相邻城市或区域共建共享，集中进行产品研发和标准设计。

七、婴幼儿早期发展用房可包括养育照护指导室、早期发展指导室、营养膳食指导室、婴幼儿情景体验区、互联网家长课堂、工作人员办公室等，建筑面积宜为 1 000 m²~1 200 m²。

八、监督管理用房可根据协助监管相关业务需要设置，可包括监控管理室、信息机房、资料存储室、办公室等，建筑面积宜为 400 m²~600 m²。

九、设备辅助用房包括变配电室、空调机房、进排风机房、消防水泵房、给水泵房、智能化系统机房、车库等。车库建筑面积应根据所在地区的相关要求确定并另行增加。

第三章 选址与规划布局

一、托育综合服务中心的选址应符合城乡总体发展规划要求，结合人口发展、群众需求等因素，合理布点，保障安全。

二、托育综合服务中心的选址应满足以下要求：

（一）宜交通便利、环境安静、符合卫生和环保要求；

（二）宜远离对婴幼儿成长有危害的建筑、设施及污染源；

（三）应具有较好的工程地质条件和水文地质条件；

（四）周边应有便利的供水、供电、排水、通信及市政道路等公用基础设施；

（五）宜有良好的自然通风和采光条件。

三、托育综合服务中心宜独立设置。当与其他建筑合并设置时，宜设置在低层区域，自成一区，并应设置独立的出入口。

四、托育综合服务中心主入口不宜直接设在城市主干道或过境公路干道一侧，机构外宜设置人流缓冲区和安全警示标志，独立园区周围宜设置围墙。

五、托育综合服务中心的规划布局应功能分区明确、方便管理、节约用地。

六、托育综合服务中心应设置婴幼儿室外活动场地。室外活动场地面积每托位宜为 $2 m^2 \sim 5 m^2$，宜有良好的日照和通风条件，并应设置安全防护设施。当与其他设施共用活动场地时，应考虑共用时的安全防护措施，并方便照护。

七、托育综合服务中心停车宜符合当地有关规定。场地内设汽车库（场）时，应与婴幼儿室外活动场地分开，并宜设置家长接送临时停车区域。

八、托育综合服务中心绿化用地宜符合当地有关规定。绿化用地面积每托位不宜低于 $1.5 m^2 \sim 3 m^2$，绿地中严禁种植有毒、有刺、有飞絮、病虫害多、有刺激性的植物。

第四章　建筑与建筑设备

一、托育综合服务中心的建设，应贯彻安全、适用、经济、节能、环保的原则，应功能完善、分区明确。托育服务用房应适合婴幼儿身心健康发展。

二、托育服务用房应为独立区域，宜有良好朝向；托育从业人员培训用房、托育产品研发和标准设计用房、婴幼儿早期发展用房及监督管理用房宜自成一区。

三、托育服务用房应设置在二层及以下部分，应设独立出入口。婴幼儿活动用房不应设在地下室、半地下室，应满足婴幼儿生活、活动等功能需要。

四、托育服务用房的室内装修和设施应符合下列规定：

（一）入口晨检接待厅应宽敞明亮，有利于人流集散通行，宜设置家长等候区、婴儿车存放区。

（二）每个婴幼儿应有一张床位，不应设双层床，床侧不宜紧靠外墙布置；睡眠和活动区合并设置的，应设置床位的收纳空间。

（三）婴幼儿活动区域的室内房间高度和走廊宽度应符合婴幼儿活动和照护的要求，楼梯扶手、栏杆、踏步高度和宽度应满足婴幼儿使用、保护婴幼儿安全的要求。

（四）婴幼儿卫生间宜邻近活动区或睡眠区设置，宜分间或分隔设置；卫生间不宜设置台阶，应设婴儿护理台和婴儿冲洗设施；托小班和托大班宜设适合幼儿使用的卫生器具，每班宜设 2~4 个大便器、2~3 个小便器、3~5 个适合幼儿使用的洗手池或盥洗台水龙头，便器之间宜设隔断；可结合适合需求设置成人卫生间。

（五）母婴室宜邻近婴幼儿生活空间，宜设尿布台、洗手池等设施。

（六）隔离室宜设置独立卫生间，具有良好通风。

（七）餐食准备区宜相对独立，与婴幼儿活动用房宜有一定距离。

五、婴幼儿活动区域应满足以下要求：

（一）宜设双扇平开门，不应设置弹簧门、推拉门、旋转门，不宜设置门槛，宜设置门扇固定装置。门应设置观察窗，采用安全玻璃。

（二）婴幼儿活动区域宜采用柔性、易清洁的楼地面材料；有水房间地面应采用防滑材料；墙面宜选用环保、耐久、易清洁和美观的材料；宜选用吸声降噪材料，并适合婴幼儿心理特点的色彩；内墙阳角、柱子及窗台宜做成小圆角。

（三）婴幼儿活动区域窗台距楼地面不宜高于 0.6 m，当窗台面距楼地面高度低于 0.9 m 时，应采取防护措施，防护高度应从可踏部位顶面起算，不应低于 0.9 m。

（四）婴幼儿活动区家具宜适合婴幼儿尺度、防蹬踏，边缘宜做成小圆角，桌椅和玩具柜等家具表面及婴幼儿手指可触及的隐蔽处，均不得有锐利的棱角、毛刺及小五金部件的锐利尖端。

（五）婴幼儿活动用房应有直接天然采光，并应满足相应的日照要求。卫生间、未设外窗的房间等宜设置通风设施。

六、托育从业人员培训用房应满足以下要求：

（一）实训室应按照睡眠、活动、饮食、如厕等婴幼儿活动内容分设不同的区域，在每个区域配置不同的家具和相应设施。

（二）主要培训用房室内采光宜均匀明亮，采光应符合建筑采光设计标准的要求，严禁使用有色玻璃，并应防止眩光。

七、托育产品研发和标准设计用房应满足以下要求：

（一）影音制作用房应有相应的隔声措施，满足影音制作要求，并避免对周边用房的干扰；

（二）标准设计用房应有标准化教具、器材展示、存放的空间；

（三）产生噪声的教具制作用房应相对独立，并有良好的隔声措施。

八、婴幼儿早期发展用房应满足以下要求：

（一）宜设置相对独立的出入口和等候区、婴儿车存放区等。

（二）应按照活动类别，动静分区：咨询室、评估室、指导室、工作人员办公室宜设置在"静区"，婴幼儿情景体验区、多功能活动室、多媒体教室、亲子课堂宜设置在"动区"。

（三）宜结合成人卫生间设置婴幼儿卫生设施，或设置独立的婴幼儿卫生间。

（四）应设置母婴室，使用面积不应低于 10 m²；母婴室应设置洗手盆、婴儿尿布台及桌椅等必要的家具。可与托育服务用房母婴室合并使用。

（五）灯具的选择和照度应满足各区域活动要求，并应防止眩光。

九、监督管理用房应满足以下要求：

（一）监督管理用房应相对独立、自成一区，宜设置在相对安静的区域；机房不应布置在用水区域的正下方，宜避免设置在顶层。

（二）监控管理室、信息机房的设备布置应满足机房管理、人员操作和安全、设备散热、安装维护要求，宜采用防静电架空地面；新建项目净高应根据机柜高度及通风要求确定。

（三）监控管理室、信息机房的温度、相对湿度应满足电子信息设备的使用要求。

十、托育综合服务中心的抗震、消防应符合现行国家相关标准的规定。

十一、托育综合服务中心的给水应符合现行国家标准《生活饮用水卫生标准》（GB 5749）的规定。婴幼儿活动区域的电热水器等应有防止幼儿接触的保护措施。

十二、设置集中采暖系统的婴幼儿活动用房，散热器宜暗装。采用电采暖，必须有可靠的安全防护措施。

十三、托育综合服务中心的供电设施应安全可靠。室内照明宜采用带保护罩的节能灯具，应安装应急照明灯。婴幼儿活动用房应采用安全型插座。

十四、托育综合服务中心应根据使用特点和需求，设置相适应的智能化及信息系统，充分利用互联网、大数据、物联网、人工智能等技术，推动线上实景教学、线下线上融合，加强安全监督和防控。

第五章　相关指标

一、托育综合服务中心的投资估算应按国家现行有关规定编制，并根据工程实际内容及价格变化的情况，按照动态管理的原则进行调整。

二、新建独立托育综合服务中心应根据使用要求、区域特点，合理确定投资。

三、托育综合服务中心的经济评价和后评估应按照国家现行有关建设项目经济评价方法与参数的规定执行。

关于印发托育机构消防安全指南（试行）的通知（2022-01-14）

国卫办人口函〔2022〕21 号

各省、自治区、直辖市卫生健康委、应急管理厅（局）、消防救援总队，新疆生产建设兵团卫生健康委、应急管理局：

为贯彻落实《国务院办公厅关于促进婴幼儿照护服务发展的指导意见》（国办发〔2019〕15 号），根据《托育机构管理规范（试行）》要求，进一步加强托育机构消防安全管理工作，确保婴幼儿的安全和健康，国家卫生健康委、应急管理部组织制定了《托育机构消防安全指南（试行）》（以下简称《安全指南》），现予以印发，请认真执行。

各地卫生健康部门、消防救援机构要主动向当地政府汇报，健全相关部门联合工作机制，严管严控托育机构火灾风险，坚决防止发生有影响的火灾事故。要组织开展托育机构消防安全培训，做好《安全指南》内容讲解和答疑释惑。要指导托育机构对照《安全指南》进行自查自改，落实火灾风险分级管控机制，强化消防安全自主管理，接受社会监督。

国家卫生健康委办公厅
应急管理部办公厅
2022 年 1 月 14 日

托育机构消防安全指南（试行）

本指南中的托育机构，是指为 3 岁以下婴幼儿提供全日托、半日托、计时托、临时托等托育服务的机构。为规范托育机构消防安全工作，提升消防安全管理水平，制定如下指南。

一、消防安全基本条件

（一）托育机构不得设置在四层及四层以上、地下或半地下，具体设置楼层应符合《建筑设计防火规范》（GB 50016）的有关规定。

（二）托育机构不得设置在"三合一"场所（住宿与生产、储存、经营合用场所）和彩钢板建筑内，不得与生产、储存、经营易燃易爆危险品场所设置在同一建筑物内。

（三）托育机构与所在建筑内其他功能场所应采取有效的防火分隔措施，当需要局部连通时，墙上开设的门、窗应采用乙级防火门、窗。托育机构与办公经营场所组合设置时，其疏散楼梯应与办公经营场所采取有效的防火分隔措施。

（四）托育机构楼梯的设置形式、数量、宽度等设置要求应符合《建筑设计防火规范》（GB 50016）的有关规定。疏散楼梯的梯段和平台均应采用不燃材料制作。托育机构设置在高层建筑内时，应设置独立的安全出口和疏散楼梯。托育机构中建筑面积大于 50 平方米的房间，其疏散门数量不应少于 2 个。

（五）托育机构室内装修材料应符合《建筑内部装修设计防火规范》（GB 50222）的有关规定，不得采用易燃可燃装修材料。为防止婴幼儿摔伤、碰伤，确需少量使用易燃可燃材料时，应与电源插座、电气线路、用电设备等保持一定的安全距离。

（六）托育机构应按照国家标准、行业标准设置消防设施、器材。大中型托育机构（参照《托儿所、幼儿园建筑设计规范》JGJ 39 的有关规定）应按标准设置自动喷水灭火系统和火灾自动报警系统（可不安装声光报警装置）；其他托育机构应安装具有联网报警功能的独立式火灾探测报警器，有条件的可安装简易喷淋设施。建筑面积 50 平方米以上的房间、建筑长度大于 20 米的疏散走道应具备自然排烟条件或设置机械排烟设施。托育机构应设置满足照度要求的应急照明灯和灯光疏散指示标志。托育机构每 50 平方米配置 1 具 5 千克以上 ABC 类干粉灭火器或 2 具 6 升水基型灭火器，且每个设置点不少于 2 具。

（七）托育机构使用燃气的厨房应配备可燃气体浓度报警装置、燃气紧急切断装置以及灭火器、灭火毯等灭火器材，并与其他区域采取防火隔墙和防火门等有效的防火分隔措施。

（八）托育机构应根据托育从业人员、婴幼儿的数量，配备简易防毒面具并放置在便于紧急取用的位置，满足安全疏散逃生需要。托育从业人员应经过消防安全培训，具备协助婴幼儿疏散逃生的能力。婴幼儿休息床铺设置应便于安全疏散。

（九）托育机构应安装 24 小时可视监控设备或可视监控系统，图像应能在值班室、所在建筑消防控制室等场所实时显示，视频图像信息保存期限不应少于 30 天。

（十）托育机构电气线路、燃气管路的设计、敷设应由具备电气设计施工资质、燃气设计施工资质的机构或人员实施，应采用合格的电气设备、电气线路和燃气灶具、阀门、管线。

二、消防安全管理

（十一）托育机构应落实全员消防安全责任制。法定代表人、主要负责人或实际控制人是本单位的消防安全第一责任人，消防安全管理人应负责具体落实消防安全职责。托育从业人员应落实本岗位的消防安全责任。托育机构与租赁场所的业主方、物业方在租赁协议中应明确各自的消防安全责任。

（十二）托育机构应制定安全用火用电用气、防火检查巡查、火灾隐患整改、消防培训演练等消防安全管理制度。

（十三）托育机构应严格落实防火巡查、检查要求，及时发现并纠正违规用火用电用气和锁闭安全出口等行为，对检查发现的火灾隐患，应及时予以整改。

（十四）托育机构应定期开展消防安全培训，从业人员培训合格后方可上岗，上岗后每半年至少接受一次消防安全培训，尤其是加强协助婴幼儿疏散逃生技能的培训。

（十五）托育机构应定期检验维修消防设施，至少每年开展一次全面检测，确保消防设施完好有效，不得遮挡、损坏、挪用消防设施器材。

三、用火用电用气安全管理

（十六）托育机构不得使用蜡烛、蚊香、火炉等明火，禁止吸烟，并设置明显的禁止标志。

（十七）设在高层建筑内的托育机构厨房不得使用瓶装液化气，每季度应清洗排油烟罩、油烟管道。

（十八）托育机构的电气线路应穿管保护，电气线路接头应采用接线端子连接，不得采用铰接等方式连接。不得采用延长线插座串接方式取电。

（十九）托育机构不得私拉乱接电线，不得将电气线路、插座、电气设备直接敷设在易燃可燃材料制作的儿童游乐设施、室内装饰物等内部及表面。

（二十）托育机构内大功率电热汀取暖器、暖风机、对流式电暖气、电热膜等取暖设备的配电回路，应设置与线路安全载流量匹配的短路、过载保护装置。

（二十一）托育机构内冰箱、冷柜、空调以及加湿器、通风装置等长时间通电设备，应落实有效的安全检查、防护措施。

（二十二）电动自行车、电动平衡车及其蓄电池不得在托育机构的托育场所、楼梯间、走道、安全出口违规停放、充电；具有蓄电功能的儿童游乐设施，不得在托育工作期间充电。

四、易燃可燃物安全管理

（二十三）托育机构的房间、走道、墙面、顶棚不得违规采用泡沫、海绵、毛毯、木板、彩钢板等易燃可燃材料装饰装修。

（二十四）托育机构不得大量采用易燃可燃物挂件、塑料仿真树木、海洋球、氢气球等各类装饰造型物。

（二十五）除日常用量的消毒酒精、空气清新剂外，托育机构不得存放汽油、烟花爆竹等易燃易爆危险品。

（二十六）托育机构应定期清理废弃的易燃可燃杂物。

五、安全疏散管理

（二十七）托育机构应保持疏散楼梯畅通，不得锁闭、占用、堵塞、封闭安全出口、疏散通道。疏散门应采用向疏散方向开启的平开门，不得采用推拉门、卷帘门、吊门、转门和折叠门。

（二十八）托育机构的常闭式防火门应处于常闭状态，并设明显的提示标识。设门禁装置的疏散门应当安装紧急开启装置。

（二十九）托育机构疏散通道顶棚、墙面不得设置影响疏散的凸出装饰物，不得采用镜面反光材料等影响人员疏散。

（三十）托育机构不得在门窗上设置影响逃生和灭火救援的铁栅栏等障碍物，必须设置时应保证火灾情况下能及时开启。

六、应急处置管理

（三十一）托育机构应制定灭火和应急疏散预案，针对婴幼儿疏散应有专门的应急预案和实施方法，明确托育从业人员协助婴幼儿应急疏散的岗位职责。

（三十二）托育机构应每半年至少组织开展一次全员消防演练，尤其是要针对婴幼儿没有自主疏散能力的特点，加强应急疏散演练。

（三十三）托育机构应与所在建筑的消防控制室、志愿消防队或微型消防站建立联勤联动机制，建立可靠的应急通信联络方式，并每年开展联合消防演练。

（三十四）托育机构的从业人员应掌握简易防毒面具和室内消火栓、消防软管卷盘、灭火器、灭火毯的操作使用方法，知晓"119"火警报警方法程序，具备初起火灾扑救和组织应急疏散逃生的能力。

（三十五）婴幼儿休息期间，托育机构应明确 2 名以上人员专门负责值班看护，确保发生火灾事故时能够快速处置、及时疏散。

关于印发《家庭托育点管理办法（试行）》的通知 （2023-10-16）
国卫人口发〔2023〕28 号

各省、自治区、直辖市及新疆生产建设兵团卫生健康委、住房和城乡建设厅（委、管委、局）、应急管理厅（局）、市场监管局（厅、委）、消防救援总队：

为加强家庭托育点管理，按照《国务院办公厅关于促进养老托育服务健康发展的意见》（国办发〔2020〕52 号）要求，我们制定了《家庭托育点管理办法（试行）》。现印发给你们，请遵照执行。

附件：

1. 家庭托育点备案书

2. 家庭托育点备案承诺书

3. 家庭托育点备案回执

国家卫生健康委　住房和城乡建设部

应急管理部　市场监管总局

国家消防救援局

2023 年 10 月 16 日

家庭托育点管理办法（试行）

第一条　为规范发展多种形式的托育服务，根据《中共中央 国务院关于优化生育政策促进人口长期均衡发展的决定》和《国务院办公厅关于促进养老托育服务健康发展的意见》，制定本办法。

第二条　本办法所称家庭托育点，是指利用住宅为 3 岁以下婴幼儿（以下简称婴幼儿）提供全日托、半日托、计时托、临时托等托育服务的场所。每个家庭托育点的收托人数不得超过 5 人。

第三条　举办家庭托育点，应当符合所在地地方政府关于住宅登记为经营场所的有关规定，应当取得住宅所在本栋建筑物内或者同一平房院落内其他业主的一致同意。

第四条　家庭托育点名称中应当注明"托育"字样，在服务范围及经营范围中明确"家庭托育服务"。

举办营利性家庭托育点的，向所在地市场监管部门依法申请注册登记，登记机关应当及时将家庭托育点登记信息推送至同级卫生健康部门。

第五条　家庭托育点登记后，应当及时向所在地的县级卫生健康部门备案，登录托育机构备案信息系统，在线填写家庭托育点备案书、备案承诺书（附件1、2），并提交以下材料扫描件或电子证照：

（一）营业执照或其他法人登记证书；

（二）房屋产权证、不动产权证或房屋租赁合同（租赁期限不少于3年）；

（三）照护人员身份证、健康合格证、无相关违法犯罪记录材料、婴幼儿照护相关学历证书或技能等级（培训）证书；

（四）房屋竣工验收合格或房屋安全鉴定合格有关材料（自建房）；

（五）住宅所在本栋建筑物内或者同一平房院落内其他业主一致同意的证明材料；

（六）法律法规规定的其他相关材料。

第六条　卫生健康部门在收到家庭托育点备案材料后，可以去现场核实相关信息，并提供备案回执。

第七条　家庭托育点变更备案事项的，应当向原备案部门更新备案信息；终止提供托育服务的，应当妥善安置收托的婴幼儿，并向卫生健康部门报告。卫生健康部门应当主动向社会公开家庭托育点备案状态。

第八条　家庭托育点应当为婴幼儿提供生活照料、安全看护、平衡膳食和早期学习机会，促进婴幼儿身心健康发展。

第九条　家庭托育点照护人员应当符合下列条件：

（一）具有保育教育、卫生健康等婴幼儿照护经验或相关专业背景；

（二）受过婴幼儿保育、心理健康、食品安全、急救和消防等培训；

（三）身体健康，无精神病史；

（四）无性侵害、虐待、拐卖、暴力伤害等违法犯罪记录。

家庭托育点举办者同时是照护人员的，应当符合上述条件。

第十条　家庭托育点每1名照护人员最多看护3名婴幼儿。

第十一条　家庭托育点婴幼儿人均建筑面积不得小于9 m²。

第十二条　家庭托育点应当提供适宜婴幼儿成长的环境，通风良好、日照充足、温度适宜、照明舒适。

家庭托育点不得设置在地下室或半地下室，不得设置在"三合一"场所和彩钢板建筑内，门窗不得设置影响逃生和消防救援的铁栅栏、防盗窗等障碍物。

第十三条　家庭托育点的房屋结构、设施设备、装饰装修材料、家具用具等，应当符合国家相关安全质量标准和环保标准，符合抗震、防火、疏散等要求。

使用自建房开展家庭托育服务的，备案时应当向卫生健康部门提供房屋竣工验收合格或房屋安全鉴定合格有关材料。

第十四条　家庭托育点应当设置视频安防监控系统，对婴幼儿生活和活动区域进行全覆盖监控。

监控录像资料保存期不少于 90 日。

第十五条　家庭托育点应当对在托婴幼儿的健康状况进行观察，发现婴幼儿疑似传染病或者其他疾病的，应当及时通知其监护人。

第十六条　家庭托育点应当与婴幼儿监护人签订书面协议，明确托育服务中双方的责任、权利义务以及争议处理等内容。

第十七条　家庭托育点不得歧视、侮辱、虐待、体罚、变相体罚婴幼儿或者实施其他侵害婴幼儿权益的行为。

有以上行为的，依法承担相应的法律责任。

第十八条　家庭托育点由卫生健康部门主管，住房城乡建设、市场监管等相关部门按照各自职责，加强对家庭托育点的指导、监督和管理。

卫生健康部门应当畅通备案渠道，严格监督管理家庭托育点的备案信息、收托人数、照护比例、托育场所等，会同相关部门做好日常监管工作。

第十九条　街道（乡镇）应当加强对家庭托育点的指导、监督和管理，发现问题及时督促整改，并报卫生健康部门。

第二十条　村（居）民委员会应当加强对家庭托育点的监督，引导家庭托育点尊重相邻业主权利，规范开展托育服务。

第二十一条　各省、自治区、直辖市可根据本办法制定实施细则。

第二十二条　本办法自印发之日起施行。

（三）从业人员标准与培养相关政策文件

教育部办公厅等七部门关于教育支持社会服务产业发展提高紧缺人才培养培训质量的意见 （2019-09-05）

教职成厅〔2019〕3 号

各省、自治区、直辖市教育厅（教委）、发展改革委、民政厅（局）、商务厅（局、委）、卫生健康委、中医药管理局、妇联，新疆生产建设兵团教育局、发展改革委、民政局、商务局、卫生健康委、妇联：

社会服务产业是涉及亿万群众福祉的民生事业和具有巨大发展潜力的朝阳产业，大力发展社会服务产业对更好满足人民群众日益增长的美好生活需要、高水平全面建成小康社会具有重要意义。为贯彻党中央、国务院关于促进家政服务业提质扩容、推进养老服务发展、促进婴幼儿照护服务发展等的决策部署，落实《国家职业教育改革实施方案》等，加快推进社会服务产业人力资源供给侧结构性改革，教育部、国家发展改革委、民政部、商务部、国家卫生健康委、国家中医药局、全国妇联办公厅就教育支持社会服务产业发展，提高家政、养老、育幼等领域紧缺人才培养培训质量提出如下意见。

一、总体要求

（一）指导思想

以习近平新时代中国特色社会主义思想为指导，全面贯彻党的十九大精神，落实全国教育大会精神，坚持以人民为中心，贯彻党的教育方针，主动适应家政服务业与养老、育幼、物业、快递等融合发展新模式，居家为基础、社区为依托、机构为补充、医养相结合的养老服务体系建设新要求，家政电商、"互联网+家政""物业+养老服务""互联网+养老"等新业态，不断满足城乡社区居民多样化、个性化、中高端新需求，以社区为重点依托，聚焦专业人才供给，拓展社会服务产业发展空间，以职业教育为重点抓手，提高教育对社会服务产业提质扩容的支撑能力，加快建立健全家政、养老、育幼等紧缺领域人才培养培训体系，扩大人才培养规模，全面提高人才培养质量，支撑服务产业发展，增强广大人民群众的获得感、幸福感和安全感。

（二）基本原则

政府主导，协调发展。加强统筹规划，将社会服务产业紧缺领域人才培养培训工作与学科专业调整，招生、培养、就业联动机制建设，教育脱贫攻坚等同步设计，优先部署，促进协调发展。

对接需求，分类施策。针对行业发展不同领域、不同模式、不同业态对人才的差异化需求，以服务家政服务、健康管理、养老照护、母婴照护等一线高素质技术技能人才为重点，兼顾考虑储备社会服务新业态急需人才，分层分类推进培养培训。

育训结合，统筹推进。坚持学历教育与职业培训并举并重，统筹推进专业设置、课程体系建设、师资队伍建设、学生资助、实习实训基地建设等人才培养培训各环节，提高专业人才供给规模和质量。

（三）工作目标

到 2022 年，教育支持社会服务产业发展的能力有效增强，紧缺领域相关学科专业体系进一步完善，结构进一步优化，布局进一步拓展，培养培训规模显著扩大，内涵进一步提升，教师教材教法改革、产教融合校企合作不断深化，为社会服务产业紧缺领域培养和输送一大批层次结构合理、类型齐全、具有较高职业素养和专业能力的高素质人才。

二、任务措施

1. 完善学科专业布局。健全专业随产业发展的动态调整机制，调整优化学科专业目录，及时增设相关领域本专科专业。以面向社区居民的家政服务、养老服务、中医药健康服务、托育托幼等紧缺领域为重点，对接管理、经营、服务、供应链等岗位需求，合理确定中职、高职、本科、研究生等不同类型、层次学历教育相关专业和职业培训的人才培养目标、规格。在一流本科专业建设"双万计划"、中国特色高水平高职学校和专业建设计划等项目实施过程中，向家政、养老、育幼等相关领域专业倾斜。

2. 重点扩大技术技能人才培养规模。鼓励引导有条件的职业院校积极增设护理（老年护理方向、中医护理方向）、家政服务与管理、老年服务与管理、智能养老服务、健康管理、中医养生保健、中医营养与食疗、助产、幼儿发展与健康管理、幼儿保育、学前教育、康复治疗技术、中医康复技术、康复辅助器具技术、康养休闲旅游服务、健身指导与管理等社会服务产业相关专业点。鼓励院校根据医养结合、安宁疗护、心理慰藉、家庭理财、收纳管理、服饰搭配和衣物管理、室内适老化设计、社区服务网点规划设计等产业发展新岗位、新需求，灵活设置专业方向。每个省份要有若干所职业院校开设家政服务、养老服务类专业，引导围绕社会服务产业链打造特色专业群。扩大中高职贯通培养招生专业和规模。引导应用型本科高校、本科层次职业教育试点院校开设相关专业，加快培养高端家政服务人才，养老机构、家政机构、大型康养综合体经营管理等急需人才。

3. 加快培养适应新业态、新模式需要的复合型创新人才。鼓励引导普通本科高校主动适应社会服务产业发展需要，设置家政学、中医康复学、中医养生学、老年医学、康复治疗学、心理学、护理学和社会工作等相关专业。原则上每个省份至少有 1 所本科高校开设家政服务、养老服务、托育服务相关专业。鼓励普通本科高校电子信息类、机械类、材料类等专业，高职院校电子信息大类、装备制造大类等专业增设相关课程，加快培养家庭服务机器人、健康监测、家用智能监控等健康养老、家政服务领域智能设施设备的研发制造人才，促进人工智能技术、虚拟现实（VR）技术、智能硬件、新材料等在社会服务业深度应用。在普通本科高校金融学类、高职院校财经商贸大类专业中增设相关课程，不断满足养老金融创新急需人才。鼓励有条件的普通高校探索辅修专业或双学士学位等培养模式，加快培养社会服务产业相关领域管理和培训人才。

4. 积极培养高层次管理和研发人才。加强社会服务业相关学科基础科研。支持高校通过自设家政学等二级学科，开展相关产业政策研究和人才培养。促进相关交叉学科专业发展，服务以专业设备、专用工具、智能产品研发制造为支持的家政服务产业集群建设。鼓励和支持有条件的高校在相关学科领域招收培养研究生，为企业和职业院校等输送业务骨干和高层次教学科研人员。

5. 支持从业人员学历提升。鼓励符合条件的家政服务、养老服务企业、养老服务机构管理人员报考攻读专业学位硕士研究生。支持社会服务产业从业人员通过多种渠道接受职业教育，提升学历。开放大学要充分发挥办学优势，加快信息化学习资源和平台建设，探索建立面向社会服务产业从业人员的现代远程教育教学及支持服务模式。

6. 鼓励院校广泛开展职业培训。推动职业院校联合相关企业，促进企业职工岗位技术技能水平提升。支持职业院校发挥资源优势，重点为困难企业转岗职工、去产能分流职工和贫困劳动力等就业重点人群从事社会服务产业提供职业培训，承担"雨露计划""巾帼家政服务培训""家政培训提升行动"等培训任务。鼓励职业院校联合行业企业共同开展市场化社会培训。

7. 健全教学标准体系。发挥标准在人才培养培训质量提升中的基础性作用。按照专业设置与产业需求对接、课程内容与职业标准对接、教学过程与生产过程对接的要求，持续更新并推进社会服务产业领域职业院校专业教学标准、顶岗实习标准、实训教学条件建设标准等的建设和实施。推进有关本科专业类教学质量标准实施。指导院校贯彻落实国家教学标准，按照有关要求科学制订和实施人才培养方案，保障人才培养质量。

8. 建设高质量课程教材资源。注重强化职业道德、职业素养、安全意识、法治教育，有关专业课程重点向老年服务与管理、病患护理、母婴照料等领域倾斜，适度拓展心理学、医学、营养学、沟通技巧等基础知识。在国家规划教材建设中，加大社会服务产业紧缺领域相关专业教材建设支持力度，遴选 200 种校企双元开发的优质教材，倡导新型活页式、工作手册式教材。鼓励有关院校引入企业真实项目和案例，开发或引入多种形式的数字化教学资源，在职业教育专业教学资源库建设中向相关专业倾斜，做好老年服务与管理、学前教育专业教学资源库的更新和使用工作。

9. 开展 1+X 证书制度试点。积极招募、推动职业教育培训评价组织联合社会服务产业优质企业、职业院校共同研制家政服务、养老服务、母婴照护等紧缺领域职业技能等级标准和证书，开发教材和学习资源。支持院校学生在获得学历证书的同时，积极取得紧缺领域相关职业技能等级证书，提高就业创业本领，促进高质量就业。在家政服务、养老服务、托育服务等领域率先开展 1+X 证书制度试点，同步探索建设职业教育国家学分银行。

10. 推动校企深度合作。鼓励社会力量举办家政服务类、养老服务类职业院校，或与职业院校以股份制、混合所有制等形式共建产业学院，合作开设相关专业，规范并加快培养专门人才。将社会服务产业紧缺领域列为校企合作重点领域，优先支持建设产教融合创新项目、职业教育校企深度合作项目等。全国建设培育 100 家以上产教融合型家政企业，发挥家政服务业提质扩容"领跑者"行动示范企业和普惠养老重点企业的示范引领作用，推动 50 家优质企业与 200 所有关院校组建职业教育集团等，共建产业学院、大师工作室、协同创新平台、实习实训基地，实行现代学徒制、"订单培养"等培养模式，协同创新服务项目或开展技术研发，支持和鼓励企业承接教师实践锻炼和学生见习实习，深度参与紧缺领域人才培养培训。

11. 鼓励学生创新创业。鼓励院校围绕"互联网+家政""互联网+养老""互联网+健康服务"等，建设众创空间，指导学生开展自主创新和创业活动，做好创业项目的跟踪、指导和孵化服务，引导有条件的学生积极投入社会服务产业相关领域创业。支持鼓励相关专业学生参加中国"互联网+"大学生创新创业大赛。在全国职业院校技能大赛中论证设置相关特色赛项。相关院校要根据毕业生特点，加强职业指导和就业创业服务。组织相关专业学生到养老服务等公益属性较强的社会服务机构和城乡社区、家庭等开展社会实践活动。

12. 打造"双师型"教师队伍。在职业院校实行高层次、高技能人才以直接考察的方式公开招聘，建立健全职业院校自主聘任兼职教师的办法。新增相关专业课教师原则上应从具备家政、养老服务、社区服务等工作经历人员中引入和选聘。优先支持社会服务相关专业领域符合项目式、模块化教学需要的职业教育教师教学创新团队。在职业院校教师素质提高计划中对相关专业予以重点推进。在"双师型"教师培养培训基地建设中向社会服务相关专业倾斜。依托职业院校、应用型本科高校等，加强职业技能培训师资队伍建设，支持紧缺领域人才培训。

13. 广泛开展国际交流与合作。积极引入国（境）外相关领域职业标准、课程标准和技术标准，组织 30 所左右院校和企业引进国际先进课程设计和教学管理体系，结合我国国情和实际，开发本土化培养培训标准、方案、专业课程和教材。定期组织选派职业院校专业骨干教师赴国外研修访学。积极开展有关国际交流研讨活动。

三、实施保障

（一）加强部门协同

国务院教育行政部门在社会服务领域人才培养培训工作发挥牵头作用。有关行业主管部门、群团组织推动开展相关领域人才需求预测，指导专业设置和人才培养，引导行业优质企业积极参与产教融合、校企合作。省级教育行政部门要结合实际，高度重视社会服务产业紧缺人才培养培训工作，加强与省级有关部门的工作协同，健全工作机制。

（二）加大政策支持

各地教育行政部门要在政策、资金和项目等方面向积极开展社会服务产业紧缺领域人才培养培训的院校倾斜，会同有关部门落实好国家奖学金向家政、养老等社会急需专业倾斜的政策，吸引学生就读相关专业，保障相关专业家庭经济困难学生按照规定享受各类奖助政策，确保应助尽助。优先支持有关院校积极参与"家政服务业提质扩容'领跑者'行动"等项目，促进社会服务产业高质量发展。支持建设若干集实践教学、社会培训、企业真实生产和社会技术服务于一体的高水平专业化产教融合实训基地。

（三）加强研究咨询

加强行业职业教育教学指导委员会等专家组织建设，提高行业指导能力，充分发挥专家组织的研究、咨询、指导、服务作用。设立一批社会服务产业紧缺领域教育研究项目，开展专题研究，为加快社会服务业人才培养提供理论支撑与智力支持。

（四）营造良好氛围

加强对社会服务产业新模式新业态、示范企业、特色院校、成长成才典型等的宣传，引导全社会和学生家长认识社会服务产业新定位、新理念、新职业，吸引相关专业毕业生对口就业，增强职业归属感、荣誉感。

（五）做好总结评价

各有关部门结合工作职责，将该意见相关任务落实情况于每年年底前及时总结，并提供教育部职业教育与成人教育司。省级教育行政部门要对本行政区域内有关专业设置、人才培养培训现状做全面摸底，研究设立有关工作项目，引导有关院校落实该意见各项任务，将社会服务产业领域相关专业设置、人才培养培训情况作为对有关院校绩效考核、质量评价的重要指标，支持第三方开展评估。

教育部办公厅　国家发展改革委办公厅　民政部办公厅

商务部办公厅　国家卫生健康委办公厅

国家中医药局办公室　全国妇联办公厅

2019 年 9 月 5 日

教育部关于印发《职业教育专业目录（2021 年）》的通知（2021-03-12）

教职成〔2021〕2 号

各省、自治区、直辖市教育厅（教委），新疆生产建设兵团教育局，有关部门（单位）教育司（局）：

为贯彻《国家职业教育改革实施方案》，加强职业教育国家教学标准体系建设，落实职业教育专业动态更新要求，推动专业升级和数字化改造，我部组织对职业教育专业目录进行了全面修（制）订，形成了《职业教育专业目录（2021 年）》（以下简称《目录》）。现将《目录》印发给你们，请遵照执行，并就有关事项通知如下。

一、修订情况

《目录》按照"十四五"国家经济社会发展和 2035 年远景目标对职业教育的要求，在科学分析产业、职业、岗位、专业关系基础上，对接现代产业体系，服务产业基础高级化、产业链现代化，统一采用专业大类、专业类、专业三级分类，一体化设计中等职业教育、高等职业教育专科、高等职业教育本科不同层次专业，共设置 19 个专业大类、97 个专业类、1 349 个专业，其中中职专业 358 个、高职专科专业 744 个、高职本科专业 247 个。我部根据经济社会发展等需要，动态更新《目录》，完善专业设置管理办法。

二、执行要求

1. 优化专业布局结构。《目录》自发布之日起施行。2021 年起，职业院校拟招生专业设置与管理工作按《目录》及相应专业设置管理办法执行。各省级教育行政部门要依照《目录》和办法，结合区域经济社会高质量发展需求合理设置专业，并做好国家控制布点专业的设置管理工作。中等职业学校可按规定备案开设《目录》外专业。高等职业学校依照相关规定要求自主设置和调整高职专业，可自主论证设置专业方向。我部指导符合条件的职业院校按照高起点、高标准的要求，积极稳妥设置高职本科专业，避免"一哄而上"。

2. 落实专业建设要求。我部根据《目录》陆续发布相应专业简介，组织研制相应专业教学标准。各地要指导职业院校依据《教育部关于职业院校专业人才培养方案制订与实施工作的指导意见》（教职成〔2019〕13 号），对照《目录》和专业简介等，全面修（制）订并发布实施相应专业人才培养方案，推进专业升级和数字化改造。各职业院校要根据《目录》及时调整优化师资配备、开发或更新专业课程教材，以《目录》实施为契机，深入推进教师教材教法改革。

3. 做好新旧目录衔接。目前在校生按原目录的专业名称培养至毕业，学校应根据专业内涵变化对人才培养方案进行必要的调整更新。已入选"双高计划"等我部建设项目的相关专业（群），应结合《目录》和项目建设要求，进行调整升级。用人单位选用相关专业毕业生时，应做好新旧目录使用衔接。

专业目录是职业教育教学的基础性指导文件，是职业院校专业设置、招生、统计以及用人单位选用毕业生的基本依据，是职业教育类型特征的重要体现，也是职业教育支撑服务经济社会发展的重要观测点。各地要结合地方实际，加大宣讲解读，严格贯彻落实，不断深化职业教育供给侧结构性改革，提高职业教育适应性。实施过程中遇有问题，请及时报告我部（职业教育与成人教育司）。

附件：

1. 职业教育专业目录（2021 年）

表 1　中等职业教育专业（节选）：72 医药卫生大类

序号	专业代码	专业名称
259	720801	营养与保健
260	720802	生殖健康管理
261	720803	婴幼儿托育

表 2　高等职业教育专科专业（节选）：52 医药卫生大类

序号	专业代码	专业名称
492	520801	健康管理
493	520802	婴幼儿托育服务与管理
494	520803	老年保健与管理
495	520804	心理咨询
496	520805	医学营养
497	520806	生殖健康管理

表 3　高等职业教育本科专业（节选）：32 医药卫生大类

序号	专业代码	专业名称
168	320801	健康管理
169	320802	婴幼儿发展与健康管理
170	320803	医养照护与管理

2. 中等职业教育新旧专业对照表

表 4　中等职业教育新旧专业对照表（节选）

序号	专业代码	专业名称	原专业代码	原专业名称	调整情况
259	720801	营养与保健	100400	营养与保健	保留
260	720802	生殖健康管理	102500	计划生育与生殖健康咨询	更名
261	720803	婴幼儿托育			新增

3. 高等职业教育专科新旧专业对照表

表 5　高等职业教育专科新旧专业对照表（节选）

序号	专业代码	专业名称	原专业代码	原专业名称	调整情况
492	520801	健康管理	620801	健康管理	保留
493	520802	婴幼儿托育服务与管理	690306	幼儿发展与健康管理	归属调整、更名
494	520803	老年保健与管理	620811	老年保健与管理	保留
495	520804	心理咨询	620804	心理咨询	保留

序号	专业代码	专业名称	原专业代码	原专业名称	调整情况
496	520805	医学营养	620802	医学营养	保留
497	520806	生殖健康管理	620702	生殖健康服务与管理	归属调整、更名

4. 高等职业教育本科新旧专业对照表

表6 高等职业教育本科新旧专业对照表（节选）

序号	专业代码	专业名称	原专业代码	原专业名称	调整情况
168	320801	健康管理	820801	健康服务与管理	更名
169	320802	婴幼儿发展与健康管理			新增
170	320803	医学照护与管理			新增

教育部

2021 年 3 月 12 日

国家卫生健康委办公厅关于印发托育机构负责人培训大纲（试行）和托育机构保育人员培训大纲（试行）的通知（2021-08-19）

国卫办人口函〔2021〕449 号

各省、自治区、直辖市及新疆生产建设兵团卫生健康委：

为深入贯彻《国务院办公厅关于促进 3 岁以下婴幼儿照护服务发展的指导意见》（国办发〔2019〕15 号）精神，切实加强托育服务人才队伍建设，我委组织制定了《托育机构负责人培训大纲（试行）》和《托育机构保育人员培训大纲（试行）》。现予以印发，请遵照执行。

一、强化统筹规划

各卫生健康部门要统筹做好托育机构负责人和保育人员岗位培训总体规划，确立托育机构负责人和保育人员岗位培训制度，将其作为急需紧缺人员纳入培训规划，分批次开展培训工作。

二、建设培训资源

各级卫生健康部门要遴选一批基础较好的优质教材和课程资源，推进托育机构负责人和保育人员培训相关教材建设，充分发挥高校、行业学（协）会和示范托育机构力量，开发高质量培训指导教材和资源库。

三、加强培训监管

各级卫生健康部门要对托育机构负责人和保育人员培训机构加强监管，建立定期评估机制，形成动态管理、有进有出的竞争管理机制。

附件：1. 托育机构负责人培训大纲（试行）

2. 托育机构保育人员培训大纲（试行）

国家卫生健康委办公厅

2021 年 8 月 19 日

附件 1

托育机构负责人培训大纲（试行）

一、培训对象

拟从事或正在从事托育机构管理工作的负责人。

二、培训方式

采用理论和实践相结合、线上与线下相结合的方式。培训总时间不少于 60 学时，其中理论培训不少于 40 学时，实践培训不少于 20 学时。

三、培训目标

通过培训，参训托育机构负责人端正办托思想，正确理解贯彻党和国家的托育服务方针政策；规范办托行为，具备履行岗位职责必备的基本知识与能力；增强管理能力，能够科学组织与管理托育机构。

（一）端正办托思想

1. 熟悉并执行托育服务相关政策法规，增强法治意识，履行岗位职责，遵守行业规范。

2. 具备良好的职业道德，树立正确科学的儿童观、保育观。

（二）规范办托行为

1. 理解托育机构管理岗位要求，能够建立信息管理、健康管理、疾病防控和安全防护监控制度，制定安全防护、传染病防控等应急预案，确保婴幼儿的安全和健康。

2. 根据婴幼儿身心发展特点和规律，制订科学的保育方案，合理安排一日生活和活动，提供支持性环境，满足婴幼儿健康成长的需要。

（三）提升管理能力

1. 规划托育机构发展，加强保育的组织与管理，增强对保育人员的指导、检查和评估，引领托育机构质量提升。

2. 与家庭、社区密切合作，整合各方资源支持托育机构保育工作，向家长、社区提供照护服务和指导服务，帮助家庭增强科学育儿能力。

四、培训内容

（一）理论培训内容

1. 法律法规和政策文件。《中华人民共和国未成年人保护法》《中华人民共和国母婴保健法》《中华人民共和国母婴保健法实施办法》《中华人民共和国食品安全法》《托儿所幼儿园卫生保健管理办法》等相关法律法规，《国务院办公厅关于促进 3 岁以下婴幼儿照护服务发展的指导意见》《托育机构设置标准（试行）》《托育机构管理规范（试行）》《托儿所、幼儿园建筑设计规范》《建筑设计防火规范》《托育机构登记和备案办法（试行）》《托育机构保育指导大纲（试行）》《托育机构婴幼儿伤害预防指南（试行）》《婴幼儿喂养健康教育核心信息》等相关政策文件。

2. 职业道德。职业认同，岗位职责，行业规范，儿童权利，婴幼儿家庭合法权益，心理健康知识。

3. 专业理念。儿童观，保育观，与家庭、社区合作共育观念，医育结合理念。

4. 规范发展。登记备案，托育服务协议签订，收托健康检查，收托信息管理，信息公示，机构发展规划，机构发展反思与改进。

5. 卫生保健知识。室内外环境卫生，设施设备、用品、材料等卫生消毒，婴幼儿常见疾病、传染病、伤害的预防与控制，科学喂养与膳食添加，睡眠环境与照护，晨午检与全日健康观察，体格锻炼，心理行为保健，工作人员健康管理。

6. 安全防护。安全消防知识，食品安全知识，场地设施，婴幼儿适龄的家具、用具、玩具、图书、游戏材料配备要求，安全防护措施和检查，突发事件应急预案与处理。

7. 保育管理。婴幼儿生理、心理发展知识，一日生活和活动安排与组织，生活与卫生习惯培养，动作、语言、认知、情感与社会性等方面保育要点，户外活动要求与组织，游戏安排与组织，环境创设与利用。

8. 人员队伍管理。人员配备与资格要求，人员劳动合同签订，人员合法权益保障，人员职位晋升与工作激励，人员岗前培训与定期培训，人员安全与法治教育，人员专业发展规划，人员心理健康管理。

9. 外部关系。家长会议、家长接待与咨询、家长委员会、家长开放日等与家庭合作相关的要求与策略，向家庭、社区提供照护服务和指导服务的内容与策略，配合主管部门业务指导的内容与要求。

（二）实践培训内容

1. 机构规范设置。托育机构场地、建筑设计、室内外环境、设施设备、图书与游戏材料等规范设置的实践观摩与学习。

2. 日常管理制度。信息管理、健康管理、膳食管理、疾病防控、安全防护、人员管理、人员培训、财务管理、家长与社区联系等制度的建立与实施，年度工作计划制定与定期报告，托育机构质量评估制度的建立与落实。

3. 保育活动组织。入托、晨检、饮食、饮水、如厕、盥洗、睡眠、游戏、离托等一日生活安排与指导，动作、语言、认知、情感与社会性等保育活动组织与指导，环境创设，照护服务日常记录和反馈，保育人员工作的检查和评估。

4. 应急管理训练。婴幼儿常见伤害急救基本技能，防范、避险、逃生、自救的基本方法，消防、安全保卫等演练，突发意外伤害的处理程序，安全突发事件应急处理程序。

五、培训原则

（一）岗位胜任原则

培训应以托育机构负责人岗位要求为重点，通过系统培训引导与自主学习反思相结合的方式，促进托育机构负责人明晰岗位工作任务，具备胜任岗位职责的基本知识与能力。

（二）需求导向原则

培训应以托育机构负责人在管理工作中的重点与难点为出发点，综合考虑岗位需求和发展需要，按需施教，优化培训内容，确保托育机构负责人学以致用、用以促学、学用相长。

（三）多元方式原则

培训可通过专题讲座、网络研修、研讨交流、案例分析、返岗实践等多元方式，借助互联网等手段，推动托育机构负责人理论学习和现场观摩相结合、线上学习与线下研修相结合，提高培训的便捷性、有效性。

六、培训考核

培训考核内容分为理论考试和实践技能考核两部分，各级卫生健康部门负责对培训效果进行抽查。

附件2

托育机构保育人员培训大纲（试行）

一、培训对象

拟从事或正在从事托育机构保育工作的保育人员。

二、培训方式及时间

采用理论和实践相结合、线上与线下相结合的方式。培训总时间不少于120学时，其中理论培训不少于60学时，实践培训不少于60学时。

三、培训目标

通过培训，参训保育人员熟悉托育服务法规与政策，树立法治意识与规范保育思想；学习保育工作的基本技能与方法，强化安全保育意识；掌握婴幼儿早期发展与回应性照护的知识与策略，提升科学保育素养。

（一）增强规范保育意识

1. 熟悉托育服务相关政策法规，遵守保育人员岗位职责和基本规范；

2. 具备良好的职业道德和专业认同感；树立正确的保育观念，坚持儿童优先，保障儿童权利。

（二）掌握安全保育方法

1. 切实做好安全防护工作，最大限度地保护婴幼儿的安全和健康；

2. 掌握婴幼儿卫生保健、生活照料等保育工作的基本方法和操作规范。

（三）提升科学保育能力

1. 合理安排婴幼儿的生活和活动，具备促进婴幼儿早期发展的能力，满足婴幼儿身体发育和心理发展的需要；

2. 掌握与家庭及社区沟通合作的技巧，提供科学育儿指导，及时进行专业反思。

四、培训内容

（一）理论培训内容

1. 法律法规和政策文件。《中华人民共和国未成年人保护法》《中华人民共和国母婴保健法》《中华人民共和国母婴保健法实施办法》《托儿所幼儿园卫生保健管理办法》等相关法律法规；《国务院办公厅关于促进3岁以下婴幼儿照护服务发展的指导意见》《托育机构设置标准（试行）》《托育机构管理规范（试行）》《托育机构保育指导大纲（试行）》《托育机构婴幼儿伤害预防指南（试行）》《婴幼儿喂养健康教育核心信息》等相关政策文件。

2. 职业道德。职业规范，职业责任，儿童权利保护，专业认同，人文素养，心理健康等。

3. 专业理念。儿童观，保育观，医育结合理念等。

4. 卫生保健知识。卫生与消毒，物品管理，生长发育监测，体格锻炼，心理行为保健，婴幼儿常见病预防与管理，传染病预防与控制，健康信息收集。

5. 安全防护。食品安全知识，环境与设施设备防护安全，婴幼儿常见伤害预防与急救，意外事故报告原则与流程等。

6. 生活照料。各月龄营养与喂养要点，进餐照护，饮水照护，睡眠照护，生活卫生习惯培养，出行照护等。

7. 早期发展支持。婴幼儿生理、心理发展知识，婴幼儿个体差异与支持，特殊需要婴幼儿识别与指导，活动设计与组织等。

8. 沟通与反思。日常记录与反馈，与家庭、社区沟通合作，家庭、社区科学养育指导，保育实践反思等。

（二）实践培训内容

1. 卫生消毒。活动室、卧室等室内外环境卫生清扫、检查和预防性消毒，抹布、拖布等卫生洁具的清洗与存放，床上用品、玩具、图书、餐桌、水杯、餐巾等日常物品的清洁与预防性消毒。

2. 健康管理。晨午检及全日健康观察，运动和体格锻炼，健康行为养成，计划免疫宣传与组织等。

3. 疾病防控。发热、呕吐、腹泻、惊厥、上呼吸道感染等常见疾病的识别、预防与护理，手足口、疱疹性咽炎、水痘、流感等婴幼儿常见传染病的识别、报告与隔离，贫血、营养不良、肥胖等营养性疾病，先心病、哮喘、癫痫等疾病婴幼儿的登记和保育护理。

4. 安全防护。窒息、跌倒伤、烧烫伤、溺水、中毒、异物伤害、动物致伤、道路交通伤害等常见伤害急救技能，地震等重大自然灾害的逃生流程与演练，火灾、踩踏、暴力袭击等突发事件的预防与应急处理。

5. 饮食照护。膳食搭配，辅食添加，喂养方法，进餐环境创设，进餐看护与问题识别，独立进餐、专注进食、不挑食等饮食习惯培养，辅助婴幼儿水杯饮水等。

6. 睡眠照护。睡眠环境创设，困倦信号识别，睡眠全过程观察、记录与照护；规律就寝、独立入睡等睡眠习惯培养，睡眠问题的识别与应对，婴幼儿睡眠的个别化照护等。

7. 清洁照护。刷牙、洗手、洗脸、漱口和擦鼻涕等盥洗的方法，便器的使用方法，尿布/纸尿裤/污染衣物的更换，便后清洁的方法，如厕习惯培养，婴幼儿大、小便异常的处理等。

8. 活动组织与支持。一日生活和活动的安排，生活和活动环境的创设与利用，活动材料的配备，动作、语言、认知、情感与社会性等活动的组织与实施，游戏活动的支持与引导，婴幼儿行为观察与分析，婴幼儿需求的识别与回应等。

五、培训原则

（一）岗位胜任原则

培训应以托育机构保育人员岗位要求为重点，通过系统培训引导与自主学习反思相结合的方式，促进保育人员明晰岗位工作任务，具备胜任岗位职责的基本知识与能力。

婴幼儿照护服务
政策法规汇编

（二）需求导向原则

培训应以托育机构保育人员在保育工作中的重点和难点为出发点，综合考虑岗位需求和发展需要，按需施教，优化培训内容，确保保育人员所学即所需、所学即所用、学用相长。

（3）多元方式原则

培训应通过专题讲座、网络研修、研讨交流、案例分析、返岗实践等多元方式，借助互联网等手段，推动托育机构保育人员理论学习和实践观摩相结合、线上学习与线下研修相结合，提高培训实效性。

六、培训考核

培训考核内容分为理论考试和实践技能考核两部分，各级卫生健康部门负责对培训效果进行抽查。

国家卫生健康委办公厅关于印发托育从业人员
职业行为准则（试行）的通知（2022-11-23）

国卫办人口函〔2022〕414号

各省、自治区、直辖市及新疆生产建设兵团卫生健康委：

为深入贯彻党的二十大精神，认真落实《中共中央 国务院关于优化生育政策促进人口长期均衡发展的决定》和《国务院办公厅关于促进3岁以下婴幼儿照护服务发展的指导意见》（国办发〔2019〕15号），建设一支品德高尚、富有爱心、敬业奉献、素质优良的托育服务队伍，我委研究制定了《托育从业人员职业行为准则（试行）》。现印发给你们，请结合实际，认真贯彻执行。

国家卫生健康委办公厅

2022年11月23日

托育从业人员职业行为准则（试行）

托育服务事关婴幼儿健康成长，事关千家万户。为进一步增强托育从业人员的责任感、使命感和荣誉感，规范职业行为，特制定本准则。

一、坚定政治方向。坚持以习近平新时代中国特色社会主义思想为指导，贯彻落实党中央关于托育工作的决策部署。不得有损害党中央权威和违背党的路线方针政策的言行。

二、自觉爱国守法。忠于祖国，忠于人民，恪守宪法原则，遵守法律法规，依法依规开展托育服务。不得损害国家利益、社会公共利益、违背社会公序良俗。

三、传播优秀文化。传承中华传统美德和优秀文化，践行社会主义核心价值观，培养婴幼儿良好品行和习惯。不得传播有损婴幼儿健康成长的不良文化。

四、注重情感呵护。敏感观察，积极回应，尊重个体差异，关心爱护每一位婴幼儿，形成温暖稳定的关系。不得忽视、歧视、侮辱、虐待婴幼儿。

五、提供科学照护。遵循婴幼儿成长规律，合理安排每日生活和游戏活动，支持婴幼儿主动探索、操作体验、互动交流和表达表现。不得开展超出婴幼儿接受能力的活动。

六、保障安全健康。创设安全健康的环境，熟练掌握安全防范、膳食营养、疾病防控和应急处置等方面的知识和技能。不得在紧急情况下置婴幼儿安危于不顾，自行逃离。

七、践行家托共育。注重与婴幼儿家庭密切合作，保持经常性良好沟通，传播科学育儿理念，提供家庭照护指导服务。不得滥用生长发育测评等造成家长焦虑。

八、提升专业素养。热爱托育工作，增强职业荣誉感，加强业务学习，做好情绪管理，提高适应新时代托育服务发展要求的专业能力。不得有损害职业形象的行为。

九、加强团队协作。尊重同事，以诚相待，相互支持，充分沟通婴幼儿信息，协同开展照护活动，不断改进和提升服务质量。不得敷衍塞责、相互推诿、破坏团结。

十、坚守诚信自律。诚实守信，严于律己，尊重婴幼儿及其家庭的合法权益，自觉遵守托育服务标准和规范。不得收受婴幼儿家长礼品或利用家长资源谋取私利。

（四）照护服务支持相关政策文件

关于养老、托育、家政等社区家庭服务业税费优惠政策的公告（2019-06-28）

财政部　税务总局　发展改革委　民政部　商务部　卫生健康委公告 2019 年第 76 号

为支持养老、托育、家政等社区家庭服务业发展，现就有关税费政策公告如下：

一、为社区提供养老、托育、家政等服务的机构，按照以下规定享受税费优惠政策：

（一）提供社区养老、托育、家政服务取得的收入，免征增值税。

（二）提供社区养老、托育、家政服务取得的收入，在计算应纳税所得额时，减按90%计入收入总额。

（三）承受房屋、土地用于提供社区养老、托育、家政服务的，免征契税。

（四）用于提供社区养老、托育、家政服务的房产、土地，免征不动产登记费、耕地开垦费、土地复垦费、土地闲置费；用于提供社区养老、托育、家政服务的建设项目，免征城市基础设施配套费；确因地质条件等原因无法修建防空地下室的，免征防空地下室易地建设费。

二、为社区提供养老、托育、家政等服务的机构自有或其通过承租、无偿使用等方式取得并用于提供社区养老、托育、家政服务的房产、土地，免征房产税、城镇土地使用税。

三、本公告所称社区是指聚居在一定地域范围内的人们所组成的社会生活共同体，包括城市社区和农村社区。

为社区提供养老服务的机构，是指在社区依托固定场所设施，采取全托、日托、上门等方式，为社区居民提供养老服务的企业、事业单位和社会组织。社区养老服务是指为老年人提供的生活照料、康复护理、助餐助行、紧急救援、精神慰藉等服务。

为社区提供托育服务的机构，是指在社区依托固定场所设施，采取全日托、半日托、计时托、临时托等方式，为社区居民提供托育服务的企业、事业单位和社会组织。社区托育服务是指为 3 周岁（含）以下婴幼儿提供的照料、看护、膳食、保育等服务。

为社区提供家政服务的机构，是指以家庭为服务对象，为社区居民提供家政服务的企业、事业单位和社会组织。社区家政服务是指进入家庭成员住所或医疗机构为孕产妇、婴幼儿、老人、病人、残疾人提供的照护服务，以及进入家庭成员住所提供的保洁、烹饪等服务。

四、符合下列条件的家政服务企业提供家政服务取得的收入，比照《营业税改征增值税试点过渡政策的规定》（财税〔2016〕36号附件）第一条第（三十一）项规定，免征增值税。

（一）与家政服务员、接受家政服务的客户就提供家政服务行为签订三方协议；

（二）向家政服务员发放劳动报酬，并对家政服务员进行培训管理；

（三）通过建立业务管理系统对家政服务员进行登记管理。

五、财政、税费征收机关可根据工作需要与民政、卫生健康、商务等部门建立信息共享和工作配合机制，民政、卫生健康、商务等部门应积极协同配合，保障优惠政策落实到位。

六、本公告自2019年6月1日起执行至2025年12月31日。

财政部　税务总局　发展改革委　民政部　商务部　卫生健康委

2019年6月28日

支持社会力量发展普惠托育服务专项行动实施方案（试行）（2019-10-09）

为深入学习贯彻习近平新时代中国特色社会主义思想和党的十九大精神，落实政府工作报告任务要求，深入实施《国务院办公厅关于促进3岁以下婴幼儿照护服务发展的指导意见》，充分发挥中央预算内投资示范带动作用和地方政府引导作用，激发社会力量参与积极性，着力增加3岁以下婴幼儿普惠性托育服务有效供给，拟在全国开展支持社会力量发展普惠托育服务专项行动，制定本方案。

一、总体思路

3岁以下托育服务属于非基本公共服务范围，是地方政府事权，要坚持社会化发展托育服务，围绕"政府引导，多方参与、社会运营，普惠可及"，深入开展城企合作。国家通过中央预算内投资，支持和引导城市政府〔包括设区市、自治州和县（市、区）等，下同〕系统规划建设托育服务体系。城市政府提供全方位政策支持清单。企业（含企业、事业单位、社会组织等，下同）提供普惠托育服务清单，向社会公开、接受监督。城企双方签订合作协议，扩大普惠性托育服务有效供给，满足家庭多层次、多样化托育服务需求，增强人民群众获得感、幸福感和安全感。

二、基本原则

（一）普惠导向。支持面向社会大众的普惠性托育服务项目，为婴幼儿家庭提供质量有保障、价格可承受、方便可及的托育服务。

（二）自愿参加。鼓励有积极性的城市自愿申报，鼓励信用好、有投资意愿的企业按照给定条件自愿申请，鼓励有资质的金融机构自愿参与。对企事业单位、营利非营利机构、国企民企、内资外资均一视同仁。

（三）竞争择优。优先考虑规划科学、基础扎实、政策力度大的城市；优先支持诚实守信、项目优质、专业能力强的企业；优先选择融资成本低、服务质量好的金融机构。

（四）安全规范。牢固树立安全意识，把婴幼儿安全和健康摆在最为突出的位置，严格执行相关法律法规。明确责任主体，做到建设和运营规范，监管到位，确保项目安全运行。

三、工作目标

建成一批具有带动效应、承担一定指导功能的示范性托育服务机构，社区托育服务骨干网基本完善，普惠性托位数量大幅增加，服务内容不断丰富，服务质量明显提升，对专业人才队伍建设支撑更加有力，对家庭科学养育指导能力持续增强，更多更好惠及婴幼儿家庭。

四、中央预算内投资支持方式及内容

国家通过中央预算内投资，重点支持以下两类托育服务设施建设。

一是承担一定指导功能的示范性托育服务机构。示范性托育服务机构具备托育服务功能，设置一定规模的普惠性托位，并提供托育从业人员培训、托育机构管理咨询、家庭养育指导和社区亲子服务等服务。示范性托育服务机构可以选址新建，也可利用早期教育指导中心、妇女儿童活动中心、妇女儿童之家、家庭教育指导服务中心、学前教育机构、计划生育服务机构、月子中心、家政服务公司等资源改扩建（含改建、扩建，下同）。

二是社区托育服务设施。通过新建、改扩建，支持一批嵌入式、分布式、连锁化、专业化的社区托育服务设施建设，提供全日托、半日托、计时托、临时托等多样化的普惠托育服务。支持在新建居住区等配建托育服务设施；支持在老城区和已建成居住区新建、改扩建托育服务设施；支持学前教育机构等通过新建、改扩建等方式提供托育服务。鼓励托育服务设施与社区服务中心（站）及社区文化、体育、养老等设施共建共享。

政府机关、企事业单位利用自有土地或设施新建、改扩建托育服务设施，并对社会开放普惠性托位的，也可纳入以上两类支持范围。

五、工作任务

（一）明确参与主体及责任

——城市政府负责制定托育服务体系建设规划（方案），研究出台土地、场所、人才培养、财税优惠、包容审慎监管等全方位政策支持清单，提出发展目标并谋划一批普惠性托育服务项目，明确项目类型、规模、投融资方式、服务人群、计划开工时间以及服务要求及监管方式等。

——企业负责落实投资、明确建设内容及运营方案，并可通过自营、委托运营等方式提供普惠性托育服务。

城企双方签订合作协议，城市政府参照《地方政府支持政策清单》（附件1），明确政策支持具体内容，并确保优惠政策落实到位。《地方政府支持政策清单》分为必选项和自选项，必选项是城市申报专项行动的必要条件，自选项是专项行动择优遴选试点城市的重要参考依据，自选政策越多、政策含金量越高的城市优先纳入试点范围。

企业要参照《企业责任承诺清单》（附件2），明确普惠性托育服务具体内容，向社会公开、接受监督。参与企业有义务按照要求向政府有关部门报送进展情况。

（二）明确参与流程

——项目申报。有意愿的城市政府向省级发展改革委报送项目，提交政策承诺函。省级发展改革委牵头会同卫生健康委（或省政府明确的行业主管部门）组织审核后，按程序报送国家发展改革委，并抄送国家卫生健康委。建设项目具体要求按《支持社会力量发展普惠托育服务专项行动项目和资金管理办法（试行）》（附件3）执行。

——中央预算内投资适当补助。采用补助的方式，对于承担一定指导功能的示范性托育服务机构、社区托育服务设施，中央预算内投资按每个新增托位给予1万元的补助。

——资金下达。地方项目采用切块下达的方式，支持已开工或当年拟开工项目，即"××省××年支持社会力量发展普惠托育服务项目"，将中央预算内投资下达到相关省份，由省份在收到下达通知书20个工作日内将资金分解到具体项目。

——项目管理。城市政府对每个项目都要现场调研、查验，确保项目建设保时、保量、保质、保真，实施过程中的重大问题及时报省级和国家发展改革委、卫生健康委。城市政府需于参加专项行动当年年底前，完成本地区托育服务体系建设规划（方案）编制并报国家发展改革委备案。

（三）支持措施

——金融支持。形成金融机构推荐名单并实行动态管理，与国家发展改革委签订备忘录，对参与专项行动的托育机构提供普惠金融服务。

——信用评价。引入第三方信用服务机构，依托全国信用信息共享平台、国家企业信用信息公示系统和地方各级信用信息平台，整合公共信用信息和市场信用信息，对托育服务机构开展公共信用综合评价。推动实施托育服务行业守信联合激励和失信联合惩戒，建立托育服务机构及从业人员"黑名单"制度。

——试点示范。2020年开展专项行动试点，参与试点城市要依托示范性托育服务机构和社区托育服务设施建设，充分吸引社会力量广泛参与，强化政策支持和服务监管，扩大托育服务有效供给。在试点基础上，遴选支持社会力量发展普惠托育服务重点联系城市，通过现场经验交流、典型案例征集等形式，及时总结推广典型经验和先进做法。

六、附则

本方案自公布之日起实施，根据实际情况适时调整。

附件：1. 地方政府支持政策清单

2. 企业责任承诺清单

3. 支持社会力量发展普惠托育服务专项行动项目和资金管理办法（试行）

附件1

地方政府支持政策清单

严格落实中央支持政策，例如根据《关于养老、托育、家政等社区家庭服务业税收优惠政策的公告》（财政部 税务总局 发展改革委 民政部 商务部 卫生健康委公告2019年第76号），对社区托育服务落实税收优惠和费用减免政策。同时，在本辖区范围内明确地方具体支持政策如下。

一、必选项

（一）土地、规划政策

1. 允许教育、医卫、福利、商服等用地类别用于发展托育服务，纳入国土空间规划和年度用地指标，区分营利性和非营利性，优先安排土地利用计划。

2. 对符合《划拨用地目录》的非营利性托育用地，可采取划拨方式予以保障。对不符合《划拨用地目录》的托育用地，以有偿使用方式予以保障，其有偿使用底价按教育、医卫、福利等用地评估价评估后确定。出让方式取得的土地可以抵押，在符合不改变土地用途等相关规定下，若原企业退出，可由其他具备相关资质的托育企业承担。

3. 在新建居住区规划、建设托育服务设施及配套安全设施，与住宅同步验收、同步交付使用。

4. 创造条件允许在不调整规划的情况下，由企业利用城镇现有闲置且符合卫生、防护等标准的设施进行改造建设，举办托育服务机构。涉及土地手续的，可先建设后变更土地使用性质。

（二）报批建设政策

5. 依法简化社区托育服务登记备案程序，建立多部门开办手续一站式办理的绿色通道，切实缩短企业办证时间。

6. 对于托育企业开展连锁化、专业化服务的，在协议明确范围内开设单个服务实体，在登记部门实行备案制，不再单独报批，可合并到总公司统一纳税。

（三）人才支持政策

7. 推进高等院校和职业院校开设托育人才培养专业，培育相关管理、技术技能型应用人才。

8. 将托育从业人员列入急需紧缺职业（工种）目录和政府补贴性培训目录，把育婴员、保育员等托育从业人员纳入当地政府职业技能培训计划，按规定落实职业培训补贴、职业技能鉴定补贴。

（四）卫生、消防等支持政策

9. 卫生健康部门及其医疗、卫生、保健机构对辖区内托育机构进行管理和医疗、儿童保健、膳食营养、疾病防控等技术指导，为托育从业人员培训提供技术支持。托育机构可作为儿科等相关医护人员基层服务定点单位，服务时长作为基层服务时间，在医护人员申报专业技术高级职称时作为评分条件使用。

10. 做好托育机构消防审批服务，建立工作机制，对试点项目采用一事一议，提高审批效能。

（五）普惠托育服务价格

11. 按照质量有保障、价格可承受、方便可及的普惠性导向，综合考虑当地居民收入水平、服务成本、合理利润等因素，通过市场形成普惠托育服务价格。具备招标条件的，通过招标方式确定价格水平；不具备招标条件的，与企业通过协商确定价格水平。

（六）监督管理政策

12. 建立项目长期跟踪监管机制，原则上要确保支持项目长期可持续运营。因故确需退出的，应由其他托育机构承接。

二、自选项

（一）土地、规划政策

1. 提供公租房免费用于发展托育服务。

2. 可使用村集体建设用地用于托育机构建设，由企业与村集体约定土地使用和利益分配方案。

3. 鼓励支持采取政府和社会资本合作（PPP）方式的项目，发展普惠托育服务。

4. 人员密集地区的国有营业场地优先用于托育机构建设，纳入当地公共资源交易平台，限定租赁用途，以较低的租赁价格提供给托育服务机构，营业场地的租赁期限一般约定在 10 年及以上。

（二）报批建设政策

5. 对于利用老旧建筑改造为托育设施，采取"一事一议"的方式，简化规划等前期手续，加快办理施工许可证。

6. 充分利用社区资源，协调设置室外活动场地。

（三）财税补贴政策

7. 采取建设补贴、运营补贴或者以奖代补等形式支持普惠性托育机构发展。

8. 托育机构用电、用水、用气、用热按居民生活类价格执行；托育机构申请办理电、水、气、热等业务，实行限时办结制度。

9. 将托育从业人员相关技能培训项目列入职业技能培训补贴目录。

（四）金融支持政策

10. 协调地方金融机构为试点项目建设创新服务，提供低息贷款。

11. 将托育服务项目纳入政府出资或参股的融资担保机构的支持范围。

12. 鼓励商业保险机构开发托育机构综合责任保险。

（五）其他支持政策

13. 鼓励中心城区范围内的商务楼宇综合设置普惠托育机构，并合理延展租赁期，保障托育机构可持续运行。

14. 完善运营补贴、生均经费等优惠政策，支持存量托育机构发展普惠托育服务

15. 有助于普惠托育发展的其他政策。例如，鼓励发展婴幼儿储蓄等支持婴幼儿健康成长的金融创新等。（请注明）

附件2

企业责任承诺清单

一、必选项

1. 严格执行托育管理的相关政策和规范。

2. 承担一定指导功能的示范性托育服务机构科学测算年度培训任务、社区亲子活动和家庭托育指导任务，制定年度计划，并接受相关部门考核。

3. 确保将政府提供的托育用地或用房用于托育机构建设，不用于其他用途。

4. 按照质量有保障、价格可承受、方便可及的普惠性导向，综合考虑当地居民收入水平、服务成本、合理利润等因素，通过市场形成普惠托育服务价格。招标情况下，

通过投标竞争方式确定价格水平；非招标情况下，与城市政府通过协商确定价格水平。

5. 严格按照相关政策要求使用补贴，确保各类补贴政策精准执行。

6. 建立安全制度，确保人身、食品、消防安全。

7. 强化诚信建设。

8. 加强从业人员管理，建立从业人员档案管理体系，完善从业人员评价制度，加强从业人员职业道德教育。

9. 符合《托育机构设置标准（试行）》《托育机构管理规范（试行）》要求。

10. 建立本机构托育服务日常管理制度和工作规范，提高服务能力，保障服务质量。

二、自选项

1. 承担一定指导功能的示范性托育服务机构协助地方政府建立家庭保育支持体系。

2. 丰富服务内容，根据需求提供个性化、多样化的托育服务等。

3. 为社区提供婴幼儿健康营养讲座、科学照护讲座等公益性服务。

4. 针对有特殊需求的婴幼儿及其家庭，提供个性化托育服务或家庭托育咨询。

5. 遵循婴幼儿成长特点和规律，促进婴幼儿在身体发育、动作、语言、认知、情感与社会性等方面的全面发展。

6. 建立从业人员职业上升通道。

7. 企业可采取的有助于促进普惠托育发展的其他措施（请注明）。

附件3

支持社会力量发展普惠托育服务专项行动
项目和资金管理办法（试行）

第一章 总则

第一条 为规范支持社会力量发展普惠托育服务专项行动实施方案（以下简称"实施方案"）项目和投资管理，加强组织实施，提高中央预算内投资使用效益，依据国家有关法律法规和《中央预算内投资补助和贴息项目管理办法》（国家发展和改革委员会令第45号，以下简称"45号令"）等要求，制定本办法。

第二条 根据实施方案，2020年开展专项行动试点，选择积极性高、前期基础扎实的城市择优实施项目建设，并可根据中央预算内投资安排情况和项目执行情况展期实施。

第三条 实施方案覆盖范围包括各省、自治区、直辖市及计划单列市，新疆生产建设兵团，黑龙江省农垦总局（以下简称"各省"）。

第四条 实施方案旨在增加普惠性托育服务供给，为婴幼儿家庭提供质量有保障、价格可承受、方便可及的托育服务，逐步形成布局合理、设施完善、服务便捷、保障有力的普惠托育服务体系。

第二章 管理职责和工作程序

第五条 国家发展改革委会同国家卫生健康委负责编制实施方案、制定项目和资金管理办法、组织实施和监督检查。

第六条 城市政府根据实施方案要求，进行项目储备，明确项目类型、规模、投融资方式、服务人群及计划开工时间等，并将符合条件的项目纳入三年滚动投资计划，列入国家重大建设项目库。

第七条 城市政府根据托育服务体系建设整体规划、合作协议向省级发展改革部门报送项目，经省级发展改革部门牵头会同卫生健康部门（或省级政府明确的行业主管部门）审核后向国家发展改革委报送中央预算内投资年度资金申请文件和项目；国家发展改革委按建设程序下达年度投资计划。

第八条 中央预算内投资采取切块下达的方式，由国家发展改革委下达到省级发展改革部门。投资计划一经下达，原则上不再调整。执行过程中确需调整的，由各省发展改革部门做出调整决定并报国家发展改革委备案。

第九条 各省发展改革部门是资金分解下达的责任主体，城市政府是项目申报、实施过程监管的责任主体。各省发展改革部门将中央预算内资金安排到具体项目的权力不得下放，须在收文后20个工作日内将资金分解到具体项目，分解下达投资计划时要明确项目建设地点、建设规模、建设工期及配套投资比例和数额，并向国家发展改革委报送备案文件；城市政府要加强对项目推进全过程监督与管理。

第三章 支持范围和遴选方式

第十条 通过中央预算内投资，重点支持两类托育服务设施建设项目：

一是承担一定指导功能的示范性托育服务机构。示范性托育服务机构具备托育服务功能，设置一定规模的普惠性托位，并提供托育从业人员培训、托育机构管理咨询、家庭养育指导和社区亲子服务等。示范性托育服务机构可以选址新建，也可利用早期教育指导中心、妇女儿童活动中心、妇女儿童之家、家庭教育指导服务中心、学前教育机构、计划生育服务机构、月子中心、家政服务公司等资源改扩建（含改建、扩建，下同）。

二是社区托育服务设施。通过新建、改扩建，支持一批嵌入式、分布式、连锁化、专业化的社区托育服务设施建设，提供全日托、半日托、计时托、临时托等多样化的普惠托育服务。支持在新建居住区等配建托育服务设施；支持在老城区和已建成居住区新建、改扩建托育服务设施；支持学前教育机构等通过新建、改扩建等方式提供托育服务。鼓励托育服务设施与社区服务中心（站）及社区文化、体育、养老等设施共建共享。

政府机关、企事业单位利用自有土地或设施新建、改扩建托育服务设施，并对社会开放普惠性托位的，也可纳入以上两类支持范围。

第十一条 项目遴选基本条件包括：

（一）项目要符合国土空间规划及社会事业发展规划要求，与当地人口、土地、环境、交通等实际状况相适宜，选址布局科学合理。

（二）项目建设必须符合国家有关法律法规要求，执行环境保护、节约土地、安全管理、节约能源等有关方面的规定。

（三）项目要符合45号令以及中央预算内投资管理的有关规定，已经开工建设或前期工作准备成熟，投资计划下达后当年即可开工建设，配套资金足额落实。

（四）项目要按照《国家发展改革委办公厅关于使用国家重大建设项目库加强项目

储备编制三年滚动投资计划有关问题的通知》（发改办投资〔2015〕2942号）要求，做好与三年滚动投资计划的衔接，并录入重大建设项目库。

第四章　项目建设要求和补助标准

第十二条　对于承担一定指导功能的示范性托育服务机构和社区托育服务设施，中央预算内投资按每个新增托位给予1万元的补助。

托育服务设施建设的功能布局、参数设置等应按照《托育机构设置标准（试行）》和抗震、防火、防洪等国家相关标准的规定执行，并可参考《托儿所、幼儿园建筑设计规范》（JGJ 39）的规定。

第五章　资金安排原则和使用管理

第十三条　各省发展改革委要根据项目前期深度，优先遴选符合支持条件且前期成熟的项目纳入中央预算内投资支持范围。按照在建和开工前阶段（包括施工许可、施工合同签订、施工招投标等）、规划许可阶段（包括建设工程规划许可、建设用地规划许可、确定规划设计方案等）以及取得国有建设用地使用权阶段（包括土地出让合同或划拨决定书等）梯次对项目排序。具体项目申报程序，区分不同建设主体，按照原有规定管理。国家发展改革委按照项目成熟度，统筹考虑区域、人口等因素进行平衡。

第十四条　中央预算内投资实行专款专户管理，防止转移、侵占或者挪用，确保中央预算内资金的合理使用和项目建设顺利实施。

第十五条　中央预算内投资用于计划新开工或者在建项目，不得用于已完工项目。同一项目不得重复申请不同专项资金。

第六章　监督管理

第十六条　城市政府要对项目资金使用、实施效果负总责。应当加强项目的监督管理，采取事前、事中、事后相结合，日常监督和专项监督相结合的方式，对项目建设资金使用实施全过程监督管理。

第十七条　建设项目要严格执行项目法人责任制、招标投标制、工程监理制和合同管理制等建设管理法规，项目设计单位和施工单位必须具有相应资质，做到公平、公正、公开、透明。各地要加强项目竣工验收，适时将年度投资计划、竣工验收情况上报国家发展改革委。

第十八条　各地要定期对项目质量、进度、资金使用情况等进行监督检查，及时解决建设过程中存在的问题，确保建设项目保质保量如期完成。国家发展改革委会同国家卫生健康委适时对普惠托育项目执行情况进行监督检查。

第十九条　各地要通过投资项目在线审批监管平台（重大建设项目库模块）每月10日前对项目年度投资计划执行情况进行调度，及时填报项目开工情况、投资完成情况、工程形象进度等数据。

第二十条　项目申报单位（省级发展改革部门）有下列行为之一的，国家发展改革委可根据情节，在一定时期和范围内不再受理其报送的资金申请报告，或者核减、收回或停止拨付中央预算内投资并予以通报。

（一）指令或授意项目单位提供虚假情况、骗取投资补助资金的；

（二）对申报项目审核不严，造成投资补助资金损失的；

（三）对于切块下达的年度投资计划分解和安排出现拖延或严重失误的；

（四）所在地区项目存在较多问题且督促整改不到位的；

（五）未按要求通过线审批监管平台报告相关项目信息的；

（六）其他违反国家法律法规的行为。

第二十一条　参与城市有下列行为之一的，国家发展改革委可根据情节取消其专项行动试点城市资格，并在一定时期内不接受其参与申请。

（一）未按时制定托育服务体系建设整体规划的；

（二）未按时提交政策支持承诺函或违反承诺的。

第二十二条　参与企业有下列行为之一的，国家和省级发展改革部门可责令其限期整改；拒不整改或整改后仍不符合要求的，应当核减、收回或停止拨付投资补助资金，暂停受理其申报项目申请，将相关信息纳入全国信用信息共享平台和在国家企业信用信息公示系统依法公示，并视情节轻重提请或移交有关机关依法追究有关责任人的责任。

（一）提供虚假情况，骗取投资补助资金的；

（二）转移、侵占或者挪用投资补助资金的；

（三）擅自改变主要建设内容和建设标准的；

（四）项目建设规模、标准和内容发生较大变化而不及时报告的；

（五）无正当理由未及时建设实施的；

（六）拒不接受依法进行的稽查或者监督检查的；

（七）未按要求通过在线平台报告相关项目信息的；

（八）其他违反国家法律法规的行为。

第七章　附则

第二十三条　本办法由国家发展改革委负责解释。

第二十四条　本办法自发布之日起施行，有效期为2年。

关于开展全国婴幼儿照护服务示范城市创建活动的通知（2021-05-10）

国卫人口发〔2021〕17号

各省、自治区、直辖市及新疆生产建设兵团卫生健康委、发展改革委：

为贯彻落实党的十九大和十九届二中、三中、四中、五中全会精神，深入实施《国务院办公厅关于促进3岁以下婴幼儿照护服务发展的指导意见》（国办发〔2019〕15号）和《国务院办公厅关于促进养老托育服务健康发展的意见》（国办发〔2020〕52号），经全国评比达标表彰工作协调小组同意，国家卫生健康委、国家发展改革委决定开展全国婴幼儿照护服务示范城市（以下简称示范城市）创建活动。

一、总体要求

贯彻落实党中央、国务院决策部署，充分发挥政策和规划的引导作用，创新管理体制，健全服务机制，以满足人民群众对婴幼儿照护服务的需求为目标，以普惠服务为重点，建立完善促进婴幼儿照护服务发展的政策法规体系、标准规范体系和服务供给体系，调动社会力量的积极性，多种形式开展婴幼儿照护服务，形成一批可复制、可推广的典型经验，探索一批切实管用的政策举措。到2025年，婴幼儿照护服务的政策法规和标准规范体系基本健全，每千人口拥有3岁以下婴幼儿托位数达到4.5个，人民群众的婴幼儿照护服务需求得到进一步满足。

二、创建范围

示范城市创建以设区的市（地、州、盟）、直辖市的区（县）为单位开展，评选工作每2年为一个周期，每周期各省（区、市）推荐的示范城市不超过可参评单位总数的10%。

三、创建内容

（一）完善支持政策。将婴幼儿照护服务纳入国民经济和社会发展规划，制定"十四五"托育服务体系建设专项规划或实施方案，明确托育服务体系建设目标、建设任务、资金来源和运营方式等。制定"一老一小"整体解决方案，加强组织实施，方案含金量及实施的情况将作为考评的重要方面。综合运用规划、土地、住房、财政、投资、融资、人才等支持政策，大力发展成本可负担、方便可及的普惠性托育服务。在年度建设用地供应计划中保障托育用地需求，并安排在合理区位。支持将各类房屋和设施用于发展托育，鼓励适当放宽最长租赁期限。非独立场所按照相关安全规定标准改造建设托育点并通过验收的，无须变更土地和房屋性质。托育服务各项税费优惠政策全面、及时惠及市场主体，对吸纳符合条件劳动者的托育机构按规定给予社保补贴。加强婴幼儿发展与健康管理、婴幼儿保育等学科建设，培养相关专业人才。支持保险机构开发相关责任险及托育机构运营相关保险。

（二）扩大服务供给。全面落实产假政策，探索试行与婴幼儿照护服务配套衔接的育儿假、产休假。通过入户指导、亲子活动、家长课堂等方式，为婴幼儿家庭提供经常性的、普惠可及的育儿指导，提高家庭科学育儿能力。将婴幼儿照护纳入城乡社区服务范围，加强社区婴幼儿照护服务设施与社区卫生等设施的功能衔接，鼓励开展家庭互助式服务。新建住宅小区与配套婴幼儿照护服务设施同步规划、同步建设、同步验收、同步交付，在城市居住社区建设补短板和城镇老旧小区改造中统筹推进婴幼儿照护服务设施建设。发展集中管理运营的托育服务网络，建设一批承担指导功能的普惠性托育机构，支持产业园区、用人单位等在工作场所为职工提供福利性托育服务，婴幼儿入托率、千人口托位数高于全省平均水平。

（三）推动创新融合。深化医育有机结合，加强对托育机构卫生保健工作的业务指导和人员培训。充分利用互联网、大数据、物联网、人工智能等技术，研发应用婴幼儿照护服务信息管理系统，推进"互联网+托育服务"，支持优质托育机构平台化发展。开发科学育儿公益课程、父母课堂等，提供互联网直播互动式家庭育儿服务。加强公共场所母婴设施的建设和改造，开辟绿色通道，为婴幼儿出行、哺乳等提供便利条件。培育托育服务、乳粉奶业、动画设计与制作等行业民族品牌。

（四）完善监管服务。落实政府在制度建设、行业规划、行政执法等方面的监管责任。强化部门协同，卫生健康行政部门牵头，相关部门按照各自职责，定期对托育机构开展监督检查。健全托育机构备案登记制度、信息公示制度和质量评估制度，落实托育机构的安全管理主体责任。发挥群团组织和行业组织的作用，加强宣传教育和社会监督，强化行业自律。依法实施守信联合激励和失信联合惩戒，构建以信用为基础的新型监管机制。托育机构服务质量和声誉口碑好，婴幼儿家庭满意程度高，无安全责任事故。

四、工作要求

（一）加强组织领导。各省（区、市）卫生健康委、发展改革委要把示范城市创建活动作为贯彻落实党中央、国务院决策部署以及促进婴幼儿照护服务高质量发展的重要抓手，主要领导亲自抓，分管领导具体抓，明确相关部门责任，统筹协调、上下联动，广泛深入地开展创建活动。

（二）制定创建方案。要按照本通知要求，结合本地实际，制定具体创建方案，明确目标任务，细化评估内容，建立激励机制，积极组织党委政府重视程度高、工作基础条件好、创新意识强、群众需求大的城市进行申报。

（三）认真组织实施。要加强创建活动全过程的调研指导，坚持好中选优、宁缺毋滥，严格评审标准和程序，确保创建活动的质量和生命力。认真总结示范城市的经验做法，鼓励因地制宜、创新发展，加强宣传与推介，营造良好社会氛围。

各省（区、市）卫生健康委、发展改革委要高度重视、认真组织好第一批示范城市评选工作。2021 年 9 月 30 日前，将创建活动方案报送国家卫生健康委、国家发展改革委。2022 年 9 月 30 日前，将推荐的示范城市申报材料报送国家卫生健康委、国家发展改革委；2022 年年底前，国家卫生健康委、国家发展改革委将命名第一批全国婴幼儿照护服务示范城市。

附件：全国婴幼儿照护服务示范城市创建活动管理办法

国家卫生健康委　国家发展改革委
2021 年 4 月 30 日

附件

全国婴幼儿照护服务示范城市创建活动管理办法

第一条　根据《国务院办公厅关于促进 3 岁以下婴幼儿照护服务发展的指导意见》（国办发〔2019〕15 号），为规范全国婴幼儿照护服务示范城市创建活动，制定本办法。

第二条　全国婴幼儿照护服务示范城市是国家卫生健康委、国家发展改革委授予在促进婴幼儿照护服务发展中成效明显、群众满意，能够发挥示范引领、带动辐射作用的城市的荣誉称号。

第三条　国家卫生健康委负责创建活动的总体协调，会同国家发展改革委制定管理办法，组织公示和命名。省级卫生健康委、发展改革委组织本辖区创建活动，制订工作方案，细化评估内容，负责评审推荐。

第四条　全国婴幼儿照护服务示范城市创建活动坚持公开公正、好中选优的原则，按照城市主动申报、省级评审推荐、国家审核命名的程序进行。

（一）城市主动申报。有意愿的城市人民政府向省级卫生健康委、发展改革委提交申报报告。

（二）省级评审推荐。省级卫生健康委会同发展改革委对申请城市进行评审，确定候选名单，公示后上报国家卫生健康委、国家发展改革委。

（三）国家审核命名。国家卫生健康委会同国家发展改革委对申报材料进行审核，必要时进行实地考察。审核结果通过国家卫生健康委、国家发展改革委门户网站公示10个工作日，接受社会监督。通过审核公示的，国家卫生健康委、国家发展改革委予以命名并发文通报。

（四）动态管理。对于已命名示范城市，国家卫生健康委会同国家发展改革委适时组织开展复查，符合条件的继续保留命名。

第五条　已命名示范城市存在下列情形之一的，由国家卫生健康委、国家发展改革委撤销命名：

（一）发生重大安全责任事故的；

（二）措施不力，工作退步，存在弄虚作假等情形的；

（三）托育机构、婴幼儿家庭对政策环境和服务管理满意度不高的。

第六条　已命名的示范城市按照以下程序退出：

（一）出现第五条所列情形的，由省级卫生健康委、发展改革委调查核实，并将核实情况上报国家卫生健康委、国家发展改革委。

（二）国家卫生健康委、国家发展改革委研究决定撤销命名，并通过适当方式向社会公布。

（三）被撤销示范城市称号的，取消下一期参加评选资格。

第七条　省级卫生健康委、发展改革委每年向国家卫生健康委、国家发展改革委报送创建活动以及全国婴幼儿照护服务示范城市工作情况。

第八条　本办法由国家卫生健康委、国家发展改革委负责解释，自印发之日起施行。

关于编报积极应对人口老龄化工程和托育建设
2021 年中央预算内投资计划建议的通知（节选）（2021-07-06）

发改办社会〔2021〕544 号

各省、自治区、直辖市及计划单列市、新疆生产建设兵团发展改革委、民政厅（局）、卫生健康委，黑龙江北大荒农垦集团有限公司：

为推进实施《"十四五"积极应对人口老龄化工程和托育建设实施方案》（发改社会〔2021〕895 号，以下简称《实施方案》），2021 年国家发展改革委安排中央预算内投资支持养老和托育服务体系设施建设。现将编报投资计划建议方案的有关要求通知如下：

一、总体要求

（一）计划建议方案必须符合《实施方案》及《积极应对人口老龄化工程和托育建设中央预算内投资专项管理办法》（发改社会规〔2021〕525 号）相关要求，遴选前期工作成熟、具备开工条件的项目，确保投资计划下达后能尽快开工，不符合专项建设条件、前期工作不完备的项目一律不纳入安排范围。

（二）计划建议方案要按照《中央预算内投资计划编制管理暂行办法》《国家发展改革委关于加强政府投资项目储备编制三年滚动投资计划的通知》《国家发展改革委办公厅关于使用国家重大建设项目库加强项目储备编制三年滚动投资计划有关问题的通知》要求做好衔接，未纳入国家重大建设项目库的项目，不得列入本次建议方案。

（三）2021年投资要严格防范由此增加的地方政府债务风险。各地要统筹财力，避免重复安排，确保落实中央预算内投资项目的地方资金。对直接下达的项目，各地上报的投资计划建议方案文件中地方政府或地方行政主管部门的配套资金承诺函中需注明："经认真审核，所报投资计划符合我省（区、市）财政承受能力和政府投资能力，不会造成地方政府隐性债务"。

（四）安排地方的中央预算内投资属于奖补性质，资金安排将与各地"一老一小"整体解决方案的编制和实施情况、培训疗养机构转型发展养老服务的进展和绩效挂钩。各地方对项目负有主体责任。要落实项目实施和监管责任，在中央预算内投资计划下达后，应明确每一个项目的项目（法人）单位及项目责任人、日常监管直接责任单位及监管责任人，及时开展调度。

二、工作安排

（一）请各地发展改革部门根据上述要求，会同民政、卫生健康部门按要求提出建议方案，上报国家发展改革委、民政部、国家卫生健康委。

（二）各地在编报建议方案过程中，地级行政区要同步编制"一老一小"整体解决方案，编制培训疗养机构转型发展养老服务实施方案，于2021年底前印发实施，由省级发展改革部门汇总后上报国家发展改革委备案。国家发展改革委将会同民政部、国家卫生健康委等部门，对"一老一小"整体解决方案实施情况适时开展评估。

（三）对于投资切块下达的项目，建议方案只需上报投资总需求等内容，不再单独上报单个具体项目情况及可研批复、项目真实性声明、配套资金承诺函等附件；对于投资直接下达的项目，请填写每个单体项目的建议方案，并提交项目可研批复、项目真实性声明、配套资金承诺函等单行材料附件。

（四）计划建议方案需使用重大建设项目库进行编报。各地要确保上报项目与通过重大建设项目库上报的三年滚动投资计划一致。拟申请补助的投资项目一定要选择"年度投资计划"并准确填写申请资金年份等内容。若未准确选择相关指标，将导致无法从库中遴选出相关项目。

（五）请各单位根据填报说明及时填报绩效表（每个省份填写一份，详见附件）。

（六）请各地抓紧开展工作，在2021年7月16日前，将年度申报项目通过国家重大建设项目库推送国家发展改革委，报送投资计划建议方案EXCEL电子版（见附件）和直接下达项目的单行材料；并同步报送2021年投资计划建议方案和所附单行材料等纸质正式文件。建议方案表必须从国家重大建设项目库的年度投资计划编报区选择"2021年中央预算内投资计划申报表"进行打印，不得更改，并将建议方案表EXCEL电子版以电子邮件形式分送国家发展改革委（社会发展司）、民政部（规划财务司）、国家卫生健康委（老龄健康司、人口监测与家庭发展司）。

......

国家发展改革委办公厅
民政部办公厅
国家卫生健康委办公厅
2021 年 7 月 6 日

国家发展改革委　住房城市建设部
关于加强城镇老旧小区改造配套设施建设的通知（2021-09-02）

发改投资〔2021〕1275 号

各省、自治区、直辖市及计划单列市、新疆生产建设兵团发展改革委、住房城乡建设厅（住房城乡建设委、建设和交通委、建设局）：

加强城镇老旧小区改造配套设施建设，关乎人民群众生命财产安全，关乎满足人民群众美好生活需要，是"我为群众办实事"的一项生动实践。为贯彻落实党中央、国务院决策部署，加强城镇老旧小区改造配套设施建设与排查处理安全隐患相结合工作，现将有关要求通知如下：

一、加强项目储备

（一）进一步摸排城镇老旧小区改造配套设施短板和安全隐患。结合住房和城乡建设领域安全隐患排查整治工作，认真摸排 2000 年底前建成的需改造城镇老旧小区存在的配套设施短板，组织相关专业经营单位，联合排查燃气、电力、排水、供热等配套基础设施以及公共空间等可能存在的安全隐患；重点针对养老、托育、停车、便民、充电桩等设施，摸排民生设施缺口情况。

（二）科学编制年度改造计划。将安全隐患多、配套设施严重缺失、群众改造意愿强烈的城镇老旧小区，优先纳入年度改造计划，做到符合改造对象范围的老旧小区应入尽入。编制老旧小区改造方案时，把存在安全隐患的燃气、电力、排水、供热等设施，养老、托育、停车、便民、充电桩等民生设施，作为重点内容优先改造。

（三）规范履行审批程序。依法合规办理审批、核准、备案以及建设许可等手续。市县人民政府组织有关部门联合审查城镇老旧小区改造方案的，各相关部门应加强统筹、责任共担，避免顾此失彼；涉及燃气、电力、排水、供热等安全隐患改造内容，应确保安全审查不漏项。

二、强化资金保障

（四）政府投资重点保障。中央预算内投资全部用于城镇老旧小区改造配套设施建设项目。各地应统筹地方财力，重点安排消除城镇老旧小区各类安全隐患、提高排水防涝能力、完善养老托育设施、建设停车场和便民设施等城镇老旧小区配套设施改造内容。城镇老旧小区改造资金，积极支持消除安全隐患。

（五）落实专业经营单位责任。督促引导供水、排水、燃气、电力、供热等专业经营单位履行社会责任，将需改造的水电气热信等配套设施优先纳入年度更新改造计划，并主动与城镇老旧小区年度改造计划做好衔接；落实出资责任，优先安排老旧小区配套设施改造资金；落实安全责任，加强施工和运营维护力量保障，消除安全隐患。

（六）推动多渠道筹措资金。推动发挥开发性、政策性金融支持城镇老旧小区改造的重要作用，积极争取利用长期低成本资金，支持小区整体改造项目和水电气热等专项改造项目。鼓励金融机构参与投资地方政府设立的老旧小区改造等城市更新基金。对养老托育、停车、便民市场、充电桩等有一定盈利的改造内容，鼓励社会资本专业承包单项或多项。按照谁受益、谁出资原则，积极引导居民出资参与改造，可通过直接出资、使用（补建、续筹）住宅专项维修资金、让渡小区公共收益等方式落实。

三、加强事中事后监管

（七）加强项目实施工程质量安全监管。切实加强城镇老旧小区改造项目监管，项目行业主管部门严格落实日常监管责任，监管责任人应做到开工到现场、建设到现场、竣工到现场，发现问题督促及时解决。建设单位严格落实首要责任，严格按批复的建设内容和工期组织建设，保障工程项目质量安全；勘察设计单位应认真踏勘小区及周边设施情况，排查安全隐患，在改造方案中统筹治理；施工单位应严格按标准规范施工，确保施工质量和安全；监理单位应认真履行监理职责，特别是加强对相关设施安全改造的监督检查。

（八）强化项目建设统筹协调。将城镇老旧小区改造与城市更新以及排水、污水处理、燃气、电力等市政管网设施建设，养老、托育、停车等公共服务设施建设，体育彩票、福利彩票等各类专项资金支持建设的体育健身、无障碍等设施建设有机结合，统筹安排城镇老旧小区改造、防洪排涝、治污、雨水资源化利用、市政建设等工程，优化空间布局和建设时序，避免反复开挖。

（九）严格组织项目竣工验收。项目建成后，各级发展改革、住房和城乡建设部门应督促各有关方面，按照国家有关规定组织竣工验收，将安全质量作为竣工验收的重要内容。鼓励相关各方进行联合验收。安全质量达到规定要求的，方可通过竣工验收；安全质量未达到要求、仍存在隐患的要及时整改达标，否则不得通过竣工验收。

四、完善长效管理机制

（十）压实地方责任。各级城市（县）应切实履行安全管理主体责任，抓紧建立完善燃气、电力、排水、供热等市政设施管理制度。落实相关部门责任，按照职责开展安全监督检查。压实专业经营单位责任，按照有关规定开展安全巡查和设施管养。

（十一）充分发挥党建引领作用。推动建立党组织领导下的社区居委会、业主委员会、物业服务公司等广泛参与、共商事务、协调互动的社区管理新机制，推进社区基层治理体系和治理能力现代化，共同维护改造成果。

（十二）推行物业专业化管理。城镇老旧小区完成改造后，有条件的小区通过市场化方式选择专业化物业服务公司接管；引导将相关配套设施产权依照法定程序移交给专业经营单位，由其负责后续维护管理。建立健全住宅专项维修资金归集、使用及补建续筹制度。拓宽资金来源渠道，统筹公共设施经营收益等业主共有收入，保障城镇老旧小区后续管养资金需求。

五、其他事项

自 2021 年起，保障性安居工程中央预算内投资专项严格按照有关专项管理办法规定，支持小区内和小区周边直接相关的配套设施建设，不支持单独的城镇污水处理设施及配套管网建设。各地方要严格按要求将中央预算内投资分解落实到具体项目。2021 年已分解落实的具体项目中，不符合要求的应及时调整并报国家发展改革委备案。

各级发展改革、住房和城乡建设部门要高度重视城镇老旧小区改造，加强城镇老旧小区改造配套设施建设与排查处理安全隐患相结合工作，强化项目全过程管理，强化事中事后监管，节约集约规范用好中央预算内投资，加快推进城镇老旧小区改造配套设施建设，切实提高人民群众安全感、获得感、幸福感。

特此通知。

国家发展改革委住房城乡建设部
2021 年 9 月 2 日

关于推进儿童友好城市建设的指导意见（2021-09-30）

发改社会〔2021〕1380 号

各省、自治区、直辖市人民政府，新疆生产建设兵团：

儿童友好是指为儿童成长发展提供适宜的条件、环境和服务，切实保障儿童的生存权、发展权、受保护权和参与权。建设儿童友好城市，寄托着人民对美好生活的向往，事关广大儿童成长发展和美好未来。为落实党中央、国务院决策部署，推进儿童友好城市建设，让儿童成长得更好，经国务院同意，提出以下意见。

一、总体要求

（一）指导思想

坚持以习近平新时代中国特色社会主义思想为指导，全面贯彻党的十九大和十九届二中、三中、四中、五中全会精神，坚持以人民为中心的发展思想，坚持以立德树人为根本，坚持儿童优先发展，从儿童视角出发，以儿童需求为导向，以儿童更好成长为目标，完善儿童政策体系，优化儿童公共服务，加强儿童权利保障，拓展儿童成长空间，改善儿童发展环境，全面保障儿童生存、发展、受保护和参与的权利，让儿童友好成为全社会的共同理念、行动、责任和事业，让广大儿童成长为德智体美劳全面发展的社会主义建设者和接班人，不断为实现中华民族伟大复兴的中国梦贡献力量。

（二）基本原则

——儿童优先，普惠共享。坚持公共事业优先规划、公共资源优先配置、公共服务优先保障，推动儿童优先原则融入社会政策。坚持公益普惠导向，扩大面向儿童的公共服务供给，让广大适龄儿童享有公平、便利、安全的服务。

——中国特色，开放包容。立足国情和发展实际，促进儿童参与，探索中国特色儿童友好城市建设路径模式。结合推进"一带一路"建设，坚持世界眼光，借鉴有益经验，强化交流互鉴，以儿童友好促进民心相通。

——因地制宜，探索创新。适应城市经济社会发展水平，结合资源禀赋特点，因城施策推进儿童友好城市建设。鼓励有条件的城市改革创新，先行先试，探索建设模式经验，积极发挥示范引领作用。

——多元参与，凝聚合力。坚持系统观念，强化儿童工作"一盘棋"理念，发挥党委领导、政府主导作用，健全完善多领域、多部门工作协作机制，积极引入社会力量，充分激发市场活力，形成全社会共同推进儿童友好城市建设的合力。

（三）建设目标

到2025年，通过在全国范围内开展100个儿童友好城市建设试点，推动儿童友好理念深入人心，儿童友好要求在社会政策、公共服务、权利保障、成长空间、发展环境等方面充分体现。展望到2035年，预计全国百万以上人口城市开展儿童友好城市建设的超过50%，100个左右城市被命名为国家儿童友好城市，儿童友好成为城市高质量发展的重要标识，儿童友好理念成为全社会共识和全民自觉，广大儿童享有更加美好的生活。

二、推进社会政策友好，推动全社会践行儿童友好理念

（四）推动儿童优先发展。制定城市经济社会发展规划优先考虑儿童需求，推进公共资源配置优先满足儿童需要。健全推进儿童优先发展工作协调机制，重点在政策协调、资金投入、项目实施等方面形成合力。在城市发展重大规划、政策、项目决策中引入儿童影响评价。探索应用数字化手段创新儿童工作方式方法。

（五）城市规划建设体现儿童视角。引入"1米高度看城市"儿童视角，推进儿童友好理念融入城市规划建设。制定城市各类儿童友好空间与设施规划建设标准，完善城市功能布局，优化公共空间设计，推进城市建设适应儿童身心发展，满足儿童服务和活动需求。

（六）推动儿童全方位参与融入城市社会生活。建立健全儿童参与公共活动和公共事务机制，畅通儿童参与渠道，涉及儿童的重大事项事先听取儿童及监护人意见。在制定社会政策、发展公共服务中尊重儿童的独立人格，全面保障儿童在社会生活、社区发展、家庭事务中的知情权、表达权和参与权。

（七）发动全社会力量共同致力儿童发展。坚持以普惠为导向，鼓励政府、企事业单位、家庭和个人参与，整合全社会资源增进儿童福祉。积极培育为儿童服务的社会组织、专业社会工作者、少先队校外辅导员和志愿者队伍，发展儿童公益慈善事业。

三、推进公共服务友好，充分满足儿童成长发展需要

（八）支持发展普惠托育服务。鼓励支持企事业单位和社会组织、社区等提供普惠托育和婴幼儿照护服务。探索实施父母育儿假制度，加强家庭科学育儿指导服务。

（九）促进基础教育均衡发展。完善普惠性学前教育保障机制，进一步提高普及普惠水平，严格落实城镇小区配套幼儿园政策，补齐资源短板，提高保教质量。完善义务教育免试就近入学制度，精准做好控辍保学，保障流动儿童平等接受教育权利。加强特殊教育资源建设，"一人一案"做好适龄残疾儿童入学安置。落实政府举办义务教育的主体责任，强化学校教育主阵地作用，提高学校课堂教学质量，全面压减作业总量和时长，提升学校课后服务水平，全面规范校外培训行为，进一步减轻义务教育阶段学生作业负担和校外培训负担。开展儿童友好学校建设。

（十）加强儿童健康保障。关注生命早期1 000天健康保障，加强婚前、孕前、孕

产期保健和儿童早期发展服务。推进实施出生缺陷综合防治、母乳喂养促进行动，提高优生优育服务水平，建设母婴友好医院。建设儿童保健服务网络，做好儿童健康管理，规范预防接种和防治龋齿，降低近视及肥胖发生率。关注儿童心理健康，开展儿童生命教育、性教育，培养珍爱生命意识，提升自我情绪调适能力。

（十一）服务儿童看病就医和医疗保障。以儿童医院、妇幼保健机构、综合医院儿科、乡镇卫生院、社区卫生服务中心为重点，以儿科和儿童保健科为支撑，加强儿童医疗服务网络建设，提供优质诊疗服务。加强新生儿科等儿科医师培训，完善相关人才发展激励机制。强化基本医保、大病保险与医疗救助三重制度综合保障功能，做好儿童基本医疗保障工作。开展儿童友好医院建设。

（十二）丰富儿童文体服务供给。合理规划文体设施布局和功能，推进图书馆、文化馆、美术馆等向儿童免费开放，推动有条件的公共体育设施向儿童低收费或免费开放，组织面向儿童的阅读推广、文艺演出、展览游览等活动。制修订面向儿童的体育设施器材等标准，加强儿童体质监测，丰富儿童体育赛事活动，加强从业人员队伍建设。

四、推进权利保障友好，完善公益普惠儿童福利体系

（十三）关爱孤儿和事实无人抚养儿童。深化孤儿助医助学项目，探索推进事实无人抚养儿童助医助学，优化完善社会散居孤儿、事实无人抚养儿童家庭走访、监护评估、家庭培训和监护保护制度。完善儿童收养登记管理，推进实施收养评估制度。推进儿童福利机构优化提质，支持建造家庭式居所，推广家庭式养育模式。

（十四）推进残疾儿童康复服务。协同推进儿童残疾预防、早期筛查、诊疗康复，鼓励有条件的地方扩大残疾儿童康复救助项目及年龄范围，提高救助标准，鼓励公办机构开展康复业务，支持社会力量举办康复机构，加强康复救助定点服务机构管理。

（十五）加强困境儿童分类保障。建立健全困境儿童信息台账，落实定期上门查访，加大对困难家庭的重病、残疾儿童基本生活保障和专项救助力度。落实孤儿、留守儿童、困境儿童基本医疗保障政策，实施分类救助。加强流浪未成年人救助保护。

五、推进成长空间友好，提升城市空间品质和服务效能

（十六）推进城市公共空间适儿化改造。加强城市街区、社区、道路以及学校、医院、公园、公共图书馆、体育场所、绿地、公共交通等各类服务设施和场地适儿化改造。建设适合儿童的服务设施和标识标牌系统，推动公共场所建设母婴室、儿童厕位及洗手池、儿童休息活动区等。加强儿童友好街区建设。

（十七）改善儿童安全出行体验。完善慢行交通体系，加强人行道、自行车道规划建设，优化校园周边步行线路规划和人行设施，保障儿童出行安全。加快完善城市公共交通场站、过街无障碍设施。加强交通安全教育，增强儿童安全出行能力。

（十八）拓展儿童人文参与空间。拓展儿童阅读空间，在公共图书馆设置儿童阅览区，鼓励设置少儿图书馆，提供适宜残疾儿童的阅读资源，开展儿童友好图书馆建设。扩充儿童美育资源，鼓励学校与美术馆、博物馆、音乐厅等共建校外教育基地。增加儿童校外活动空间，加强儿童劳动教育、课外实践、科技体验、素质拓展等校外活动场所设施建设。

（十九）开展儿童友好社区建设。建设社区儿童之家等公共空间，为儿童提供文体活动和阅读娱乐场所。增加社区儿童"微空间"，鼓励社区打造儿童"游戏角落"，提

供适龄儿童步行路径和探索空间，合理增设室内外安全游戏活动设施。

（二十）开展儿童友好自然生态建设。建设健康生态环境，推动开展城市儿童活动空间生态环境风险识别与评估评价。推动建设具备科普、体验等多功能的自然教育基地。开展儿童友好公园建设，推进城市和郊野公园设置游戏区域和游憩设施，合理改造利用绿地，增加儿童户外活动空间。

（二十一）提升灾害事故防范应对能力。推动落实儿童密集场所安全主体责任和行业监管责任，有效防范应对各类灾害事故风险。强化防灾减灾安全教育，增强儿童防灾减灾意识和自救互救能力。储备面向儿童需求的重要应急物资。

六、推进发展环境友好，优化儿童健康成长社会环境

（二十二）推进家庭家教家风建设。深入实施家家幸福安康工程，建设文明家庭、实施科学家教、传承优良家风。构建学校家庭社会协同育人体系，加强家庭教育指导服务，增强家庭监护责任意识和能力，建立良好亲子关系，培养儿童良好思想品行和生活习惯。

（二十三）培养健康向上的精神文化。鼓励创作符合儿童特点的优秀文化产品，加强社会主义核心价值观教育。组织开展优秀传统文化进校园、进课堂活动，深入开展共青团、少先队实践活动。普及发展青少年健身运动，让更多儿童经常性参与体育锻炼。

（二十四）持续净化网络环境。加强网络环境保护，聚焦网络直播、网络游戏等儿童上网重点环节和应用，及时发现处置危害儿童身心健康的不良信息，严厉查处违法违规行为。加大儿童用户量集中的网络平台日常监管，规范涉儿童相关网站管理，压实互联网企业维护网络环境责任。

（二十五）筑牢安全发展屏障。开展中小学生安全教育日活动，深化少年警校建设，推进"护校安园"专项行动，加强校园、校舍和校车安全管理。落实食品安全校（园）长负责制，保障在校学生安全营养用餐。强化儿童用品安全监管，加强监督检查，及时向社会公示。

（二十六）防止儿童意外和人身伤害。健全儿童交通、溺水、跌落、烧烫伤、中毒等重点易发意外事故预防和处置机制。做好学生欺凌防治工作，有效防范性侵、家暴事件，严格落实侵害未成年人案件强制报告制度，保障儿童合法权益。及时受理、依法查处儿童失踪案事件，严厉打击拐卖儿童等犯罪行为。

（二十七）积极预防未成年人犯罪。推进实施未成年人违法犯罪分级干预机制，及时发现、制止未成年人不良行为和严重不良行为。对涉罪未成年人坚持依法惩戒与精准帮教相结合，增强教育矫治效果，预防重新犯罪。

七、组织实施

（二十八）加强组织领导。国家发展改革委、国务院妇儿工委办公室、住房城乡建设部等统筹协调儿童友好城市建设工作。建立健全儿童友好城市建设、认定、评估、监测等机制，研究儿童友好城市认定办法。行业主管部门按职能开展相关领域儿童友好行动，制定标准体系或建设指南。省级政府有关部门制定本地区儿童友好城市建设实施方案。城市政府履行建设主体责任，整体制定落实建设方案。

（二十九）完善政策支持。中央财政统筹利用现有资金渠道，发挥中央预算内投资的引导和撬动作用，对儿童友好城市建设予以积极支持。对价格普惠且具有一定收益

的儿童服务设施项目，符合条件的可纳入地方政府专项债券支持范围。地方要统筹中央相关转移支付资金和自有财力，强化政策支持。强化公益普惠类儿童服务项目规划用地保障。鼓励地方政府以购买服务、租金减免等方式发展普惠性儿童服务。

（三十）分批推进建设。制定实施国家儿童友好城市建设行动方案，支持有建设意愿、基础较好的城市先行探索，分批分期滚动推进实施。对于不具备整体建设条件的城市，鼓励从儿童友好社区建设起步，以点带面夯实基础。对建设成效突出的城市命名为国家儿童友好城市。支持有条件的城市发起"一带一路"儿童友好城市联盟。

（三十一）加强监测评估。组织制定儿童友好城市建设评估指标体系，适时调整完善政策措施。开展儿童友好建设的城市及时收集、整理、分析儿童数据信息，对本地方儿童发展整体情况实施动态监测，探索制定符合地方特点的儿童友好城市建设标准和分领域建设指南，开展建设情况评估。

（三十二）强化宣传交流。开展儿童友好城市公益宣传，提高公众知晓度和参与度，把儿童友好的理念向全社会推广。总结国内城市建设经验，推广具有重大示范效应的建设模式。借鉴国际有益做法，加强对外交流合作，全面提升中国儿童友好城市国际影响力。

国家发展改革委

国务院妇儿工委办公室

住房城乡建设部

中央宣传部

中央网信办

教育部

公安部

民政部

财政部

自然资源部

生态环境部

交通运输部

文化和旅游部

国家卫生健康委

应急部

市场监管总局

广电总局

体育总局

国家医保局

国家林草局

共青团中央

全国妇联

中国残联

2021年9月30日

国家卫生健康委办公厅关于开展全国托育服务宣传月活动的通知（节选）（2023-05-11）

国卫办人口函〔2023〕164号

各省、自治区、直辖市及新疆生产建设兵团卫生健康委：

为深入学习贯彻习近平新时代中国特色社会主义思想，全面落实党中央、国务院关于促进人口长期均衡发展和发展普惠托育服务工作的决策部署，把开展主题教育与补齐托育服务短板结合起来，解民忧、惠民生、促发展，推动主题教育走深走实，国家卫生健康委决定组织开展全国托育服务宣传月活动（以下简称宣传月）。现将有关事项通知如下：

一、活动主题

普惠托育共同行动

二、活动时间

2023年5月15日至6月15日

三、宣传重点

（一）宣传中央决策部署。大力宣传《中共中央 国务院关于优化生育政策促进人口长期均衡发展的决定》《国务院办公厅关于促进3岁以下婴幼儿照护服务发展的指导意见》《国务院办公厅关于促进养老托育服务健康发展的意见》等重要文件，认真落实国家"十四五"规划纲要中的千人口托位数指标任务，宣传加快发展普惠托育服务的重大意义、重点任务、支持政策和工作要求，动员社会各方面支持托育服务发展。

（二）宣传法规标准规范。深入宣传《人口与计划生育法》《未成年人保护法》等法律法规，学习托育机构的设置标准、管理规范、保育指导大纲、卫生评价标准、消防安全指南等一系列托育服务的标准要求，加强职业培训，开展岗位练兵，推进托育机构专业化、规范化建设。

（三）宣传托育服务理念。通过入户指导、亲子活动、家长课堂、互联网直播、发放托育体验券等多种形式，面向广大婴幼儿家庭宣传科学的托育服务理念和育儿知识，帮助家长了解托育、信任托育、参与托育、支持托育，为托育服务健康发展创造良好的群众基础和社会环境。

（四）宣传典型经验成效。重点宣传全国婴幼儿照护服务示范城市、全国爱心托育用人单位及各地示范县（区）、示范机构的好经验好做法，积极推广典型经验做法和成效，充分发挥示范引领、带动辐射作用，引领托育服务高质量发展。

四、活动安排

（一）举办宣传月启动仪式。5月15日，国家卫生健康委人口家庭司、上海市卫生健康委联合举办"国际家庭日"主题活动暨2023年全国托育服务宣传月启动仪式。各地卫生健康部门要组织开展主题鲜明、形式多样的宣传活动，宣传中央优化生育政策的重大决策部署，宣传促进人口长期均衡发展的重大作用和意义，倡导适龄婚育、优生优育、夫妻共担育儿、尊重生育的社会价值，营造生育友好的社会环境。

（二）开展"示范城市"宣传活动。5月下旬，启动第一批全国婴幼儿照护服务示范城市先进经验宣传活动，组织媒体记者赴示范城市实地调研采访，推出系列采访报道，扩大宣传的覆盖面和影响力。各地卫生健康部门要加大对本地区发展托育服务的好经验好做法总结宣传的力度，充分发挥典型的示范引领作用，出台积极托育支持政策，落实千人口托位数指标，部署开展争创第二批全国婴幼儿照护服务示范城市活动。

（三）召开新闻发布会。6月上旬，国家卫生健康委召开专题新闻发布会，邀请相关部委、省级卫生健康委、第一批全国婴幼儿照护服务示范城市介绍托育服务发展情况。

（四）召开现场经验交流会。6月上旬，召开现场经验交流会，宣传推广第一批全国婴幼儿照护服务示范城市的典型经验和积极成效。

（五）开展网上宣传报道。在国家卫生健康委门户网站开展在线访谈、播放示范城市视频短片等，宣传示范城市工作经验做法。在中国人口学会托育服务分会公众号发布示范城市创建工作简报。举行中国人口学会托育服务分会网站上线仪式，积极支持行业组织等参与宣传活动。

五、工作要求

（一）各地要切实加强对宣传月的组织领导，参照国家卫生健康委的宣传月安排，结合当地实际，研究制订宣传月实施方案，支持托育行业组织、优质机构进社区、进家庭，宣传托育政策和育儿知识，营造上下联动、全社会参与的良好氛围。

（二）各地要以政策宣传促政策落实，持续推进中央决策部署、政策标准规范、纾困扶持措施等落地见效，帮助托育机构降成本、降价格，大力发展价格可接受、质量有保障、方便可及的普惠托育服务，让群众送得起、得实惠，促进托育服务实现良性循环。

（三）各地要严格把关，确保各项宣传活动内容符合规定、科学规范、健康向上。要坚持正面宣传，引导媒体客观报道存在的问题，凝聚全社会发展普惠托育服务的共识，汇聚社会各方面支持托育服务发展的力量，提升托育服务的社会影响力。

……

国家卫生健康委办公厅
2023 年 5 月 10 日

关于促进医疗卫生机构支持托育服务发展的指导意见（2023-09-27）

国卫办人口发〔2023〕14 号

各省、自治区、直辖市及新疆生产建设兵团卫生健康委、中医药主管部门、疾控局：

促进医疗卫生机构支持托育服务发展，有利于促进婴幼儿健康成长，有利于规范托育服务。为全面落实党中央、国务院决策部署，提高人民群众的获得感、幸福感和安全感，现就有关工作提出以下意见：

一、开展订单签约服务。基层医疗卫生机构将托育机构作为功能社区签约对象，签订服务协议，采取巡回指导或协议派驻等方式，开展婴幼儿健康管理服务。支持基层医疗卫生机构综合考虑服务能力、托育机构需求等因素，设计婴幼儿签约服务包，可包含婴幼儿预防接种等健康服务。医联体内上级医院要选派全科、专科医生为订单签约服务提供针对性强的技术支撑。

二、加强儿童照护指导。鼓励县级妇幼保健机构、基层医疗卫生机构与托育机构建立联系，定期上门对接和指导。针对托育机构从业人员，采用多种形式普及婴幼儿生长发育知识和科学育儿理念，宣传婴幼儿常见病、多发病防控措施，指导托育机构建立良好的生活养育环境，保障婴幼儿健康成长。

三、发挥中医药特色优势。中医医院（含中西医结合医院、少数民族医院）要弘扬中华优秀传统医药文化，积极与托育机构合作，推广小儿推拿、穴位贴敷、药浴等中医药适宜技术，用中医的理念和方法提供健康服务。支持基层医疗卫生机构根据服务能力和服务需求为托育机构提供中医药健康服务，指导托育机构开展人员培训，掌握中医有关饮食、保健等知识和技能。

四、落实疾病防控责任。各地卫生健康部门和疾控部门依法加强对托育机构疾病防控工作的监督检查，督促托育机构落实疾病防控主体责任，建立健全疾病防控制度，加强传染病防控和应急处置、安全防护、伤害预防、人员管理、环境管理、食品饮用水卫生管理等，为婴幼儿创造良好的生活环境，预防控制传染病。

五、健全相关支持政策。医疗卫生机构内非独立场所按照相关安全标准改造建设托育机构并通过验收的，不需要变更土地和房屋性质。儿童保健、儿童疾病防控等相关科室医务人员在托育机构内的服务时长，视作基层服务时间，在个人工作考核、申报职称时可作为加分条件使用。医疗卫生机构开展托育服务的建设和运营经费按规定列入单位年度经费预算。开展职工子女托育所需的管理、服务经费，可按相关规定从工会经费、福利费中列支。支持医疗卫生机构积极参与各级托育综合服务中心建设、运营，对托育机构开展人员培训、业务指导、管理咨询等服务。

六、加强动态监督管理。各地要将辖区内托育机构作为疫情防控、卫生监督等重点场所，逐步纳入"双随机、一公开"监督抽查范围。健全综合监管机制，依法开展对托育机构的经常性检查，督促落实相关标准规范、环境卫生、疾病防控、安全保障等方面要求，促进托育机构依法依规运营，守住在托婴幼儿安全和健康的底线。

七、抓好典型示范引领。将促进医疗卫生机构支持托育服务发展工作纳入全国婴幼儿照护服务示范城市、全国生育友好工作先进单位等创建表彰评选内容，支持医疗卫生机构申报爱心托育用人单位。各级卫生健康部门要总结推广典型经验，充分发挥示范引领、带动辐射作用，不断提高托育服务整体水平。

八、切实加强组织领导。各省（区、市）卫生健康部门要高度重视，会同中医药、疾控部门，结合实际细化工作方案，明确任务分工、完成时限和责任单位，加强督促落实。各地市要制定医疗卫生机构与托育机构订单签约服务的项目清单，明确清单内容和具体要求。国家卫生健康委会同国家中医药局、国家疾控局将适时开展调研督导。

国家卫生健康委办公厅
国家中医药局综合司
国家疾控局综合司
2023 年 9 月 27 日

"十四五"积极应对人口老龄化工程和托育建设实施方案①
(2024-03-11)

为积极应对人口老龄化,以人口高质量发展支撑中国式现代化,聚焦"一老一小"领域扩大养老托育服务有效供给,提升服务质量,完善服务体系,根据《中华人民共和国国民经济和社会发展第十四个五年规划和2035年远景目标纲要》和党中央、国务院有关文件要求,制定"十四五"积极应对人口老龄化工程和托育建设实施方案。

一、实施背景

党中央、国务院高度重视保障和改善民生工作,习近平总书记多次就养老、托育作出重要指示批示,要求抓住重点难点问题,补齐养老托育短板弱项。近年来,党中央、国务院印发了一系列政策文件,为长期做好相关工作奠定了基础。

人口老龄化是今后较长一段时期我国的基本国情,"十四五"时期我国养老、托育服务体系建设面临的需求更为迫切。主要表现为,老龄化程度持续加深,高龄和失能失智老人数量不断增多,养老服务需求持续增长,对服务能力和质量提出更高要求;托育服务对于减轻家庭生育养育负担,促进人口长期均衡发展的作用日益凸显,而当前托育服务仍处于起步阶段,既面临需求不断扩大、投资快速增长的发展机遇,也面临设施缺口大、运营成本高、人才供给不足等挑战。

"十四五"时期是实现"两个一百年"奋斗目标的历史交汇期,是全面建成小康社会后迈向基本实现社会主义现代化的关键阶段,是积极应对人口老龄化的重要战略机遇期。加强养老、托育服务体系建设,是在发展中保障和改善民生的基础性工程,是贯彻落实全面建设社会主义现代化强国任务要求的具体实践,对于实现老有所养、幼有所育,不断满足人民日益增长的美好生活需要具有重要意义。

二、总体思路

(一)指导思想。

以习近平新时代中国特色社会主义思想为指导,全面贯彻党的二十大和历次全会精神,坚持以人民为中心的发展思想,深入实施积极应对人口老龄化国家战略,落实二十届中央财经委员会第一次会议以人口高质量发展支撑中国式现代化的要求,进一步深化养老托育领域供给侧结构性改革,注重普惠性、基础性、兜底性,扩大服务供给,提升服务质量,完善服务体系,更好实现社会效益和经济效益相统一,逐步满足人民群众多层次、多样化需求,促进广大家庭和谐幸福、经济社会持续发展。

(二)发展目标。

到2025年,在中央和地方共同努力下,坚持补短板、强弱项、提质量,进一步改善养老、托育服务基础设施条件,推动设施规范化、标准化建设,增强兜底保障能力,增加普惠性服务供给,提升养老、托育服务水平,逐步构建居家社区机构相协调、医

① 注:2024年3月11日,《国家发展改革委 民政部 国家卫生健康委关于修订印发〈"十四五"积极应对人口老龄化工程和托育建设实施方案〉的通知》发布,对《"十四五"积极应对人口老龄化工程和托育建设实施方案》进行了修订。

养康养相结合的养老服务体系，健全县乡村衔接的三级养老服务网络，不断发展和完善托育服务体系。

（三）基本原则。

1. 坚持统筹规划，科学布局。充分考虑本地国土空间规划、服务人口和半径等情况，优化资源配置，统筹"一老一小"服务设施数量、规模和布局，推动人民群众就近就便享受服务。

2. 坚持保障基本，适度普惠。强化政府保基本兜底线职能，补齐重点人群、重点领域、重点地区设施建设短板。引导发展质量有保障、价格可承受、方便可及的普惠养老、托育服务。

3. 坚持地方为主，中央支持。地方要切实履行好"一老一小"服务体系建设的主体责任。中央预算内投资发挥引导和带动作用，尽力而为、量力而行，建立激励机制，鼓励地方真抓实干。

4. 坚持改革创新，整体推进。创新优化中央预算内投资安排方式，以投资换机制，带动地方制定实施"一老一小"整体解决方案，明确目标责任，健全工作机制，优化发展环境。

三、建设任务和建设标准

（一）建设任务。

1. 养老服务体系。一是建设连锁化、标准化的居家社区养老服务网络，提供失能照护、老年食堂以及助浴助洁助医助行等服务。二是公办机构能力提升。新建或改扩建公办养老服务机构，提升公办养老服务机构护理能力，强化对失能失智特困老年人的兜底保障。支持医疗资源富余地区的病床使用率较低的公立医疗卫生机构通过新建或改扩建医养结合服务设施，提供医养结合服务。三是扩大普惠性养老服务供给，支持示范项目建设，支持培训疗养机构改革转型发展养老。

2. 托育服务体系。一是新建或利用现有机构设施、空置场地等改扩建，支持建设托育综合服务中心和公办托育服务网络。二是扩大普惠性托育服务供给，支持示范项目建设，探索发展家庭育儿共享平台等新模式新业态。

3. 落实重大决策部署的建设项目。党中央、国务院做出重大决策部署以及中央领导同志要求国家发展改革委落实的养老、托育服务重大工程和重大项目，现有建设任务暂未覆盖的，可另行制定具体实施方案，纳入积极应对人口老龄化工程和托育建设统筹实施。

（二）建设标准。

各地要科学规划公办养老、托育服务设施建设的用地、面积、功能和装备结构，参照《老年人照料设施建筑设计标准》（JGJ450—2018）、《老年养护院建设标准》（建标 144—2010）、《托儿所、幼儿园建筑设计规范》（JGJ39）、《托育综合服务中心建设指南（试行）》、《托育服务机构设置标准（试行）》等标准规范，合理确定项目建设内容和建设规模，避免铺张浪费、贪大求洋。

普惠养老服务设施建设的功能布局、参数设置等可参考《老年养护院建设标准》（建标 144—2010）相关规定，普惠托育服务设施建设的功能布局、参数设置等可参考相关标准规范，结合本地实际合理设定建设内容和建设规模。

建筑环境及消防设施配置要符合《建筑设计防火规范》（GB50016—2018 版）、《建筑灭火器配置设计规范》（GB50140）、《消防安全标志》（GB13495）、《消防控制室通用技术要求》（GB25506-2010）、《养老机构消防安全管理规定》（民发〔2023〕37 号）、《养老机构重大事故隐患判定标准》（民办发〔2023〕13 号）、《托育机构消防安全指南（试行）》（国卫办人口函〔2022〕21 号）等相关标准规范要求。

四、项目遴选要求

积极应对人口老龄化工程和托育建设专项项目遴选过程中，优先考虑京津冀协同发展、长江经济带发展、粤港澳大湾区建设、长三角一体化发展、海南全面深化改革开放、黄河流域生态保护和高质量发展等国家区域重大战略以及成渝地区双城经济圈建设要求，并积极向脱贫地区、民族地区、边境地区、革命老区等重点地区倾斜。同时，还要符合以下项目建设和测算要求。

（一）公办养老服务能力提升项目。

1. 公办居家社区养老服务网络建设项目。支持多个公办社区养老服务机构组网建设运营，单个机构建设（含新建、改扩建）床位不少于 30 张护理型床位，床均面积宜在 30~40 平方米之间。有条件的机构可结合需求适当增加建设面积，拓展面向社会的老年助餐、老年大学等服务功能。鼓励采取公建民营、购买服务等方式，提升养老服务运营效率。

2. 公办养老服务机构（含特困人员供养服务机构）建设项目。建设（含新建、改扩建）床位宜在 500 张以内，床均面积宜在 42.5~50 平方米之间。有条件的机构可结合需求适当增加建设面积，拓展面向社会的老年助餐、老年大学等服务功能。除土建工程外，在相关部门研究制订服务设施配置设备选配清单后，可结合实际从清单中购置设备包，一般不超过项目总投资的 30%。鼓励采取公建民营、购买服务等方式，提升养老服务运营效率。

3. 公立医疗卫生机构医养结合服务能力建设项目。支持医疗资源富余地区的病床使用率较低的公立医疗卫生机构开展医养结合服务，建设（含新建、改扩建）的医养结合服务设施应相对独立，床均面积宜在 42.5~50 平方米之间。鼓励有条件的机构提供居家和社区医养结合服务。除土建工程外，在相关部门研究制订服务设施配置设备选配清单后，可结合实际从清单中购置设备包，一般不超过项目总投资的 30%。

以上公办养老服务能力提升项目的设计及实施要坚持兜底性、普惠性导向，平均投资参照 5 000 元/平方米的标准测算，不足测算标准的按实际计算。

（二）普惠养老城企联动专项行动。

通过新建养老服务设施，以及改扩建适宜的培训疗养设施、厂房、医院、闲置校舍、办公用房及其他设施等方式，中央预算内投资重点支持以下 2 类项目：

1. 支持示范性普惠养老服务机构建设。支持社会力量建设专业化、规模化、医养结合能力突出的养老服务机构，积极拓展老年助餐服务功能。各省优中选优，提供充分的支撑性材料，并完善事中事后监督管理，跟进掌握后续运营情况，适时组织调研评估工作，确保资金使用规范、发挥效益。项目所在城市要与参加主体签订合作协议，推动项目产生示范带动效应。

2. 支持党政机关和国有企事业单位所属培训疗养机构转型发展普惠养老项目。《关于党政机关和国有企事业单位培训疗养机构改革的指导意见》（中办发〔2016〕60号）提出，通过改革有效盘活国有资产存量，加快转型发展，促进公共资源向社会开放，支持转向健康养老等新型服务业。《关于推进党政机关和国有企事业单位培训疗养机构转型为养老服务设施的实施意见》（发改体改〔2020〕156号）进一步明确将培训疗养机构转型为养老服务设施作为改革的主要方向。按照以上文件要求，对于中央所属培训疗养机构转型项目，可通过完成"先接后交"手续，视同资产承接方已具备项目产权或使用权，组织申报中央预算内投资，各地要加大政策支持和协调推进力度。同时，对于完成资产交接、前期手续完备、符合中央预算内投资相关要求的地方所属培训疗养机构转型项目，成熟一批、储备一批，积极纳入支持范围。

（三）公办托育服务能力建设项目。

1. 托育综合服务中心建设项目。以托育综合服务中心为枢纽，支持各地加快形成"1+N"托育服务体系。参照《托育综合服务中心建设指南（试行）》，结合本地实际合理确定项目建设内容和建设规模，设置一定规模的托位，并提供托育从业人员培训、托育机构管理咨询、托育产品研发和创新设计、家庭养育指导及婴幼儿早期发展等服务。除土建工程外，在相关部门研究制订服务设施配置设备选配清单后，可结合实际从清单中购置设备包，一般不超过项目总投资的30%。

2. 公办托育服务网络建设项目。支持公办托育服务机构建设，支持机关事业单位利用自有土地或设施新建、改扩建托育服务设施。支持依托多个社区组网建设的连锁化、专业化公办托育服务机构项目。支持符合条件的公办幼儿园整体改扩建为公办托育服务机构或建设（含新建、改扩建）托育服务设施实行"一园两制"（同时备案托育机构）。

以上公办托育服务能力建设项目，平均投资参照5 000元/平方米的标准测算，不足测算标准的按实际计算。鼓励采取公建民营、购买服务等方式，提升托育服务运营效率。

（四）普惠托育服务专项行动。

培育承担一定指导功能的示范性托育服务机构，新建、改扩建一批连锁化、专业化的托育服务设施，提供全日托、半日托、计时托、临时托等多样化的普惠托育服务，发展互联网直播互动式家庭育儿服务，鼓励开发婴幼儿养育课程、父母课堂等。各省优中选优，提供充分的支撑性材料，并完善事中事后监督管理，跟进掌握后续运营情况，适时组织调研评估工作，确保资金使用规范、发挥效益。项目所在城市要与参加主体签订合作协议，推动项目产生示范带动效应。

（五）产粮大县养老托育服务设施项目。

支持产粮大县的公办养老服务机构（含特困人员供养服务机构）建设项目和公办托育服务机构建设项目。具体支持范围、项目遴选和补助标准等参照《积极应对人口老龄化工程和托育建设中央预算内投资专项管理办法产粮大县方向补充管理规定》执行。

五、资金安排

（一）资金渠道。

"十四五"积极应对人口老龄化工程和托育建设相关项目的实施责任主体负责落实建设资金，国家发展改革委将根据国家财力状况统筹安排中央预算内投资，逐年安排，滚动实施。建设任务可根据中央预算内投资安排情况和项目执行情况展期实施。地方政府、项目单位等要发挥主体责任，多渠道筹措资金，加大投入，加强规划组织实施。原则上，中央预算内投资重点布局支持省、市级（含区）养老托育服务体系建设。为推动完成《中华人民共和国国民经济和社会发展第十四个五年规划和 2035 年远景目标纲要》关于托育服务发展的目标要求，中央预算内投资支持县城公办托育服务能力建设项目。为贯彻落实党中央、国务院决策部署，健全县乡村衔接的三级养老服务网络，中央预算内投资支持三级养老服务网络中的县级养老服务中心建设。为贯彻落实党中央、国务院决策部署，健全粮食主产区利益补偿机制，中央预算内投资支持产粮大县的公办养老服务机构和公办托育服务机构项目。

（二）中央预算内投资支持标准。

1. 公办养老服务能力提升项目，中央预算内投资原则上按照东、中、西、东北地区（含根据国家相关政策享受中、西部政策的地区）分别不超过平均总投资的 40%、60%、80%、80% 的比例进行支持（产粮大县方向另行规定）。其中，对低于平均总投资的项目，按照实际投资给予相应比例的补助；对高于平均总投资的项目，超出部分投资由各地自行解决。对于南疆四地州、涉藏地区、享受中西部待遇等政策地区的项目按有关规定执行。

2. 普惠养老城企联动专项行动，采用定额补助的方式，按每张养老床位 5 万元的标准给予支持。

3. 公办托育服务能力建设项目，中央预算内投资原则上按照东、中、西、东北地区（含根据国家相关政策享受中、西部政策的地区）分别不超过平均总投资的 40%、60%、80%、80% 的比例进行支持（产粮大县方向另行规定）。其中，对低于平均总投资的项目，按照实际投资给予相应比例的补助；对高于平均托位建设投资或平均总投资的项目，超出部分投资由各地自行解决。对于南疆四地州、涉藏地区、享受中西部待遇等政策地区的项目按有关规定执行。

4. 普惠托育服务专项行动建设项目，采用定额补助的方式，按每个新增托位 2 万元的标准给予支持。

（三）资金下达方式。

积极应对人口老龄化工程和托育建设专项中央预算内投资全部按项目下达。

六、创新机制

（一）鼓励制定并承诺实施一揽子解决方案。各地要统一规划养老、托育服务体系建设，制定城市"一老一小"等整体解决方案，区分基本公共服务和非基本公共服务，对于基本养老服务，明确受益范围和基础标准，体现政府责任；对于非基本公共服务，提出发展目标，加大对社会力量的支持，谋划一批普惠养老和普惠托育服务项目，明确项目的类型、规模、融资方式、服务人群及计划开工时间等内容，扩大有效供给；

引导社会力量提供适老化技术和产品，推广老年人居家适老化改造。普惠养老、普惠托育参与城市要出台政策支持包，与参加主体签订合作协议，将政策支持包落实到城企联动具体项目，保障参加主体享受到承诺的优惠政策，并明确参加主体责任。各地加强对整体解决方案的组织实施，列入方案的项目可集中申请中央预算内投资支持。

（二）鼓励明确项目运行方案。申请中央预算内投资支持的养老、托育项目要"软""硬"结合，统筹考虑项目建设和运行，根据规定的标准和程序开展项目建设，鼓励在项目实施前形成项目运行方案，明确服务对象、内容、价格、模式以及人员、资金、设备设施保障等，确保项目建成后服务设施持续运行和良性发展。

（三）鼓励培育运营能力强的服务机构。鼓励通过公建民营、民办公助等方式，引导社会力量参与推动养老、托育服务设施建设和运营，通过开展运营能力评价等方式，支持实力雄厚、项目优质、诚实守信的龙头机构，推动提升服务质量。

（四）引进金融机构降低企业成本。引导金融机构对普惠养老、普惠托育企业和机构提供金融支持，鼓励银行、保险、基金等各类金融机构参与合作，充分发挥"投贷债租证"协同作用，对普惠养老、普惠托育专项行动提供多样化金融服务，降低企业和机构建设运营成本。引导战略合作机构积极对接项目，并针对性开展金融产品创新。

七、保障措施

（一）加强组织领导。国家发展改革委、民政部、国家卫生健康委等负责实施方案编制、组织实施和监督检查。国家发展改革委和民政部负责推进公办居家社区养老服务网络建设项目和公办养老服务机构能力提升项目。国家发展改革委、国家卫生健康委和民政部负责推进公立医疗卫生机构医养结合服务能力建设项目。国家发展改革委、民政部和国家卫生健康委负责推进普惠养老城企联动专项行动。国家发展改革委和国家卫生健康委负责推进公办托育服务能力建设项目和普惠托育服务专项行动。各地要充分发挥政府主导作用，将积极应对人口老龄化工程和托育建设摆上政府重要议事日程，纳入政府目标管理。各级民政、卫生健康部门要加强各自领域内项目建设管理，确保养老、托育设施规范运行、发挥效益。

（二）严格项目管理。按照《国家发展改革委关于加强政府投资项目储备编制三年滚动投资计划的通知》（发改投资〔2015〕2463号）、《国家发展改革委办公厅关于使用国家重大建设项目库加强项目储备编制三年滚动投资计划有关问题的通知》（发改办投资〔2015〕2942号）要求，做好与三年滚动投资计划的衔接，并录入重大建设项目库，对不符合条件的项目不列入年度投资计划。按照国家发展改革委社会领域相关专项管理办法要求做好各项工作。项目单位被列入严重失信主体名单的，国家发展改革委不予受理其资金申请报告。严格执行项目法人责任制、招标投标制、工程监理制和合同管理制等建设管理的法律法规，加强设施建设监管，项目建设资金应足额及时到位，保证建设质量。完善项目事中事后监督管理，持续跟进掌握项目后续运营情况，适时组织项目调研、评估工作。各地要加强项目竣工验收，适时将年度投资计划竣工验收情况上报国家发展改革委、民政部、国家卫生健康委。

（三）强化多元投入。各地要切实履行主体责任，多渠道筹措资金，用好地方政府专项债、地方财政性建设资金等，积极引导社会资本有序投入，加强"一老一小"服务体系建设。要切实履行公立医疗卫生机构开展医养结合服务的投入和保障主体责任，多渠道落实建设资金，杜绝公立医疗卫生机构负债建设，减轻医疗卫生机构经济运营压力。

（四）建立保障机制。各地要贯彻落实国家养老、托育服务政策措施，进一步制定出台相关保障措施。要管好用好养老、托育服务设施，完善配套服务功能。要健全综合监管体系，增加人力资源供给，健全服务规范，保障运行经费，发挥项目建设效益。

（五）加强监督评估。各地要建立项目动态监督检查机制。国家发展改革委将会同民政部、国家卫生健康委按照有关规定加强项目督查，推动开展投资成本和效益的综合评估，及时总结各地实施情况。国家发展改革委将对各省年度专项绩效执行情况进行检查，对绩效目标完成情况较差、投资计划分解进度和执行情况综合评价排名靠后、审计查出问题较多或问题严重的省份，视情况扣减下一年度投资下达规模。

（五）保育与教育相关政策文件

三岁前小儿教养大纲（草案）（节选）（1981-06-06）

三岁前是小儿体格和神经心理生长发育的重要时期。从初生到两岁是小儿脑发育最快时期，其大脑的基本生理特点已与成人近似，也就是说具备了接受教育的条件。从出生起就不断接受外界刺激，小儿的感知觉、动作、认知能力、语言和思维、想象就不断产生和发展，因此早期教育对小儿的智力发展极为重要。

托儿所教育工作的任务，就是要培养小儿在德、智、体、美方面得到发展，为造就体魄健壮、智力发达、品德良好的社会主义新一代打下基础，为此：要发展小儿的基本动作，进行适当的体格锻炼，增强儿童的抵抗力，提高婴幼儿的健康水平，促进身心正常发展。

要发展小儿模仿、理解和运用语言的能力，通过语言及认识周围环境事物，小儿智力得到发展，并获得简单知识。

要进行友爱、礼貌、诚实、勇敢等良好的品德教育。

要培养小儿的饮食、睡眠、衣着、盥洗、与人交往等各个方面的文明卫生习惯及美的观念。

三岁前小儿集体教养原则

一、教养工作必须从小儿生理心理特点出发，集体教育和个别教育相结合。对一岁以内的小儿，进行个别教育，一岁至二岁小儿仍应以个别教育为主，但可以分小组短时间地进行一些活动，二至三岁小儿可逐渐进行一定时间的有组织的集体活动。

二、教养任务应与保健措施相结合进行。

在婴儿的每一项生活内容中都有保健与教育两重任务，通过一日生活制度中的每一个环节，结合照顾睡、吃、玩，教养良好的生活与卫生习惯，发展成人和小朋友之间良好的相互关系，发展有关的动作、语言和认识能力。

三、以小儿为中心做到有组织的活动和个别活动相结合，动静结合，室内外活动相结合。所有的活动都要在有专人负责和互相配合下进行。

四、教育内容与方式应符合小儿神经、心理与体格发育的规律，并充分注意小儿的直观性和模仿性等特点，采取相应正确的教育方法，组织各种活动，坚持启发、诱导和正面教育。

五、成人要做儿童的榜样，爱护和尊重小儿，态度亲切，动作轻柔，方法一致。

六、准备应有的玩具、教具、运动设备，使小儿情绪愉快。

……

教育部办公厅关于开展0~3岁婴幼儿早期教育试点工作有关事项的通知（节选）（2012-04-17）

教基二厅函〔2012〕8号

各省、自治区、直辖市教育厅（教委），新疆生产建设兵团教育局：

为贯彻落实教育规划纲要精神，探索发展0~3岁婴幼儿早期教育的模式和经验，我部决定选择部分地（市）先行开展0~3岁婴幼儿早期教育试点。现就有关工作通知如下：

一、试点内容

以发展公益性婴幼儿早期教育服务为目标，重点在早期教育管理体制、管理制度、服务模式和服务内容等方面进行试点探索，总结经验。

二、申报条件

1. 申报试点的地市应当在0~3岁婴幼儿早期教育方面有一定工作基础，对开展试点工作有清晰的工作思路和目标。

2. 当地政府重视学前教育，学前教育三年毛入园率在85%以上。教育和卫生部门有较好的沟通和合作基础。

三、申报程序

试点以地（市）为单位申报，经地（市）人民政府同意和省级教育行政部门审核后，由省级教育行政部门报我部基础教育二司，原则上每个省（区、市）不超过两个。不具备条件的省（区、市）可暂不申报。

请有参与试点意向的省（区、市）于5月30日前，将申报表（见附件）报我部基础教育二司。我部将组织专家进行评审，确定试点名单，适时启动试点工作。

……

教育部办公厅

2012年4月17日

国家卫生健康委关于印发托育机构保育指导大纲（试行）的通知（2021-01-12）

国卫人口发〔2021〕2号

各省、自治区、直辖市及新疆生产建设兵团卫生健康委：

为指导托育机构为3岁以下婴幼儿提供科学、规范的照护服务，按照《国务院办公厅关于促进3岁以下婴幼儿照护服务发展的指导意见》（国办发〔2019〕15号）的要求，我委组织制定了《托育机构保育指导大纲（试行）》（可从国家卫生健康委网站下载）。现予印发，请遵照执行、推动落实。

国家卫生健康委

2021 年 1 月 12 日

托育机构保育指导大纲（试行）

第一章　总则

一、为贯彻《国务院办公厅关于促进 3 岁以下婴幼儿照护服务发展的指导意见》，依据国家卫生健康委《托育机构设置标准（试行）》《托育机构管理规范（试行）》，指导托育机构为 3 岁以下婴幼儿（以下简称婴幼儿）提供科学、规范的照护服务，促进婴幼儿健康成长，特制定本大纲。

·160·

二、本大纲适用于经有关部门登记、卫生健康部门备案，为婴幼儿提供全日托、半日托等照护服务的托育机构。提供计时托、临时托等照护服务的托育机构可参照执行。

三、托育机构保育是婴幼儿照护服务的重要组成部分，是生命全周期服务管理的重要内容。通过创设适宜环境，合理安排一日生活和活动，提供生活照料、安全看护、平衡膳食和早期学习机会，促进婴幼儿身体和心理的全面发展。

四、托育机构保育应遵循以下基本原则：

（一）尊重儿童。坚持儿童优先，保障儿童权利。尊重婴幼儿成长特点和规律，关注个体差异，促进每个婴幼儿全面发展。

（二）安全健康。最大限度地保护婴幼儿的安全和健康，切实做好托育机构的安全防护、营养膳食、疾病防控等工作。

（三）积极回应。提供支持性环境，敏感观察婴幼儿，理解其生理和心理需求，并及时给予积极适宜的回应。

（四）科学规范。按照国家和地方相关标准和规范，合理安排婴幼儿的生活和活动，满足婴幼儿生长发育的需要。

第二章　目标与要求

托育机构保育工作应当遵循婴幼儿发展的年龄特点与个体差异，通过多种途径促进婴幼儿身体发育和心理发展。保育重点应当包括营养与喂养、睡眠、生活与卫生习惯、动作、语言、认知、情感与社会性等。

一、营养与喂养

（一）目标。

1. 获取安全、营养的食物，达到正常生长发育水平；

2. 养成良好的饮食行为习惯。

（二）保育要点。

1. 7~12 个月

（1）继续母乳喂养，不能继续母乳喂养的婴儿使用配方奶喂养。

（2）及时添加辅食，从富含铁的泥糊状食物开始，遵循由一种到多种、由少到多、由稀到稠、由细到粗的原则。辅食不添加糖、盐等调味品。

（3）每引入新食物要密切观察婴儿是否有皮疹、呕吐、腹泻等不良反应。

（4）注意观察婴儿所发出的饥饿或饱足的信号，并及时、恰当回应，不强迫喂食。

（5）鼓励婴儿尝试自己进食，培养进餐兴趣。

2. 13~24 个月

（1）继续母乳或配方奶喂养，可以引入奶制品作为辅食，每日提供多种类食物。

（2）鼓励和协助幼儿自己进食，关注幼儿以语言、肢体动作等发出进食需求，顺应喂养。

（3）培养幼儿使用水杯喝水的习惯，不提供含糖饮料。

3. 25~36 个月

（1）每日提供多种类食物。

（2）引导幼儿认识和喜爱食物，培养幼儿专注进食习惯、选择多种食物的能力。

（3）鼓励幼儿参与协助分餐、摆放餐具等活动。

（三）指导建议。

1. 制定膳食计划和科学食谱，为婴幼儿提供与年龄发育特点相适应的食物，规律进餐，为有特殊饮食需求的婴幼儿提供喂养建议。

2. 为婴幼儿创造安静、轻松、愉快的进餐环境，协助婴幼儿进食，并鼓励婴幼儿表达需求、及时回应，顺应喂养，不强迫进食。

3. 有效控制进餐时间，加强进餐看护，避免发生伤害。

二、睡眠

（一）目标。

1. 获得充足睡眠；

2. 养成独自入睡和作息规律的良好睡眠习惯。

（二）保育要点。

1. 7~12 个月

（1）识别婴儿困倦的信号，通过常规睡前活动，培养婴儿独自入睡。

（2）帮助婴儿采用仰卧位或侧卧位姿势入睡，脸和头不被遮盖。

（3）注意观察婴儿睡眠状态，减少抱睡、摇睡等安抚行为。

2. 13~24 个月

（1）固定幼儿睡眠和唤醒时间，逐渐建立规律的睡眠模式。

（2）坚持开展睡前活动，确保幼儿进入较安静状态。

（3）培养幼儿独自入睡的习惯。

3. 25~36 个月

（1）规律作息，每日有充足的午睡时间。

（2）引导幼儿自主做好睡眠准备，养成良好的睡眠习惯。

（三）指导建议。

1. 为婴幼儿提供良好的睡眠环境和设施，温湿度适宜，白天睡眠不过度遮蔽光线，设立独立床位，保障安全、卫生。

2. 加强睡眠过程巡视与照护，注意观察婴幼儿睡眠时的面色、呼吸、睡姿，避免发生伤害。

3. 关注个体差异及睡眠问题，采取适宜的照护方式。

三、生活与卫生习惯

（一）目标。

1. 学习盥洗、如厕、穿脱衣服等生活技能；

2. 逐步养成良好的生活卫生习惯。

（二）保育要点。

1. 7~12 个月

（1）及时更换尿布，保持臀部和身体干爽清洁。

（2）生活照护过程中，注重与婴儿互动交流。

（3）识别及回应婴儿哭闹、四肢活动等表达的需求。

2. 13~24 个月

（1）鼓励幼儿及时表达大小便需求，形成一定的排便规律，逐渐学会自己坐便盆。

（2）协助和引导幼儿自己洗手、穿脱衣服等。

（3）引导和帮助幼儿学会咳嗽和打喷嚏的方法。

3. 25~36 个月

（1）培养幼儿主动如厕。

（2）引导幼儿餐后漱口，使用肥皂或洗手液正确洗手，认识自己的毛巾并擦手。

（3）鼓励幼儿自己穿脱衣服。

（三）指导建议。

1. 保持生活场所的安全卫生，预防异物吸入、烧烫伤、跌落伤、溺水、中毒等伤害发生。

2. 在生活中逐渐养成婴幼儿良好习惯，做好回应性照护，引导其逐步形成规则和安全意识。

3. 注意培养婴幼儿良好的用眼习惯，限制屏幕时间。

4. 注意培养婴幼儿良好的口腔卫生习惯，预防龋齿。

5. 在各生活环节中，做好观察，发现有精神状态不良、烦躁、咳嗽、打喷嚏、呕吐等表现的婴幼儿，要加强看护，必要时及时隔离，并联系家长。

四、动作

（一）目标。

1. 掌握基本的大运动技能；

2. 达到良好的精细动作发育水平。

（二）保育要点。

1. 7~12 个月

（1）鼓励婴儿进行身体活动，尤其是地板上的游戏活动。

（2）鼓励婴儿自主探索从躺位变成坐位，从坐位转为爬行，逐渐到扶站、扶走。

（3）提供适宜的玩具，促进抓、捏、握等精细动作发育。

2. 13～24 个月

（1）鼓励幼儿进行形式多样的身体活动，为幼儿提供参加爬、走、跑、钻、踢、跳等活动的机会。

（2）提供多种类活动材料，促进涂画、拼搭、叠套等精细动作发育。

（3）鼓励幼儿自己喝水、用小勺吃饭、自己翻书等。

3. 25～36 个月

（1）为幼儿提供参加走直线、跑、跨越低矮障碍物、双脚跳、单足站立、原地单脚跳、上下楼梯等活动的机会。

（2）提供多种类活动材料，促进幼儿搭建、绘画、简单手工制作等精细动作发育。

（3）鼓励幼儿自己用水杯喝水、用勺吃饭、协助收纳等。

（三）指导建议。

1. 在各个生活环节中，创造丰富的身体活动环境，确保活动环境和材料安全、卫生。

2. 充分利用日光、空气和水等自然条件，进行身体锻炼，保证充足的户外活动时间。

3. 安排类型丰富的活动和游戏，并保证每日有适宜强度、频次的大运动活动。做好运动中的观察及照护，避免发生伤害。

4. 关注患病婴幼儿。处于急慢性疾病恢复期的婴幼儿，及时调整活动强度和时间；发现运动发育迟缓婴幼儿，给予针对性指导，及时转介。

五、语言

（一）目标。

1. 对声音和语言感兴趣，学会正确发音；

2. 学会倾听和理解语言，逐步掌握词汇和简单的句子；

3. 学会运用语言进行交流，表达自己的需求；

4. 愿意听故事、看图书，初步发展早期阅读的兴趣和习惯。

（二）保育要点。

1. 7～12 个月

（1）经常和婴儿说话，引导其对发音产生兴趣，模仿和学习简单的发音。

（2）向婴儿复述生活中常见物品和动作，帮助其逐渐理解简单的词汇。

（3）引导婴儿使用简单的声音、表情、动作、语言表达自己的需求。

（4）为婴儿选择合适的图画书，朗读简单的故事或儿歌。

2. 13～24 个月

（1）培养幼儿正确发音，逐步将语言与实物或动作建立联系。

（2）鼓励幼儿模仿和学习使用词语或短句表达自己的需求。

（3）引导幼儿学会倾听并乐意执行简单的语言指令，积极使用语言进行交流。

（4）提供机会让幼儿多读绘本、多听故事、学念儿歌。

3. 25～36 个月

（1）指导幼儿正确地运用词语说出简单的句子。

（2）鼓励幼儿用语言表达自己的需求和感受。

（3）创造条件和机会，使幼儿多听、多看、多说、多问、多想，谈论生活中的所见所闻。

（4）培养幼儿阅读的兴趣和能力，学讲故事、学念儿歌。

（三）指导建议。

1. 创设丰富和应答的语言环境，提供正确的语言示范，保持与婴幼儿的交流与沟通，引导其倾听、理解和模仿语言。

2. 为不同月龄婴幼儿提供和阅读适合的儿歌、故事和图画书，培养早期阅读兴趣和习惯。

3. 关注语言发展迟缓的婴幼儿，并给予个别指导。

六、认知

（一）目标。

1. 充分运用各种感官探索周围环境，有好奇心和探索欲；

2. 逐步发展注意、观察、记忆、思维等认知能力；

3. 学会想办法解决问题，有初步的想象力和创造力。

（二）保育要点。

1. 7~12 个月

（1）提供有利于视、听、触摸等材料，激发婴儿的观察兴趣。

（2）鼓励婴儿调动各种感官，感知物体的大小、形状、颜色、材质等。

（3）引导婴儿观察周围的事物，模仿所看到的某些事物的声音和动作。

2. 13~24 个月

（1）引导幼儿运用各种感官探索周围环境，逐步发展注意、记忆、思维等认知能力。

（2）鼓励幼儿辨别生活中常见物体的大小、形状、颜色、软硬、冷热等明显特征。

（3）鼓励幼儿在操作、摆弄、模仿等活动中想办法解决问题。

3. 25~36 个月

（1）引导幼儿运用各种感官反复持续探索周围环境，逐步巩固和加深对周围事物的认识。

（2）启发幼儿观察辨别生活中常见物体的特征和用途，进行简单的分类，并感受生活中的数学。

（3）培养幼儿在感兴趣的事情上能够保持一定的专注力。

（4）通过各种游戏和活动，鼓励幼儿主动思考、积极提问并大胆猜想，激发幼儿的想象力和创造力。

（三）指导建议。

1. 创设环境，促进婴幼儿通过视、听、触摸等多种感觉活动与环境充分互动，丰富认识和记忆经验。

2. 保护婴幼儿对周围事物的好奇心和求知欲，耐心回应婴幼儿的问题，鼓励自己寻找答案。

3. 在确保安全健康的前提下，支持和鼓励婴幼儿的主动探索。

七、情感与社会性

（一）目标。

1. 有安全感，能够理解和表达情绪；

2. 有初步的自我意识，逐步发展情绪和行为的自我控制；

3. 与成人和同伴积极互动，发展初步的社会交往能力。

（二）保育要点。

1. 7~12个月

（1）观察了解不同月龄婴儿的需要，把握其情绪变化，尊重和满足其爱抚、亲近、搂抱等情感需求。

（2）引导婴儿理解和辨别高兴、喜欢、生气等不同情绪。

（3）敏感察觉婴儿情绪变化，理解其情感需求并及时回应。

（4）创设温暖、愉快的情绪氛围，促进婴儿交往的积极性。

2. 13~24个月

（1）引导幼儿用表情、动作、语言等方式表达自己的情绪。

（2）培养幼儿愉快的情绪，及时肯定和鼓励幼儿适宜的态度和行为。

（3）拓展交往范围，引导幼儿认识他人不同的想法和情绪。

（4）引导幼儿理解并遵守简单的规则。

3. 25~36个月

（1）谈论日常生活中幼儿感兴趣的人和事，引导其通过语言和行为等方式表达情绪情感。

（2）鼓励幼儿进行情绪控制的尝试，指导其学会简单的情绪调节策略。

（3）创设人际交往的机会和条件，使幼儿感受与人交往的愉悦。

（4）帮助幼儿理解和遵守简单的规则，初步学习分享、轮流、等待、协商，尝试解决同伴冲突。

（三）指导建议。

1. 观察了解每个婴幼儿独特的沟通方式和情绪表达特点，正确判断其需求，并给予及时、恰当的回应。

2. 与婴幼儿建立信任和稳定的情感联结，使其有安全感。

3. 建立一日生活和活动常规，开展规则游戏，帮助婴幼儿理解和遵守规则，逐步发展规则意识，适应集体生活。

4. 创造机会，支持婴幼儿与同伴和成人的交流互动，体验交往的乐趣。

第三章　组织与实施

一、托育机构是实施保育的场所，应当提供健康、安全、丰富的生活和活动环境，配置符合婴幼儿月龄特点的家具、用具、玩具、图书、游戏材料和安全防护措施，并根据场地条件合理确定收托规模，配备符合要求的保育人员。

二、托育机构负责人负责保育的组织与管理，指导、检查和评估保育人员的工作。

三、托育机构保育人员是保育工作的主要实施者，应当具有良好的职业道德和业务能力，身心健康。负责婴幼儿日常生活照料和活动组织，主动了解和满足婴幼儿不同的发展需求，平等对待每一个婴幼儿，呵护婴幼儿健康成长。

四、保育工作应当根据婴幼儿身心发展特点和规律，制订科学的保育方案，合理安排婴幼儿饮食、饮水、如厕、盥洗、睡眠、游戏等一日生活和活动，支持婴幼儿主动探索、操作体验、互动交流和表达表现，丰富婴幼儿的直接经验。

五、托育机构应当建立信息管理、健康管理、疾病防控和安全防护监控制度，制定安全防护、传染病防控等应急预案，切实做好室内外环境卫生，注意防范和避免伤害，确保婴幼儿的安全和健康。

六、托育机构应当与家庭、社区密切合作，充分整合各方资源支持托育机构保育工作，向家庭、社区宣传科学的育儿理念和方法，提供照护服务和指导服务，帮助家庭增强科学育儿能力。

八、地方性法规

上海市学前教育与托育服务条例（2022-11-23）

第一章　总则

第一条　为了保障适龄儿童接受学前教育与托育服务的权利，规范学前教育与托育服务实施，促进学前教育事业与托育服务健康发展，根据有关法律、行政法规，结合本市实际，制定本条例。

第二条　本条例适用于在本市行政区域内实施的学前教育与托育服务，以及相关支持保障、监督管理等活动。

本条例所称学前教育，是指由幼儿园等学前教育机构对三周岁至入小学前的儿童（以下简称学前儿童）实施的保育和教育。

本条例所称托育服务，是指由幼儿园托班、托育机构以及社区托育点等对三周岁以下婴幼儿实施的照护和保育。

第三条　本市学前教育与托育服务坚持以人民为中心的发展思想，按照"人民城市"建设要求，坚持政府主导、社会参与、普惠多元、安全优质、方便可及的原则，遵循儿童身心发展规律，促进儿童健康成长，实现幼有善育。

第四条　本市实行学前教育与托育服务一体规划、一体实施、一体保障，建立健全家庭科学育儿指导服务网络。

本市普及学前教育，以政府举办的公办幼儿园为主，支持和规范社会力量举办民办幼儿园，大力发展普惠性学前教育，构建布局合理、公益普惠的学前教育公共服务体系。

本市发展托育服务，以家庭照护为基础，通过开设幼儿园托班，鼓励和引导社会力量举办托育机构，设置社区托育点，支持机关、企事业单位、园区、商务楼宇等提供福利性托育服务，构建普惠多元的托育公共服务体系。

本市为适龄儿童家庭提供科学育儿指导服务，加强对家庭照护的支持与指导，增强家庭科学育儿能力。

第五条　各级人民政府应当将学前教育与托育服务纳入本级国民经济和社会发展规划，并将相关重点工作纳入为民办实事项目予以推进。

市人民政府统筹规划和协调推进全市学前教育与托育服务发展。区人民政府应当履行推进学前教育与托育服务发展的主体责任，合理配置本行政区域内学前教育与托育服务资源，促进学前教育与托育服务协调发展。

市、区人民政府应当建立综合协调机制，统筹协调解决学前教育与托育服务发展中的重大问题。

乡镇人民政府和街道办事处应当组织推进辖区内学前教育与托育服务发展，落实相关政策措施和监督管理工作。

第六条　市教育部门主管本市行政区域内的学前教育与托育服务工作，牵头推进学前教育与托育公共服务体系建设，制定发展规划和相关标准、规范，负责监督管理和指导服务工作。区教育部门具体负责本行政区域内学前教育与托育服务的监督管理和指导服务工作。

卫生健康部门负责对幼儿园、托育机构和社区托育点的卫生保健、疾病预防控制等工作进行业务指导和日常监管，制定相关标准、规范，依法开展传染病防治、饮用水卫生等监督检查。

发展改革、财政、规划资源、住房城乡建设管理、房屋管理、市场监管、人力资源社会保障、民政、公安、应急管理等部门和消防救援机构按照各自职责，共同做好学前教育与托育服务的相关管理和保障工作。

第七条　父母或者其他监护人应当依法履行抚养与教育儿童的责任，学习家庭养育知识，接受科学育儿指导，创造良好家庭环境，科学开展家庭照护和教育。

第八条　工会、共产主义青年团、妇女联合会、残疾人联合会、关心下一代工作委员会以及有关社会组织应当结合自身工作，支持学前教育与托育服务发展。

居民委员会、村民委员会应当协助政府及有关部门宣传学前教育与托育服务的法律法规，指导、帮助和监督儿童的父母或者其他监护人依法履行抚养与教育责任。

鼓励自然人、法人和非法人组织通过捐赠资助、志愿服务等方式，支持普惠性学前教育与托育服务发展。

第九条　鼓励相关行业协会通过制定学前教育与托育服务行业标准和规范、参与服务质量评估、开展从业人员培训等方式，规范行业行为，加强行业自律，推动学前教育与托育服务规范健康发展。

第十条　广播、电视、报刊、网络等媒体应当广泛开展公益宣传，倡导科学育儿理念，营造尊重、关心、爱护儿童的社会氛围，为儿童健康成长创造良好环境。

第十一条　本市支持开展学前教育与托育服务相关基础理论、实务应用、行业管理等方向和领域的科学研究活动。

本市加强学前教育与托育服务相关标准规范、人才培养、支持保障、发展经验等方面的国内、国际合作交流。

第十二条　对在学前教育与托育服务工作中做出突出贡献的个人和组织，按照国家和本市规定予以表彰和奖励。

第十三条　市教育部门会同市规划资源部门根据本市人口、公共服务资源、学前教育与托育服务需求状况等因素，明确本市幼儿园及其托班建设用地标准、要求以及布局。本市幼儿园及其托班的布局经市规划资源部门进行综合平衡后，纳入相应的国土空间规划。区和乡镇人民政府负责相关规划在本行政区域的推进落实。

第十四条　新建居住区配套建设的幼儿园及其托班设施，符合国家有关划拨用地规定的，可以以划拨方式提供国有土地使用权。

农村地区符合规划要求建设的学前教育与托育服务设施，可以依法使用农民集体所有土地。

第十五条　本市按照区域内常住人口和需求配置学前教育与托育服务设施，学前教育万人学位数和托育服务千人托位数按照国家和本市有关规定确定。

新建居住区应当按照国家和本市规划要求与建设标准，配套建设幼儿园及其托班设施，与住宅同步规划、同步设计、同步建设、同步验收、同步交付使用，并由教育部门按照相关规定参与评审验收。配套建设的幼儿园及其托班应当举办成公办幼儿园或者委托办成普惠性民办幼儿园，提供普惠性学前教育与托育服务。

已建成居住区的幼儿园及其托班未达到规划要求或者建设标准的，所在地的区人民政府应当通过新建、扩建、改建以及支持社会力量参与等方式，予以补充和完善。

区人民政府应当加强学前特殊教育资源建设，根据本行政区域内有特殊需要的学前儿童数量、类型和分布情况，设置专门的特殊教育学前班或者学前特殊教育机构，确保学前特殊教育服务覆盖所有街镇。

第十六条　区人民政府应当统筹协调社区托育点的建设和管理工作。乡镇人民政府、街道办事处应当根据辖区内人口结构、托育服务需求以及社区公共服务设施等资源配置情况，建设社区托育点提供临时照护服务。

区人民政府应当将社区托育服务和家庭科学育儿指导服务纳入十五分钟社区生活圈、乡村社区生活圈和社区综合服务体系建设内容。

第十七条　幼儿园和托育机构应当按照国家和本市有关选址要求，设置在空气流通、日照充足、交通方便、基础设施完善，符合卫生、环保、抗震、消防、疏散等要求的安全区域内。

幼儿园和托育机构的建设应当符合国家和本市有关建设标准、规范和要求。

社区托育点可以单独设置，也可以依托社区公共服务设施等设置，有相对独立区隔的空间，符合卫生、环保、消防等标准和规范，有条件的可以设置户外活动场地。

第十八条　本市将学前教育与托育服务设施建设作为城市更新的重要内容，在保障公共利益、符合更新目标和安全要求的前提下，可以按照规定对用地性质、容积率、建筑高度等指标予以优化。

第十九条　未经法定程序，任何组织和个人不得擅自改变学前教育与托育服务设施建设用地用途或者设施使用性质，不得侵占、损坏或者擅自拆除学前教育与托育服务设施。

第三章　设立与管理

第二十条　设立幼儿园、托育机构，应当具备下列基本条件：

（一）有组织机构、章程和规范的名称；

（二）有符合要求的从业人员；

（三）有符合标准和规范的园舍场地、功能室和设施设备；

（四）有必备的举办资金和稳定的经费来源；

（五）法律、法规规定的其他条件。

第二十一条　设立公办幼儿园，应当按照国家和本市事业单位登记管理的规定，进行事业单位法人登记。

设立民办幼儿园，应当依法向所在地的区教育部门申请取得办学许可，并依法向民政或者市场监管部门办理登记。

设立托育机构，应当依法向民政或者市场监管部门办理登记；申请登记为社会服务机构的，应当依法经业务主管部门审查同意。托育机构应当在完成有关登记手续后十五个工作日内，向所在地的区教育部门进行备案，并提交能够证明符合本条例第二十条规定条件的材料。区教育部门应当向社会公布已备案的托育机构名单等信息，并及时更新。

幼儿园和托育机构变更与终止，应当按照国家和本市有关规定办理变更或者注销手续。

第二十二条　公办幼儿园和普惠性民办幼儿园应当按照规定提供普惠性学前教育服务。政府可以向民办幼儿园购买普惠性学前教育服务。

本市幼儿园应当按照规划要求开设托班。公办幼儿园开设的托班、民办幼儿园开设的普惠性托班以及普惠性托育机构应当按照规定，提供普惠性托育服务。政府可以向托育机构购买普惠性托育服务。

市教育部门会同相关部门制定普惠性民办幼儿园、普惠性托育机构的认定管理办法，区教育部门会同相关部门负责具体认定。

第二十三条　任何组织或者个人不得利用财政经费、国有资产、集体资产举办或者支持举办营利性民办幼儿园。

公办幼儿园不得转制为民办幼儿园。公办幼儿园不得举办或者参与举办营利性民办幼儿园和其他教育机构。

社会资本举办或者参与举办幼儿园，应当遵守国家有关投资、融资等方面的限制性规定。

第二十四条　幼儿园和托育机构实行园长（负责人）负责制。

幼儿园和托育机构应当建立健全信息公示制度，将条件配置、人员配备、招收要求、收费标准等信息向社会公示，接受社会监督。

第二十五条　幼儿园和托育机构应当依法建立健全财务、会计及资产管理制度，严格经费管理，提高经费使用效益。

幼儿园应当按照规定实行财务公开，接受社会监督。民办幼儿园应当每年向所在地的区教育部门提交经社会中介机构审计的财务会计报告，并公布审计结果。

第二十六条　公办幼儿园及其托班的收费标准实行政府指导价，相关收费标准统筹考虑政府投入、经济社会发展水平、运行成本和群众承受能力等因素合理确定，并建立动态调整机制。

普惠性民办幼儿园及其托班、普惠性托育机构的收费标准，参照本市学前教育生均经费基本标准确定。

幼儿园和托育机构应当将收费项目和标准、收费方式、服务内容、退费规则等内容告知家长。

第二十七条　社区托育点应当有符合条件的场地和设施设备，配备符合要求的从业人员，并按照标准和规范开展照护服务。

乡镇人民政府、街道办事处可以自行运营管理社区托育点，也可以通过购买服务、委托运营等方式委托具备相应资质、条件的学前教育机构或者托育机构运营管理。

第四章　保育与教育

第二十八条　学前教育与托育服务应当将保障儿童身心健康和安全放在首位。

学前教育应当坚持保育与教育相结合的原则，科学实施保育与教育活动，关注个体差异，注重良好习惯养成，促进学前儿童身心健康发展。

托育服务应当坚持保育为主、教养融合的原则，根据三周岁以下婴幼儿的身心发展特点，创设安全健康适宜的照护环境，促进婴幼儿健康成长。

第二十九条　幼儿园和托育机构应当建立健全安全保卫、消防、设施设备、食品药品等安全管理制度和安全责任制度，完善物防、技防设施设备，定期开展安全教育培训、安全检查和应急演练，及时消除安全隐患，保障儿童在园在托期间的人身安全。出入口、儿童活动场所、休息场所等区域应当安装视频监控设施，监控记录至少保存九十天。

发现儿童身心健康受到侵害、疑似受到侵害或者面临其他危险情形的，幼儿园和托育机构应当立即向教育、公安等部门报告；发生突发事件或者紧急情况，应当优先保护儿童人身安全，立即采取紧急救助和防护措施，并及时通知父母或者其他监护人，同时向有关部门报告。

幼儿园应当按照规定投保相应的责任保险。鼓励托育机构、社区托育点投保责任保险。

第三十条　幼儿园和托育机构应当合理安排在园在托儿童一日生活，科学合理安排营养膳食、体格锻炼，保证户外活动时间、效果与质量；做好健康检查和清洁消毒、传染病预防控制、常见病预防等卫生保健工作，促进儿童身体正常发育和心理健康。

发现传染病或者疑似传染病的，幼儿园和托育机构应当立即向卫生健康、教育部门或者疾病预防控制机构报告，并按照规定落实相关防控措施。

第三十一条　幼儿园应当以游戏为基本活动，帮助学前儿童通过亲近自然、实际操作、亲身体验等方式，获得有益于身心发展的经验，养成良好品行、生活和学习习惯。

托育机构应当在生活和游戏中，促进婴幼儿身体发育、动作、语言、认知、情感与社会性等方面的健康发展。

第三十二条　幼儿园应当接收能够适应集体生活的有特殊需要的学前儿童入园，通过随班就读、设置特殊教育班等方式，实施融合教育。

专门设置的特殊教育学前班或者学前特殊教育机构应当接收不具备接受普通学前教育能力的有特殊需要的儿童就读，提供有针对性的教育与康复、保健服务。

各区特殊教育指导机构应当为幼儿园、特殊教育学前班、学前特殊教育机构提供指导。

第三十三条　幼儿园和托育机构应当配备并使用符合国家和本市有关要求的设施设备、玩教具，以及儿童图画书、教师指导用书等教育教学、保育活动资料。

鼓励幼儿园和托育机构利用家庭、社区等各类活动资源和教育资源，拓展儿童生活与学习空间。

第三十四条　托育机构与幼儿园、幼儿园与小学应当相互配合，建立科学衔接机制，共同帮助儿童适应集体生活，做好入园入学准备。

第三十五条　幼儿园和托育机构应当经常与父母或者其他监护人交流儿童身心发展状况，指导家庭开展科学育儿。

幼儿园和托育机构应当建立健全家长委员会，有条件的可以开办家长学校。

父母或者其他监护人应当积极配合、支持幼儿园和托育机构开展保育教育。

第三十六条　幼儿园和托育机构不得使用小学化的教育方式，不得教授小学阶段的课程内容，不得组织任何形式的考试或者测试，不得开展违背儿童身心发展规律和年龄特点的活动。

幼儿园和托育机构不得向儿童及家长组织征订教材和教辅材料，不得推销或者变相推销商品、服务等。

第三十七条　社区托育点应当按照规定建立健全安全管理制度，完善安全管理措施，合理安排在托幼儿生活和活动，落实场所清洁消毒、传染病预防控制等要求，做好幼儿临时照护工作。

第五章　从业人员

第三十八条　学前教育与托育服务保育教育从业人员应当热爱学前教育事业与托育服务工作，尊重、爱护和平等对待儿童，遵循儿童发展规律，潜心培幼育人，不断提高专业素养和职业技能。

幼儿园和托育机构应当建立完善保育教育从业人员的培训和考核制度，不断提升其职业素质，提高保育教育、照护和服务能力。

第三十九条　幼儿园应当按照国家幼儿园教职工配备标准，配备教师、保育人员等工作人员。公办幼儿园教职工配备应当符合有关机构编制标准。

托育机构应当按照本市托育机构设置标准的规定，配备从事保育、卫生保健、营养等工作的从业人员。

社区托育点应当按照本市有关标准的规定，配备从事临时照护、保育、卫生保健等工作的人员。

幼儿园园长、教师、保育人员等工作人员和托育机构的负责人、从业人员应当符合国家规定的有关资质、从业经历等条件。

第四十条　幼儿园和托育机构应当按照国家有关规定，保障教师、保育人员及其他从业人员的工资福利和待遇，依法为其缴纳社会保险和住房公积金，改善工作和生活条件。

公办幼儿园教师的工资收入水平，根据国家和本市有关规定确定。民办幼儿园可以参照公办幼儿园教师工资收入水平，合理确定教师的工资收入。

区人民政府应当将公办幼儿园教师、保育人员工资纳入财政保障范畴，确保按时足额发放。

相关行业协会可以定期发布从事保育工作人员工资收入行业指导价，引导合理确定相关从业人员薪酬水平。

第四十一条　幼儿园教师在职称评定、岗位聘任（用）等方面享有与中小学教师同等的待遇。

符合条件的幼儿园卫生保健人员，纳入相关专业技术职称系列。相关部门应当优化职称评价标准，畅通幼儿园卫生保健人员职业发展路径。

符合条件的郊区幼儿园教师可以按照规定享受相应津贴、补贴。承担特殊教育任务的幼儿园教师按照规定享受特殊教育津贴。

托育机构相关从业人员的技术技能评价，按照国家和本市有关规定执行。

第四十二条　教育、卫生健康、人力资源社会保障等部门应当制定并实施学前教育与托育服务人才培养和职业培训规划，通过支持高等院校、职业学校开设相关专业、课程以及引进人才等方式，加强学前教育与托育服务从业人员队伍建设。

第四十三条　幼儿园和托育机构、社区托育点聘任（用）从业人员前，应当进行背景调查和健康检查，有以下情形之一的，不得聘任（用）：

（一）有犯罪记录的；

（二）因实施虐待、性侵害、性骚扰、暴力伤害等行为被处以治安管理处罚或者处分的；

（三）有吸毒、酗酒、赌博等违法或者不良行为的；

（四）患有不适合从事学前教育与托育服务工作的慢性传染病、精神病等疾病的；

（五）有严重违反师德师风行为的；

（六）有其他可能危害儿童身心安全，不宜从事学前教育与托育服务工作情形的。

幼儿园和托育机构、社区托育点的从业人员在岗期间患有前款第四项疾病的，应当立即离岗治疗。

第四十四条　幼儿园和托育机构、社区托育点的从业人员不得体罚或者变相体罚儿童，不得实施歧视、侮辱、虐待、性侵害以及其他违反职业道德规范或者损害儿童身心健康的行为。

第六章　家庭科学育儿指导

第四十五条　本市依托市、区家庭科学育儿指导机构和社区家庭科学育儿指导站（点），建立覆盖城乡社区的家庭科学育儿指导服务网络，通过线上、线下结合的模式，为适龄儿童家庭提供科学育儿指导服务。

教育、卫生健康等部门和妇女联合会应当健全家庭科学育儿指导机制，加强对家庭照护的支持和指导，提供多种形式的家庭科学育儿指导服务，增强家庭的科学育儿能力。

第四十六条　家庭科学育儿指导机构和指导站（点）应当通过入户指导、组织公益活动和亲子活动、家长课堂及联合幼儿园和托育机构开展线下指导服务等方式，推进科学育儿指导服务便利可及，丰富家庭科学育儿指导服务内容和形式。

本市开发建设移动客户端、网站等家庭科学育儿指导信息化平台，通过在线咨询、宣传培训等方式开展线上指导服务，提升获取服务的便利度。

第四十七条　开展家庭科学育儿指导应当针对不同年龄段儿童的身心特点和发展规律，注重个体差异，采取灵活多样的指导措施、途径和方式，帮助家庭树立科学育儿理念，掌握科学育儿方法。

父母或者其他监护人应当与家庭科学育儿指导机构和指导站（点）密切配合，积极参加其提供的公益性育儿指导和实践活动，共同促进儿童健康成长。

第四十八条　教育、卫生健康等部门和乡镇人民政府、街道办事处应当通过购买服务、聘用专兼职人员、配置社会工作者岗位、引入志愿者等方式，加强家庭科学育儿指导服务队伍建设。

本市依托高等院校、社区学校等建立家庭科学育儿指导培训的专兼职师资队伍，开展对家庭科学育儿指导工作研究，编制指导课程和方案，加强对家庭科学育儿指导人员的培训指导。

鼓励具有学前教育、保育、卫生保健等专业背景的人员参与家庭科学育儿指导服务工作。

第七章　支持与保障

第四十九条　学前教育实行政府投入为主、多渠道筹措的经费投入机制；托育服务实行政府支持、鼓励社会参与的经费投入机制。学前教育与托育服务财政补助经费按照事权和支出责任相适应的原则，分别列入市和区财政预算。

市人民政府制定公办幼儿园生均经费基本标准和生均公用经费基本标准，以及普惠性民办幼儿园补助标准，根据经济和社会发展状况适时调整。区人民政府应当按照不低于基本标准落实日常经费投入保障。

学前特殊教育生均经费基本标准和生均公用经费基本标准，应当考虑保育教育和康复需要适当提高。

各级人民政府应当完善普惠性托育服务经费支持机制。

第五十条　各级人民政府通过综合奖补、购买服务、减免租金等多种方式，支持普惠性民办幼儿园发展。

市、区人民政府应当综合采取规划、土地、住房、财政、金融、人才等措施，支持社会力量举办托育机构，支持普惠性托育机构和社区托育点的发展。

第五十一条　幼儿园和托育机构使用水、电、燃气、电话，按照居民生活类价格标准收费；使用有线电视，按照本市有关规定，享受付费优惠。

第五十二条　本市建立学前教育资助制度，为家庭经济困难儿童、孤儿、残疾儿童等接受普惠性学前教育提供资助。

鼓励和支持托育机构为家庭经济困难儿童减免托育费用。

第五十三条　市教育部门应当建立健全学前教育与托育服务信息服务平台，与政务服务"一网通办"平台对接，提供信息查询、政策咨询、网上办事等服务，接受投诉举报。

教育、市场监管、民政等部门应当加强信息共享，公开办事指南，简化和规范办事流程，为幼儿园和托育机构设立、登记、备案等提供指导和便利服务。

第五十四条　本市推动人工智能、物联网、云计算、大数据等新一代信息技术在学前教育与托育服务领域的应用，支持相关行业组织发布智慧学前教育与托育服务应用场景需求，引导社会力量开发支撑学前教育与托育服务的技术与应用。

鼓励和支持幼儿园和托育机构利用信息技术进行管理和保育教育，提升信息化应用水平。

第八章　监督管理

第五十五条　本市健全学前教育与托育服务综合监管机制，制定监管责任清单，明确相关职能部门以及区和乡镇人民政府、街道办事处的职责分工。各级人民政府应当统筹协调相关职能部门，加强对学前教育与托育服务的综合监督管理。

教育、规划资源、卫生健康、房屋管理、市场监管、公安、应急管理等部门和消防救援机构应当按照各自职责，依法加强对幼儿园和托育机构设立、规划、服务质量、建筑安全、收费管理、公共卫生、食品安全、消防安全等行为的监督检查，并依托"一网统管"平台，加强监管信息共享和执法协作。

第五十六条　教育部门应当加强幼儿园和托育机构安全风险防控体系建设，会同公安、应急管理等部门指导监督幼儿园和托育机构落实安全管理责任，及时排查和消除安全隐患。

第五十七条　财政、审计等部门应当按照各自职责，加强对幼儿园和托育机构财政经费投入和使用的监督管理。

任何单位或者个人不得侵占、挪用学前教育与托育服务经费，不得向幼儿园和托育机构违规收取或者摊派费用。

第五十八条　教育、卫生健康部门应当健全学前教育与托育服务质量评估监测体系，完善质量评估标准，定期对幼儿园、托育机构、社区托育点的保育教育和服务质量进行评估，并将评估结果向社会公布。

第五十九条　市、区人民政府教育督导机构应当依法对学前教育进行督导，督导报告应当定期向社会公开，并作为对被督导单位及其主要负责人进行考核、奖惩的重要依据。

第六十条　市、区人民代表大会常务委员会通过听取和审议专项工作报告、询问和质询、开展执法检查等方式，加强对本行政区域内学前教育与托育服务的监督。

市、区人民代表大会常务委员会充分发挥人大代表和基层立法联系点的作用，组织人大代表围绕学前教育与托育服务开展专题调研和视察等活动，汇集、反映人民群众的意见和建议，督促落实学前教育与托育服务相关工作。

第九章　法律责任

第六十一条　违反本条例规定的行为，法律、行政法规已有处理规定的，从其规定。

违反本条例规定，侵害幼儿园和托育机构、社区托育点及其在园在托儿童、从业人员合法权益，造成财产损失、人身损害的，依法承担民事责任；构成违反治安管理行为的，依法给予治安管理处罚；构成犯罪的，依法追究刑事责任。

第六十二条　幼儿园有下列情形之一的，由教育部门或者有关主管部门责令限期改正，并予以警告；有违法所得的，退还所收费用后没收违法所得；情节严重的，责令停止招生，吊销幼儿园的办学许可证：

（一）违反国家和本市规定收取费用，或者克扣、挪用相关费用的；

（二）未依法加强安全防范建设、履行安全保障责任，或者未依法履行卫生保健责任的；

（三）使用不符合国家和本市有关要求的教育教学、保育活动资料的；

（四）教授小学阶段的课程内容，或者开展违背儿童身心发展规律和年龄特点的活动的；

（五）组织考试或者测试的；

（六）发生体罚或者变相体罚、歧视、侮辱、虐待、性侵害等损害儿童身心健康的行为的。

第六十三条　托育机构违反本条例第二十一条第三款规定，未按要求进行备案或者在办理备案时隐瞒情况、提供虚假材料的，由所在地的区教育部门责令限期改正，可以处一千元以上一万元以下的罚款。

托育机构有本条例第六十二条规定的违法情形的，由教育部门或者有关主管部门责令限期改正，并予以警告；有违法所得的，退还所收费用后没收违法所得；情节严重的，责令停止托育服务。

第六十四条　幼儿园和托育机构、社区托育点的从业人员有本条例第四十四条规定的禁止行为的，由所在机构或者教育部门视情节给予当事人、机构负责人处分；情节严重的，由相关主管部门撤销其资格证书，限制其举办幼儿园、托育机构或者从事学前教育与托育服务工作。

第六十五条　违反本条例规定，未经法定程序擅自改变学前教育与托育服务设施建设用地用途，或者建设单位未按照核准的规划要求配套建设幼儿园及其托班的，由规划资源部门依法处理。

第六十六条　对违反本条例规定的行为，除依法追究相应法律责任外，有关部门还应当按照规定，将有关单位及个人失信信息向本市公共信用信息平台归集，并依法采取惩戒措施。

第六十七条　相关部门及其工作人员在学前教育与托育服务工作中不依法履行职责的，由其所在单位或者上级主管部门责令改正；玩忽职守、滥用职权、徇私舞弊的，依法给予处分；构成犯罪的，依法追究刑事责任。

第十章　附则

第六十八条　高校、普通中小学、特殊教育学校、儿童福利机构、康复机构等附设的幼儿园（班）、托儿所等学前教育机构与托育机构实施学前教育与托育服务，适用本条例。

机关、企事业单位、园区、商务楼宇等设立托育点提供福利性临时照护服务的，应当按照规定向所在地的区教育部门备案，其选址建设、人员配备、日常管理等参照社区托育点的有关规定执行。

第六十九条　本条例自 2023 年 1 月 1 日起施行。

武汉市托育服务促进条例（草案二审稿）（2024-03-07）

第一章　总则

第一条　为了满足人民群众托育服务需求，完善托育服务体系，规范托育服务行为，保障婴幼儿健康成长，推动托育服务健康发展，促进人口长期均衡发展，根据《中华人民共和国人口与计划生育法》《湖北省人口与计划生育条例》等法律、法规规定，结合本市实际，制定本条例。

第二条　本条例适用于本市行政区域内托育服务及相关支持保障、监督管理等活动。

本条例所称托育服务，是指由托育机构、托育点、幼儿园托班等托育服务组织对三周岁以下婴幼儿实施的照护和保育。

第三条　本市托育服务坚持政府主导、社会参与、普惠优先、安全健康、方便可及的原则。

第四条　本市推动多种形式的托育服务发展，支持家庭承担养育功能，培育托育服务新业态新模式，推进托幼一体化建设，构建覆盖城乡、布局合理、功能完善的托育服务体系。

第五条　市、区人民政府（含武汉东湖新技术开发区、武汉长江新区、武汉经济技术开发区、武汉市东湖生态旅游风景区管理委员会，下同）应当加强托育服务工作领导，统筹规划和协调推进托育服务发展，将托育服务工作纳入绩效考核体系，将托育服务事业发展经费列入同级财政预算。

街道办事处、乡镇人民政府应当组织推进辖区内托育服务发展，落实相关政策措施和监督管理工作，指导居民委员会、村民委员会开展托育服务工作。

第六条　市卫生健康主管部门是本市托育服务工作的主管部门，负责统筹推进、督促指导、监督管理托育服务工作，牵头推进托育服务体系建设，建立托育服务信息监管与服务平台，制定托育服务发展规划和相关政策、标准、规范。

区卫生健康主管部门具体负责本行政区域内托育服务的指导服务、监督管理工作。

教育、发展改革、机构编制、公安、民政、财政、人力资源、社会保障、自然资源、规划、城乡建设、应急管理、房屋管理、市场监管、税务、消防救援等部门，在职责范围内做好托育服务相关工作。

第七条　婴幼儿父母或者其他监护人应当依法履行抚养婴幼儿的责任，学习家庭养育知识，接受科学育儿指导，科学开展家庭照护和保育。

本市建立健全家庭科学育儿指导服务网络，为婴幼儿家庭提供科学育儿指导服务，加强对家庭照护的支持与指导，增强家庭科学育儿能力。

第八条　工会应当支持用人单位为职工提供福利性婴幼儿照护服务。

共产主义青年团、妇女联合会及计划生育协会等社会团体应当协助政府及其相关部门开展托育服务工作。

第九条　广播、电视、报刊、互联网等媒体和通信运营商应当通过新闻报道、公益广告等方式开展托育服务公益性宣传，为婴幼儿健康成长创造良好社会环境。

第十条　鼓励托育服务行业协会开展婴幼儿照护指导、科学研究、学术交流与培训，推进产教融合，宣传、推广科学的照护和保育理念，发挥对托育服务组织的规范引导和自律约束作用，促进托育服务行业公平竞争、健康发展。

第二章　规划与建设

第十一条　市、区人民政府应当将托育服务工作纳入国民经济和社会发展规划，构建与本地区人口结构、婴幼儿数量相适应的托育服务体系，将托育服务组织建设纳入相关规划，促进婴幼儿就近便利接受托育服务。

城镇托育服务组织建设应当充分考虑进城务工人员随迁婴幼儿的照护服务需求。

第十二条　街道办事处、乡镇人民政府、居民委员会、村民委员会应当根据辖区居民托育服务需求和资源配置情况，建设社区托育点，或者提供社区公共服务设施用于托育服务。

第十三条　推动新建、改建、扩建幼儿园同步规划配套建设托育服务设施。在新建、改建、扩建幼儿园设施时，可以结合实际将托育服务设施和幼儿园设施纳入整体规划建设。

第十四条　新建居住区应当按照有关规定配套建设托育服务设施，与居民住宅区同步规划、同步建设、同步验收、同步交付使用，并移交项目所在地的相关部门。

已建成居住区的托育服务设施不能满足本区域内婴幼儿入托需求的，区人民政府可以通过改建、购置、置换、租赁等方式，补充完善托育服务设施。

第十五条　支持利用各类存量房屋和设施开展托育服务。机关、事业单位、国有企业和社区的闲置公有用房在满足安全等条件下可以用于开展普惠托育服务。非独立场所按照规定要求可以改建为托育服务设施的，不需变更土地和房屋性质。

第十六条　托育机构应当按照国家、省、市有关要求，设置在空气流通、日照充足、交通方便、基础设施完善，且符合安全、卫生、环保、抗震、消防、疏散等要求的区域内。

社区托育点可以单独设置，也可以依托社区公共服务设施设置，应当有相对独立区隔的空间，符合卫生、环保、消防等标准和规范。

托育服务设施的建设应当符合有关建设标准和要求。

第三章　培育与支持

第十七条　市、区人民政府应当综合采取规划、土地、住房、财政、金融、人才等政策，通过财政补助、购买服务、减免租金等方式，兴办普惠托育机构，推动普惠托育事业发展。

公办托育机构可以采取公建民营、委托管理、购买服务、租赁经营等方式，交由社会力量运营管理。具体办法由市人民政府制定。

第十八条　市卫生健康主管部门应当会同市发展改革、财政等部门制定普惠托育机构认定办法和支持政策。

鼓励各区结合实际研究制定辖区内普惠托育机构支持政策，按照不低于普惠性民办幼儿园的保障标准落实财政补贴资金。

第十九条　鼓励和引导社会力量投资兴办托育机构，为婴幼儿家庭提供多样化、市场化托育服务。

第二十条　符合条件的托育机构按照规定享受税收优惠政策，用水、用电、用气按照居民生活类价格标准收费。有条件的区可以在用水、用电、用气及物业服务费用等方面给予适当补贴。吸纳符合条件劳动者的托育机构，按照规定享受社会保险补贴。

第二十一条　鼓励和支持幼儿园开设托班，招收三岁以下婴幼儿，提供托育服务。支持有条件的幼儿园在社区开设托班服务点。支持幼教人员从事托育服务。

提供托育服务的幼儿园，其普惠托育服务同等享受普惠托育机构的运营补贴。

第二十二条　支持企业事业单位、产业园区、商务楼宇等依托工作场所设置托育点，为职工提供福利性托育服务，有条件的可以向附近居民开放。

第二十三条　鼓励利用符合国家有关规定要求的居民住房兴办家庭托育点。

家庭托育点可以利用社区资源开展婴幼儿户外活动。

支持示范性托育机构指导家庭托育点运营服务。

第二十四条　支持医疗保健服务与托育服务融合发展。鼓励医疗保健机构指导托育服务组织开展膳食营养、体格锻炼、疾病防治、卫生保健、医疗护理服务。

第二十五条　鼓励高等学校和职业学校开设婴幼儿照护相关专业，培养托育服务人才。

支持托育服务从业人员参加技能培训，按照规定享受培训补贴。

第二十六条　鼓励自然人、法人和非法人组织通过捐赠资助、志愿服务等方式，参与或者支持托育服务发展。

鼓励托育服务组织为经济困难的婴幼儿家庭减免托育服务费用。

第二十七条　地方金融工作部门应当指导商业保险机构开发托育服务责任保险。鼓励托育服务组织投保托育服务责任保险。

鼓励和支持金融机构为托育服务组织提供低息贷款。引导政府性出资或者参股的融资担保机构将托育服务项目纳入支持范围。

第四章　规范与服务

第二十八条　兴办托育机构应当按照规定办理登记手续，在业务范围（或者经营范围）内注明"托育服务"。

兴办事业单位性质的托育机构的，应当向机构编制部门申请审批和登记。

兴办社会服务机构性质的托育机构的，应当向区行政审批部门申请注册登记。

兴办营利性质的托育机构的，应当按照规定向市市场监督管理部门或者区行政审批部门申请注册登记。

登记机关应当及时将托育机构的注册、变更、注销信息推送同级卫生健康主管部门。

第二十九条　托育机构应当按照规定向住所地的区卫生健康主管部门备案。备案信息发生变化的，应当及时办理备案变更手续。

市卫生健康主管部门应当将托育机构备案信息向社会公开。

第三十条　兴办家庭托育点的，应当按照规定向市市场监督管理部门或者区行政审批部门申请办理注册登记手续，在名称中注明"托育"，在业务范围（或者经营范围）内注明"家庭托育服务"，并向住所地的区卫生健康主管部门备案。

登记机关应当及时将家庭托育点的注册、变更、注销信息推送同级卫生健康主管部门。

第三十一条　幼儿园开设托班的，应当经教育行政部门审查同意，向原登记机关申请增加托育服务业务，并向卫生健康主管部门备案。

幼儿园开设托班的，由教育行政部门负责监督管理，卫生健康主管部门配合开展业务指导和监督管理工作。

第三十二条　托育服务组织聘用托育服务从业人员，应当对其进行背景查询和健康检查。有以下情形之一的，不得聘用：

（一）有性侵害、虐待、拐卖、暴力伤害等违法犯罪记录的；

（二）有吸毒、酗酒、赌博等违法或者不良行为记录的；

（三）患有精神性疾病或者有精神病史的；

（四）患有传染性疾病或者其他不适合从事托育服务工作疾病的；

（五）有其他可能危害婴幼儿身心安全，不宜从事托育服务工作情形的。

第三十三条　托育服务从业人员不得体罚或者变相体罚婴幼儿，不得实施歧视、侮辱、虐待、性侵害以及其他违反职业道德规范或者损害婴幼儿身心健康的行为。

第三十四条　托育服务组织应当与婴幼儿监护人签订托育服务协议，明确双方权利义务、服务内容、收费标准、退费规则及争议纠纷处理办法等事项。

托育服务收费时段与托育服务时间安排应当协调一致，不得变相收取时间跨度超过三个月的费用。托育服务按小时收费的，不得收取超过六十个小时的费用。

第三十五条　托育服务组织应当定期公示收费项目和标准、登记备案、人员资质、保育照护、膳食营养、卫生保健和安全保卫等信息。

托育服务组织应当通过托育服务信息监管与服务平台及时上报、更新相关托育服务信息。

第三十六条　托育服务组织应当坚持保育和照护相结合的原则，创造有益于婴幼儿身心发展的生活和活动环境。

第三十七条　托育服务组织应当合理安排婴幼儿在托期间的生活，科学安排营养膳食、体格锻炼，保证户外活动时间、效果与质量，做好健康检查和清洁消毒、传染病预防控制、常见病预防等卫生保健工作，促进婴幼儿身体正常发育和心理健康。

发现传染病或者疑似传染病的，托育服务组织应当立即向卫生健康主管部门、教育行政部门或者疾病预防控制部门报告，并按照规定落实相关防控措施。

第三十八条　托育服务组织对婴幼儿在托期间的人身安全负有保护责任，应当落实安全管理主体责任，建立健全安全管理和安全责任制度，完善安全措施和应急反应机制，按照标准配备必要的安保人员和物防技防设施，及时排查和消除各类安全隐患。

托育服务组织应当建立照护服务、安全保卫等监控体系，实现婴幼儿生活的活动区域全覆盖，按照规定时限保存监控录像资料，配合相关部门落实全过程全方位智慧监管。

托育服务组织发现婴幼儿受到侵害、疑似受到侵害或者面临其他危险情形的，应当立即采取相应措施，向公安、卫生健康、教育等有关部门报告，并告知婴幼儿父母或者其他监护人。发生突发事件等紧急情况，应当优先保护婴幼儿人身安全，立即采取紧急救助和避险措施，并及时向有关部门报告。

第三十九条　市卫生健康主管部门应当建立托育服务质量评估制度，定期开展托育服务质量评估，确定托育服务组织等级，并向社会公布。

第四十条　托育服务组织暂停、终止服务的，应当在暂停或者终止托育服务三十日前书面通知婴幼儿父母或者其他监护人，妥善安置收托的婴幼儿，并书面告知住所地的卫生健康主管部门。

托育服务组织终止服务的，应当依法清算并办理注销登记。

<h2 style="text-align:center">第五章　法律责任</h2>

第四十一条　违反本条例，法律、法规有规定的，从其规定。

第四十二条　提供托育服务的组织或者个人骗取补助、补贴的，由区卫生健康主管部门责令退回，可处骗取补助、补贴数额三倍以下罚款；构成犯罪的，依法追究刑事责任。

第四十三条　托育服务组织有下列情形之一的，由区卫生健康主管部门责令限期改正，予以通报批评；逾期不改正的，处一千元以上五千元以下罚款：

（一）未按照要求公示相关信息的；

（二）未报送收托信息的；

（三）未与婴幼儿监护人签订协议的；

（四）未在规定时间内备案的；

（五）提供虚假备案信息的；

（六）其他违反本条例规定情形的。

第四十四条　托育服务从业人员违反本条例规定的，由相关部门对直接负责的主管人员和其他直接责任人员依法处理；构成犯罪的，依法追究刑事责任。

第四十五条　国家机关及其工作人员在托育服务工作中，玩忽职守、滥用职权、徇私舞弊的，依法对直接负责的主管人员和其他直接责任人员给予处分；构成犯罪的，依法追究刑事责任。

<h2 style="text-align:center">第六章　附则</h2>

第四十六条　本条例自　年　月　日起施行。

第二编 老解放区的婴幼儿照护服务文件[①]

中国共产党第二次全国代表大会宣言（节选）（1922 年 7 月）

三、中国共产党的任务及其目前的奋斗

（七）制定关于工人和农人以及妇女的法律：

1. ……保护女工和童工……。

5. 废除一切束缚女子的法律，女子在政治上、经济上、社会上、教育上、一律享受平等权利。

6. 改良教育制度，实行教育普及。

江西省革命委员会行动纲领（节选）（1927 年 9 月）

五、关于文化方面的：

1. 实行普及教育，提高革命文化。

2. 建立一般未达入学年龄的机关（如儿童养育院、幼稚园等），以利增进社会教育和为解放妇女的目的。

江西省革命委员会

1927 年 9 月

中国共产党第六次全国代表大会妇女运动决议案（节选）（1928 年 7 月）

（三）职工会与妇女工作

一、应提出女工的特殊要求，应使男女工一致行动，提出女工斗争的口号和要求领导其斗争。

……在取得女工参加赤色职工运动中，必须提出许多根本的要求，在这些口号上统一广大的无产阶级的妇女群众，如实行八小时工作制，禁止儿童及妊妇与哺乳妇作夜工，……保护母性……解除幼儿在工厂中工作，组织儿童园和幼稚园等。

---

① 本编资料摘自中国学前教育史编写组编写的《中国学前教育史资料选》（第 2 版）（由人民教育出版社于2002 年出版）。

湘鄂赣省工农兵苏维埃第一次代表大会文化问题决议案（节选）（1931-09-23）

二、湘鄂赣省苏区文化工作的方针与具体实施计划：

……

（十一）注意学龄前儿童教育

1. 注意看护小儿的教育。

2. 注意小儿听觉、视觉及器官的充分发展。

3. 三岁以上的儿童暂时由儿童的家庭以及共产主义儿童团施行幼稚教育。

4. 注意儿童的记忆力、模仿力和联想力等智慧的发展。

中华苏维埃共和国劳动法（节选）（1931-12-20）

第七章　女工青工及童工

……

第四十条　哺乳的女工除享受本劳动法二十三条所规定的休息外，并规定每隔三点钟，休息半点钟来哺小孩，不得克扣工资，并在工厂内设立哺乳室及托儿所，由工厂负责请人看护。

学制与实施目前最低限度的普通教育（节选）（1932-05-17）

苏维埃的学制，当然是要适合社会经济的组织。而苏维埃要建设的社会经济组织，是社会主义制度的"各尽所能，各取所需"的共产社会。所以苏维埃最终目的的学制，是要适应人人自生至死都受到适当的最快乐的教育生活，至于这种学制怎样制定，自有当时的教育机关来制出，此地应深刻了解的，是在此过渡时期的学制：

（一）普通学制，分为三类：一、幼稚园。二、列宁小学校。三、特别学校（为残废等特别儿童的教育而设）。自三岁至七岁的儿童入幼稚园。

……

（四）保育院：为着使三岁以前的婴儿度着在有专门知识的保姆保护下的适当生活，为着代劳动妇女白天的看护婴儿，应适合实际情形设立保育院。

（五）上述规定，是我们在此过渡时期所根据去适合实际情形来办理学校的原则，在目前最低限度地实施。

托儿所组织条例（1934-02-21）

（一）组织托儿所的目的是为着要改善家庭的生活，使托儿所来代替妇女担负婴儿的一部分教养的责任，使每个劳动妇女可以尽可能地来参加生产及苏维埃各方面的工作，并且使小孩子能够得到更好的教育与照顾，在集体的生活中养成共产儿童的生活习惯。

（二）小孩进托儿所的条件：凡是有选举权的人生下来，过一月至五岁的小孩都可以进托儿所，但是有传染病（疥疮、梅毒、肺病、瘟疫等）的小孩都不收。

（三）托儿所以大屋子或附近几个屋子为单位来组织，每个托儿所收容小孩至多不能超过二十个，同时最少须有六个小孩以上才能建立托儿所。各托儿所，总的领导属于乡苏维埃及女工农妇代表会议。

（四）托儿所指定些能脱离家庭生活的妇女专门来做看护，负责管理小孩的事情，每个至少要管理三个小孩，每所设主任一人，托儿所的工作人员得享受优待，除了代他耕种土地之外，在群众自愿的原则下，每年可给他一些谷子。

（五）托儿所的房子要选择比较清洁，光线充足及空气好的地方。托儿所的用具，由群众的力量设法购置，在特殊情形之下，苏维埃政府可津贴一部分。

（六）托儿所只能在白天寄托小孩，所以母亲早起把小孩送到托儿所去，到晚上必须领回家里来，小孩子的饭食由父母供给。

（七）当地政府与妇女代表须经常检查托儿所的工作，每月应召集小孩的母亲会议一次至二次，要向他们提出对托儿所工作的意见。

（八）责成卫生机关经常派人检查托儿所的卫生和小孩身体的健康。

（九）托儿所的主任管理该所内总的一切事务，他计划全所工作，并管理小儿日常的必需品和器具（如床、桌子、玩具等）。

（十）托儿所的看护人对待小儿要耐烦照顾，注意饭食、着衣等，特别是小孩的卫生。小孩进托儿所时，看护人必须给他洗脸或洗身，饭前要洗一次手。

（十一）在特别情形之下，小孩的母亲除外，不能当天回家的，应事先通知托儿所看护人，由他照顾。

（十二）托儿所每天于上午八时开始办事，下午五时停止工作，小孩子由家里吃了早饭送来托儿所，回家吃晚饭。在托儿所只吃中饭。

（十三）本条例由中央内务人民委员部颁布，由省县区各级内务部检查其实行。

代内务人民委员　梁柏台
一九三四年二月二十一日

陕甘宁边区政府关于保育儿童的决定（1941-01-18）
自民国三十年一月起施行

（一）建立管理（保育行政）组织，在×区民政厅设保育科各县市政府第一科内，添设保育科员一人，区乡政府内，添设保育员一人（暂由乡妇联兼任），专司孕母、产妇、儿童的调查、登记、统计、卫生奖励、保护等工作。

（二）各级政府的卫生工作，应以进行产妇的卫生教育，保育产母及婴儿的健康为中心工作之一。

（三）为鼓励人民保育婴儿健康起见，凡人民生育婴儿，应向乡市政府登记。满一周岁时，经检查认为健康强壮者，每儿发给奖励金二元。

（四）×区民政厅卫生处应协同民政厅保育科于1941年3月前，办一保育人员训练班，抽调文化程度较高之男女六十人，给以短期之训练，使其明了产妇卫生，助产接生，儿童保育等基本知识。毕业后，派到各县设办短期训练班，务于1941年内，×区每一个乡均有一个以上脱离生产的保育员，负该乡保育及接生工作之责。

（五）保育员由民政厅保育科发给必要之产儿仪器材料及医药（由卫生处筹发），

以便给群众接生及婴儿之健康。

（六）为保护产母健康起见，一般的产妇应在产前休养一个月、产后休养一个半月。在产妇休养期间，生活全由男子或家庭负责，其家境贫穷，因休养影响生活者，在休养前，呈请乡政府动员当地群众，给以适当的帮助。

（七）各党、政、军的卫生治疗机关，并应免费给人民、孕母、产妇、儿童治疗疾病。民间贫穷无母之孤儿，得送附近托儿所抚养。

（八）民政厅应编发产妇卫生、儿童保育须知等小册，×区卫生报每期应有儿童保育栏，经常进行保育儿童的宣传教育工作。破除用迷信办法（捉夜行、赶鬼等）代替治疗。

（九）由民政厅主持每年或二年举行一次婴儿健康竞赛，对于健康儿童分别奖偿。

（十）严禁打胎，有特殊情形，经医生证明及当地政府批准，才可经医生打胎，私自打胎者以犯罪论。

（十一）男子不得与孕妇乳母提出离婚，如具有×区婚姻条例的离婚之条件者，应于产后一年提出。

（十二）凡脱离生产之女工作人员及带有婴儿者，得享受如下优待：

甲、关于产妇的待遇：一、各机关团体学校不得推卸怀孕或携有婴儿之女工作人员；二、对于带有婴儿及孕妇之女工作人员的工作效率，不能要求过高，其工作时间每日只有四小时至六小时，且不妨碍其哺乳时间；三、孕妇产前休息一个月，产后休息一个半月，身体虚弱经医生证明者，得酌量延长时间；四、孕妇于生产时，发给生产费×××元，并于生产前后，休息期间内，酌发大米白面等营养食品，如无大米白面等，在生产前后休息期间，增发营养费×元；五、女工务人员在经期中，应给生理假三天，卫生费五角；六、小产妇发休养费（××）元，并给休养一个月；七、各机关团体学校进行重力生产时（即农业生产及工业生产），孕妇及带有婴儿之女工作人员，得免除其参加生产，但应做一部分轻工生产。

乙、关于婴儿的保育：一、婴儿在周岁前，应由生母养育，因工作及其他特殊情形者例外。周岁以前之婴儿，无论由母亲养育或雇人养育，每凡每月均发保育费十元，周岁以后的婴儿，领取半成年的伙食粮费，并发给保育费五元，不领伙食粮费者，仍发十元。二、婴儿衣被均按成年人发给。每年发宽面布五丈，棉花三斤（分两次发完）。周岁以上之儿童，其衣食按成年人发给，津贴每月二元。三、吃奶的婴儿的保育费，由母亲或奶母得九元，交托儿所一元，脱奶入托儿所之婴儿，保育津贴费交托儿所，其由母亲或奶母得××××元，由母亲或奶母可提出保育意见。

丙、关于托儿所之建立：一、以各机关团体学校有婴儿五人以上者，应设立托儿所；五人以下者，可和数单位共设托儿所；不足五人又无单位合设者，得设立窑洞安置婴儿，由婴儿母亲轮流照顾。二、托儿所设备应按照托儿所规定，窑洞务必坚固、干燥、光亮、清洁、适合于卫生。

丁、关于保姆的待遇：一、保姆的津贴，每月至少×元，非有特殊原因，不得停发。二、保姆的夏衣，应发两套。三、轮流值夜班的保姆，增发每夜夜餐费若干。

戊、关于领费的办法：一、保护产母，保育儿童之各项费用，以及生理假之卫生等费，均由党政军民各机关在经常费内作予决算报销。二、凡产母有工资及在×区内已分得土地，享受代耕优待者、其生产、休养、保育各费，均减半扣给。三、公务人员之妻小有未工作又不能学习者，按照×区优待抗日战士家属条例优待，不另发给各项保育费。

（十三）本决定自三十年一月起施行。过去有关之决定、通知，一律失效。

附注：二十九年十二月三十一日发出之关于保育儿童的决定，现经修正重发，前发之决定即应作废。

中华民国三十年一月二十一日
主席林伯渠、副主席高自立、民政厅长刘景范

陕甘宁边区政府民政厅训令 令各专员县市政长字第 59 号 （1941-04-04）

本厅保育科已于三月建立开始工作，掌理全边区有关保育各项工作，各县第一科应设保育科员一人，区乡各设保育员一人，专掌各级保育工作。其县乡区保育人选，本厅已与边区妇联商定，县级保育科员即由各县选人或由县级妇联选人充任，区乡级保育员由妇联选人兼任。均受政府领导，已由边区妇联通知各县妇联办理，各该县县长应与该县妇联商洽，限于 4 月 20 日以前将各级保育人员选定配备，并将名单呈报备查，至保育工作范围，候本厅号令饬遵，为此令仰各专员、县长即便遵照。

厅长 刘景范
副厅 长李华
中华民国三十年四月四日

关于二届边区参议会有关保育儿童问题之各项规定 （1942-02-09）

根据现在的具体情况，和二届边区参议会的决定，特将有关保育儿童及保护产妇孕妇与优待保姆等之各项问题通知如下：

（一）建立管理保育行政组织系统：原设边区民政厅之保育科，改设于边区卫生处。各县市政府一科内，不另设保育科员，由一科负责进行保育工作，并须指定一科员专负责。区政府由一助理员专负责。乡政府由乡长负全责，专司孕母产妇、儿童、调查登记、统计、卫生、奖励等工作。

（二）自一九四二年一月起孕妇生产时，增发生产费伍拾元，产前休养费贰拾元，在休养期间本机关应酌量发白面等营养品，以资补养。

（三）女公务人员在经期中应给生理假三天，卫生费贰元（保证能买纸十五张，不足之数由本机关生产自给收入内自行补助）。

（四）小产妇发生育休养费三十五元，并给休养一个月。

（五）关于儿童的各项保育费

1. 由出生起至五岁止，均发奶费为贰拾伍元；

2. 六个月到一岁的小孩每日发小米四两，一岁至三岁的发小米八两，四岁至五岁的发小米十二两；

3. 初生婴儿衣被每年发宽布二丈五尺，小秤棉材料各一套（分两季发）。

（六）关于保姆的待遇

1. 做过一年保育小孩工作者，每年发津贴六元，二年者发九元，以工作年限为标准，照此类推增加；

2. 保姆衣服和一般工作人员同样发给；

3. 轮流值夜班的保姆，每夜发夜餐费粮半斤、伙食费三角。

（七）凡女公务人员，其夫既未工作，又不学习，而在家生产者，其生产保育各费均减半发给。

1. 凡带有婴儿或怀孕的女公务人员，各机关学校、团体，不得因此而推却其工作，不关心她们。

2. 对带有婴儿及孕妇之女公务人员的工作效率，不得要求过高，工作时间亦不能与一般工作人员同样要求，每日只能有四小时至六小时，不能妨碍其喂乳时间。以上各节祈即查照办理为荷。

厅长　刘××

副厅长　唐××

（晋冀鲁豫）边区政府颁布婴儿保育、产妇保健暂行办法①（1948-03-08）

边区政府顷颁布婴儿保育与产妇保健暂行办法如下：

第一条：凡本区区级以上之女干部，其子女得按下列办法保育之：（一）初生至三周岁，全年发给被服布一百一十平方尺，棉花二斤，每月小米九十斤。（二）逾三岁至七周岁，全年发给被服布一百平方尺，棉花二斤，每月小米七十斤。（三）七周岁以上就学期间，按公费生待遇。

第二条：凡与家庭经济关系断绝之区级以下女工作人员，工作二年以上者，或与家庭经济关系断绝之地、专、旅以上干部家属，其婴儿初生至三周岁，月发乳食费小米四十斤，二周岁以上至四周岁五十斤，四周岁以上至七周岁七十斤，其棉花、被服布均按第一条第二项待遇之，七周岁以上之学龄儿童与第一条第三项待遇同。

第三条：为便利各团级以上女干部工作而在机关内实行白昼托儿制者，初生至三周岁，每两个婴儿一个保姆，三周岁以上，四个婴儿一个保姆，均由所在机关按杂务人员报销。除婴儿之棉花、被服布（不发九十斤米）按第一条规定发给外，全按第二条规定发乳食费。

第四条：婴儿保育之粮食、物品等，以下列手续领取之。（一）婴儿父母填具保育申请书，经所在机关审查，送请以上政府核发保育证，凭证在所在机关总务部门领取。（二）婴儿随母生活，保育粮物分四季领发，托人抚养者，一年两次领发。托人代领者必须婴儿父母与原供职机关出具证明。

第五条：凡实行薪金制者不适用本办法。

第六条：本办法自三十七年度一月一日起施行，以前所有之婴儿保育条例，一律废止。

---

① 注：载于1948年3月8日《人民日报》第1版，原文标题。

产妇保健暂行办法：

第一条：凡本区女工作人员，产前产后共休养两个月，怀孕反常期间享受轻病号伙食待遇，怀孕未满四个月小产者，最多可休养一个月，孕满四个月小产者与大产待遇同。

第二条：凡区级以上之女干部（高小女教员在内）或调学习之女学员，大产时除基本粮食菜金外，加发保健小米一百五十斤，棉花二斤，小产减半。

第三条：区级以下脱产生产之女工作人员（如与家庭脱离联系之初小女教员、女看护、保育院之保育员等）以及从蒋管区逃来之中学以上女生，在大产时，除基本粮食菜金外，加发保健小米八十斤，小产减半。但女工作人员，工作在三年以上者，与第二条之保健待遇同。

第四条：发给产妇之物品，产前一月领取一半，产后领取一半。如已全部实行薪金制者不发。

第五条：本办法自三十七年一月一日施行，以前有关妇女保健之一切办法一律废止。

附件一：中国妇女慰劳自卫抗战将士总会战时儿童保育会陕甘宁边区分会简章
（1938-07-04）

（一）名称：本会决定为中国妇女慰劳自卫抗战将士总会战时儿童保育会陕甘宁边区分会

（二）宗旨：本会以保育战时儿童为宗旨，在总会领导与帮助之下进行工作。

（三）会员：凡赞成本会宗旨由本会会员二人介绍经常务理事会通过得为本会会员。

（四）组织：

1. 本会理事会由筹备会推选理事若干人经大会通过呈报总会批准在大会闭幕后负责办理本会一切事务。

2. 理事会十五人，名誉理事八人，常务理事九人，由理事会推选组织常务理事会处理一切日常事务。

3. 常务理事会设秘书处及组织宣传保育主任各一人。

4. 常务理事会办事细则照总会简章规定执行。

5. 理事会及常务理事任期均为一年，连选得连任。

6. 本会遇必要时得设各种委员会。

7. 本会设名誉理事若干人由理事聘任之。

8. 本会应环境之需要得于本地设立支会。

（五）会期：常年大会每年举行一次，理事会每三个月举行一次常务理事会每半月举行一次，必要时各会得召集临时会议。

（六）会址：议在延安。

（七）经费：

1. 请求总会补助。

2. 捐募。

（八）本简章经大会通过经总会批准后施行。

（九）本简章如遇有未尽事宜得由会员三分之一之提议经理事会呈请总会修改之。

七月四日 [1]

附件二：中国妇女慰劳自卫抗战将士总会战时儿童保育会
陕甘宁边区分会成立大会宣言（1938-07-04）

全国的同胞们！

日本帝国主义疯狂无耻地向中国进攻，法西斯帝国主义在中国惨无人道地屠杀，整整一年了，中国不愿做亡国奴的子女，中国纤弱无力的老少，被鞭打、被抢掠、被奸淫、被杀害。

中华民族的幼小子孙，我们的后代，新中国的嫩芽，我们的希望与未来，更是遭受着空前惨痛的命运。在战区饥饿流离与死亡，在日寇占领的地方，欺凌麻醉虐杀与抢掠，在广大的中国地带里，颠沛、流浪、失散了爹妈。

我们要建设新的中国，就得培植这新中国的嫩芽，我们为新的中国而浴血抗战，我们也得保护这新中国的嫩芽。

保育我们广大的儿童吧！然后我们的战士才会安心作战，我们的工人才会安心作工，我们的农民才会安心种田，我们广大的妇女才会更多地参加抗战工作，全中国人民一定更能紧紧团结起来，为中华民族的解放胜利而奋斗！

广大的陕甘宁边区妇女和民众热烈地响应了全中国妇女的领袖宋美龄、李德全等先生的号召，成立了战时儿童保育会陕甘宁边区分会，竭诚地在总会领导与帮助之下，要更好地保护，更好地教育，更好地培植这新中国的嫩芽。

全中国的同胞们，让我们认真地担负起历史给我们的保育儿童的任务吧！新中国的主人将在枪林弹雨的血战中滋长与壮大。

七月四日

附件三：陕甘宁边区第一届参议会所通过的十二件重要提案（节选）
（1939 年 1 月）

九、提高妇女政治经济文化地位案

理由：不发动占全国人口之半的妇女群众参加到抗战中来，最后胜利是困难的，因之怎样从厨房闺房中使妇女解放出来，提高妇女的政治、经济、文化地位，是一件重要的工作，边区妇女本已得解放，为加强其工作能力与服务热忱，有提高其政治、经济、文化地位的必要。

办法：（一）鼓励妇女参政。各级参议会应有 25% 的妇女参议，各机关应大量吸收妇女工作；（二）设立妇女训练班，给妇女以文化、政治、救护、卫生、生产等知识，并培养妇女干部及专门人才；（三）建立妇孺保健设备，教育妇女卫生知识……

---

[1] 原件存陕西省档案馆未注明何年，根据《新华日报》1938 年 8 月 27 日报道，此文应为 1938 年。

（六）保育儿童，禁止打骂虐待，建设儿童防疫医疗之设置，加强保育院工作，解决医药困难，开办保姆训练班……

高敏玲、冯兰英等六人

附件四：陕甘宁边区妇女第二届代表大会关于保育工作的提案（节选）
（1949 年）

一、目前边区保育工作基本情况：

延安第一保育院创办已有十年历史，曾保育了无数女干部的孩子，获得了很好的成绩，给边区展开保卫事业打下了初步基础，至一九四八年各机关家属队，为了腾出女干部参加工作，相继成立了五个全托及变工托儿所计：

名称	数目
第一保育院	112
边区妇联托儿所（全托）	23
联卫托儿所（半托）	50
关中家属队托儿所（半托）	39
群众报社托儿所（全托）	22
绥德妇联托儿所（全托）	12
合计	258

……

上述除了开展机关学校保育工作外，对群众保育事业，也该提起注意，如四三年前民政厅专设保育科，各县设保育干事，边区设保育分会，卫生署和妇联共同开办了若干训练班，培养了一批妇婴卫生和保育工作干部，推进了农村妇婴卫生工作。

二、对今后开展保育工作的意见：

（一）开展保育工作原则：

根据过去白手起家的经验与目前战争及财政困难的情况下，须：

1. 遵守节约的原则，不向财政机关要求大批开支。

2. 解决在职女干部的孩子拖累，科学分工，一部分专门参加保育工作，一部分专门从事其他各项工作。

（二）建议政府成立与扩大保育机关：（略）

（三）托儿所成立之标准：（略）

（四）保育工作者待遇问题。

1. 规定保育年限，保姆工作三至十五年以上者，如有深造条件，应介绍学习。

2. 提高保育工作者政治待遇，关心与培养保姆。

（五）开展群众保育工作：

1. 建议边区卫生署，宣传推广新法接生，新法种疫，医疗队协同妇联开办短期接生训练班，改造老娘婆，推广妇婴卫生。

2. 恢复保育科，边府及各县保育干事，应加强农村保育工作之领导事宜。

（六）成立保育工作委员会：

其任务：1. 负责研究保育工作问题。

2. 出版保育工作刊物，交流经验指导保育工作。

3. 对外取得联系，争取筹划物资。

4. 领导各保育院，托儿所之业务研究。

第三编 | 日本、韩国、印度的婴幼儿照护服务文件

食育基本法（日本）[①]

第一章　总则

第一条（目的）随着近年来国民饮食生活环境的变化，为了使国民在一生中能养成健全的身心、形成丰富的人性，推进食育已经成了一个很紧要的课题。关于食育，在规定了它的基本理念以及明确国家、地方公共团体等的责任的同时，在制定了有关食育政策的基本事项的基础上，应综合并有计划地推进有关食育活动的措施，为在当下以及将来使国民拥有健康并有文化气息的生活和建立充满活力的社会做出贡献。

第二条（增进国民的身心健康和形成丰富的人格）所谓食育，是指通过养成有关食的正确判断能力，实现健全饮食和生活的目的，以增进国民的身心健康和形成丰富的人性为宗旨而开展的活动。

第三条（对食物的感恩与理解）在推进食育的同时，应该使国民进一步认识到饮食生活是建立在自然给予的恩惠和从事与食相关的各种各样的活动的基础上的，加深其对此表示感恩及理解的心情。

第四条（开展食育推进活动）在尊重国民、民间团体等的自发意愿，考虑到地区的特性，得到地区居民以及其他各种各样的社会组织积极参加和协助的同时，应推进以食育为目的的活动，逐步实现携手合作，最终在全国范围内开展。

第五条（监护人、教育工作者等对儿童食育的职责）对于儿童的父母以及其他的监护人而言，在认识到家庭在食育推进方面有重要作用的同时，对于负责孩童的教育、保育工作的人来说，也要自觉地认识到食育在教育、保育等方面的重要作用，必须积极致力于参加与孩童的食育推进相关的活动。

第六条（与食相关的体验活动和食育推进活动的实践）食育是指广大国民利用家庭、学校、托儿所、地区的任何场所，在进行从食料的生产开始到消费等为止的与食

[①] 选录自严平编译的《日本教育法规译文精选》（由科学出版社于 2019 年出版）。

相关的各种各样的体验活动的同时，在以推进食育为目的的自发实践活动中，必须开展以加深对食的理解为宗旨的活动。

第七条（充分考虑传统饮食文化、与环境相协调的生产等在激发农、山、渔村的活力和提高食料自给率方面做出的贡献）关于食育，在考虑到我国优秀的传统饮食文化、充分发挥地区特色的饮食生活、与环境相协调的食料生产及消费等因素，加深国民对我国食料的需求以及供给状况的理解的同时，还应通过促进食料的生产者和消费者之间的交流，以达到促进农、山、渔村的活性化和提高我国的食料自给率的目的。

第八条（食育在确保食品的安全性等方面的职责）鉴于确保食品的安全性是健康饮食生活的基础，为了加深国民对食的知识的理解及能让国民实践合适的饮食生活，必须积极地提供以食品的安全性为起点的大范围的有关食的信息以及开展与此相关的意见交换活动，并积极开展国际协作。

第九条（国家的职责）根据第二条至第八条所定义的关于食育的基本理念（以下称"基本理念"），国家需要综合并有计划地制定有关食育推进的措施，并负有使之实施的责任。

第十条（地方公共团体的职责）地方公共团体应立足于基本理念，在食育推进工作方面与国家连携，充分发挥其区域特性，自主制定措施，并且有使之实施的责任。

第十一条（教育工作者等及农林渔业工作者等的职责）

第一款　从事教育和保育、护理及其他的社会福利、医疗及保健（以下称"教育等"）的工作者以及与教育相关的机关及团体（以下称"教育相关工作者等"），鉴于有增进对食的关心和理解的重要职责，要根据基本理念，在利用任何机会和任何场所努力推进食育的同时，也要努力协助其他组织举办食育推进活动。

第二款　农林渔业工作者及与农林渔业相关的团体（以下称"农林渔业等"），鉴于与农林渔业相关的体验活动等对增进国民对食的关心和理解有重要的意义，要根据基本理念，积极提供与农林渔业相关的多种多样的体验机会，关于自然的恩惠和与食相关的人们活动的重要性方面，在努力加深国民的理解的同时，要努力和教育相关工作者等相提携来推进食育活动。

第十二条（食品相关工作者的职责）食品的制造、加工、流通、销售或餐饮工作者以及组织团体（以下称"食品相关工作者等"），在根据基本理念进行事业活动时，应自主、积极地推进食育，同时要努力协助国家和地方公共团体实施有关食育推进的对策以及其他与食育推进相关的活动。

第十三条（国民的职责）国民在家庭、学校、托儿所、地区以及任何其他的社会领域，要根据基本理念，在自我努力实现生涯中有健全的饮食生活的同时，也要为推进食育工作做出努力。

第十四条（法制上的措施等）为促进食育推进相关政策的实施，政府必须制定必要的法制及财政措施以及其他的相关措施。

第十五条（年度报告）政府必须每年向国会提交政府有关食育推进工作的报告书。

第二章　食育推进基本计划等

第十六条（食育推进基本计划）

第一款　食育推进会议是为了综合并有计划地促进食育推进活动而成立的制订食育推进基本计划的组织。

第二款　食育推进基本计划决定以下所列事项。

第一项　有关食育推进措施的基本方针。

第二项　有关食育推进的目标的事项。

第三项　有关综合地促进国民等的自发的食育推进活动等的事项。

第四项　除前三号中所列的内容之外，其他的为了综合有计划地促进食育推进活动的必要事项。

第三款　食育推进会议根据第一项的规定在制订食育推进基本计划时，迅速及时地向内阁总理大臣汇报，并通知相关行政机关长官，同时应公布其要旨。

第四款　在食育推进基本计划发生变更时，前项规定适用。

第十七条（都道府县的食育推进计划）

第一款　都道府县以食育推进基本计划为基础，必须努力制订该都道府县区域内的有关食育推进的实施计划（以下称"都道府县食育推进计划"）。

第二款　都道府县在制订都道府县食育推进计划或在变更内容时，必须迅速地公布其要旨。

第十八条（市町村的食育推进计划）

第一款　市町村以推进食育基本计划为基础，必须努力制订该市町村区域内的有关食育推进的实施计划（以下称"市町村食育推进计划"）。

第二款　市町村在制订市町村食育推进计划或计划有变更时，应立即公布其内容。

第三章　基本措施

第十九条（家庭内食育推进工作）国家以及地方公共团体应促进孩子的父母或其他监护者及其孩子加深对食的关心和理解、建立健康的饮食习惯，提供亲子料理教室以及采取其他的既能培养良好的饮食习惯又能提供愉快进食机会的必要的有关措施；制定启发和提供普及有关健康美的知识及其他适当的与营养管理相关的知识和信息的必要措施；制定对孕产妇的营养指导，从婴幼儿开始面向儿童的针对其各个发育阶段的营养指导，以及为了支援家庭内的食育推进活动而采取必要措施。

第二十条（学校、保育所等的食育推进工作）国家以及地方公共团体为使孩子们有健康全面的饮食生活以及促进其身心的健康成长，为使学校、保育所等有效地开展魅力食育推进活动，要支持学校、保育所等食育推进方针的制定；配备适合食育指导的教职员工并完善能够发挥食育推进活动的作用的相关食育指导制度；在学校、保育所等实施具有地域特色的学校配餐制；将在农场实习、制作食品、食品废弃物再利用等各式各样的体验活动作为教育的一环，加深孩子对食物的理解，使其正确认识过度减肥和肥胖给身心健康带来的危害等。

第二十一条（推进地区的以改善饮食生活为目的活动）国家以及地方公共团体制

定在地区内推进与营养、饮食习惯、食料的消费等相关的饮食生活的改善措施，通过预防生活习惯病来增进健康，制定和普及与健全的饮食生活相关的方针，在地区培养具有食育推进专门知识的人才，并提高其素质和发挥其作用；鼓励在保健所、市町村保健中心、医疗机关等地开展与食育相关的普及和推广活动，在医学教育方面充实对有关食育的指导，以及支持食品相关工作者等开展各种活动，最终达到推进食育的目的。

第二十二条（食育推进运动的展开）

第一款　国家以及地方公共团体应采取必要措施，使国民、教育工作者、农林水产工作者、食品相关工作者等或者团体以及致力于稳定和提高消费生活的民间团体自发进行与食育推进相关的活动；在充分发挥地区特色，力求在全国范围内展开密切合作的同时，为了促进相关工作人员之间的信息交流及意见交换，进行与食育推进相关的普及启发活动，在食育推进活动的时间以及其他方面制定必要措施。

第二款　在推进食育方面，鉴于志愿者在举办以改善饮食生活为目的的活动以及其他与食育推进相关活动中所起到的重要作用，国家以及地方公共团体在加强与这些志愿者相互合作的同时，为充实这些活动，制定必要的措施。

第二十三条（促进生产者和消费者之间的交流以及激发与环境相协调的农、林、渔业的活力等）国家以及地方公共团体通过促进生产者和消费者之间的交流，在生产者和消费者之间构筑信赖的关系，确保食品的安全性，促进食料资源的有效利用以及加强国民对食的理解和关心的同时，为了激发与环境相协调的农、林、渔业的活力，推进在农林水产品的生产、食品加工、流通等环节的体验活动，在学校配餐中使用本地生产的农林水产品作为食材以及采取其他必要措施，促进产品的区域消费，具有创意地抑制食品废弃物的产生，并对其进行回收和利用等。

第二十四条（支援以继承饮食文化为目的的活动等）为了推进继承与传统习惯和礼法相结合的食文化、有地方特色的食文化等有我国传统特色的优秀食文化，国家以及地方公共团体在开展与此相关联的知识普及活动等方面，制定必要的措施。

第二十五条（推进食品的安全性、营养以及其他与食育生活相关的调查、研究、信息提供以及国际交流）

第一款　为了能让所有国民能选择合适的饮食生活方式，国家以及地方公共团体在进行与国民的饮食生活相关的，如食品的安全性、营养、饮食习惯、食料的生产、流通和消费及食品废弃物的产生及再利用的状况等方面的调查和研究的同时，应在必要的各种信息的收集、整理、提供和数据库的建立，以及为了能及时提供其他与饮食相关的正确信息方面制定必要的措施。

第二款　为了推进食育，国家以及地方公共团体应在收集海外食品的安全性、营养、饮食习惯等与食生活相关的信息，促进食育研究者之间的国际交流、食育推进相关活动的信息交流等及其他国际交流方面制定必要的措施。

第四章　食育推进会议等

第二十六条（食育推进会议的设置及其所掌管的事务）

第一款　在农林水产省举办食育推进会议。

第二款　食育推进会议主管以下所列事务。

第一项 制订食育推进基本计划，以及推进其实施。

第二项 除了前号所列的内容之外，审议与食育推进相关的重要事项以及促进有关食育活动的措施。

第二十七条（组织）食育推进会议由包括会长以及委员等 25 人以下组成。

第二十八条（会长）

第一款　会长由农林水产大臣担任。

第二款　会长负责会务工作。

第三款　会长因故不能履职时，由事先被指名的委员代理履行其职责。

第二十九条（委员）

第一款　委员由下列人员担任。

第一项 从农林水产大臣以外的国务大臣中，经农林水产大臣提名，由内阁总理大臣指定。

第二项 从有丰富的食育知识和经验的人中选择，由农林水产大臣予以任命。

第二款　前项第二号的委员为非专职人员。

第三十条　（委员的任期）

第一款　前条第一项第二号的委员的任期为两年。但候补委员的任期是前任者任期的剩余时间。

第二款　前条第一项第二号的委员可以再任命。

第三十一条（政令的委任）

本章所规定的内容之外，与食育推进会议的组织以及运营相关的必要事项，由政令规定。

第三十二条（都道府县食育推进会议）

第一款　为了推进都道府县的食育推进计划的制订及实施，对于其所在区域内的食育推进工作，都道府县可根据条例的规定设置都道府县食育推进会议。

第二款　与都道府县食育推进会议的组织以及运营相关的必要事项，由都道府县的条例规定。

第三十三条（市町村食育推进会议）

第一款　为了推进市町村食育推进计划的制订及实施，对于其所在区域内的食育推进工作，市町村可根据条例的规定设置市町村食育推进会议。

第二款　市町村食育推进会议的组织以及运营相关的必要事项，由市町村的条例规定

附则

（实施日期）

本法自公布之日起，在不超过一个月的范围内从政令规定的日期开始实施。

婴幼儿保育法（韩国）①

第一章 总则

第一条（目的）该法的目的是通过保护婴幼儿的身心、教育他们成为健康的社会成员，以此促进其父母的经济和社会活动，为婴幼儿和家庭的福利作出贡献。

第二条（定义）本法中使用的术语具有以下含义：

第 1 项"婴幼儿"是指 7 岁以下的学龄前儿童。

第 2 项"保育"是指为婴幼儿提供健康、安全的保护和照顾，以及符合其成长特点的教育的保育所和家庭保育支持等社会福利服务。

第 3 项"保育所"是指为监护人委托的婴幼儿提供保育服务的机构。

第 4 项"监护人"是指父母、监护人或其他对婴幼儿有实际监护权的人。

第 5 项"保育教职人员"是指负责婴幼儿保育、健康管理、监护人协商以及保育所其他管理和运作的人员，包括所长、保育教师和其他工作人员。

第三条（保育理念）

第 1 款 提供保育服务时必须考虑到婴幼儿的最佳利益。

第 2 款 保育必须确保在安全舒适的环境中进行，使婴幼儿能够健康成长。

第 3 款 对婴幼儿的保育不得因其性别、年龄、宗教信仰、社会地位、财产、残疾、种族和出生地而有任何歧视。

第四条（责任）

第 1 款 每个公民都有责任照顾婴幼儿的健康。

第 2 款 国家和地方政府及监护人共同负责健康地保育婴幼儿，并应努力确保必要的财政资源。

第 3 款 特别自治区的市长、特别自治区的知事、市长、县知事、自治区的市长（以下简称"自治区市长"）应确保所管辖区域有适当数量的保育所。

第 4 款 国家和地方政府要努力培训幼儿教师和工作人员，改善工作条件和保护权益。

第五条（删除）

第六条（保育政策委员会）

第 1 款 为了审议有关保育的各种政策、事业、保育指导及保育所评价的事项等，在保健福利部设立中央保育政策委员会，特别市、广域市、特别自治市、道、特别自治道（以下简称"市、道"）及市、郡、区（指自治区，下同）设立地方保育政策委员会。但是，地方保育政策委员会有适合负责其职能的其他委员会，如果该委员会的委员符合第 2 款规定的资格的话，根据市、省或市、郡、区的条例，该委员会可以承担地方保育政策委员会的功能。

---

① 韩国保健福利部于 1991 年 1 月 14 日正式实施第 4328 号法《婴幼儿保育法》。该法至今已经历 89 次修改，此处所翻译的版本是经 2023 年 8 月 16 日修正、2024 年 2 月 17 日生效的第 19653 号《婴幼儿保育法》。

该法由叶施利翻译，张利洪审校，朴钟鹤教授提供部分翻译支持。

第 2 款 第 1 款规定的中央保育政策委员会和地方保育政策委员会（以下简称"保育政策委员会"）的委员由保育专家、保育所所长及保育教师代表、监护人代表或公益代表、相关公务员等组成。

第 3 款 保育政策委员会的构成、功能及运营等必要事项由总统令规定。

第七条（育儿综合支援中心）

第 1 款 为了向婴幼儿提供第二十六之二条规定的非全日制育儿服务，或收集、提供有关保育的信息，保健福利部部长应设立并运营中央育儿综合支援中心，特别市市长、广域市长、特别自治市市长、省长、特别自治道知事（以下简称"市、省长"），及市长、县知事、区长应设立并运营地方育儿综合支援中心。在这种情况下，若有必要，可以为婴幼儿和残疾儿童建立和运营单独的儿童保育支援中心。

第 2 款 第 1 款规定的中央育儿综合支援中心和地方育儿综合支援中心（以下简称"育儿综合支援中心"）应配备育儿综合支援中心的负责人、提供有关保育信息的保育专家，以及为保育人员提供情感和心理辅导的专家。

第 3 款（删除）

第 4 款 保健福利部部长为了有效执行业务，将总统令规定的公共机关或民间机关、团体等指定为第 1 款规定的中央育儿综合支援中心。

第 5 款 育儿综合支援中心的设置、运营及功能，育儿综合支援中心的负责人和保育专家及咨询专家的资格及职责等必要事项由总统令规定。

第 6 款 关于育儿综合支援中心的安全事故预防及事故引起的婴幼儿生命、身体等损害赔偿，比照适用第三十一之二条。在这种情况下，"保育所"被视为"育儿综合支援中心"，"保育所所长"被视为"育儿综合支援中心所长"。

第八条（韩国保育振兴院的设立及运营）

第 1 款 为了提高保育服务的质量，系统地支援保育政策，设立韩国保育振兴院（以下简称"振兴院"）。

第 2 款 振兴院执行以下任务：

第 1 项 儿童保育政策和儿童保育项目的调查、研究和政策分析。

第 2 项 支持保育所的顺利运营和提供保育服务。

第 3 项 根据第二十二条第 1 款，为保育教职人员的资格考试提供支持，颁发证书。

第 4 项 对根据第二十三条和第二十三之二条开展的薪酬培训进行整体管理并提供支持。

第 5 项 根据第二十五之二条，支持家长监督小组的运作；根据第三十条，支持对保育所进行评估；根据第三十之二条，支持指定公共保育所；根据第四十一条，支持编写或跟进指导意见和命令；根据第四十二条，支持报告和检查，以便对保育服务进行质量控制。

第 6 项 支持根据第二十六条开展的与弱势儿童保育有关的项目。

第 3 款 振兴院作为法人，在主要事务所的所在地进行设立登记。

第 4 款 振兴院以补助金、捐款和其他收入来运营。

第 5 款 保健福利部部长可以在预算范围内支援振兴院运营所需的经费。

第 6 款 振兴院可以将第 2 款第 3 项及第 4 项的业务委托给相关专门机构等。

第 7 款 关于振兴院，除了本法和《公共机关运营法》中规定的事项以外，还比照适用《民法》中关于财团法人的规定。

第九条（保育实态调查）

第 1 款 保健福利部部长为了适当施行本法，应每三年进行一次保育实态调查并公布其结果。

第 2 款 保健福利部部长为了根据第 1 款进行的保育实态调查，可以要求保育所设置、运营者和相关机关、法人、团体的负责人提交必要的资料或意见的陈述。在这种情况下，收到邀请的人如果没有正当的理由，应该对此进行协助。

第 3 款 根据第 1 款的保育实态调查的方法、内容及结果公布等必要事项由保健福利部令规定。

第九之二条（监护人教育）

第 1 款 国家和地方政府要对婴幼儿的监护人实施关于婴幼儿的成长、养育方法、监护人作用、婴幼儿的人权及预防虐待儿童等的教育。

第 2 款 保健福利部部长或地方自治团体的负责人可以在预算范围内补贴第 1 款规定的教育所需的费用。

第 3 款 根据第 1 款的教育内容、实施方法等必要事项由保健福利部令规定。

第九之三条（保育综合信息系统的建设和运营）

第 1 款 保健福利部部长为了根据本法保育业务所需的各种资料或信息的高效处理和记录、管理业务的电子化，可以建立和运营保育综合信息系统。

第 2 款 保健福利部部长为建立和运营第 1 款规定的保育综合信息系统（以下简称"保育信息系统"），可以根据需要收集、管理、保留属于下列任何一项的资料，可以要求相关机构及组织的负责人提供必要的资料。在这种情况下，收到请求的相关机构及组织负责人如果没有正当理由的话，应该遵守要求。

第 1 项 第十九条及第二十条规定的保育教职员的任免及取消资格理由等的资料。

第 2 项 第二十一条和第二十二条规定的保育所所长或保育教师的资格考试及资格证交付等相关资料。

第 3 项 第二十六条规定的关于弱势儿童保育的资料。

第 4 项 第二十七条规定的保育所利用对象的资料。

第 5 项 第二十八条规定的优先提供儿童保育的资料。

第 6 项 第三十条规定的关于保育所评价的资料。

第 7 项 第三十一条及第三十一之三条规定的健康管理及预防接种等相关资料。

第 8 项 第三十一之二条规定的关于保育所安全互助事业的资料。

第 9 项 第三十四条规定的关于保育服务使用权的支付及利用的资料。

第 10 项 第三十六条规定的关于保育事业费用的补助的资料。

第 11 项 第四十六条到第四十八条规定的关于保育所所长及保育教师的资格停止及资格取消的资料。

第 12 项 其他实施保育事业所需的资料、由总统令规定的资料。

第 3 款 保健福利部部长为了开展有关保育信息系统的建设和运营的事务，在不可避免的情况下，根据《个人信息保护法》第二十三条关于健康的信息（仅限于健康管理、健康检查相关信息）或同法第二十四条，可以处理包含固有识别信息的资料。在这种情况下，保健福利部部长要按照《个人信息保护法》保护该信息。

第 4 款 保育信息系统可以与《社会保障基本法》第三十七条第 2 款规定的社会保障信息系统相联使用。

第 5 款 保育信息系统的建设和运营所需的事项由总统令规定。

第二章 保育所的设置

第十条（保育所的种类）

保育所的种类如下：

第 1 项 国家和公立保育所：国家或地方自治团体设置和运营的保育所。

第 2 项 社会福利法人保育所：《社会福利服务法》中所称的社会福利法人（以下简称《社会福利法》）设立并运营的保育所。

第 3 项 法人、团体等保育所：各种法人（除社会福利法人以外的非营利法人）或团体根据总统令规定并设立运营的保育所。

第 4 项 职场保育中心：雇主为工作场所的劳动者设置和运营的保育所（国家或地方自治团体的负责人所属公务员及与国家或地方政府的负责人签订劳动合同的人，为非公务员的人设置、运营保育所）。

第 5 项 家庭保育所：个人在家庭或与之相当的地方设置和运营的保育所。

第 6 项 合作保育所：监护人或监护人与保育教职人员组成的协会（仅限于非营利性协会）设立、运营的保育中心。

第 7 项 私立保育所：不属于第 1 项到第 6 项规定的保育所。

第十一条（保育计划的制订和实施）

第 1 款 为了顺利推进保育事业，保健福利部部长，市、省长，及市长、郡长、区长等在有特殊情况时要经过中央保育政策委员会的审议，其他情况下要经过各地方保育政策委员会的审议，制订并实施包括保育所供需计划等的保育计划。在这种情况下，保育计划应包括公共儿童保育中心的供应计划和目标。

第 2 款 保健福利部部长，市、道知事，及市长、县知事、区长为了根据第 1 款制订和实施的保育计划，必要时可以要求对保育所、保育相关法人、团体等提供资料等协助。收到该请求的保育所和保育相关法人、团体等如果没有正当理由，应遵守要求。

第 3 款 第 1 款规定的保育计划的内容、实施时间及程序等必要事项由总统令规定。

第十一之二条（确保保育所或保育所用地）

市、道长，市长，县知事，区厅长应根据《城市开发法》《城市及居住环境整备法》《宅地开发促进法》《产业立地及开发法》和《公共住宅特别法》等实施的开发、维修、建设项目，必须努力确保保育所或保育所用地。

第十二条（国家和公立保育所的设置等）

第 1 款 国家或地方政府要设立国家和公立保育所（包括国家和公立保育所以外的保育所的捐款或通过免费分期付款等使用合同转换的情况）运营，国家和公立保育所应该按照第十一条的保育计划在以下各项地区优先设置。

第 1 项 城市低收入居民密集住宅区及农渔村地区等弱势地区。

第 2 项（删除）

第 3 项 根据《产业立地及开发法》第二条第 8 项规定的产业园区。

第 2 款 国家或地方政府根据第 1 款设立国家和公立保育所时，应经过第六条第 1 款规定的地方保育政策委员会的审议。

第 3 款 国家或地方政府应在《住宅法》第二条第 3 款规定的共同住宅中，将按照同样的法律第三十五条规定设置的保育所作为国家和公立保育所运营。但是，根据《共同住宅管理法》第二条第 1 款第 7 项规定的入住者等过半数不赞成运营国家和公立保育所等总统令规定的情况除外。

第 4 款 根据第 3 款，要设置和运营国家和公立保育所的公寓住宅的规模，以及国家和公立保育所的设置与运营的必要事项由总统令规定。

第十三条（国家和公立保育所以外的保育所的设立）

第 1 款 设立与运营国家和公立保育所以外的保育所时，必须得到特别自治市市长、特别自治道知事、市长、县知事、区长的批准。拟变更已批准事项中的重要事项时亦同。

第 2 款 特别自治市市长、特别自治道知事、市长、县知事、区长根据第 1 款批准时，应考虑相关地区的保育需求。

第 3 款 根据第 1 款获得保育所设置许可的人，应在保育所访问者等可以看到的地方张贴保育所许可证。

第 4 款 根据第 1 项的批准需要的事项由保健福利部令来定。

第十四条（职场保育中心的设置等）

第 1 款 总统令规定的一定规模以上的工作场所的雇主必须设置职场保育中心。但是，雇主无法自行设置职场保育中心时，用人单位可以共同设置和运营职业保育中心，或者与当地保育所签订委托合同，支援劳动者子女的保育（以下在本条中称为"寄养儿童保育"）。

第 2 款 工作场所的雇主根据第 1 款提供寄养儿童保育时，应确保工作场所内符合儿童保育资格的工作人员的子女中接受寄养儿童保育的人数达到保健福利部令规定的一定比例以上。

第 3 款 根据第 1 款设置保育所及寄养儿童保育的必要事项由保健福利部令规定。

第十四之二条（职场保育中心设置义务未履行职场名单公布等）

第 1 款 保健福利部部长及总统令规定的机关（称为"调查机关"，以下本条相同）负责人应每年进行第十四条规定的职场保育中心设置等义务履行的实态调查。实态调查的对象——工作场所的雇主如果没有特殊情况应当遵守。在这种情况下，调查机构的负责人在完成实态调查后，须将结果通报给保健福利部部长。

第 2 款 保健福利部部长根据第 1 款的实态调查结果可以公布不履行职场保育中心设置等义务的职场及不遵守实态调查的职场（称为"不符合规定的职场"，本条下同）的名单。但若有总统令规定事由的情况除外。

第 3 款 为了审议是否公布第 2 款规定的名单，在保健福利部设立职场保育中心名单公布审议委员会（以下本条称为"委员会"）。在这种情况下，委员会的委员包括委员长在内由 5 人以上组成，并由保健福利部部长从属于下列任何一项的人员中任命或委托。

第 1 项 保健福利部负责保育政策的 3 级公务员或属于高级公务员团的一般公务员。

第 2 项 律师等法律专家。

第 3 项 工人代表。

第 4 项 雇主的代表人。

第 5 项 代表公共利益的人。

第 6 项 其他保育专家等总统令规定的人。

第 4 款 保健福利部部长应该在委员会审议后通知受公布名单限制的职场雇主，并按照总统令的规定给予雇主陈述意见的机会。

第 5 款 根据第 2 款的公告，名单在保健福利部、雇佣劳动部的网站上张贴一年，并在 2 种以上的日报上发布。

第 6 款 根据第 1 款到第 3 款的规定，关于职场保育中心设置等义务履行的实态调查的内容和方法、与未履行职场名单公布相关的必要事项，以及委员会的设置、运营等必要事项由总统令规定。

第十五条（保育所设置标准）

设置和运营保育所的人必须达到保健福利部法令规定的设置标准。但是，与游乐场、应急灾害准备设施及闭路电视的安装有关的事项分别按照第十五之二条到第十五之四条。

第十五之二条（设置游乐场）

第 1 款 运营保育所的人要设置游乐场，设置的标准由保健福利部令规定。但是，属于下列任何一项的保育所不用照此规定：

第 1 项 保育定员不足 50 人的保育所。

第 2 项 100 米以内设置了符合保健福利部令规定标准的游乐场的保育所。

第 2 款 尽管有第 1 款的规定，但如果在 2005 年 1 月 29 日之前获得许可的保育所，由于客观条件，难以设置游乐场，且被认为不妨碍儿童保育的，经过特别自治区区长、特别自治区知事、市长、县知事、区长批准，可以不设置游乐场，或放宽游乐场设置标准。

第十五之三条（防灾应急设施）

第 1 款 运营保育所的人必须安装各类防灾应急设施。关于设置的标准由保健福利部令规定。

第 2 款 尽管有第 1 款，特别自治市市长、特别自治道知事、市长、县知事、区长在 2009 年 7 月 3 日之前已经认可的保育所（称为"捐赠保育所"，以下本条相同）判断对灾害应急准备没有影响的话，可以适用以前许可时的基准。在这种情况下，特别自治市市长、特别自治道知事、市长、县知事、区厅长为了判断是否对灾害应急准备有影响，必须组成防灾应急设施标准审议委员会，对相关事项进行审议。

第 3 款 第 2 款规定的防灾应急设施标准审议委员会的委员人数为 5 名以上，且属于下列任何一项，并由特别自治市市长、特别自治道知事、市长、县知事、区长任命或委任。在此情况下，第 1 项至第 4 项之人员必须占全体委员二分之一以上，并在委员中选举主席。

第 1 项 消防公务员。

第 2 项 消防技术师。

第 3 项 消防设施管理师。

第 4 项 根据《火灾预防及安全管理法》第十一条，具备消防、防灾领域专业知识的人。

第 5 项 负责保育相关业务的公务员。

第 6 项 根据《高等教育法》第二条在学校在职的保育相关领域的教授。

第 4 款 委员的任期、运营及会议等必要事项比照适用第六条规定的地方保育政策委员会相关规定。

第十五之四条（关闭电路电视的设置等）

第 1 款 保育所的建立和运营者应根据《个人信息保护法》及相关法律法规安装和管理关闭电路电视（以下简称"闭路电视"），以确保婴幼儿的安全和托儿所的安全，包括防止虐待儿童。但是，属于以下任何一项的情况除外。

第 1 项 建立和运营保育所的人得到监护人全部同意后向特别自治市市长、特别自治道知事、市长、县知事、区长申报的情况。

第 2 项 建立和运营保育所的人在监护人及保育教职员工全体同意的情况下，根据《个人信息保护法》及相关法令安装网络摄像机的情况。

第 2 款 根据第 1 款设置和管理闭路电视的人，为了不侵害婴幼儿及保育教职员等信息主体的权利，应遵守以下各项事项。

第 1 项 为了婴幼儿的安全，包括防止虐待儿童，以及保育所的安全，仅合法、公平地收集最少量的视频信息，并确保不将其用于预期目的以外的目的。

第 2 项 安全管理视频信息，并考虑婴幼儿、保育人员等信息主体权利受到侵犯的可能性和风险程度。

第 3 项 视频信息的处理方式尽量减少婴幼儿及保育教职员等信息主体隐私的侵犯。

第 3 款 保育所的建立和运营者必须将闭路电视录像信息保存 60 天以上。

第 4 款 第 1 款规定的闭路电视的设置、管理标准、批准或申报的方法、程序、要求，第 3 款规定的视频信息的保管标准和保管期间等必要事项由保健福利部令规定。

第十五之五条（禁止阅览视频信息等）

第 1 款 闭路电视的设置和管理者，除了属于下列任何一项的情况外，不得阅览第十五之四条第 1 款的视频信息。

第 1 项 监护人为确认儿童或受保护儿童的安全，按照教育条例规定的观看时间、程序、方法等要求提供视频资料原件或复印件时。

第 2 项 根据《个人信息保护法》第二条第 6 款第 1 项的公共机关为了执行第四十二条或《儿童福利法》第六十六条等法令规定的婴幼儿安全业务而要求的情况。

第 3 项 为侦查犯罪、提起公诉、维持起诉，以及法院履行司法职责所必需时。

第 4 项 除此之外，教育部条例规定的从事保育安全工作的机构，根据教育部条例提出检查程序和方法等请求以履行工作职责时。

第 2 款 建立和运营保育所的人不得做出属于下列任何一项的行为。

第 1 项 为了达到第十五之四条第 1 款的设置目的和其他目的，任意操作闭路电视或将视频信息在其他场所播出。

第 2 项 使用录音功能在保健福利部令规定的存储设备以外的设备上存储视频信息。

第 3 款 保育所的建立和运营者应根据总统令，制订内部管理计划并保存访问记录，以防止第十五之四条第 1 款所规定的视频信息丢失、被盗、泄露、篡改或损坏的情况；并按照总统令规定，采取确保安全性所需的技术、管理和物理措施。

第 4 款 国家及地方政府应根据保健福利部令，对保育所设置的闭路电视的安装和管理及其影像信息的阅览进行监控，以确保婴幼儿及保育教职员等信息主体的权利不受侵犯、保育所内安装的闭路电视及其视频信息的观看不违反规定。每年至少要调查检查一次。

第 5 款 任何人不得有违反本法规定而泄露、伪造、损毁或销毁第十五之四条第 1 款的视频信息的行为。

第 6 款 关于闭路电视的设置和管理及其视频信息的阅览，除了本法规定的以外，适用《个人信息保护法》（第二十五条除外）。

第十六条（不符合资格）

属于下列任何一项的人不能建立和运营保育所。

第 1 项 未成年人、成年人监护人或有限监护人。

第 2 项 《精神健康促进及精神病患者福利服务支援相关法律》第三条第 1 项所称的精神病患者。

第 3 项 《毒品管制法》第二条第 1 项规定的毒品类成瘾者。

第 4 项 被宣告破产后尚未复职者。

第 5 项 被判处有期徒刑，且执行结束之日起五年内，以及刑罚执行完毕（含视同执行完毕的案件）或免予执行（涉及第三条规定的虐待儿童、《儿童福利法》第七条第 2 项）未满 20 年的人（如果已犯罪）。

第 6 项 被判处有期徒刑以上缓刑且缓刑期正在进行中的人。但是，如果根据《儿童福利法》第三条第 7 之 2 项的规定，某人因虐待儿童相关罪行被判处有期徒刑或以上缓刑，且自确认缓刑之日起未满 20 年。

第 7 项 根据第四十五条被勒令关闭幼儿园且未满五年者，或根据《幼儿教育法》第三十二条被勒令关闭幼儿园且未满五年者。

第 8 项 10 年内未曾根据《儿童福利法》第五十四条第 2 款至第 4 款（含第 4 款）被判处 300 万韩元或以上罚金者，或 10 年内未曾根据《儿童福利法》第三条第 7 款第 2 项（含第 7 款）因虐待儿童相关罪行被判处罚金者。

第 9 项 没有履行第二十三之三条规定的教育命令的人。

第十六之二条（罚款的分离宣判）

尽管有《刑法》第三十八条，但对第五十四条第2款到第4款中规定的罪行和同时犯有另一罪行的，应分别处以罚金。

第三章　保育教职员

第十七条（保育教职员的配置）

第1款 保育所必须配备保育教职员。

第2款 根据第二十四之四条第1款区分保育时间运营的保育所，可以按照同项各款的保育时间安排保育教师。

第3款 保育所为了减轻保育教师的业务负担，可设置辅助教师等。

第4款 如果保育老师因放假或进修等出现工作空档，将指派一名可以代替保育老师的代课老师。

第5款 保育教职员及其他人力资源的配置标准等必要事项由保健福利部令规定。

第十八条（保育教职员的职务）

第1款 保育所所长监督保育所，指导和监督保育教师和其他职员，保育婴幼儿。

第2款 保育教师保育婴幼儿，保育所所长因不可避免的原因不能履行职务时，代其履行职责。

第十八之二条（保育教职员的责任）

第1款 保育教职员在保育婴幼儿时，不得对婴幼儿施加身体上的痛苦或大声喊叫、谩骂等精神上的痛苦。

第2款 保育教职员在开展业务时，为了婴幼儿的生命、安全保护及防止危险，必须履行注意义务。

第十九条（保育教师、工作人员的任免等）

第1款 特别自治市市长、特别自治道知事、市长、县知事、区长为了保障保育教职员的权益和改善劳动条件，要管理保育教职员的任免和经历等相关事项。

第2款 保育所所长应按照保健福利部令的规定，向特别自治市市长、特别自治道知事、市长、县知事、区长报告有关保育教职员任免的事项。

第二十条（取消资格）

有以下情形之一的，不得在保育所工作。

第1项 符合第十六条各项的任何一项的人。

第2项 根据第四十六条或第四十七条暂停资格的人。

第3项 根据第四十八条第1款规定取消资格后，且尚未过同条第二项规定的资格补发期间。

第二十一条（保育所所长或保育教师的资格）

第1款 保育所所长必须具备总统令规定的资格，获得保健福利部部长认可和其颁发的证书。

第2款 保育教师必须是符合下列各项之一，并获得保健福利部部长认可和其颁发的证书的人。

第1项 根据《高等教育法》第二条规定，在保健福利部令规定的学校修完与保育相关的科目并获得学分，从而获得学士学位或更高学位的人。

第1之2项 法律认定与《高等教育法》第二条规定从学校毕业的人员具有同等教育水平，并修完保健福利部令规定的保育相关科目及学分，获得学士学位或更高学位的人。

第2项 高中或从同等水平以上的学校毕业，在市、道知事指定的教育培训机构修完规定教育课程的人。

第3款 第2款规定的保育教师的等级为1、2、3级，各等级的资格标准由总统令规定。

第4款 根据第2款第2项的教育培训机构的指定及指定取消、教育课程等必要事项由保健福利部令规定。

第二十二条（保育所所长或保育教师资格证的交付等）

第1款 保健福利部部长应根据第二十一条第1款和第2款，检验保育所所长或保育教师的资格并颁发资格证。

第2款 保健福利部部长可以按照保健福利部令的规定，向想获得保育所所长或保育教师的资格证或再交付（以下简称"保育资格证发放等"）的人收取手续费。

第3款（删除）

第4款（删除）

第5款 根据第五十一之二条第1款第2项委托办理保育资格证发放等相关业务的公共或民间机关、团体，经保健福利部部长批准后，可直接支付根据第2款缴纳的手续费，用于发放保育资格证等所需的经费。

第6款 保育资格证发放等事项由保健福利部令规定。

第二十二之二条（禁止出租姓名等）

第1款 保育所所长或保育教师不得让别人用自己的姓名或保育所的名称来执行保育所所长或保育教师的业务。

第2款 根据第二十二条第1款获得资格证的人不得将资格证出借给他人，任何人不得出借资格证。

第3款 任何人不得有第2款禁止的行为。

第二十三条（保育所所长的继续教育）

第1款 保健福利部部长为了提高保育所所长的资质，要进行补修教育。在这种情况下，补修教育以集体教育为原则。

第2款 第1项规定的继续教育分为职前培训和在职培训。

第3款（删除）

第4款 根据第1款的补修教育要包括有关下列各项事项的内容。

第1项 预防性暴力及虐待儿童。

第2项 失踪、绑架的预防。

第3项 传染病及药物滥用预防等保健卫生管理。

第4项 备灾安全。

第5项 交通安全。

第 6 项 保育所所长的人格培养（包括婴幼儿的人权保护教育）。

第 7 项 其他保健福利部令规定的事项。

第 5 款 除此之外，继续教育的时间期限、方法等必要事项由保健福利部令规定。

第二十三之二条（保育教师的继续教育）

第 1 款 保健福利部部长为提高保育教师的素质，要对其进行继续教育。在这种情况下，继续教育以集体教育为原则。

第 2 款 第 1 项规定的继续教育分为职务培训和晋升培训。

第 3 款 第 1 项规定的继续教育应包括有关下列各项事项的内容。

第 1 项 预防性暴力及虐待儿童。

第 2 项 失踪、绑架的预防。

第 3 项 传染病及药物滥用预防等保健卫生管理。

第 4 项 备灾安全。

第 5 项 交通安全。

第 6 项 保育教师的人性培养（包括婴幼儿的人权保护教育）。

第 7 项 其他保健福利部令规定的事项。

第 4 款 除此之外，继续教育的时间期限、方法等必要事项由保健福利部令规定。

第二十三之三条（教育令）

第 1 款 根据《儿童福利法》第三条第 7 款第 2 项的规定，犯有虐待儿童相关罪行的人，如果不属于第十六条第 5 至 8 款取消资格的情况，也不属于第二十条第 1 款取消资格的情况（仅限于属于第十六条第 5 至 8 款取消资格的情况），并且打算建立和运营儿童保育中心或在儿童保育中心工作，则保健福利部部长应命令该人事先接受防止虐待儿童的培训。在这种情况下，培训费用应由接受培训者承担。

第 2 款 与第 1 款规定的教育命令措施相关的程序、教育机构、教育方法、内容等必要事项由保健福利部令规定。

第四章　保育所的运营

第二十四条（保育所的运营标准等）

第 1 款 建立和运营保育所的人应按照保健福利部令规定的运营标准运营保育所。

第 2 款 国家或地方自治团体可以将根据第十二条设置的国家和公立保育所委托给法人、团体或个人来运营。在这种情况下，按照保健福利部令的规定，对国家和公立保育所的选择和管理标准进行审议。最初委托除了委托给属于下列任何一项人的情况以外，按照公开竞争的方法进行。

第 1 项 私人保育所向国家或地方自治团体捐款转为国家和公立保育所时，则为捐款前建立并运营该保育所的人。

第 2 项 设置国家和公立保育所时，向国家或地方政府捐赠场地或建筑物款或允许免费使用的人。

第 3 项 根据《住房法》设置的民间保育所转换为国家和公立保育所时，变更的保育所的设立、运营者。

第 3 款 根据第十四条设置职场保育中心的雇主可以将其委托给法人、团体或个人进行运营。

第 4 款 根据第 2 款和第 3 款规定的保育所委托及委托取消等必要事项由保健福利部令规定。

第二十四之二条（保育时间的分类）

第 1 款 保育所可以按照以下各项区分保育时间。

第 1 项 基本保育：必须提供给使用保育所的所有婴幼儿的课程，是不超过保健福利部令规定时间的保育。

第 2 项 延长保育：在基本保育之外，根据监护人等的需要提供的保育。

第 2 款 关于第 1 项规定的保育时间的运营标准和内容的事项由保健福利部令规定。

第二十五条（保育所管理委员会）

第 1 款 保育所所长为了提高保育所运营的自律性和透明度，加强与当地社区的联系，实施符合地区实际情况和特点的保育，可以在保育所设立并运营保育所管理委员会。但是，根据第二十六条优先实施弱势保育的保育所和总统令规定的保育所要设置并运营保育所管理委员会。

第 2 款 保育所管理委员会由保育所所长、保育教师代表、家长代表和社区代表组成（职场保育中心的话由职场的保育所业务负责人组成）。在这种情况下，应有超过二分之一以上的家长代表参加。

第 3 款 保育所所长将根据保育所的规模等，以总统令决定保育管理委员会的委员人数在 5 名以上 15 名以内。在这种情况下，家长代表要尽可能地代表婴幼儿年龄。

第 4 款 保育所管理委员会审议以下各项事项。

第 1 项 关于保育所运营规定的制定或修订的事项。

第 2 项 关于保育所预算及结算报告的事项。

第 3 项 关于婴幼儿健康、营养和安全的事项。

第 3 之 2 项 关于预防虐待儿童的事项。

第 4 项 保育时间、保育过程的运营方法等关于保育所运营的事项。

第 5 项 关于改善保育教职员的工作环境的事项。

第 5 之 2 项 关于保护保育教职员的权益的事项。

第 6 项 关于改善婴幼儿保育环境的事项。

第 7 项 关于保育所和社区合作的事项。

第 8 项 收到保育费以外的必要费用时，在第三十八条第 1 款规定的范围内关于决定其收取额度的事项。

第 9 项 其他关于保育所运营的提案及建议事项。

第 5 款 保育所管理委员会每年要召开 4 次以上会议。

第 6 款 除此之外，保育所管理委员会的设置、运营所需的事项由保健福利部令决定。

第二十五之二条（家长监察组）

第 1 款 市、道知事或市长、县知事、区长应成立由家长、保育专家、卫生专家组成的监察组，对保育所保育环境进行监测并提供咨询（以下本条称为"家长监察组"）。

第2款 家长监察组履行下列各项职责。

第1项 监测保育所供餐、卫生、健康和安全管理等运营状况。

第2项 为改善保育所保育环境提供咨询。

第3项 其他保育相关事项、保健福利部令规定的事项。

第3款 家长监察组人数在10名以内，由市、道知事或市长、县知事、区厅长委任。

第4款 市、道知事及市长、县知事、区长可以对被委任为家长监察组的人进行履行职责所需的教育。

第5款 国家和地方自治团体可以在预算范围内支援家长监察组的运营等所需费用的全部或部分。

第6款 家长监察组为了履行第2款各项职责，可以进入保育所，在这种情况下，需要得到市、省长或市长、县知事、区长的批准。

第7款 家长监察组根据第6款获得批准后出入保育所时，要向保育所所长等有关人士出示承诺书和显示身份的证明。

第8款 当公职人员进入保育所，根据第四十二条规定调查保育所运营状况时，家长监察组可以和公职人员一起进入保育所。在这种情况下，可以不经市、省长或市长、县知事、区长的批准。

第9款 根据第1款到第8款规定的家长监察组的构成、运营、教育、费用支援及职务执行等事项由保健福利部令规定。

第二十五之三条（监护人参观保育所）

第1款 为了确认婴幼儿的保育环境、保育内容等保育所的运营状况，监护人可以要求保育所所长对保育所进行检查。在这种情况下，保育所所长除有特殊理由的话必须遵守。

第2款 第1款的检查标准及方法等必要事项由保健福利部令规定。

第二十六条（弱势者等的保育优先）

第1款 国家或地方政府、社会福利法人、其他非营利法人设立的保育所和保育所所长应优先实施针对婴儿、残疾儿童、《多元文化家庭支援法》第二条第1项规定的多文化家庭儿童等的保育。（以下简称"弱势保育"）

第2款 保健福利部部长，市、道知事，市长、县知事、区长应制定并实施振兴弱势保育所需的各种政策。

第3款 弱势儿童保育的种类和实施等事项由保健福利部令规定。

第二十六之二条（非全日制保育服务）

第1款 国家或地方政府对根据第三十四条的无偿保育及《幼儿教育法》第二十四条不接受无偿教育支援的婴幼儿，必要时可以提供时间制保育服务。在这种情况下，提供时间制保育服务的种类、支援对象、支援方法、其他提供非全日制保育服务的必要事项由保健福利部令规定。

第2款 特别自治市市长、特别自治道知事、市长、县知事、区厅长可以将属于下列任何一项的设施指定为提供兼职保育服务的机构（以下本条中称为"兼职保育服务指定机关")。

第 1 项 综合育儿支援中心。

第 2 项 保育所。

第 3 项 其他可以提供时间制保育服务的设施，由保健福利部令规定的设施。

第 3 款 保健福利部部长，市、道知事，市长、县知事、区长可以向时间制保育服务指定机关在预算范围内补贴提供非全日制保育服务所需的费用。

第 4 款 特别自治市市长、特别自治道知事、市长、县知事、区长在时间制保育服务指定机关属于下列任何一项时，可以取消第 2 款规定的指定。

第 1 项 非全日制保育服务指定机关支付的补助金及费用用于目的以外的用途时。

第 2 项 非全日制保育服务指定机关以虚假或其他不正当的方式收到补助金及费用时。

第 3 项 除此之外，有总统令规定的事由的情况。

第 5 款 第三十一之二条适用于非全日制保育服务指定机构因事故引起的婴幼儿生命、身体等损害的安全事故预防和赔偿。在这种情况下，"保育所"被视为"非全日制保育服务指定机关"，而"保育所所长"被视为"非全日制保育服务指定机构的负责人"。

第二十七条（保育所的使用对象）

保育所的使用对象以需要保育的婴幼儿为原则。但是，如果需要的话，保育所所长可以将保育服务延长至满 12 岁。

第二十八条（保育的优先提供）

第 1 款 国家或地方自治团体、社会福利法人、其他非营利法人设立的保育所和总统令规定的保育所所长应让属于下列任何一项的人优先使用保育所。但是，根据《雇佣政策基本法》第四十条第 2 款委托设置和运营就业促进设施的公共团体或非营利法人设置和运营的保育所所长可以让工作人员的子女优先使用保育所。

第 1 项《国民基础生活保障法》的受益者。

第 2 项《单亲家庭支援法》第五条规定的支援对象的子女。

第 2 之 2 项 根据《单亲家庭支援法》第五之二条第 2 款支援对象的孙辈。

第 3 项 根据《国民基础生活保障法》第二十四条规定的下级子女。

第 4 项 根据《残疾人福利法》第二条规定的残疾人子女，且该残疾人符合保健福利部令规定的残疾程度。

第 4 之 2 项 根据《残疾人福利法》第二条规定的残疾人的兄弟姐妹，且符合健福利部令规定的残疾程度的婴幼儿。

第 5 项 根据《多元文化家庭支援法》第二条第 1 款的多元文化家庭的子女。

第 6 项《国家功勋人员表彰扶助法》第四条第 1 款规定的国家功勋人员的子女，包括第 3 项的战殁军警，第 4 项、第 6 项、第 12 项、第 15 项、第 17 项的伤者，第 5 项、第 14 项、第 16 项因公死亡者的子女。

第 7 项 患有 1 型糖尿病、治疗方式简单的婴幼儿。

第 8 项 考虑到收入水平和保育需求等，由保健福利部令规定的人的子女。

第 2 款 雇主要让职场工作人员的子女优先使用职场保育中心。

第 3 款 根据第 1 款保育的优先提供对象的适用方法、标准等必要事项由保健福利部令规定。

第二十九条（保育过程）

第 1 款 保育过程应包含可以促进婴幼儿的身体、情绪、语言、社会性以及认知发展的内容。

第 2 款 保健福利部部长要开发和普及标准保育过程，必要时检查其内容并进行修改和补充。

第 3 款 保育所所长应按照第 2 款的标准保育过程努力保育婴幼儿。

第 4 款 保育所所长得到监护人的同意，对一定年龄以上的婴幼儿，仅限于保健福利部令规定的特定时间，除了保育过程以外，还可以实施在保育所内外进行的特别活动项目（以下简称"特别活动"）。在这种情况下，保育所所长应该为不参加特别活动的婴幼儿准备可以代替特别活动的项目。

第 5 款 第 1 款规定的保育过程、第 4 款规定的特别活动对象婴幼儿的年龄及特别活动内容等必要事项由保健福利部令规定。

第二十九之二条（保育所生活记录）

保育所所长应综合观察和评价婴幼儿的发育状况等，以用于婴幼儿生活指导和与小学教育的联系指导，并按照保健福利部部长规定的标准编写和管理生活记录簿。

第三十条（保育所评价）

第 1 款 保健福利部部长为了提高婴幼儿保育服务的质量，要对保育所的保育过程、保育过程运营、保育人力的专业性和使用者满意度等进行定期评价。

第 2 款 保健福利部部长根据第 1 款的评价结果，可以采取管理保育所保育服务、为保育事业提供财政和行政支援等必要措施。

第 3 款 保健福利部部长应公布第 1 款规定的保育所评价等级等评价结果。

第 4 款 保健福利部部长在根据第 1 款接受评价的保育所发生属于下列任何一项的情况时，应将评价等级调整为最低等级。

第 1 项 用谎言或其他不正当的方法参加被评价的情况。

第 2 项 保育所的建立、运营者违反本法被判处有期徒刑以上刑罚且为最终刑罚的情况。

第 3 项 根据第四十条第 2 项或第 3 项收到补助金的返还命令或第四十五条、第四十五之二条或第四十六条至第四十八条受到保健福利部规定的行政处罚的情况。

第 4 项 保育所的代表或保育教职员违反《儿童福利法》第十七条规定或犯有《儿童青少年性保护法》第二条第 2 项的儿童、青少年性犯罪行为。

第 5 项 保健福利部部长为了管理根据第 1 项接受评价的保育所的保育服务的质量，必要时可以进行确认检查，调整第 1 项的评价等级。

第 6 项 根据第 1 款、第 3 款和第 5 款的评价时间及方法、确认检查的对象及方法、相应的评价等级、评价结果公布的内容及方法等必要事项由保健福利部令规定。

第三十之二条（公立保育所的指定）

第 1 款 保健福利部部长为了加强保育所运营的公共性及管理体系，可以将达到保健福利部令规定的要求的保育所指定为公立保育所。

第 2 款 根据第 1 款指定的公立保育所的建立和运营者应遵守保健福利部法令规定的公立保育所的运营标准。

第 3 款 根据第 1 款指定的公立保育所的有效期从指定当月的次月 1 日起共 3 年，到期后可以再指定为 3 年。

第 4 款 关于第 1 款规定的指定程序及第 3 款规定的再指定标准、程序等必要事项由保健福利部令规定。

第三十之三条（取消公立保育所的指定）

第 1 款 保健福利部部长根据第三十之二条第 1 款指定的公立保育所有属于下列任何一项时，可以取消其指定。但有第一项情形者，则必须取消其指定。

第 1 项 以虚假或其他不正当的方式被指定的情况。

第 2 项 不符合第三十之二条第 1 款规定的指定要求或同条第 4 款规定的再指定标准的情况。

第 3 项 违反第三十之二条第 2 款规定的公立保育所运营标准的情况。

第 2 款 根据第 1 款取消指定所需的事项由保健福利部令规定。

第五章　健康、营养及安全

第三十一条（健康管理及应急措施）

第 1 款 保育所所长对婴幼儿和保育教职员定期进行健康检查，但可以代替《国民健康保险法》第五十二条和《医疗补助法》第十四条规定的健康检查。但是对于婴幼儿，由监护人提交检查结果报告，并根据第二十九之二条在保育所生活记录簿上记录和管理。

第 2 款 对婴幼儿因疾病、事故或灾害等处于危急状态时，保育所所长应立即将其转移到急诊的医疗机构。

第 3 款 根据第 1 款的健康诊断的具体标准和内容等必要事项由保健福利部令规定。

第三十一之二条（保育安全互助事业等）

第 1 款 为了对因保育所安全事故而遭受生命、身体或财产损失的婴幼儿及保育教职员等进行补偿，得到保健福利部部长的许可，可以进行保育所安全互助事业（以下简称"互助事业"）。

第 2 款 以互助事业为目的而设立的保育所安全互助会（以下简称"互助会"）为法人，在主要事务所所在地登记设立。

第 3 款 保育所所长是互助会的加入者。

第 4 款 加入互助会的保育所所长要向互助会缴纳执行互助事业所需的资金和下列各项的互助费等。但是，第 2 项和第 3 项的扣除费可以由保育所所长选择缴纳。

第 1 项 为了补偿婴幼儿的生命和身体损失的扣除费。

第 2 项 为了赔偿保育教职员的生命和身体损失的扣除费。

第 3 项 为了赔偿保育所财产损失的扣除费。

第 5 款 互助会的基本财产由会员的出资等构成。但是，保健福利部部长可以支援互助会主要事务所的建设及运营所需费用的一部分。

第 6 款 互助会的会员资格、有关委员的事项及出资的负担基准事项由公司章程规定。

第 7 款 互助会设立许可标准及程序、章程事项、运营及监督等相关必要事项由总统令决定。

第 8 款 互助会对于互助事业的范围、互助费、用于互助事业的责任准备金等必须制定有关规定，并得到保健福利部部长的许可。拟变更扣除规定时亦同。

第 9 款 关于互助会，除了本法规定的以外，在《民法》中比照适用有关财团法人的规定。

第 10 款 互助会依本法办理的业务，不适用《保险业法》。

第 11 款 保育所所长按照第 4 款第 3 项缴纳扣除费用后，视为已履行《社会福利事业法》第三十四之三条规定的加入保险义务。

第 12 款 根据第七条第 6 款加入互助会的育儿综合支援中心的负责人可以选择性缴纳第 4 款各项的互助费。但是，提供时间制保育服务、婴幼儿体验及游戏空间的育儿综合支援中心的负责人必须缴纳第 4 款第 1 项的扣除费。

第三十一之三条（是否接种疫苗的确认）

第 1 款 保育所所长应该对婴幼儿每年定期使用《传染病预防控制法》第三十三之四条规定的预防接种综合管理系统，确认婴幼儿的预防接种相关事实。但是，首次对婴幼儿实施保育时，应在实施保育之日起 30 天内确认。

第 2 款 保育所所长可以根据第 1 款的确认结果，对未接种疫苗的婴幼儿的监护人进行接种指导，必要时可以向在辖区的保健所所长请求预防接种支援等协助。

第 3 款 保育所所长为了确认婴幼儿的预防接种与否，应在第二十九之二条规定的保育所生活记录中记录并管理有关预防接种与否及明细的事项。

第三十二条（治疗和预防措施）

第 1 款 保育所所长根据第三十一条的健康诊断结果，对感染疾病或可能被感染的婴幼儿，应与其监护人协商，采取治疗和预防疾病的必要措施。

第 2 款 保育所所长可以按照保健福利部令对属于下列任何一项的婴幼儿、保育所居民。保育教职员采取从保育所隔离等必要措施。

第 1 项 根据第三十一条的健康诊断结果或其他医生的诊断结果，被确认为感染者、疑似感染者或有感染传染病危险者。

第 2 项 根据《传染病预防控制法》第二条第 15 之 2 款的传染病怀疑者。

第 3 款 保育所所长如有必要采取第 1 款措施，可以向《地区保健法》第十条和第十三条规定的保健所和保健支所、《医疗法》第三条规定的医疗机构寻求协助。

第 4 款 根据第 3 款被寻求协助的保健所、保健支所及医疗机构的负责人应采取适当的措施。

第 5 款 保育所所长可以让护士（包括护理助理）在按照医生的处方、指示对婴幼儿用药时进行辅助。在这种情况下，保育所所长需要得到监护人的同意。

第三十三条（供餐管理）

保育所所长应按照保健福利部令为婴幼儿提供均衡、卫生、安全的供餐。

第三十三之二条（保育所车辆安全管理）

保育所所长为了婴幼儿的通学而运营车辆时，根据《道路交通法》第五十二条，须提前向主管警察局申报。

第三十三之三条（婴幼儿接送的安全管理）

第1款 保育所所长必须对保育教职员进行有关婴幼儿接送的安全教育。

第2款 保育所所长在接送儿童时，必须采取措施，确保婴幼儿安全地移交给负责的保育教师或父母等监护人，并确认所有婴幼儿安全移交。

第3款 关于第1项规定的教育及第2项规定的交接措施等的方法、程序等的必要事项由保健福利部令规定。

第三十三之四条（保育所卫生管理）

保育所所长为了预防传染病等，要遵守保健福利部令规定的保育所的卫生管理标准。

第六章　费用

第三十四条（无偿保育）

第1款 国家和地方自治团体对婴幼儿的保育是无偿的，但其内容及范围由总统令规定。

第2款 国家和地方自治团体根据总统令规定，对残疾儿童及《多文化家庭支援法》第二条第1项规定的多文化家庭子女的无偿保育，可以考虑其对象的条件和特性进行支援。

第3款 根据第1款实施无偿保育的费用，按照总统令的规定，由国家或地方自治团体负担或补贴。

第4款 保健福利部部长调查保育所标准保育费用等，以结果为基础，在预算范围内与有关行政机关长协商，可以确定第3款规定的国家和地方自治团体负担的费用。

第5款 国家和地方自治团体对子女2名以上的情况可以追加支援。

第6款 尽管有第十二条第1款的规定，国家和地方政府应设立和运营必要的保育中心，以便婴幼儿和残疾儿童及多文化家庭的子女根据第1款和第2款获得免费保育。

第7款 保健福利部部长为了确定第4款规定的标准保育费用，每三年进行一次必要的调查，以调查结果为基础，反映物价上升率、最低工资上升率等规定事项，并根据第六条的中央保育政策委员会的审议结果，决定每年的标准保育费用。

第8款 根据第7款调查的方法和内容等必要的事项由保健福利部令规定。

第三十四之二条（养育津贴）

第1款 国家和地方自治团体可以考虑婴幼儿的年龄，对不使用保育所或《幼儿教育法》第二条规定的保育所的婴幼儿，支援养育所需的费用。

第2款 第1款规定的婴幼儿使用第二十六之二条规定的时间制保育服务时，也可以对该婴幼儿支援第1款规定的养育所需的费用。

第3款 根据第1款接受养育所需费用支援的婴幼儿，如果持续90天以上在海外停留时，则国家和地方自治团体应停止支援养育所需费用。

第4款 保健福利部部长及地方自治团体的负责人根据第3款停止支付养育津贴时，

应以书面形式明确说明理由并通知婴幼儿的监护人。

第 5 款 根据第 1 款规定的费用支援的对象、标准等必要事项由总统令规定。

第三十四之三条（保育服务使用券）

第 1 款 国家和地方政府为了支援第三十四条和第三十四之二规定的费用，可以向婴幼儿的保护者支付保育服务使用券（以下简称"使用券"）。

第 2 款（删除）

第 3 款 关于使用券的支付及利用程序等必要事项由保健福利部令规定。

第三十四之四条（费用支援的申请）

第 1 款 婴幼儿的监护人可以申请第三十四条和第三十四之二条规定的费用支援。

第 2 款（删除）

第 3 款 第 1 款规定的费用支援的申请方法及程序由保健福利部令规定。

第三十四之五条（调查/质询）

第 1 款 保健福利部部长或地方自治团体的负责人可以要求根据第三十四之四条第 1 款确定的申请人和确认支援的人提交确认费用支援对象资格所需的文件，或其他收入活动、家庭关系等相关资料；让所属公务员访问费用支援申请者，并确认支援对象的住所、其他必要场所等或向相关人员提问。

第 2 款 保健福利部部长或地方自治团体的负责人可以要求有关相关机构的负责人提供为进行第 1 款规定的调查或费用支援事业所需的国税、地方税、健康保险、国民年金、就业保险、工伤保险等资料。在这种情况下，被要求提供资料的相关机构的负责人，除非有特别的理由，应予以回应。

第 3 款 根据第 1 款接受访问、调查、提问的人，应携带显示其权限的证明及记载调查时间、调查范围、调查负责人、相关法令等的文件，并向相关人员出示。

第 4 款 保健福利部部长或地方政府负责人在费用支援申请者或确认支援的人拒绝提交第 1 款规定的资料文件或拒绝、妨碍或回避调查、提问时，可以拒绝费用支援的申请或取消、中止、变更支援决定。

第 5 款 关于第 1 款规定的调查、提问的范围，时期及内容的必要事项由保健福利部令规定。

第 6 款 为了了解保育费用支援对象的居民登记地址等，根据《电子政府法》第三十六条第 1 款可以共同利用行政信息。

第 7 款 关于第 1 款规定的调查或提问的内容、程序、方法等，除了本法规定的事项以外，按照《行为调查基本法》的规定执行。

第三十四之六条（删除）

第三十四之七条（费用支援申请相关信息的通知）

第 1 款 保健福利部部长或地方自治团体的负责人应以书面等方式通知婴幼儿的保护者第三十四之四条规定的费用支援申请相关信息。

第 2 款 根据第 1 款的告知方式、时期、内容及程序等必要事项由保健福利部令规定。

第三十五条（删除）

第三十六条（费用补助等）

国家或地方自治团体负担根据第十条规定的保育所的设置、保育教师（包括替代教师）的人工费、超额保育的费用等运营经费或地方育儿综合中心的设置和运营、增进保育教职员的福利、弱势保育的实施等保育事业的费用，第十五之四条规定的闭路电视安装费用的全部或部分。

第三十七条（雇主的费用负担）

根据第十四条设立保育所的雇主按照总统令的规定，承担保育所运营和保育所需的全部或部分费用。

第三十八条（保育费的收取等）

第1款 根据第十二条到第十四条的规定，建立并运营保育所的人，在该保育所所在地的市、道知事规定的范围内，从使用该保育所的人那里可收取保育费和其他必要费用等。但市、道知事在必要时可以考虑保育所的类型和地区条件，制定不同的标准。

第2款 建立和运营保育所的人在首次收到第1款规定的保育费和其他必要费用等时，应向婴幼儿保护者说明保育所提供的保育服务的内容、保育费和其他必要费用等的收取目的和使用计划，使用保育所的注意事项，及其他保健福利部令规定的事项。在这种情况下，有关说明方法和程序等的必要事项由保健福利部令来决定。

第三十八之二条（禁止挪作他用）

建立和运营保育所的人及保育所所长不得将属于保育所的财产或收入用于保育目的以外的非法使用。

第三十九条（税制支援）

第1款 根据第十四条和第三十七条，雇主建立和运营职场保育中心的费用和监护人为婴幼儿的保育而支付的保育费以及其他保育费用，按照《税收特例限制法》的规定减免税收。

第2款 除第十条第4款的职场保育中心以外的保育所的运营费用也按照《税收特例限制法》的规定减免税收。

第三十九之二条（国家、公共财产的贷款等）

国家或地方政府认为有必要设置、运营下列保育所时，可以根据《国有财产特例限制法》无偿贷款或使用国有财产。

第1项 第十二条规定的国家和公立保育所。

第2项 第十四条规定的职场保育中心中，根据《中小企业基本法》第二条第1款的中小企业共同设置、运营的保育所。

第四十条（费用及补助金的返还命令）

国家或地方自治团体在保育所的设置、运营者、育儿综合支援中心负责人、保育教育委托实施者等属于下列任何一项的情况时，可以命令返还已经交付的费用和补助金的全部或部分。

第1项 保育所运营停止、关闭或取消的情况。

第2项 在事业目的以外的用途上使用补助金的情况。

第3项 以谎言或其他不正当的方式获得补助金的情况。

第 3 之 2 项 用虚假或其他不正当的方法得到第三十四条规定的费用支援的情况。

第 4 项 违反第三十八之二条，将第三十四条规定的费用在保育目的之外非法使用的情况。

第 5 项 由于错误或轻微过失而收到补助金的情况，属于保健福利部令规定的事由的情况。

第四十之二条（保育费用支援金额等的返还）

第 1 款 国家或地方政府在监护人以虚假或其他不正当的方式接受第三十四条和第三十四之二条规定的费用时，可以收回全部或部分费用。

第 2 款 国家或地方自治团体在建立和运营保育所的人或保育所所长属于下列任何一项时，可以代替婴幼儿的监护人收回全部或部分费用。在这种情况下，收回的费用要返还给监护人。

第 1 项 以虚假或其他不正当的方式收到第三十八条第 1 款规定的保育费和其他必要经费等的情况。

第 2 项 违反第三十八之二条，将第三十八条第 1 款规定的保育费和其他必要费用等非法用于保育目的之外的情况。

第 3 款 根据第 1 款或第 2 款返还时，返还费用者在规定期限内不返还时，按照国税或地方税滞纳处置条例进行征收。

第七章　指导及监督

第四十一条（指导和命令）

保健福利部部长，市、道知事，及市长、县知事、区长为了顺利进行保育事业，可以对保育所设置、运营者及保育教职员工进行必要的指导和命令。

第四十二条（报告和检查）

第 1 款 保健福利部部长，市、道知事，及市长、县知事、区长可以让建立和运营保育所的人提交有关报告，或让相关公务员调查保育所的运营状况，或检查账簿和其他文件。

第 2 款 根据第 1 款，相关公务员执行公务时，要携带能证明其权限的证明，并将其出示给相关人员。

第四十二之二条（非法行为的举报及举报人保护）

第 1 款 任何人都可以向相关行政机关或调查机关举报或告发属于下列任何一项的人。

第 1 项 用虚假或其他不正当的方法获得补助金的人。

第 2 项 不遵守第二十四条第 1 款规定的保育所运营标准。

第 3 项 不遵守第三十三条规定的伙食管理标准的人。

第 4 项 不遵守第三十三之二条规定的保育所车辆安全管理标准。

第 4-2 项 不遵守第三十三之四条规定的保育所的卫生管理标准。

第 5 项 用谎言或其他不正当的方法得到第三十四条规定的费用支援的人。

第 6 项 以虚假或其他不正当的方式收到第三十八条第 1 款规定的保育费和其他必要费用等的人。

第 7 项 违反第三十八之二条，将属于保育所的财产或收入作为保育目的以外的非法使用的人。

第 8 项 根据《儿童福利法》第三条第 7 项实施虐待儿童行为的人。

第 9 项 除此之外，由保健福利部令决定的人。

第 2 款 建立和运营保育所的人，不得以保育教师根据第 1 款进行申报或告发为由，根据《公益申报者保护法》第二条第 6 项采取不利措施。

第 3 款 保健福利部部长，市、道知事，及市长、县知事、区长可以对属于第 1 款第 1 项及第 3 项至第 8 项的事项在预算范围内给予举报或告发的人奖励。

第 4 款 第 1 款规定的申报程序、方法及第 3 款规定的赏金支付的标准、方法及程序等必要事项由总统令规定。

第四十三条（保育所的废止、停业及恢复等申报）

第 1 款 根据第十三条第 1 款批准的保育所停止运营或恢复运营，应按照保健福利部令的规定，提前向特别自治市市长、特别自治道知事、市长、县知事、区长报告。

第 2 款 在保育所被废除或停止运营一段时间时，按照保健福利部令的规定，该保育所接受保育的婴幼儿可以到其他保育所接受保育。

第四十三之二条（对保育所的休园命令）

第 1 款 保健福利部部长，市、道知事，及市长、县知事、区长因自然灾害或传染病发生等认定难以正常保育时，可以命令保育所所长休园。

第 2 款 根据第 1 款收到命令的保育所所长应毫不迟疑地休园。休园时，监护人不能在家里养育婴幼儿时等，为了应对紧急保育需求，保育所所长应通过通信手段等提前向监护人介绍紧急保育计划等，对保育所运营采取必要的措施。

第 3 款 关于第 1 款规定的休院命令的标准及第 2 款规定的措施等的必要事项由保健福利部令规定。

第四十四条（更正或变更命令）

如果保育所属于下列任何一项，保健福利部部长，市、道知事，及市长、县知事、区厅长，可以对保育所所长或其建立、运营者设定期限，并命令其整改。

第 1 项 不接受第十三条第 1 款规定的变更许可而运营保育所的情况。

第 2 项 违反第十五条、第十五之二条和第十五之三条规定的保育所设置标准的情况。

第 2 之 2 项 违反第十五之四条规定的闭路电视的安装、管理及影像信息的保管标准的情况。

第 3 项 违反第十七条第 5 款规定的保育教职员的安排标准的情况。

第 3 之 2 项 不报告或虚假报告第十九条第 2 款规定的保育教职员任免事项的情况。

第 4 项 违反第二十四条第 1 款规定的保育所运营标准的情况。

第 4 之 2 项 违反第二十五条第 1 款但未设立、运营保育所管理委员会的情况。

第 4 之 3 项 违反第二十九条第 4 款规定，向婴幼儿提供特别活动的情况。

第 4 之 4 项 违反第二十九条第 4 款规定，对于不参加特别活动的婴幼儿，不予提供可替代特别活动的项目。

第 4 之 5 项 未按照第二十九之二条制作和管理生活记录簿的情况。

第 4 之 6 项 没有正当理由，拒绝或妨碍第三十条第 1 款规定的评价或同条第 5 款规定的确认检查躲避或以虚假或其他不正当的方法接受评价或确认检查的情况。

第 4 之 7 项 没有根据第 32 条第 1 款进行疾病治疗采取预防措施的情况。

第 4 之 8 项 根据第三十三条没有均衡、卫生、安全的供餐的情况。

第 4 之 9 项 违反第三十三之四条规定的保育所的卫生管理标准的情况。

第 5 项 超过第三十八条第 1 款规定的范围，收到保育费和其他必要经费等的情况。

第 6 项 根据第四十二条没有报告或虚假报告的情况或拒绝、回避调查、检查的情况。

第 7 项 保育所停业时，于一定期限内停止营业，或未依第四十三条第 1 款规定申报而恢复营业的情况。

第 7 之 2 项 违反第四十三之二条第 2 款没有休园或没有采取应对紧急保育需求的措施时。

第 8 项 违反第四十九之二条规定的信息公示事项的情况。

第四十四之二条（职场保育所设置义务未履行）

根据第十四条规定的职场雇主不履行职场保育所的设置等义务时，市、道知事，市长，县知事，区厅长，可命令该雇主在合理期限内履行该义务。

第四十四之三条（履行强制金）

第 1 款 市、道知事，市长，县知事，区长可以对未履行第四十四之二条规定的命令的人，确定执行该命令所需的合理期限，并再次命令在该期间内履行；如果不执行的话，以同一条规定的命令之日为基准，一年两次，每次在 1 亿韩元的范围内征收履行强制金。

第 2 款 市、道知事，市长，县知事，区长考虑到职场保育中心未设置期间、理由等，根据第 1 款的金额可以在 50% 的范围内增加。

第 3 款 市、道知事，市长，县知事，区长在征收第 1 款和第 2 款规定的履行强制金前应规定期限，在该期间内不履行时，应提前以文件告知征收履行强制金的信息。

第 4 款 市、道知事，市长，县知事，区长征收第 1 款和第 2 款规定的履行强制金时，应以书面文件通知履行强制金的金额、征收理由、缴纳期限、收费机关等。

第 5 款 在收到第四十四之二条规定的命令的人履行该命令时，市、道知事，市长，县知事，区长应停止征收新的履行强制金，但应收取已经征收的履行强制金。

第 6 款 根据第 1 款和第 2 款的规定受到绩效处罚处分的人，未在缴纳期限内缴纳执行费的，市、道知事，市长，县知事，区长依照《地方行政制裁、征收附加费等相关法律》征收。

第 7 款 第 1 款和第 2 款规定的履行强制金的征收标准、征收履行强制金的程序等必要事项由总统令规定。

第四十五条（保育所的关闭等）

第 1 款 如果建立和运营保育所的人（以下简称"建立、运营者"）属于以下任何一项，保健福利部部长，市、道知事，及市长、县知事、区厅长可以命令 1 年内停止运营保育所或关闭保育所。在这种情况下，在保育教职员等进行属于第4款或第5款的行为时，视为设置、运营者的行为。

第1项 用虚假或其他不正当的方法获得补助金的情况。

第1之2项 用虚假或其他不正当的方法接受第三十四条规定的费用支援的情况。

第1之3项 以虚假或其他不正当的方法收到第三十八条第1款规定的保育费和其他必要费用等的情况。

第1之4项 违反第三十八之二条，在保育目的之外非法使用属于保育所的财产或收入的情况。

第2项 收到第四十条规定的费用或补助金的返还命令后没有返还的情况。

第3项 违反第四十四条规定的纠正或变更命令的情况。

第4项 根据《儿童福利法》第三条第7项有虐待儿童行为的情况。

第5项 属于下列任何一项，婴幼儿死亡或身体受到保健福利部令规定的重伤情况。

违反《道路交通法》第五十三条第3款，依《道路交通法》第五十三条第3款规定搭乘儿童校车（含未依第三十三之二条规定申报者及《道路交通法》第五十二条）没有在监护人陪同的情况下驾驶时发生交通事故的情况。

《道路交通法》第五十三条未按照第3项至第5项规定履行确认婴幼儿是否下车的义务的情况。

第2款（删除）

第3款 特别自治市市长、特别自治道知事、市长、县知事、区长如果怀疑建立、运营者或保育教职员根据第1款第4项实施了虐待儿童的行为，应立即令其上交第四十二条规定的报告或进行调查、检查。

第4款 特别自治市市长、特别自治道知事、市长、县知事、区长应根据第3款进行调查、检查后，应毫不拖延地与《儿童福利法》第十之二条的儿童权利保障院或同法第四十五条的儿童保护专门机构等相关机关协商，决定是否根据第1款进行行政处置。

第5款 特别自治市市长、特别自治道知事、市长、县知事、区长在保育所根据第1款停止运营或关闭时，应采取必要的措施，如将保育所保育的婴幼儿转移到其他保育所等，以保护婴幼儿的权益。

第6款 第1款规定的行政处分的详细标准由保健福利部令规定。

第四十五之二条（罚款处分）

第1款 保健福利部部长，市、省长，及市长、县知事、区长根据第四十五条第1款任何一项命令暂停保育所运营时，如果停止运营给婴幼儿和保护者带来严重不便，或者有其他损害公共利益的话，可以罚款代替停止保育所运营处分，处以3 000万韩元以下的罚款。

第2款 根据第1款征收罚款的违规行为的种类和根据违规程度等确定的罚款金额等必要事项由总统令规定。

第3款 保健福利部部长，市、道知事，及市长、县知事、区厅长在第1款规定罚款的人未按照期限缴纳的情况下，应按照国税滞纳处置的例子或《地方行政制裁、罚款的征收法》征收。

第四十五之三条（行政制裁处置效果的继承）

第 1 款 当建立和经营保育所的人转让保育所或死亡，或发生法人实体合并时，根据第四十五条第 1 款对以前建立和经营保育所的人所实施的行政处罚的效力，应自行政处罚之日起一年内转移给受让人、继承人或新成立或存续的法人实体；如果行政处罚尚未结案，则可对受让人、继承人或新成立或存续的法人实体继续实施行政处罚。但是，如果受让方、继承方或新成立或存续的法人实体能够证明其在转让或合并时并不知晓违法行为，则不在此限。

第 2 款 第 1 款的受让人、继承人或新设立或存续的法人转让、继承或合并保育所时，应由原保育所的设立者和运营者确认是否因第四十五条第 1 项规定而正在等待行政诉讼，以及是否有行政处罚记录；如果受让人、继承人或新设立或存续的法人要求确认，则保健福利部部长，市、道知事，及市长、县知事、区厅长可根据保健福利部令的规定签发确认文件。

第四十六条（保育所所长的资格停止）

第 1 款 保育所所长属于以下任何一项的话，保健福利部部长可以在 1 年（根据《儿童福利法》第三条第 7 款虐待儿童的行为，属于第 1 项的情况下，5 年）以内的范围内，按照保健福利部令的规定终止其资格。

第 1 项 保育所所长在开展业务时因故意或重大过失给婴幼儿造成损失的情况，有下列情形之一：

（1）伤害婴幼儿的生命或对其身体或精神造成重大损害的情况。

（2）违反第二十四条规定的运营标准造成损失的情况。

（3）违反第三十三条规定的保健福利部令规定的供餐标准而造成损失的情况。

（4）根据第三十三之四条，违反保健福利部令规定的卫生管理标准而造成损失的情况。除此之外造成损失的情况。

第 2 项 雇佣没有执行相关业务所需资格的人开展业务的情况。

第 3 项 连续三次未接受第二十三条规定补修教育的情况。

第 4 项 用虚假或其他不正当的方法获得补助金或补助金有用的情况。

第 5 项 用虚假或其他不正当的方法得到第三十四条规定的费用支援的情况。

第 6 项 以虚假或其他不正当的方式收到第三十八条第 1 款规定的保育费和其他必要经费等的情况。

第 7 项 违反第三十八之二条，在保育目的之外非法使用属于保育所的财产或收入的情况。

第 8 项 对根据《公益申报者保护法》第二条第 2 项举报公益的保育教职员，依同条第 6 款规定采取不利措施时。

第 2 款 若保育所所长不遵守《道路交通法》第五十三条第 3 款至第 5 款规定的婴幼儿下车确认的义务，导致婴幼儿死亡或身体受到保健福利部令规定的重伤，在两年以内的范围内，保健福利部部长按照保健福利部令规定，可以终止其资格。

第 3 款 在保育所所长的指导、监督下，有属于下列任何一项的行为时，视为保育所所长的行为（仅限于关于停止保育所所长资格的事项）。但是，保育所所长履行了应有的注意和监督义务，则不适用。

第1项 不遵守《道路交通法》第五十三条第3款至第5款规定的婴幼儿下车确认的义务，所导致婴幼儿死亡或身体受到保健福利部令规定的重伤的情况。

第2项 根据《儿童福利法》第三条第7款有儿童虐待行为，属于第1款第1项的情况。

第四十七条（保育教师的资格停止）

第1款 如果保育教师有符合《儿童福利法》第三条第7款第1项规定的虐待儿童行为，保健福利部部长可在1年内（如果属于第1款的虐待儿童行为，则为5年）暂停该保育教师的资格，具体期限由保健福利部规定。

第1项 保育教师在履行职责时故意或因与其资格有关的重大过失而造成损害的。

第2项 连续三次以上未接受第二十三之二条规定的继续教育者。

第2款 保育教师不遵守《道路交通法》第五十三条第3款至第5款规定的婴幼儿下车确认的义务，导致婴幼儿死亡或身体受到保健福利部法令规定的重伤时，由保健福利部部长判定。在两年以内的范围内，根据保健福利部法令的规定，可以停止其资格。

第四十八条（取消保育所所长或保育教师的资格）

第1款 若保育所所长或保育教师属于下列任何一项，保健福利部部长可以取消该资格。

第1项 用假的或其他不正当的方法取得资格证的情况。

第2项 资格取得者在履行职责时故意或因与资格有关的重大过失造成损害，被判处有期徒刑以上处罚的情况。

第3项 因《儿童福利法》第三条第7款第2项规定的儿童虐待相关犯罪而受到处罚的情况。

第4项 违反第二十二之二条规定的禁止名义租赁等义务的情况。

第5项 资格停止处置期间结束后3年内做了属于资格停止处置行为的情况。

第6项 收到资格停止处置后，在资格停止处置期间内使用资格证开展资格相关业务的情况。

第7项 收到3次以上资格停止处置的情况。

第8项 属于第四十六条第1款第4项，被判处有期徒刑以上刑罚的情况。

第2款 保健福利部部长对根据第1款取消资格的人，从取消之日起，不能按照下列各项的区分重新交付资格。

第1项 第1款各项的事项中属于第3项以外的任何一项的情况：2年。

第2项 属于第1款第3项的情况：10年（但是，根据《儿童福利法》第三条第7款第2项的规定，因虐待儿童相关犯罪被判处监禁或以上刑罚的人，自刑罚终止执行或免除执行之日起未满20年，或自根据《儿童福利法》第三条第7款第2项的规定，因虐待儿童相关犯罪被中止执行监禁或以上刑罚之日起未满20年的，不得重新获得该资格）。

第四十九条（听证会）

保健福利部部长，市、道知事，及市长、县知事、区厅长应该举行听证会，根据第三十之三条取消公立保育所的指定，并根据第四十五条到第四十八条进行行政处罚。

第四十九之二条（保育所信息的公示等）

第1款 保育所所长应每年至少公示一次保育所拥有和管理的下列各项信息。在这种情况下，保育所所长必须将公示的信息（以下本条称为"公示信息"）提交给特别自治市市长、特别自治道知事、市长、县知事、区长，保健福利部部长可以要求提交与公示信息相关的资料。

第1项 保育所的设施、设置、运营者、保育教职员等基本现状。

第2项 第二十九条规定的关于保育所保育过程的事项。

第3项 根据第三十八条第1款收取的保育费和其他必要经费的事项。

第4项 保育所预算、结算等有关会计事项。

第5项 关于婴幼儿的健康、营养及安全管理事项。

第6项 其他关于保育条件及保育所运营的事项、由总统令规定的事项。

第2款 公示信息的具体范围和公示的次数、时间及方法等必要事项由总统令规定。

第3款 保健福利部部长可以准备和传播第1款规定的公示所需的资料，收集和管理公示信息。在这种情况下，为了保育政策制定、学术研究振兴、统计制作等，保健福利部部长可以加工公示信息。

第4款 保健福利部部长，市、道知事，及市长、县知事、区长应建议保育所所长不公开或忽视相关信息时对此进行纠正。

第5款 保育所所长在宣传保育所或根据《标识、广告的公正化法》做广告时，不得与第1款公示的信息不同。

第6款 保健福利部部长，市、道知事，及市长、县知事、区长需要确认是否违反第5项时，可以要求保育所所长提交相关资料。在这种情况下，收到邀请的保育所所长，除非有正当理由，否则应当将相关资料提交给保健福利部部长，市、道知事，及市长、县知事、区长。

第四十九之三条（违法行为的公布）

第1款 受到保健福利部部长，市、道知事，及市长、县知事、区长根据第四十五条或第四十五之二条规定行政处分的保育所，以及属于下列任何一种情况的保育所，应公布其违法行为、处罚内容、名称、代表人姓名、保育所所长的姓名（只适用于与代表人不是同一人的情况），以及总统令规定的其他必要事项。在第1项和第3项至第5项的情况下，只有在保健福利部令规定的金额以上的情况才可公布。

第1项 用虚假或其他不正当的方法获得补助金的情况。

第2项 根据第二十四条的运营标准，根据第三十三条和第三十三之四条规定的保健福利部令规定的供餐标准及卫生管理标准违反伤害婴幼儿生命或对其身体或精神造成重大损害的情况。

第3项 用虚假或其他不正当的方法接受第三十四条规定的费用支援的情况。

第4项 以虚假或其他不正当的方式收到第三十八条第1款规定的保育费和其他必

要经费等的情况。

第 5 项 违反第三十八之二条，在保育目的之外非法使用属于保育所的财产或收入的情况。

第 2 款 保健福利部部长，市、道知事，及市长、县知事、区长是接受第四十六条至第四十八条的行政处置的人，根据《儿童福利法》第三条第 7 项进行虐待儿童的行为，对婴幼儿的生命或对其身体或精神造成严重损害的保育所所长及保育教师，应公布违反法律的履历和名单，及其他总统令规定的事项。

第 3 款 保健福利部部长，市、道知事，及市长、县知事、区长在实施第 1 款和第 2 款规定的违法行为公布之前，应通知公布对象该事实，并给予提交解释资料或出席并发表意见陈述的机会。

第 4 款 根据第 1 款及第 2 款规定的公布程序和方法，其他必要事项由总统令规定。

第八章 附则

第五十条（经历的认定）

第 1 款 在保育所工作的人中根据《幼儿教育法》具有保育所教师资格的人，其在保育所的工作经历被认定为《幼儿教育法》规定的教育经历。

第 2 款 如果某人在幼儿园（指根据《幼儿教育法》第二条第 6 项规定开办课外课程的幼儿园）工作，并根据本法获得幼儿园教师资格，则其在幼儿园的工作经历可认定为根据本法规定的育儿经历。

第五十一条（权限的委任）

根据本法，保健福利部部长或市、道知事的权力，按照总统令的规定，可以将部分委托给市、道长或市长、县知事、区长。

第五十一之二条（业务的委托）

第 1 款 保健福利部部长，市、道知事，及市长、县知事、区长根据总统令的规定，可以将属于下列各项的业务委托给公共机关或民间机关、团体等。在这种情况下，第 2 项和第 4 项的业务可以委托给振兴院。

第 1 项 第七条第 1 款规定的地方育儿综合支援中心的运营业务。

第 1 之 2 项 根据第九之三条关于保育信息系统的建设和运营的业务。

第 2 项 第二十二条第 1 款规定的保育所所长或保育教师的资格认定及保育资格证发放等相关业务。

第 3 项 根据第二十三条第 1 款及第二十三之二条第 1 款规定的继续教育的实施业务。

第 4 项 第三十条第 1 款规定的评价及同条第 5 款规定的确认检查相关业务。

第 5 项 第三十四之三条第 1 款规定的使用权的业务。

第 2 款 保健福利部部长，市、道知事，及市长、县知事、区长根据第 1 款委托业务时，可以在预算范围内支付必要的费用。

第 3 款 保健福利部部长，市、道知事，及市长、县知事、区长在属于下列任何一项的情况下，可以取消第 1 款规定的委托。

第 1 项 委托机构根据第 2 款支付的补助金用于目的以外的用途时。

第 2 项 受托机关以虚假或其他不正当的方式收到第 2 款规定的补助金时。

第 3 项 除此之外，有总统令规定的事由的情况。

第五十一之三条（相关机构间业务合作）

第 1 款 特别自治市市长、特别自治道知事、市长、县知事、区长为了确认第十六条或第二十条规定的取消资格理由，可以向相关机构的负责人请求查询犯罪经历资料等。

第 2 款 保健福利部部长（包括接受保健福利部部长权限委托的人）为了执行第二十二条第 1 款和第三十条第 1 款规定的业务，可以向国家机关、地方自治团体、《公共机关运营法》第四条规定的公共机关等相关机关的负责人请求必要的信息和资料。

第 3 款 根据第 1 款或第 2 款收到请求的相关机关的负责人不得无正当理由拒绝。

第五十二条（岛屿、偏远地区、农村地区的保育所）

第 1 款 特别自治市市长、特别自治区省长、市长、县长或区公所所长认为难以对岛屿、偏远地区或农村地区的保育所适用第十五条规定的保育所设置标准、第十七条第 5 款规定的保育所人员配备标准和第二十四条规定的保育所运营标准时，可根据第六条规定，经地方保育政策委员会审议后，经主管市、道知事批准，区别对待。

第 2 款 第 1 款规定的岛屿、偏远地区、农村地区等的具体范围，保育所的设置、运营标准，及保育教职员的安排标准由保健福利部令规定。

第五十三条（保育所联合会）

第 1 款 为了保育事业的顺利推进和保育所的均衡发展，促进保育所之间的信息交流和相互合作，可以设立保育所联合会。

第 2 款 保育所联合会的组织和运营、功能等必要事项由保健福利部令规定。

第九章 处罚

第五十四条（处罚规定）

第 1 款 违反第十五之五条第 5 款泄露、修改、破坏或销毁视频信息的人，处以 5 年以下有期徒刑或 5 000 万韩元以下罚款。

第 2 款 属于下列任何一项的人，处以 3 年以下有期徒刑或 3 000 万韩元以下的罚款。

第 1 项 用虚假或其他不正当的方法获得补助金或非法挪用补助金的人。

第 2 项 违反第十五之五条第 2 款第 1 项，以闭路电视的设置目的以外之目的，任意操作闭路电视或在其他地方展示的人。

第 3 项 违反第十五之五条第 2 款第 2 项，使用录音功能或将影像信息储存于保健福利部令规定以外装置的人。

第 3 款 不采取第十五之五条第 3 款规定的确保安全性的必要措施，丢失、被盗、泄露、篡改或损坏视频信息的人，处以 2 年以下有期徒刑或 2 000 万韩元以下罚款。

第 4 款 属于下列任何一项的人，处以 1 年以下有期徒刑或 1 000 万韩元以下罚款。

第 1 项 未经过依据第十三条第 1 款规定的设置许可，冒名使用保育所名义或以保育所形式经营者。

第 2 项 以虚假或其他不正当的方式获得第十三条第 1 款规定的保育所设置许可或变更许可的人。

第 3 项 违反第二十二之二条第 1 项，使用自己的姓名或保育所的名称，与对方共同履行保育所所长或保育老师职务的人。

第 3 之 2 项 违反第二十二之二条第 2 款，将资格证出借或借用给他人的人。

第 3 之 3 项 违反第二十二之二条第 3 款，出借或借用资格证的人。

第 4 项 依第三十四条及第三十四之二条规定接受费用支援者，或以虚假或其他不正当手段使他人依第三十四条及第三十四之二条规定接受支援者。

第 5 项 非法使用第三十四之三条规定的保育服务使用券的人。

第 6 项 以虚假或其他不正当的方式收到第三十八条第 1 款规定的保育费和其他必要经费等的保育所的安装、运营者。

第 7 项 违反第三十八之二条，将属于保育所的财产或收入用于保育目的以外非法使用的人。

第 8 项 违反第四十五条第 1 款规定的保育所停止运营命令或保育所关闭命令而继续营业者。

第五十四之二条（删除）

第五十五条（并处处罚规定）

法人代表或法人或个人的代理人、使用者、其他职员对该法人或个人的业务违反第五十四条的行为，除了惩罚该行为者外，对该法人或个人也处以相关条文的罚款。但是，法人或个人为了防止其违法行为，对相关业务不忽视相当的注意和监督的情况，不在此限。

第五十六条（罚款）

第 1 款 违反第十四之二条第 1 款不遵守实际情况调查的人，处以 1 亿韩元以下罚款。

第 2 款 未根据第四十三条第 1 款进行申报，对废止保育所、停止运营或恢复运营的人处以 500 万元以下罚款。

第 3 款 对属于下列任何一项的人处以 300 万元以下罚款。

第 1 项 不依第二十六条第 1 款规定优先保育弱势者。

第 2 项 不优先保育属于第二十八条第 1 款各项儿童的人。

第 3 项 没有采取第三十一条规定的健康诊断或应急措施等的人。但是，在婴幼儿健康诊断的情况下，婴幼儿的引导保护者进行三次以上的婴幼儿健康检查并要求提交检查结果通知书的情况除外。

第 4 项 根据第十五之四条不安装闭路电视或违反安装、管理义务的人。

第 5 项 不遵守第十五之五条第 1 款规定的阅览请求的人。

第 4 款 根据第 1 款到第 3 款的规定，并根据总统令的规定，由保健福利部部长，市、道知事，及市长、县知事、区长征收。

第 5 款（删除）

第 6 款（删除）

国家学前保育与教育政策（印度）[①]

一、简介

1. 幼儿期特指生命个体 0~6 岁这一生长阶段。幼儿在不同的发育阶段有特定的发展需求。按照生命发展周期，幼儿期是生长发育最为迅速的时期，对个体的生存尤为重要。这一时期可以分为几个明显的阶段（妊娠至 0 岁、0 岁至 3 岁、3 岁至 6 岁）。越来越多的科学实例证明，这一时期是大脑发育的关键阶段，对人的生理和心理健康，乃至整个生命周期的行为都会产生影响。幼儿期的一些发展缺陷会对人的发展产生实质性、累积性的不利影响。

2. 国家学前保育与教育[②]在保育、健康、营养、游戏和早期教育过程中存在一些相互联系的因素。它是人终身学习和发展不可或缺的基础，并对幼儿早期发展过程具有长期的影响。必须优先重视和投资学前保育与教育，因为这是打破多重劣势代际循环，消除不平等，能够带来长期社会利益和经济利益最经济和最有效的方法。

3. 2011 年人口普查显示，印度 0~6 岁年龄段的儿童有 1.587 亿。为这部分人口提供日常饮食，以确保印度儿童获得全面发展是一个公认的巨大挑战。

4.《国家学前保育与教育政策》重申，印度政府承诺要持续为所有儿童（妊娠至 6 岁）提供能促进其全面发展的综合性服务。该政策的重点是学前保育服务及学前教育要保证为儿童的生存、成长和发展奠定坚实的基础，指明综合性服务的发展方向。该政策认为儿童的健康、营养、社会心理以及情感诉求之间存在相互影响、相互依赖的关系。

二、政策制定背景和需求

（一）社会背景

1. 印度不仅具有重视儿童早期生活的传统，并且在促进儿童发展、启迪儿童心智、树立基本的价值观和传授社会技能方面也有着丰富的实践传统。在过去，这一传统主要是通过代代相传的儿童保育实践经验在每个家庭中传递。然而，在过去几十年中，印度社会和家庭背景发生了很多变化。除此之外，全球正逐渐认识到儿童早期生活的重要性。

2. 因此，印度应该优先考虑提升家庭、社区的能力并强化服务，以确保儿童在幼儿阶段能获得优质的保育和教育服务。政府需要积极解决由于性别、社会身份、残障和其他排斥性因素所造成的各种歧视和不平等现象引发的问题，保证所有儿童都能享有免费、普及的学前教育权利，普遍获得综合性服务。

另外，要正确对待社会背景及家庭结构的多样性问题，以便通过教育项目中的规定，平衡每个家庭中父亲、母亲或其他家庭成员在抚养儿童的过程中的责任问题。

---

① 本文摘自王云龙主编的《印度学前教育法律与政策选译》（江苏人民出版社于 2020 年出版）。

② 在本政策中，学前保育与教育（ECCE）、幼儿教育（early childhood education，ECE）、幼儿发展（early childhood development，ECD）、幼儿保育和发展（early childhood care and development，ECCD）、幼儿综合发展（integrated child development，ICD）均能够促进幼儿的全面发展。

（二）政策制定背景

1. 印度政府通过修订《印度宪法》第45条，承认学前保育与教育的重要性。《印度宪法》第45条规定："国家要努力为6岁以下的所有儿童提供学前保育与教育。"

2. 2010年4月1日《儿童免费义务教育权利法》（RTE）正式生效。该法第十一章对全国学前保育与教育工作做了相关规定："要为3岁以上儿童做好学前准备，并为所有儿童提供学前保育与教育，直到其年满6岁。政府应做出必要的安排，为所有适龄儿童提供免费的学前教育。"

3. 1974年《国家儿童政策》（National Health Policy）颁布后，开始重视幼儿的保育和教育工作。随后，1975年，又在试点的基础上发起了"儿童发展综合服务计划"（ICDS），目的是为儿童的全面及综合性发展奠定基础，并提升看护人的各项能力。在"印度十一五计划"（2007—2012年）期间，"儿童发展综合服务计划"得到普及，覆盖范围达到140万个家庭。为确保在随后的计划中实现高质量的普及和对儿童早期发展的关注，改革依然在进行当中。

4. 《国家教育政策》（The National Policy on Education，1986）认为，学前保育与教育工作是能够促进人类发展的关键投入。该政策也认识到儿童发展的综合性和全面性。《国家营养政策》（1993）同样也建议对儿童在幼儿期的保育和营养方面进行干预。《国家卫生政策》（2002）、《国家儿童行动计划》（2005）以及《国家课程框架》（2005）也都对幼儿教育政策提出了一些支持性的举措。印度"五年计划"同样也认识到了学前保育与教育的重要性，因为幼儿期为儿童一生的发展及其潜力的充分发挥奠定了基础。"印度十二五计划"强调，除了通过"儿童发展综合服务计划"和"安格瓦迪中心"之外，还要通过各种公共服务渠道、个人及各志愿部门对全国学前保育与教育进行系统性的改革。

5. 印度于1989年签署《儿童权利公约》（The Convention on the Rights of the Child，CRC），于1990年签署《全民教育》（Education for All，EFA）。根据"学习始于生命的开始"，印度将全国学前保育与教育视为实现全民教育的首要目标。《达喀尔行动纲领》（The Dakar Frame-work for Action，2000）和《莫斯科行动纲领》（Moscow Framework for Action，2010）重申了对学前保育与教育应做出的承诺。

（三）项目开展背景

1. 很多全国学前保育与教育服务都是由一些公共组织、个人及政府组织提供的。公共渠道是全国学前保育与教育服务最大的提供者。如今，"儿童发展综合服务计划"通过140万个经批准的安格瓦迪中心（AWCs）为接近100万名6岁以下儿童提供服务。一些用于普及基础教育的项目，如"初等教育及运动"（SSA）和"国家女童初等教育计划"（NPEGEL）都建立了一些学区或小学附属的学前保育与教育中心。在"安格瓦迪中心"普及之前，这些项目在印度提供了暂时性的幼小衔接服务。

2. 托儿所服务通过公共项目和法律规定得以保证。拉吉夫·甘地"职业母亲托儿所计划"（The Rajiv Gandhi National Creche Scheme for Working Mothers）为6岁以下儿童提供保育和教育服务。2001—2012年的数据显示，全国范围内投入运营的托儿所总共有23 785家（《妇女和儿童发展部2011—2012年度报告》）。法定托儿所包括根据法律和法案合法授权的托儿所，如《矿山法案》(*The Mines Act*，1952)、《工厂（修正）法案》[*Factories*（*Amendment*）*Act*，1987]、《种植业劳动法案》(*Plantations Labour Act*，1952)、《建筑和其他建筑工人（就业和服务条件管理）法案》[*Building and Other Construction Workers*（*Regulation of Employment and Conditions of Service*）*Act*，1996] 和《圣雄甘地全国农村就业保障法案》(*The Mahatma Gandhi National Rural Employment Guarantee Act*，2005) 等。

3. 其他国家政府计划，如"全国农村健康计划"(National Rura Health Mission)、"全面卫生计划"(Total Sanitation) 和"饮用水运动"(Drinking Water Campaign) 均支持所有人获得优质的基本服务。一些有针对性和有条件限制的计划，如雅那尼·苏拉克沙·约贾那计划 (Janini Suraksha Yojana，JSY) 与英迪拉·甘地·马特瓦·萨约格·约亚娜计划 (Indira Gandhi Matritva Sahyog Yojana)，还有一些为产妇生殖健康和儿童保育提供支持的福利政策，及儿童保护综合计划 (ICPS) 都将有助于为家庭照顾婴幼儿提供有利的环境。

4. 一些缺乏监管的私人渠道，无论是有组织还是无组织的，都可能成为学前保育与教育的第二大服务提供者。尽管质量参差不齐，但其服务范围仍在稳步扩大，甚至遍及全国农村地区。但是，这种渠道存在机会不均、质量差异和商业化发展等问题。

5. 在非政府渠道中，有一些小规模服务很大程度上是由信托机构、社会组织、宗教团体或是国际资助机构提供支持。

6. 有必要根据服务制定规范、标准和规章制度来协调所有服务提供者的活动。政府对此负有主要责任。

7. 尽管有众多的服务提供者，但没有可靠的数据能够证实参加儿童保育和教育儿童的实际人数，及按提供服务或服务类型划分的儿童人数。据报道，在1.587亿6岁以下儿童（2011年人口普查）中，大约7 650万儿童（占总数的48.2%）被纳入"儿童发展综合服务计划"（妇女和儿童发展部，2011）。鉴于"强化和结构化的综合儿童发展服务项目"日益强调质量，这一数字可能会进一步增加。大量的估测表明，除了一些没有可靠数据的非政府服务提供者所提供的有限服务外，私营服务提供者也提供了大量服务。

8. 非正规学前教育或学前保育与教育的质量和覆盖范围参差不齐，从方法到学术课程存在很大的不同。这主要是由于所有利益相关者对学前保育与教育的理念、基本前提、重要性认识不足造成的。加之现有的系统体制能力不足，缺乏确保质量的标准、管理规范和机制，使得问题更加严重。在上述背景下，需要通过在政策中采取正确的改革措施和纠正行动，确保全国所有6岁以下的儿童都能接受学前保育与教育。

三、政策

1. 《国家学前保育与教育政策》符合儿童全面和综合发展的理念，在发展连续性的每个子阶段均侧重于保育和早期学习，以支持儿童的全面发展。根据预想，这应由一些保育提供者（如父母、家庭、社区）及其他机构（如公共、私人和非政府服务提供者）提供。

2. 根据特定年龄段需求，应有以下几个阶段：

（1）从妊娠到 0 岁：保证产妇产前以及产后的健康和营养护理、产妇咨询、安全分娩、产妇福利、儿童保护和非歧视性待遇。

（2）0 至 3 岁：保证生存、安全、保护性环境、医疗、营养（包括最初 6 个月的婴幼儿喂养方法）、对成人的依恋、心理和社会性激励，以及在家庭和保育中心安全、养育和刺激的环境中进行早期互动。

（3）3 岁至 6 岁：保护幼儿免受伤害，保证医疗卫生、营养、对成年人的依附，发展适当的以游戏为基础的学前教育，并针对 5 至 6 岁的儿童开展结构化和有计划的入学准备。

3. 这些特定年龄的需求是按照适当的技术规范和标准提供学前保育与教育服务的基础。《国家学前保育与教育政策》将结合其他部门的相关计划和政策（如健康、营养、教育等）满足儿童的各种需求。

4. 该项政策承认幼儿在家庭环境中能够得到最好的照顾。然而，在具有广泛多样性且阶层分化明显的国家，许多家庭需要支持性的措施以使儿童获得最佳发展。因此，该政策认可幼儿保育与教育服务提供的多种模式，并且该政策也将适用于由公共、私人和非政府服务提供者在任何情况下提供的学前保育与教育项目。这些项目可以按照安格瓦迪中心、托儿所、学前班、幼儿园、预科学校及家庭保育等来进行命名。

四、政策愿景

该政策期望通过提供自由、普遍、公平和因地制宜的机会来奠定基础，并充分发挥潜力，以实现所有 6 岁以下儿童的全面发展，并提升其主动学习的能力。

该政策想要在全国范围内，通过合适的体系、程序和规定来创造有利的环境，为实现儿童成功、顺利地从家庭提供的保育和教育向学前保育与教育中心顺利过渡，进而到学龄阶段进入学校接受教育这一过程提供更好的路径。

为进一步推动该政策愿景的实现，政府应该实现以下目标：

1. 促进提供综合的儿童保育支持、基础设施和服务，以实现儿童的整体福祉，并从母亲妊娠开始到孩子 6 岁的整个过程中满足儿童的发展需求；

2. 普及和加强学前保育与教育工作，并确保采取适合的策略，将所有儿童纳入其中，并特别关注弱势儿童；

3. 吸纳有能力的人力资源，培养其能力，从而能够为儿童及其家庭提供优质的服务；

4. 制定学前保育与教育的质量标准和课程框架，并通过宣传及各种机构来确保设定的标准及课程框架能够付诸实施；

5. 增强人们的认识，并就学前保育与教育的重要性达成共识。促进与社区和家庭建立起强有力的伙伴关系，以便通过机构和项目手段，并根据正确使用所需的技术来改善幼儿的生活质量；

6. 认识到背景的多样性，采取适合文化背景的策略和教学材料，把权力下放给地方，吸引其参与并赢得支持，从而有利于工作的开展。

五、政策主要领域

为实现上述目标，该政策的侧重点在以下领域：

1. 项目要为各服务提供者提供平等、包容的准入机会，并要实施干预措施；

2. 提高质量（最低要求、质量标准、管理、课程、游戏和学习材料、项目评估和儿童评估）；

3. 加强能力建设（机构、人员、家庭和社区）；

4. 监督和管理（管理信息系统、全国学前保育与教育理事会等）；

5. 开展研究和撰写文献；

6. 宣传和增强意识；

7. 政策和项目统一协调；

8. 机构和实施计划（学前保育与教育小组、全国学前保育与教育理事会、行动计划）；

9. 建立伙伴关系；

10. 增加对学前保育与教育的投资；

11. 定期审查。

（一）公平和全纳的准入机制

政府应该采取以下措施，以确保适龄儿童获得学前保育与教育服务：

1. 政府通过分权自治管理、因地制宜的方式，为所有儿童提供全纳和公平的学前保育与教育机会。

2. 政府主要通过"儿童发展综合服务计划"和其他公共渠道的相关部门或项目，及其他服务提供者（私营和非政府机构）来实现学前保育与教育。政府将制订一些特别计划，帮助那些边缘化人群、弱势群体，及至今尚未得到帮助的人群。

3. 政府应该根据第三部分所界定的各个分阶段提供各种服务，其中包括在受到保护和有利的环境中，为儿童提供健康、营养、适龄的保育和早期教育。这种学前保育与教育中心将按照规定的人口标准发挥其作用，并且最佳的服务涵盖范围是 500 米以内。

4. 政府将鼓励私营和非政府服务渠道为那些弱势群体儿童提供入学机会。

5. 所有儿童无须参加任何书面或口头形式的入学考试，均可获准进入学前保育与教育中心学习。

6. 安格瓦迪中心将被重新定义为"充满活力的儿童友好型幼儿发展中心"。中心基础设施完善、财政和人力资源充足，能够确保按照生命周期理论，实现学前保育与教育的连续性及儿童的全面发展。

7. 为满足社区需求，安格瓦迪中心附属托儿所将会为 3 岁以下儿童提供全方位的服务，包括护理、早期激励、健康、营养及互动的环境。该服务在全面推行前会先进行试点，随后再扩大服务规模。

8. 一些基于如"职业母亲托儿所计划"及各部制定的法律（如《圣雄甘地全国农村就业保障法》和《建筑和其他建筑工人法案》）所建立的托儿所，也将根据这一政策的规定进行调整和改进。其他根据不同需求建立的各种形式的托儿所也应该得到支持，使其遵守学前保育与教育质量标准，灵活地满足目标人群的需求。

9. 政府将采取措施，尽早发现并采取适当的干预措施，以确保所有儿童都能入学。

在必要的情况下，可转介那些发育迟缓或是有患残疾风险的儿童；与有关项目和部门建立联系，进一步将有特殊需求的儿童纳入学前保育与教育项目当中。

10. 政府同样也会对以家庭、社区或非政府组织的学前保育与教育服务模式进行试验和推广。

11. 政府将制定和采取城市战略，以解决城市和贫民窟儿童尚未满足的特定需求，并增加所有城市定居点和贫民窟儿童的准入机会。"印度十二五计划"可能会修订有关地区和城镇规划的条例，为居民区学前保育与教育中心及儿童发展中心提供空间和设施。

12. 政府提供儿童发展一体化服务的首要责任是，让所有幼儿都获得包括学前保育与教育在内的儿童综合发展服务。此外，政府还可以在必要且可行的情况下，通过补充和完善各项服务，对非营利性组织和营利性服务提供者提供支持。

13. 简化与小学的衔接过程，通过一系列入学准备工作，解决儿童从学前保育与教育顺利过渡到小学教育过程中存在的幼小衔接问题。

（二）确保质量

政府应该通过制定多种规范和质量标准，推动适用于儿童发展的学前保育与教育实践教学、开发课程框架、提供合适且充足的游戏材料、进行项目评估及儿童评估。

1. 政府将设定幼儿保育和教育的基本质量标准和要求，并在公立、私营和非政府机构的服务提供者中推行，使儿童获得符合质量标准的学前保育与教育。为提高学前保育与教育质量，必须达到以下几个标准，并且强制要求各类学前保育与教育服务的提供者都遵循这些标准：

· 每次学前保育与教育项目的持续时间须为3~4个小时。

· 一间教室的面积至少为35平方米，可容纳30名儿童。提供足够的室外空间（至少为30平方米），可容纳30名儿童活动。

· 配备经过培训的员工。

· 以儿童为中心的课程要采用母语或当地方言教学，适合儿童年龄和发展需求。

· 提供满足儿童成长需求的玩具和学习材料。

· 容易进入的安全建筑，以及良好的卫生状况和良好的绿化环境。

· 充足且安全的饮用水设施。

· 为男童和女童提供充足和独立的儿童友好型卫生间及洗手设施。

· 合理分配为儿童烹饪均衡营养膳食的空间和儿童进行午睡的空间。

· 儿童中心要提供急救和医药箱等即时医疗服务。

· 在学前保育与教育中心，每20名3~6岁儿童需配备一名看护人，每10名3岁以下儿童需配备一名看护人。儿童在任何时间都要有人看管。

2. 全国学前保育与教育委员会在其成立一年之后，将会制定学前保育与教育规章制度，让所有或部分服务提供者能够承担这类服务，以确保基本的高质量投入和输出。该政策在发布后3年内，将会适当做出调整，并由各邦付诸实施。这种实施可以分阶段进行，从注册到认证，再到所有学前保育与教育服务条款的监管。

除此之外，质量标准还将涉及建筑和基础设施、师生互动、为儿童规划学习经历、儿童健康、营养和保护措施、工作人员资质和专业发展、家长和社区参与度，及学前保育与教育规定的组织管理。

3. 该政策发布后 6 个月内，将会制定出符合儿童年龄和发展需求的《国家学前保育与教育课程框架》。该框架将会涉及身体和运动、语言、认知、社会性个体等相关的发展领域，并通过针对早期教育和全面发展的综合性、基于游戏、体验式和儿童友好型的课程，全面提高儿童情感、创造力以及审美能力。该框架还将制定实施细则，如项目原则、父母和看护人及学前保育与教育老师的角色、基本的游戏材料和评估程序等。项目将确保创造不体罚、条件完善、充满友爱的环境。

4. 儿童的母语、家庭语言及当地方言将是学前保育与教育计划中的主要互动语言。然而，考虑到儿童在该年龄段具备学习多种语言的能力，将以一种有意义的方式鼓励儿童说本地区的其他语言和英语。采取尊重儿童语言的多种语言策略，同时利用儿童在幼儿期的可塑性让其接触更多的语言。

5. 政府应该通过适当的文件和指令确保提供安全、儿童友好型、适于儿童发育的游戏和教学材料，并提供足够的游戏空间。政府将在学前保育与教育过程中，推广将传统歌曲、故事、摇篮曲、民间故事、当地制造的玩具作为游戏和教学材料。

6. 全国学前保育与教育理事会将采用一致的评估标准和方法，对所有学前保育与教育服务规定的项目进行评估，包括建筑和基础设施、师生互动、儿童教学经历计划、健康、营养、保护措施、员工资质及专业发展、家长和社区的参与度、学前保育与教育中心及学前保育与教育规定的组织和管理，包括与收费有关的事宜。

7. 政府将在学前保育与教育中心进行形成性和持续性的儿童评估，以确保学前保育与教育项目符合儿童的发展需求。

8. 政府将适当、充分地利用包括通信技术潜力的现代技术，促进儿童的发展和学习需求，并利用技术进行监测、评估、培养能力和组织训练。

（三）提高能力

1. 鉴于经过专门训练的人力资源非常紧缺，政府应该制订积极的计划，加强现有幼儿发展训练中心的培训能力，如国家公共合作和儿童发展研究所（National Institute for Public Cooperation and Child Development，NIPCCD），其区域中心及其外延机构，如安格瓦迪工作人员培训中心（AWTCs）、中级培训中心（Middle Level Training Centres，MLTCs）。另外，如有必要，可以在规定时间内建立新的幼儿发展训练中心。同时，应组织其他机构进行人员培训，如邦教育研究与培训委员会（State Council for Educational Research and Training，SCERTs）、邦教育研究和培训研究所（State Institute for Educational Research and Training，SIERTS）、区教育和培训研究所（District Institute of Education and Training，DIETS）、邦农村发展研究所（State Institute for Rural Development，SIRDs）、英迪拉·甘地国立开放大学（IGNOU）、国家开放学校（NIOS）等。另外，政府将会制定质量标准和监管框架，以便培训机构进行资格认证。

2. 学前保育与教育部门将在各层面实现任职资格、发展途径、角色分工的专业化，提高学前保育与教育专业人员工作及处理多年龄段和多语言环境的能力。各服务提供者将致力于为不同级别的学前保育与教育工作人员提供全面培训、技能发展策略及规划，以促进保育与教育工作的专业发展。

3. 国家公共合作和儿童发展研究所及其区域中心，将会是主要的儿童发展资源中心，为学前保育与教育从业人员提供支持。除此之外，还将鼓励各邦在邦级别，或是区级别设立自己的资源中心。

4. 该政策认为，幼儿能够在家庭环境中得到最好的照顾。因此，将优先考虑加强家庭保育和保护儿童的能力。要了解和教育家长及家庭成员有关婴幼儿喂养的方法、成长监测、启发、游戏以及早期教育的正确儿童保育方法，鼓励和确保家长及其他社区成员参与到学前保育与教育计划的有效运作当中。

六、监督和鼓励性管理

1. 政府将根据系统监督框架，加强对学前保育与教育项目的监督和管理。该框架针对学前保育与教育质量，制定分类明确、具体和易于衡量的投入、产出及结果指标。有关当局、全国学前保育与教育委员会及国家保护儿童权利委员会可以采用各种审查方法，为此类监督和管理做出必要的安排（如管理信息系统和独立调查等）。

2. 政府将在全国范围内建立一个完善的集数据收集、数据生成和信息管理于一体的系统，定期收集、汇编和分析学前保育与教育数据；并根据结果指标的标准、管理框架和适当调查的结果，对过程、投入、产出和结果进行分析，得出数据。这些数据将作为项目监督和信息管理的依据。

3. 政府还将采用技术手段，启用全面的母子卡（该卡涵盖学前保育与教育的所有服务），定期监督并对所有儿童负责。政府还要与"儿童发展综合服务计划""全民农村健康计划""全民初等教育普及计划"建立协同关系。政府部门要制定特殊策略，利用信息系统向贫困人口中最困难的群体伸出援助之手。

七、研究、评估和文献记录

1. 政府将加强政策、研究和实践三者之间的联系，开展实质性研究。

2. 政府将推进操作性研究，以形成本土知识，并确保在制定、实施和监测幼儿保育与教育计划和干预措施时，采用更多基于实证的方法。在实施干预措施时，政府需要开展影响评估，并推进行动研究以产生创新模型。

八、宣传

1. 家长和其他利益相关者对适合孩子成长的学前保育与教育缺乏理解，这是阻碍学前保育与教育工作顺利进行的巨大障碍。另外，人们还普遍认为，照顾儿童只是母亲一方的责任。除此之外，人们对不同年龄段需求、适应发展的干预措施及忽视所带来的后果缺乏了解。

2. 为解决上述问题，政府将广泛使用媒体及一些人际交流策略，如民谣、印刷物和电子媒体，并同时加强和家长、看护人、专业人士及更大社区组织的接触，尤其是印度乡村自治委员会（The Panchayati Raj Insti. tutions，PRIs）和城市当地机关（The Urban Local Bodies，ULBs）；加强家长和社区的联系，使其能够参与其中，宣传、策划和监督学前保育与教育计划的执行情况。

九、配合与协调

1. 满足儿童需求需要多个部门协同合作来制定政策和项目，可能会涉及教育、健康、营养、饮用水和卫生、人力资源和金融等部门。之前分别制定的政策，如《国家教育政策》（1986）、《国家营养政策》（1993）、《国家卫生政策》（2002）、《国家妇女支持政策》（National Policy for Empowerment of Women, 2001）、《国家儿童政策》（2013）、《国家传统医学政策》（National Policy on AYUSH, 2002）等与儿童保育与教育有关的政策和其他此类的相关项目，都将根据本政策重新进行调整。政府将在规定时间内鼓励和实现有关政策、项目和计划之间的监管，运营和财务方面的配合，从而进一步实现资源的优化配置和利用。

2. 将通过适当的机制在当地社区参与度较高的多个利益相关者之间，在各部门政策、项目和计划之间实现不同层级的融合与协调。

3. 目前，印度多个邦有相当多数量的小学生（5 至 6 岁）。《儿童免费义务教育权利法》（2010）规定，6 至 14 岁的儿童都有权接受免费的义务小学教育。因此，与人力资源开发部和国家教育部相互配合是至关重要的。政府将建立机制以促进彼此配合，根据《儿童免费义务教育权利法》第十一章的要求，确保以安格瓦迪中心为基础的学前保育与教育具有连续性和相关性。

十、实施机构

1. 妇女和儿童发展部及其邦一级的对口部门负责监督学前保育与教育项目的具体实施情况。建议所有邦政府和联邦属地按照印度政府对妇女和儿童发展部的部署，将学前保育与教育也纳入妇女和儿童发展部业务分配原则当中。

2. 该政策规定的主要干预措施将在本政策发布之日起一年内开始实施。

3. 将在妇女和儿童发展部建立学前保育与教育办公室，作为多部门和机构间协调的纽带，负责监督国家和邦一级行动计划的执行情况。学前保育与教育室将配备技术专家，以确保各邦遵循质量标准和原则。

4. 该政策发布后 3 个月内，将成立全国学前保育与教育理事会，18 个月内将在各邦成立相应的理事会。全国学前保育与教育理事会将是拥有专业知识和自主权的最高机构。该机构由印度妇女和儿童发展部资助，指导和监督《国家学前保育与教育政策》的具体实施情况。该机构将通过建立一个全面的学前保育与教育系统，发展促进和支持多模式和多部门干预的综合框架，如培训方式、制定课程框架、设定质量标准和有关活动，尤其是要促进开展行动研究。理事会将由来自各相关部门、各邦和联邦属地行政部门、学术资源机构、非政府组织、民间社会组织等的代表，以及专业人士和专家、从业人员、知识分子等组成。

5. 该政策将在印度分权治理的框架内运作，因此包括对社区、街区、地区、邦以及国家各级委员会的规定。这些委员会将与"儿童发属综合服务计划"监督与任务委员会进行协调。这些委员会可以制定规则吸引社区成员、地方自治机构（印度乡村自治委员会、城市当地机关）的参与。

6. 要认识到印度社会和地理的多样性，该政策要具有灵活性，以确保各项服务能够利用当地现有资源，从而满足当地的各项需求。要加强地区一级行政单位和印度村委会（五人长老会）的建设，以便更加有针对性地进行规划和实施学前保育与教育计划。要吸引社区组织直接参与其中，如农村教育委员会（Village Education

Committees)、母亲或家长委员会（Mother's /Parent's Committees）、农村资源小组（Village Re source Groups）、印度乡村自治委员等。要提高这些社区组织自身的能力，使其有能力按照不同的服务规定参与和监督幼儿保育与教育管理，并确保对服务的质量负责。

7. 实施和补充《国家学前保育与教育政策》《国家学前教育课程》和《儿童保育和教育质量标准》。政策内容将在各种项目的行动纲领和计划中有所体现，如"全民教育运动"和"儿童发展综合服务项目"等国家和邦级行动计划、"全国农村健康计划"（National Rural Health Mission，NRHM）中的"生育和儿童健康计划"（Reproductive Child Health，RCH）、托儿所计划及其他包括印度乡村自治委员会在内的国家、邦、地方机构的年度实施计划等。涉及的相关领域包括健康、营养、学前教育、饮用水和卫生等。

8. 政府应根据政策规定的各个方面，创造有利的环境，提供综合性服务。

9. 除第五部分第（二）条中提出的监管框架以外，政府还应该制定适当的法律，促进儿童综合、全面的发展。详细说明适合各年龄段的干预措施，以解决所有6岁以下儿童在保育、教育、生存、保护和发展各方面存在的问题，确保儿童在婴幼儿期的综合发展权利。

十一、建立伙伴关系

1. 将邀请专家、专业人士、高等教育机构人员在地区、邦、学区和街道组成资源小组和志愿行动小组，以渐进和有效的方式，在学前保育与教育监督、管理和能力建设等方面支持政府的各种努力。

2. 为实现该政策的目标、支持其自身的工作，政府可以与多个利益相关者，包括社区、非政府组织服务提供者以及私营服务提供者，在特定时间建立伙伴关系，同时确保遵守具体的指导方针及标准。

十二、加大对学前保育与教育的投资

1. 有证据表明，在幼儿阶段，为改善儿童的生活所做的投资回报率最高。

2. 政府承诺要增加干预措施的总投资，以提升学前保育与教育质量。

3. 幼儿教育（妊娠至6岁）和学前保育与教育的预算将作为评估幼儿阶段性投资的一个重要方面。

可以定期对学前儿童设定各种预算，以评估对儿童的投资，并明确资源投资和利用方面的差距，同时，也将评估儿童的发展结果。

十三、审查

每5年将对该政策的实施情况进行一次审查，同时还将定期对工作的进展情况进行评估。如果有必要，会在实施的过程中进行纠正。

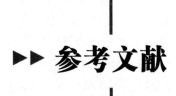

参考文献

［1］国家卫生健康委人口家庭司. 婴幼儿照护服务文件汇编（2021 版）［M］. 北京：中国人口出版社，2021.

［2］中国学前教育史编写组. 中国学前教育史资料选［M］. 2 版. 上海：人民教育出版社，2002.

［3］严平. 日本教育法规译文精选［M］. 北京：科学出版社，2019.

［4］王云龙. 印度学前教育法律与政策选译［M］. 江苏：江苏人民出版社，2020.

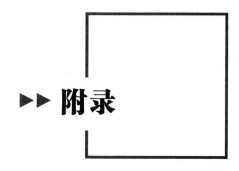

▶▶ 附录

附录一：其他文件

家政服务　母婴生活护理服务质量规范（GB/T 31771—2015）

1 范围

本标准规定了母婴生活护理服务的服务机构、人员、服务内容与要求、档案管理、服务质量评价等的要求。

本标准适用于母婴生活护理服务。

2 规范性引用文件

下列文件对于本文件的应用是必不可少的。凡是注日期的引用文件，仅注日期的版本适用于本文件。凡是不注日期的引用文件，其最新版本（包括所有的修改单）适用于本文件。

GB/T 19012—2008 质量管理 顾客满意 组织处理投诉指南

GB/T 20647.8 社区服务指南 第 8 部分：家政服务

3 术语和定义

GB/T 20647.8 界定的以及下列术语和定义适用于本文件。

3.1 母婴生活护理服务 maternal and child life care service

为产妇、新生儿和婴儿提供饮食起居照料、卫生清洁等的服务活动。

3.2 母婴生活护理员 maternal and child nursing staff

为产妇、新生儿和婴儿提供生活护理的人员，俗称月嫂。

3.3 母婴生活护理服务机构 maternal and child nursing organization

提供母婴生活护理服务经营活动的组织机构。

3.4 被动操 passive exercise

在成人的适当扶持下，加入新生儿、婴儿的部分动作完成的运动。被动操的动作主要有锻炼四肢肌肉关节的上、下肢运动，锻炼腹肌腰肌以及脊柱的桥形运动、拾物运动，为站立和行走作准备的立起，扶腋步行、双脚跳跃等动作。新生儿和婴儿每天进行被动操的训练，可活动全身的肌肉关节，为爬行、站立和行走打下基础。

3.5 月子餐 sub menu

产妇在坐月子这一特殊时期根据身体特点吃的餐点。

4 服务机构基本要求

4.1 应依法设立从事母婴生活护理经营服务活动的服务机构。

4.2 应有与业务范围相适应的固定经营场所、人员和设施。

4.3 在经营场所醒目位置悬挂服务标识（相关证照、服务项目、收费标准、规章制度、岗位职责和投诉监督电话等）。

4.4 应制定本机构的经营管理制度并组织实施。

4.5 应建立完善的母婴生活护理专业培训体系。

4.6 中介管理型的母婴生活护理服务机构应委托有资质的培训机构对母婴生活护理员进行适时培训。

4.7 应确保向客户提供符合相应服务技能要求的母婴生活护理员，并对母婴生活护理员实行分级管理。

5 人员基本要求

5.1 负责人

5.1.1 应遵守法律、法规、规章和有关规定。

5.1.2 应具备母婴生活护理服务经营管理经验和组织领导能力，熟悉母婴生活护理服务的业务流程。

5.1.3 应定期参加行业组织的培训。

5.2 管理人员

5.2.1 应遵纪守法，爱岗敬业，具备良好的职业素质。

5.2.2 应掌握本机构规章制度和业务流程，有一定的管理经验和协调能力。

5.2.3 应尊重客户和母婴生活护理员，提供文明、耐心、周到的服务和真实的信息。

5.2.4 应严格履行服务承诺。

5.3 母婴生活护理员

5.3.1 应为女性，年龄在 18 岁以上、55 岁以下，初中以上文化程度。

5.3.2 应具有身份证明、职业资格证、健康证以及具备与等级相适应的服务技能。

5.3.3 应遵守国家法律法规，爱岗敬业、守时守信、尊重客户。

5.3.4 讲文明礼貌，品行端正、仪表端庄、举止大方。

5.3.5 主动工作，热情友好，诚实可靠。

5.3.6 及时清理个人卫生，具备良好的卫生习惯。

5.3.7 上岗服务时应着统一工作服。

5.3.8 应定期参加职业培训，不断提高自己的护理知识和专业技能。

5.3.9 应无刑事犯罪记录，无精神病史和传染病等。

6 服务内容和要求

6.1 概述

依据客户对母婴生活护理服务的不同需求以及母婴生活护理员具备的工作经历、服务技能的不同，将母婴生活护理服务分为一星级、二星级、三星、四星级、五星级和金牌级共六级，其中一星级为最低等级，金牌级为最高等级。

6.2 一星级

6.2.1 新生儿和婴儿生活护理

一星级新生儿和婴儿护理服务应：

——为新生儿和婴儿换洗尿布、洗衣服、拆洗被褥及日常护理；

——能够对新生儿和婴儿喂养用具及日常用具、玩具进行消毒；

——掌握新生儿和婴儿母乳喂养、人工喂养（喂水）、混合喂养的方法；

——为新生儿和婴儿洗澡、抚触、测量体温、脐带护理；

——观察新生儿和婴儿大小便的变化；

——观察新生儿是否有黄疸、脐炎等的症状；

——做好相应记录。

6.2.2 产妇生活护理

一星级产妇生活护理服务应：

——能够安排产妇的生活起居，为产妇洗涤衣物；

——根据产妇母乳分泌的情况制作月子餐；

——观察产妇母乳分泌的情况，正确指导产妇给新生儿和婴儿喂奶的方式方法；

——帮助指导产妇做产后保健操，观察产妇恶露排出的情况；

——做好相应记录。

6.2.3 人员要求

提供一星级服务的母婴生活护理员应符合以下条件：

——需要经过相应的培训并经考核合格；

——取得初级家政服务员资格证书或同等级的资格证书。

6.3 二星级

6.3.1 新生儿和婴儿生活护理

在一星级新生儿和婴儿生活护理服务的基础上，二星级新生儿和婴儿生活护理服务还应：

——熟练地为新生儿和婴儿洗澡及抚触；

——根据新生儿和婴儿的喂养情况，按照每个年龄段喂养要求科学地进行喂养；

——对新生儿和婴儿的眼、耳、鼻进行日常清洁护理；

——在对新生儿和婴儿臀部、脐部进行日常护理和处理大小便时观察异常情况；并观察新生儿是否有黄疸、脐炎等症状。

6.3.2 产妇生活护理

在一星级产妇生活护理服务的基础上，二星级产妇生活护理服务还应：

——了解哺乳期产妇的身体状况，观察产妇体温、身体状况、精神状况，如发现异常，及时建议就医，并指导产妇与新生儿或婴儿隔离；

——根据产妇乳汁分泌的情况及身体状况给予饮食指导，制作月子汤、餐；

6.3.3 人员要求

提供二星级服务的母婴生活护理员应符合以下条件：

——需要在从事过一星级母婴生活护理服务的基础上经过相应的培训并经考核合格；

——取得初级家政服务员资格证书或同等级的相关资格证书，具备 6 个月以上的母婴生活护理服务工作经历及同等级的资格证书；

——累计 6 个月客户满意无投诉。

注：提供各星级服务的母婴生活护理员工作经历，是以从事本职业累积的工作时间为准。（以下工作经历均同此说明）

6.4 三星级

6.4.1 新生儿和婴儿生活护理

在二星级新生儿和婴儿生活护理服务的基础上，三星级新生儿和婴儿生活护理服务还应：

——对新生儿和婴儿眼、耳、鼻进行日常清洁护理，并能辨别异常情况；

——根据婴儿体重、身高增长的情况，指导产妇正确掌握喂养的方法和技巧；

——会指导产妇为婴儿做被动操；

——对新生儿和婴儿常见的尿布疹、肛门周围感染进行简单的处理；

——能分辨新生儿和婴儿因喂养不当、缺钙或环境及温湿度等影响睡眠质量的原因；

——能对新生儿和婴儿生理性啼哭、病理性啼哭进行分辨；视情况对新生儿和婴儿进行早期教育。

6.4.2 产妇生活护理

在二星级产妇生活护理服务的基础上，三星级产妇生活护理服务还应：

——对侧切和剖腹产的产妇及时提醒并指导帮助其下地活动；

——提供营养食谱，并制作月子餐；

——对有产后抑郁症的产妇进行心理疏导，积极引导产妇保持心情舒畅。

6.4.3 人员要求

提供三星级服务的母婴生活护理员应符合以下条件：

——需要在从事过二星级母婴生活护理服务的基础上经过相应的培训并经考核合格；

——取得中级家政服务员、中级育婴师资格证书，或同等级的相关资格证书，具备 12 个月以上的母婴生活护理服务工作经历；

——无相应职业资格证书的，需具备 18 个月以上的母婴生活护理服务工作经历；

——累计 12 个月或 18 个月客户满意无投诉。

6.5 四星级

6.5.1 新生儿和婴儿生活护理

在三星级新生儿和婴儿生活护理服务的基础上，四星级新生儿和婴儿生活护理服务还应：

——熟练地为婴儿做被动操；

——在对新生儿和婴儿进行日常护理时，与新生儿和婴儿进行眼神和语言的交流；

——为新生儿和婴儿创造良好的睡眠环境；

——正确分辨新生儿和婴儿啼哭的原因，及时解决新生儿和婴儿的需求；

——关注新生儿和婴儿的体温、呼吸、心率的数值，如发现异常，及时告知家长，并在就医后按照医生的要求对新生儿和婴儿进行护理。

6.5.2 产妇生活护理

在三星级产妇生活护理服务的基础上，四星级产妇生活护理服务还应：

——细致观察产妇体力恢复情况和心理变化情况；

——指导产妇做形体恢复操；

——为贫血的产妇提供营养食谱，并制作营养月子餐；

——对乳汁分泌不足的产妇，进行饮食指导和心理疏导，向产妇讲授母乳喂养的好处，指导产妇掌握正确的哺乳方法，并进行适当的乳房护理，促进乳汁分泌。

6.5.3 人员要求

提供四星级服务的母婴生活护理员应符合以下条件：

——需要在从事过三星级母婴生活护理服务的基础上经过相应的培训并经考核合格；

——取得中级家政服务员资格证书、中级育婴师资格证书，或同等级的相关资格证书，具备 18 个月以上的母婴生活护理服务工作经历；

——无相应职业资格证书的，需具备 30 个月以上的母婴生活护理服务工作经历；

——累计 18 个月或 30 个月客户满意无投诉。

6.6 五星级

6.6.1 新生儿和婴儿生活护理

在四星级新生儿和婴儿生活护理服务的基础上，五星级新生儿和婴儿生活护理服务还应：

——通过感官正确判断新生儿和婴儿的大小便异常、体温异常、呼吸异常、心率异常，及时提醒家长并陪同新生儿和婴儿就医；

——根据新生儿和婴儿的生长发育（身高、体重）的指标提供科学的喂养方法；

——熟悉新生儿和婴儿的预防接种顺序、注意事项及接种禁忌；

——按医嘱提醒产妇为新生儿和婴儿及时补充相应的维生素 D；

——观察新生儿和婴儿是否出现常见疾病的发病症状，采取措施进行预防和护理；

——当遇到意外伤害时，及时采取救助措施、通知新生儿和婴儿监护人及服务机构，并由服务机构备案；

——根据需要对新生儿和婴儿进行五项行为训练。

6.6.2 产妇生活护理

在四星级产妇生活护理服务的基础上，五星级产妇生活护理服务还应：

——为产妇营造舒适的生活环境，指导产妇做好个人卫生；

——熟练掌握月子餐的制作技巧，科学做好产妇的饮食护理，均衡营养；

——具备较强的语言沟通能力，将相关的护理知识、早期智力开发等的方法传授给新生儿和婴儿父母；

——给予产妇良好的心理调适，并根据产妇特点给予科学的保健指导。

6.6.3 人员要求

提供五星级服务的母婴生活护理员应符合以下条件：

——需要在从事过四星级母婴生活护理服务的基础上经过相应的培训并经考核合格；

——取得高级家政服务员资格证书、高级育婴师资格证书，或同等级的相关资格证书，具备 30 个月以上的母婴生活护理服务工作经历；

——无相应职业资格证书的，需具备 54 个月以上的母婴生活护理服务工作经历；

——累计 30 个月或 54 个月客户满意无投诉。

6.7 金牌级

6.7.1 新生儿和婴儿生活护理

在五星级新生儿和婴儿生活护理服务的基础上，金牌级新生儿和婴儿生活护理服务还应：

——合理安排膳食，能够有规律地让婴儿每天按照适当的比例摄取生长发育所需要的各种营养素；

——根据新生儿和婴儿生长发育的特点，对新生儿和婴儿进行生活照料及生活保健，引导并对新生儿和婴儿进行五项行为训练；

——熟练为新生儿和婴儿口腔、皮肤、眼、耳、鼻以及脐带等部位进行护理；

——及时发现新生儿和婴儿是否有常见病的发病症状，采取措施进行预防和护理，并及时建议就诊；

——准确掌握新生儿和婴儿意外伤害的紧急处理常识和方法。

6.7.2 产妇生活护理

在五星级产妇生活护理服务的基础上，金牌级产妇生活护理服务还应：

——科学合理地为产妇安排膳食，保证产妇所需要的各种营养素；

——对产妇进行心理疏导，积极引导产妇保持心情舒畅；

——指导产妇做形体恢复操；

——向产妇传授早期教育的理念及如何对新生儿和婴儿进行早期教育的方法；

——能较全面地指导产妇进行个人卫生及对身体异常情况的感知；

——进行对体温、呼吸、脉搏等的观察；熟悉对恶露的观察和处理；

——熟悉产后常见病的症状及预防；

——对乳房实施哺乳前后的护理；

——正确指导产妇调理生活起居和身心调适。

6.7.3 人员要求

提供金牌服务的母婴生活护理员应符合以下条件：

——需要在从事过五星级母婴生活护理服务的基础上经过相应的培训并经考核

合格；

——取得高级家政服务员、高级育婴师、中级营养配餐员资格证书，或同等级的相关资格证书，具备 48 个月以上的母婴生活护理服务工作经历；

——无相应职业资格证书的，具备 72 个月以上的母婴生活护理服务工作经历；

——累计 48 个月或 72 个月客户满意无投诉。

7 档案管理

7.1 母婴生活护理服务机构应将管理过程中形成的各种记录和文件，如《客户资料登记表》[见附录 A(略)]、《母婴生活护理员资料登记表》[见附录 B(略)]、《客户意见反馈表》[见附录 C(略)]、《客户质量投诉处理意见表》[见附录 D(略)]，及时汇总，分类存档。

7.2 档案的保存期限应截止到服务协议终止后两年。

8 服务质量评价

8.1 质量评价

8.1.1 母婴生活护理服务机构可通过有效的渠道和方式收集相关客户的反馈意见，及时了解母婴生活护理员的服务情况，从而改进服务质量，提高母婴生活护理员的服务水平。

8.1.2 评价信息获取的方式可包括：

a）客户填写；

b）电话回访；

c）网络评价等。

8.1.3 服务结束后，根据评价信息母婴生活护理服务机构获得评价结果。

8.2 母婴生活护理员服务质量投诉处理

母婴生活护理服务质量投诉处理程序应参照 GB/T 19012—2008 的要求。

托育机构质量评估标准（节选）（WS/T 821—2023）

前言

本标准由国家卫生健康委医疗管理服务指导中心负责技术审查、技术咨询、协调和格式审查，由国家卫生健康委员会人口监测与家庭发展司负责业务管理、法规司负责统筹管理。

本标准起草单位：中国儿童中心、中国疾病预防控制中心妇幼保健中心、北京师范大学中国基础教育质量监测协同创新中心、首都师范大学学前教育学院、北京中基智库教育咨询有限公司。

本标准主要起草人：杨彩霞、丛中笑、杨印、张玲玲、郑党、王瑛、徐轶群、张云运、刘昊、李晋红。

托育机构质量评估标准

1 范围

本标准规定了对托育机构的办托条件、托育队伍、保育照护、卫生保健、养育支持、安全保障、机构管理等评估的内容。

本标准适用于对为 3 岁以下婴幼儿提供全日托照护服务的机构（含幼儿园的托班）的评估。对提供半日托、计时托、临时托等照护服务的托育机构的评估可参照执行。

2 规范性引用文件

下列文件中的内容通过文中的规范性引用而构成本标准必不可少的条款。其中，注日期的引用文件，仅该日期对应的版本适用于本标准；不注日期的引用文件，其最新版本（包括所有的修改单）适用于本标准。

GB 6675 玩具安全

GB/T 3976 学校课桌椅功能尺寸及技术要求

GB/T 18883 室内空气质量标准

GB 36246 中小学合成材料面层运动场地

JGJ 39 托儿所、幼儿园建筑设计规范

GB 5749 生活饮用水卫生标准

WS/T 678 婴幼儿辅食添加营养指南

3 术语和定义

下列术语和定义适用于本标准。

3.1 托育机构 childcare institutions

由单位（事业单位、社会组织、企业等）或个人举办，由专业人员为 3 岁以下婴幼儿提供全日托、半日托、计时托、临时托等照护服务的机构。

3.2 托育工作人员 childcare providers

托育机构中的所有工作人员。托育工作人员包括托育机构负责人、保育人员、卫生保健人员、保安人员、炊事人员等。

3.3 保育人员 carers

在托育机构中通过创设适宜环境，合理安排一日生活和活动，为 3 岁以下婴幼儿提供生活照护、安全看护、平衡膳食和早期学习机会，促进婴幼儿身体和心理全面发展的人员。

3.4 照护服务 childcare service

根据婴幼儿发展的年龄特点和个体差异，由托育工作人员在托育机构直接或间接为 3 岁以下婴幼儿提供生活照护、安全看护、平衡膳食和早期学习机会，为家庭和社区提供科学育儿指导服务，促进婴幼儿身体和心理的全面发展。

4 办托条件

4.1 托育机构资质

4.1.1 应取得提供托育服务的营业执照，营业范围中应明确注明"托育服务"或"3 岁以下婴幼儿照护服务"。

4.1.2 自制婴幼儿餐食的托育机构应具有经营期内《食品经营许可证》原件，外送婴幼儿餐食的托育机构应具有加盖外送餐单位公章的《食品经营许可证》（主体业态标注"集体用餐配送单位"字样）复印件、具有与外送餐单位签订的送餐合同，配有专门的备餐间。

4.1.3 应按照国家卫生健康委《关于做好托育机构卫生评价工作的通知》要求，

具有自我评价合格的托育机构卫生评价报告。

4.1.4 应具备年度内的消防安全检查合格证明。

4.1.5 应在托育机构所在地的县级卫生健康部门完成备案。

4.2 环境空间

4.2.1 设有满足婴幼儿生活游戏的生活用房及适当的辅助用房。婴幼儿生活用房应布置在 3 层及以下，不应布置在地下室或半地下室。配备保健观察室，建筑面积不少于 6 平方米，至少设有 1 张儿童观察床；保健观察室应与婴幼儿生活用房有适当的距离，并应与婴幼儿活动路线分开。有乳儿班（6~12 个月）和托小班（12~24 个月）的设有配奶的操作台或配奶室。乳儿班设有哺乳室或有布帘等遮挡的可供哺乳的空间，以及辅食调制台。设有机构的婴幼儿专用的盥洗室和厕所，盥洗室内有流动水洗手装置。有活动区、就餐区、睡眠区（可混用）。

4.2.2 为婴幼儿提供与生活游戏相适宜的室内外活动场所，面积适宜。乳儿班（6~12 个月）活动区的使用面积不低于 15 平方米。托小班（12~24 个月）和托大班（24~36 个月）活动室的使用面积不低于 35 平方米，睡眠区与活动区合用时使用面积不小于 50 平方米。室外活动场地地面平整、防滑、无障碍、无尖锐突出物，采用软质地坪。有独立室外活动场地的，婴幼儿人均使用面积不小于 3 平方米。无独立室外活动场地的，设室内运动场地。

4.2.3 婴幼儿用房明亮，天然采光，生活用房窗洞开口面积不应小于该房间面积的 20%。生活用房不宜朝西，当不可避免时，应采取遮阳措施。

4.2.4 房屋空气质量应合格，符合现行国家标准 GB/T 18883。室外活动场地如果使用合成材料，应符合现行国家标准 GB 36246。

4.3 设备设施

4.3.1 应配置符合婴幼儿年龄特点和安全卫生要求的生活设备设施，婴幼儿桌椅符合现行国家标准 GB/T 3976。

4.3.2 婴幼儿的生活和游戏空间应安全，地面、窗户、防护栏、家具、家电等设备设施符合现行行业标准 JGJ 39。

4.3.3 婴幼儿用房通风，温度和湿度适宜，符合现行行业标准 JGJ 39。

4.4 玩具材料

4.4.1 配备符合不同月龄婴幼儿动作、认知、语言、情感与社会性等各个领域发展特点的玩具，数量充足、多样，具有安全环保标识，符合现行国家标准 GB 6675。鼓励结合地域特点和婴幼儿特点，利用自然材料或生活材料自制玩具，玩具安全、环保。

4.4.2 配备符合不同月龄婴幼儿认知发展水平的图书，数量充足、种类多样。每名幼儿不少于 1 册，种类不少于 4 类，且干净环保。

5 托育队伍

5.1 人员配备

5.1.1 负责人应具有大专及以上学历，有从事儿童保育教育、卫生健康等相关管理工作 3 年以上的经历。

5.1.2 保育人员应具有中专或普通高中及以上学历，并具有婴幼儿照护经验或相关专业背景，具备良好职业道德。合理配备保育人员，与婴幼儿的比例应不低于以下标准：乳儿班1∶3，托小班1∶5，托大班1∶7。18个月以上的婴幼儿可混合编班，每个班不超过18人，且保育人员与婴幼儿的人数比例不低于1∶5。

5.1.3 托育机构应配备卫生保健人员，卫生保健人员应具有高中以上学历，经过妇幼保健机构组织的卫生保健专业知识培训合格。收托50名及以下婴幼儿的，至少配备1名兼职卫生保健人员；收托50名以上、100名及以下婴幼儿的，至少配备1名专职卫生保健人员；收托100名以上婴幼儿的，至少配备1名专职和1名兼职卫生保健人员。卫生保健人员包括医师、护士和保健员。卫生保健人员工作期间应接受继续教育培训，且考核合格。

5.1.4 自制婴幼儿餐食的托育机构，收托50名及以下婴幼儿的，应配备1名炊事人员；收托50名以上的，每增加50名婴幼儿应增加1名炊事人员。外送婴幼儿餐食的托育机构，应有食品安全管理人员。

5.1.5 所有托育工作人员应具有健康证明，且在有效期内（每年至少健康检查一次，健康检查项目依据《托儿所幼儿园卫生保健工作规范》）；不带病上岗。精神病患者、有精神病史者不得在托育机构工作。

5.1.6 所有托育工作人员应具有完全民事行为能力，有户籍地或者居住地公安派出所出具的无犯罪记录证明。

5.2 队伍建设

5.2.1 负责人应经过托育机构负责人岗位培训合格，培训总时间不少于60学时，其中理论培训不少于40学时，实践培训不少于20学时。保育人员应经过托育机构保育人员培训合格，培训总时间不少于120学时，其中理论培训不少于60学时，实践培训不少于60学时。

5.2.2 支持托育工作人员的专业提升，鼓励通过各种途径（如教研、跟岗学习等）学习发展。

5.2.3 通过建立制度、组织培训、监测、心理评估等方式，确保托育工作人员身心健康且具有良好的职业道德修养。所有托育工作人员应无任何暴力、虐待、损害婴幼儿身心健康的语言和行为（如辱骂、推搡、歧视、体罚或变相体罚、漠视等），托育机构等若发现托育工作人员有上述行为，应依法向公安、民政、卫生健康等部门报告。

5.3 权益保障

应依法与所有托育工作人员签订劳动合同。所有托育工作人员的工资应按月足额及时发放，并为所有符合条件的托育工作人员办理缴纳社会保险费。

6 保育照护

6.1 情感氛围

创设安全、宽松、快乐的情感氛围。保育人员以温暖、尊重的态度与婴幼儿积极交流互动，尽可能及时回应婴幼儿的情感需求。

6.2 生活照护

6.2.1 根据婴幼儿的生理节律科学安排哺喂、饮水、进餐、换尿布、如厕、盥洗、睡眠、活动等一日生活，各项内容时间安排相对固定，保证作息的规律性。一日生活的过渡环节组织有序，把握过渡环节中蕴含的婴幼儿的学习与发展机会，基本无消极等待时间。

6.2.2 婴幼儿的午睡或休息时间适宜，可保证不同月龄段婴幼儿有充足的睡眠时间。婴幼儿喝奶或进餐后有休息放松的时间。应为婴幼儿提供适宜、安全的睡眠环境。定期消毒婴幼儿睡眠用具，保证干净卫生。应在婴幼儿睡眠期间做好巡视和照护，并做好巡查记录。

6.2.3 根据婴幼儿的月龄特点培养自主进餐的习惯和能力，为婴幼儿营造愉快的进餐氛围并加强进餐看护，培养婴幼儿良好饮食行为和习惯，引导婴幼儿均衡膳食、规律就餐。

6.2.4 根据婴幼儿月龄特点和发展水平，提供自我照料的机会，鼓励婴幼儿发展生活自理能力，培养良好的卫生习惯。

6.3 发展支持

6.3.1 根据婴幼儿的月龄特点、实际发展情况和个体差异等特点，制订多种形式的活动计划（包括年度、半年、月、周计划等）和明确的发展性目标。活动计划以自由分散活动为主，统一组织的集体活动时间应适合不同月龄段婴幼儿

的发展特点，托小班（13~24 个月）每次集体活动时间 5~8 分钟，托大班（25~36 个月）每次集体活动时间 10~15 分钟；内容涵盖动作、语言、认知、情感与社会性等方面，内容全面、相对均衡、贴近婴幼儿生活。

6.3.2 婴幼儿每日室内外活动时间不少于 3 小时，其中户外活动不少于 2 小时。乳儿班及小月龄段婴幼儿，可酌情减少户外活动时间，寒冷、炎热季节或特殊天气情况下也可酌情调整户外活动时间。提供适宜且充足的材料，开展符合婴幼儿月龄特点的活动，锻炼婴幼儿的精细动作技能。

6.3.3 在生活照护中积极地通过语言交流和非语言交流，激发婴幼儿与同伴或成人的交流互动，利用机会和婴幼儿共读图书、共念儿歌，促进婴幼儿的语言发展。

6.3.4 为婴幼儿提供丰富的感知环境和操作材料，引导和支持婴幼儿利用视、听、触、嗅等各种感觉器官探索感知，获得丰富的直接经验。

6.3.5 鼓励婴幼儿尝试完成力所能及的任务，使婴幼儿感受自己的能力，增强自信心和自主性。

7 卫生保健

7.1 卫生保健工作制度

7.1.1 卫生保健工作制度内容应完整。包括一日生活制度（包含婴幼儿照护内容）、膳食管理制度、体格锻炼制度、卫生与消毒制度、健康检查制度、传染病预防与控制制度、常见疾病预防与管理制度、伤害预防制度、健康教育制度、卫生保健信息收集制度。

7.1.2 机构对各项卫生保健工作制度落实情况定期检查和反馈，卫生保健人员、保育人员应掌握卫生保健基本要求（如消毒知识、全日观察的内容、传染病预防及处理等）。

7.2 健康管理

7.2.1 收托时查验全体入托婴幼儿的"预防接种证"和入托体检表。

7.2.2 应为每名婴幼儿建立完整的健康档案。鼓励与辖区妇幼保健机构建立相关婴幼儿绿色转诊通道，及时进行评估干预。

7.2.3 应做好每日晨检和午检，对婴幼儿进行全日健康观察及巡视，并做好记录，发现婴幼儿异常情况及时处理并完整记录。

7.2.4 做好婴幼儿的视力保护，2 岁以下不宜接触屏幕。2~3 岁幼儿在托育机构一日生活中屏幕时间累计不超过半小时，每次不宜超过 10 分钟。内容应无暴力等不健康元素。

7.3 膳食营养

7.3.1 根据婴幼儿营养需要，编制营养食谱并且每周进行更换。提供符合婴幼儿月龄特点的正餐和加餐，保证食物品种多样、食物量适宜。

7.3.2 食物烹调方式、食材加工大小等符合婴幼儿发育特点。

7.3.3 对于存在明确食物过敏婴幼儿注意食物回避。鼓励有条件的机构为存在营养问题的婴幼儿提供特殊饮食。

7.3.4 设有乳儿班的托育机构有标识清楚的奶瓶存放处和母乳储存的专用冰箱，并有专人管理，有专人负责对婴幼儿按需喂养。

7.4 传染病管理

7.4.1 应做好日常卫生和预防性消毒工作。

7.4.2 有隔离观察空间。建立与属地疾病预防控制机构（农村乡镇卫生院防保组）的联动机制，建立传染病防控的有效沟通机制。

7.4.3 有专人对缺勤婴幼儿进行患病追踪管理，并做好患病儿童记录。

7.4.4 发现传染病或疑似传染病婴幼儿，应按有关规定及时采取措施，防止传染病续发或暴发。患传染病婴幼儿返回时须持医疗卫生机构出具的健康证明。

7.5 常见病管理

7.5.1 对贫血、营养不良、超重肥胖的婴幼儿进行登记和管理，并提供相应的照护。

7.5.2 对药物过敏或食物过敏、先天性心脏病、哮喘、癫痫等疾病及心理行为异常的婴幼儿进行登记，督促家长依托社区或妇幼保健机构进行规范管理。

8 养育支持

8.1 与家长合作

8.1.1 应与家长签订协议，明确双方责任、权利义务、服务项目、收费标准以及争议纠纷处理方法等；做好新生入托登记，了解婴幼儿的基本信息。

8.1.2 应通过不同方式做好对家长的信息告知、与家长的日常沟通，在照护理念与方法上努力与家长达成共识，践行家托共育。

8.1.3 采用不同方式（如讲座、家长会、科普资料推送等）向家长传播科学育儿知识和方法，根据家长的个别化需求提供育儿咨询服务。

8.1.4 定期开展家长满意度调查，了解家长（或主要养护者）的意见与建议，并根据其意见改进托育工作。

8.2 与社区联动

积极与社区联动，为社区婴幼儿及家长提供科学育儿支持（如亲子活动、育儿宣传活动、入户指导、早期干预等）。充分利用社区资源，支持托育机构照护服务。

9 安全保障

9.1 安全领导组织建设

机构法定代表人或机构负责人是机构安全第一责任人，负责托育机构的安全管理工作。各岗位安全职责明确，层层签订安全责任书，且安全工作有计划、有要求、有总结。

9.2 安全制度建设

9.2.1 建立外来人员出入登记制度、婴幼儿接送制度、婴幼儿出行及户外活动安全规范。

9.2.2 建立消防设备检查制度、设施设备安全检查制度及维护检修制度、监控视频存储和调取制度、食品安全检查制度等。

9.3 安全隐患排查

9.3.1 每月有专人检查设备设施，并记录维护及维修情况。

9.3.2 设有消防专责人员，每月定期检查消防设备，并做好记录。确保消防设备完好、有效，且位置摆放正确。

9.3.3 设有食品安全检查专责人员。自制餐的托育机构，负责食品出入库、标准操作流程检查、食品留样、食堂卫生、饮用水质安全检查等；外送餐的托育机构，负责向送餐方索要相关凭证记录并留存，负责食品留样、分餐间卫生、饮用水质安全检查等。做好检查记录。

9.4 安全防控体系建设

9.4.1 完善人防建设。在入托和离托环节，有机构主要管理人员值班，有专人在现场维护秩序及确保婴幼儿安全，着装规范、装备齐全。

9.4.2 完善物防建设。按执勤人数至少配备以下防卫器械：防暴头盔（1顶/人）、防护盾牌（1副/人）、橡胶警棍（1支/人）。

9.4.3 完善技防建设。具备安全设施设备，安装一键式报警、配备必要的消防设施。婴幼儿生活场所安装监控设备且全覆盖。监控录像资料保存期不少于90天。

9.5 应急管理

9.5.1 制订防灾（自然灾害、事故灾难等）、防暴、预防传染性疾病等突发事件的应急预案，责任到人。

9.5.2 定期组织防灾、防暴、传染病处理的应急演习。

9.5.3 机构应配有急救物资，定期开展急救相关培训。托育工作人员掌握防范、避险、逃生、自救的基本方法，意外伤害发生时，熟悉上报流程。卫生保健人员掌握急救的基本技能（窒息、烫伤、磕碰伤、脱臼、骨折等），意外伤害发生时可按照规范进行应急处理，优先保障婴幼儿的安全。

9.6 安全教育

9.6.1 制订并落实婴幼儿安全教育工作计划，定期总结。

9.6.2 在日常生活与活动中向婴幼儿渗透安全教育，应确保婴幼儿受教育率达到100%。定期面向婴幼儿家长开展安全教育。

9.7 风险防控

9.7.1 购买至少一种托育机构责任类保险。

9.7.2 近三年未发生婴幼儿伤害事故。

10 机构管理

10.1 文化建设

注重文化建设，有明确的办托理念以及正确的照护理念。理念符合国家的婴幼儿照护工作方针和相关法律法规。

10.2 组织架构与岗位职责

10.2.1 设置合理、规范、健全的组织架构。组织架构包括但不限于保育照护、卫生保健、后勤保障与安全等，应有专兼职人员负责。

10.2.2 所有托育工作人员岗位职责明确。

10.3 人事管理

人事管理符合相关法律法规的要求，没有劳动纠纷，定期进行岗位考核，人事档案健全、信息翔实。

10.4 费用公示

执行费用公示制度。对家长公开收费项目、收退费标准及膳食费专款专用情况。

11 等级评估

11.1 评估原则

全面客观，质量为重，注重实效，独立公正，以评促建。

11.2 评估方法

质量评估总分为1 000分，包括办托条件100分，托育队伍140分，保育照护200分，卫生保健210分，养育支持80分，安全保障200分，机构管理70分。

评估时按"A级（优秀）""B级（合格）""C级（不合格）""D级（需要重大改进）"进行评估，评估内容见附录A。

A级（优秀）：16项基础标准指标全部评为"通过"，同时根据附录A评估总得分不低于900且每一个一级指标得分不低于该一级指标总分的60%。

B级（合格）：16项基础标准指标全部评为"通过"，同时根据附录A评估总得分不低于600且每一个一级指标得分不低于该一级指标总分的60%。

C级（不合格）：16项基础标准指标全部评为"通过"，但根据附录A评估总得分低于 600 或某一个一级指标得分低于该一级指标总分的 60%。

D 级（需要重大改进）：16 项基础标准指标有任何 1 项被评为"不通过"。

11.3 评估机构

具有专业性，熟悉办托规律和婴幼儿年龄特点，经主管部门认可或推荐的事业单位、高校、研究机构等。

11.4 评估人员

11.4.1 熟悉有关法律和政策，熟悉托育机构照护服务工作的卫生健康系统工作人员或经质量评估培训合格的第三方机构评估人员。

11.4.2 具有维护质量评估工作客观、公平、公正的职业道德与操守。

11.4.3 参与质量评估工作之前应向有关方面申明利益相关性。

11.5 质量评估

评估机构根据托育机构质量评估标准（评估工具）［附录 A(略)］开展评估，并出具评估报告。

婴幼儿发展引导员国家职业技能标准（2021 年版）

说明

为规范从业者的从业行为，引领职业教育培训的方向，为职业技能鉴定提供依据，依据《中华人民共和国劳动法》，适应经济社会发展和科技进步的客观需要，立足培育工匠精神和精益求精的敬业风气，人力资源社会保障部组织有关专家，制定了《婴幼儿发展引导员国家职业技能标准》（以下简称《标准》）。

一、本《标准》以《中华人民共和国职业分类大典（2015 年版）》为依据，严格按照《国家职业技能标准编制技术规程（2018 年版）》有关要求，以"职业活动为导向、职业能力为核心"为指导思想，对婴幼儿发展引导员从业人员的职业活动内容进行规范细致描述，对各等级从业者的技能水平和理论知识水平进行了明确规定。

二、本《标准》依据有关规定将本职业分为四级/中级工、三级/高级工、二级/技师、一级/高级技师四个等级，包括职业概况、基本要求、工作要求和权重表四个方面的内容。本《标准》以客观反映现阶段本职业的水平和对从业人员的要求为目标，在充分考虑经济发展、科技进步和产业结构变化对本职业影响的基础上，对职业的活动范围、工作内容、技能要求和知识水平作了明确规定。

三、本《标准》起草单位有：山东省教育科学研究院、山东省公共就业和人才服务中心、山东省教育学会家庭教育专业委员会、山东成人教育协会、山东师范大学、山东女子学院、山东省委机关第二幼儿园、山东省妇幼保健院、河北清华发展研究院、济南幼儿师范高等专科学校、济南市历下区第一实验幼教集团文东园、山东义方教育发展有限公司。主要指导人员有：黄琦、李文军、丁文花。主要起草人员有：王治芳、张根建、王俊玲、何孔潮、顾吉有、徐爽、张晓杰、王明辉、齐文辉、李苏。参与起草人员有：贾雪、黄振中。

四、本《标准》审定单位及人员有：北京师范大学洪秀敏、上海市早期教育指导服务中心茅红美、山东省卫生健康委员会许春华、中国教育发展战略学会家校协同专业委员会程锦慧、温州大学宋占美、青岛市妇女儿童医院许培斌、淄博师范高等专科学校赵瑜、西南大学杨晓萍、成都师范学院文颐。

五、本《标准》在制定过程中，得到人力资源社会保障部职业技能鉴定中心葛恒双、贾成千的指导和大力支持，在此一并感谢。

六、本《标准》业经人力资源社会保障部批准，自公布之日①起施行。

1 职业概况

1.1 职业名称

婴幼儿发展引导员

1.2 职业编码

4-10-01-01

1.3 职业定义

从事 0~3 岁婴幼儿身心健康发展引导，并对婴幼儿看护人提供辅助咨询服务工作的人员。

1.4 职业技能等级

本职业共设 4 个等级，分别为四级/中级工、三级/高级工、二级/技师、一级/高级技师。

1.5 职业环境条件

室内、外，常温。

1.6 职业能力特征

人格健全，身心健康；尊重婴幼儿，支持看护人；细心，有爱心、耐心和责任心；观察敏锐，善于表达。

1.7 普通受教育程度

初中毕业（或相当文化程度）。

1.8 培训参考学时

四级/中级工 120 标准学时，三级/高级工 100 标准学时，二级/技师 100 标准学时，一级/高级技师 80 标准学时。

1.9 职业技能鉴定要求

1.9.1 申报条件

具备以下条件之一者，可申报四级/中级工：

（1）取得相关职业②五级/初级工职业资格证书（技能等级证书）后，累计从事本

---

① 2021 年 12 月 2 日，本《标准》以《人力资源社会保障部办公厅关于颁布网约配送员等 18 个国家职业技能标准的通知》（人社厅发〔2021〕92 号）公布。

② 相关职业：育婴员、保育师、孤残儿童护理员、生殖健康咨询师、母婴护理员、幼儿教育教师、儿科护士、儿科医师等职业，下同。

职业或相关职业工作 3 年（含）以上；

（2）累计从事本职业或相关职业工作 4 年（含）以上；

（3）取得技工学校本专业或相关专业①毕业证书（含尚未取得毕业证书的在校应届毕业生）；或取得经评估论证、以中级技能为培养目标的中等及以上职业学校本专业或相关专业毕业证书（含尚未取得毕业证书的在校应届毕业生）。

具备以下条件之一者，可申报三级/高级工：

（1）取得本职业或相关职业四级/中级工职业资格证书（技能等级证书）后，累计从事本职业或相关职业工作 5 年（含）以上；

（2）取得本职业或相关职业四级/中级工职业资格证书（技能等级证书），并具有高级技工学校、技师学院毕业证书（含尚未取得毕业证书的在校应届毕业生）；或取得本职业或相关职业四级/中级工职业资格证书（技能等级证书），并具有经评估论证、以高级技能为培养目标的高等职业学校本专业或相关专业毕业证书（含尚未取得毕业证书的在校应届毕业生）。

（3）具有大专及以上本专业或相关专业毕业证书，并取得本职业或相关职业四级/中级工职业资格证书（技能等级证书）后，累计从事本职业或相关职业工作 2 年（含）以上。

具备以下条件之一者，可申报二级/技师：

（1）取得本职业或相关职业三级/高级工职业资格证书（技能等级证书）后，累计从事本职业或相关职业工作 5 年（含）以上；

（2）取得本职业或相关职业三级/高级工职业资格证书（技能等级证书）的高级技工学校、技师学院毕业生，累计从事本职业或相关职业工作 3 年（含）以上；或取得本职业或相关职业预备技师证书的技师学院毕业生及本科院校毕业生，累计从事本职业或相关职业工作 2 年（含）以上。

具备以下条件之一者，可申报一级/高级技师：

（1）取得本职业或相关职业二级/技师职业资格证书（技能等级证书）后，累计从事本职业或相关职业工作 5 年（含）以上。

（2）具有研究生教育本专业或相关专业毕业证书，并取得本职业或相关职业二级/技师职业资格证书（技能等级证书）后，累计从事本职业或相关职业工作 3 年（含）以上。

1.9.2 鉴定方式

分为理论知识考试、技能考核以及综合评审。理论知识考试以笔试、机考等方式为主，主要考核从业人员从事本职业应掌握的基本要求和相关知识要求；技能考核主

附录

① 本专业或相关专业：中等职业教育的幼儿保育、母婴照护专业，高等职业教育专科的婴幼儿托育服务与管理、早期教育、学前教育专业及健康管理、护理、儿童康复治疗等专业，普通高等学校本科的学前教育专业及临床医学、护理学、妇幼保健医学等专业，研究生教育的学前教育学、儿少卫生与妇幼保健学二级学科及儿科学、护理学、中医儿科学等专业，技工院校的婴幼儿托育及相关护理、幼儿教育、健康服务与管理、健康与社会照护等专业，下同。

要采用现场操作、模拟操作及笔试等方式进行，主要考核从业人员从事本职业应具备的技能水平；综合评审主要针对技师和高级技师，通常采取审阅申报材料、答辩等方式进行全面评议和审查。

理论知识考试、技能考核和综合评审实行百分制，成绩皆达 60 分（含）以上者为合格。

1.9.3 监考人员、考评人员与考生配比

理论知识考试中的监考人员与考生配比不低于 1∶15，且每个考场不少于 2 名监考人员。技能考核采用现场操作或模拟操作时，考评人员与考生配比不低于 1∶5，且考评人员为 3 人（含）以上单数；技能考核采用笔试时，考评人员与考生配比不低于 1∶15，且每个考场不少于 2 名考评人员。综合评审委员为 3 人（含）以上单数。

1.9.4 鉴定时间

理论知识考试时间不少于 90 分钟；技能考核时间：采用现场操作或模拟操作方式考核时不少于 30 分钟，采用笔试方式考核时不少于 90 分钟；综合评审时间不少于 30 分钟。

1.9.5 鉴定场所设备

理论知识考试在标准教室或在计算机机房进行。技能考核采取模拟操作时，应在具有婴儿模型、喂养用具、烹饪器具、流动水源、日常保健用品及婴幼儿睡眠、就餐、活动等必需的物品，配备现场全方位监控和即时录像设备，且室内卫生通风条件良好、光线充足、设施安全的场所进行；采取笔试时，应在配备投影仪和音视频播放设备的标准教室进行。

2 基本要求

2.1 职业道德

2.1.1 职业道德基本知识

2.1.2 职业守则

（1）遵纪守法，诚信服务。

（2）爱岗敬业，恪尽职守。

（3）关爱孩子，尊重差异。

（4）认真观察，积极回应。

（5）好学善思，主动发展。

2.2 基础知识

2.2.1 孕期引导知识

（1）孕产妇身心变化规律及特点。

（2）胎儿发育规律及特点。

（3）孕期营养和运动。

2.2.2 婴幼儿身心发育知识

（1）婴幼儿生理发育规律及特点。

（2）婴幼儿心理发育规律及特点。

2.2.3 婴幼儿发展引导知识

（1）婴幼儿动作发展及其环境营造。

（2）婴幼儿认知发展及其环境营造。

（3）婴幼儿语言发展及其环境营造。

（4）婴幼儿情感与社会性发展及其环境营造。

2.2.4 婴幼儿照护基本知识

（1）婴幼儿营养与喂养。

（2）婴幼儿睡眠与日常生活习惯。

（3）婴幼儿常见病与预防。

（4）婴幼儿回应性照护。

（5）婴幼儿早期学习及机会创设。

（6）婴幼儿发展及养育环境评估。

2.2.5 婴幼儿安全知识

（1）婴幼儿安全的基本理念。

（2）婴幼儿日常居家与出行安全。

（3）婴幼儿伤害预防。

（4）婴幼儿常见伤害紧急处理。

2.2.6 相关法律、法规知识

（1）《中华人民共和国劳动法》相关知识。

（2）《中华人民共和国母婴保健法》相关知识。

（3）《中华人民共和国未成年人保护法》相关知识。

（4）《中华人民共和国食品安全法》相关知识。

（5）《中华人民共和国妇女权益保障法》相关知识。

（6）《中华人民共和国消防法》相关知识。

（7）《中华人民共和国传染病防治法》相关知识。

（8）《托育机构管理规范（试行）》《托育机构设置标准（试行）》相关知识。

（9）《托儿所幼儿园卫生保健管理办法》相关知识。

（10）《托儿所幼儿园保健工作规范》相关知识。

（11）《托育机构保育指导大纲（试行）》相关知识。

（12）《0~6岁儿童健康管理服务规范》相关知识。

（13）《0~6岁儿童健康管理技术规范》相关知识。

（14）《全国家庭教育指导大纲（修订）》相关知识。

3 工作要求

本标准对四级/中级工、三级/高级工、二级/技师、一级/高级技师的技能要求和相关知识要求依次递进，高级别涵盖低级别的要求。

3.1 四级/中级工（见表1）

表1 四级/中级工的技能要求和相关知识要求

职业功能	工作内容	技能要求	相关知识要求
1. 孕 期 引 导	1.1 生理 健康	1.1.1 能指导孕妇建立良好生活规律并做好安全防护 1.1.2 能及时提醒、告知孕妇产检项目 1.1.3 能协助孕妇自测血压、称体重、计算体重指数并做记录 1.1.4 能指导孕妇自主识别胎动并计数	1.1.1 孕期生活规律与安全防护的知识和方法 1.1.2 孕妇产检时间及对应项目 1.1.3 孕妇日常自我监测的知识和方法 1.1.4 胎动识别及计数方法
	1.2 心理 健康	1.2.1 能帮助孕、产妇了解孕期及产后常见心理反应 1.2.2 能指导孕、产妇表达内心感受与想法 1.2.3 能指导孕、产妇合理宣泄负面情绪	1.2.1 孕、产妇在不同时期的心理特点 1.2.2 合理情绪疗法的理论知识及 应用方法 1.2.3 宣泄负面情绪的方法及注意事项
	1.3 营养 运动	1.3.1 能依据膳食指南及膳食宝塔指导孕、产妇膳食 1.3.2 能指导孕妇适宜增重 1.3.3 能指导孕妇选择适宜的常见运动方式	1.3.1 孕期、哺乳期膳食指南及膳食宝塔 1.3.2 孕期体重管理知识 1.3.3 孕期运动知识及注意事项
2. 照 护 引 导	2.1 营养 喂养	2.1.1 能介绍母乳喂养的重要性并正确指导 2.1.2 能在相关专业人员确认无法进行母乳喂养或母乳喂养不足的情况下，指导看护人进行配方奶喂养 2.1.3 能指导看护人正确使用喂养工具 2.1.4 能指导看护人进行辅食添加 2.1.5 能指导看护人引导婴幼儿养成良好的饮水习惯 2.1.6 能指导看护人为婴幼儿创造安静、轻松、愉快的进餐环境 2.1.7 能指导看护人协助婴幼儿进餐，学习独立进餐 2.1.8 能指导看护人制订适宜的食谱	2.1.1 母乳喂养的知识和方法 2.1.2 人工喂养的知识和方法 2.1.3 婴儿辅食添加知识 2.1.4 婴幼儿饮水常见问题及解决方法 2.1.5 婴幼儿使用餐具的注意事项 2.1.6 婴幼儿进餐环境与气氛的创设 2.1.7 婴幼儿食谱的制作
	2.2 保健 护理	2.2.1 能指导看护人为婴幼儿正确盥洗与便后清洁 2.2.2 能指导看护人培养婴幼儿盥洗、排便、穿脱衣服等生活技能 2.2.3 能指导看护人为婴幼儿提供良好的睡眠环境和设施，并加强睡眠过程看护 2.2.4 能指导看护人培养婴幼儿用眼、口腔等良好的生活卫生习惯 2.2.5 能指导看护人识别婴幼儿哭闹、肢体动作等所表达的生理需求并回应 2.2.6 能指导看护人及时为婴幼儿进行预防接种 2.2.7 能指导看护人识别和护理婴幼儿发热、惊厥、呕吐等常见症状	2.2.1 婴幼儿盥洗的方法、要求及注意事项 2.2.2 婴幼儿两便清洁方法和注意事项 2.2.3 婴幼儿用眼习惯、口腔卫生习惯培养的知识 2.2.4 婴幼儿睡眠特点、安全睡眠常识 2.2.5 婴幼儿不同月龄情绪变化及回应措施 2.2.6 婴幼儿预防接种的知识及注意事项 2.2.7 婴幼儿常见症状的护理知识和方法

表1(续)

职业功能	工作内容	技能要求	相关知识要求
	2.3 安全防护	2.3.1 能指导看护人排查婴幼儿居家安全隐患 2.3.2 能指导看护人排查婴幼儿出行安全隐患 2.3.3 能指导看护人注意婴幼儿饮食安全 2.3.4 能指导看护人注意婴幼儿用药安全 2.3.5 能指导看护人避免对婴幼儿的轻视、歧视和语言暴力等	2.3.1 婴幼儿居家安全知识 2.3.2 婴幼儿出行安全知识 2.3.3 婴幼儿饮食安全知识 2.3.4 婴幼儿用药安全知识 2.3.5 妨碍婴幼儿身心健康发展的行为
3. 发展引导	3.1 动作发展	3.1.1 能指导看护人为婴幼儿创设有利于身体活动的环境 3.1.2 能指导看护人与婴幼儿进行被动操、主被动操等活动 3.1.3 能指导看护人发展婴幼儿抬头、翻身、坐、爬、站立、走、跑、钻、踢、跳等粗大动作 3.1.4 能指导看护人促进婴幼儿抓、捏、握等精细动作发展 3.1.5 能指导看护人与婴幼儿开展适宜的舞蹈与律动活动 3.1.6 能指导看护人与婴幼儿开展涂鸦、绘画和简单手工等活动	3.1.1 创设适宜婴幼儿动作发展环境的策略 3.1.2 婴儿先天性反射的相关知识 3.1.3 婴幼儿粗大动作发展的基本规律 3.1.4 婴幼儿精细动作发展的基本规律 3.1.5 婴幼儿艺术教育的方法
	3.2 语言发展	3.2.1 能指导看护人结合实物和动作，引导婴幼儿倾听和理解语言 3.2.2 能指导看护人引导婴幼儿使用声音、动作和词汇等进行简单的互动和交流 3.2.3 能指导看护人培养婴幼儿阅读的兴趣和习惯 3.2.4 能指导看护人吟唱童谣或儿歌等	3.2.1 婴幼儿言语发展的整体特点及影响因素 3.2.2 反应式倾听与及时回应在婴幼儿语言发展中的重要性 3.2.3 亲子共读环境创设、婴幼儿阅读材料选择的策略 3.2.4 婴幼儿语言互动游戏的方法
	3.3 认知发展	3.3.1 能指导看护人为婴幼儿提供有利于视、听、触等感知觉发展的材料 3.3.2 能指导看护人鼓励婴幼儿认识与辨别物体的明显特征 3.3.3 能指导看护人启发婴幼儿进行简单的分类、配对和排序等游戏活动	3.3.1 婴幼儿感知觉发展的基本规律与特点 3.3.2 婴幼儿注意、记忆发展的基本规律及特点 3.3.3 婴幼儿思维、想象发展的基本规律和特点
	3.4 情绪和社会性发展	3.4.1 能指导看护人保持稳定的情绪，创设温暖、愉快的心理氛围 3.4.2 能指导看护人正确识别并及时回应婴幼儿的情绪反应 3.4.3 能指导看护人帮助婴幼儿理解和辨别悲伤、恐惧、愤怒、愉悦等不同情绪 3.4.4 能指导看护人引导婴幼儿理解并遵守简单的规则	3.4.1 婴幼儿情绪情感发展的基本规律 3.4.2 情绪分化的特点和发展趋势 3.4.3 婴幼儿社会性发展的基本规律 3.4.4 婴幼儿社会性游戏的方法

表1(续)

职业功能	工作内容	技能要求	相关知识要求
4. 发展测评与咨询	4.1 发展测评	4.1.1 能指导看护人了解婴幼儿身心发展指标 4.1.2 能指导看护人观察、记录婴幼儿发展状况 4.1.3 能使用适宜的沟通技巧了解婴幼儿发展及照护状况	4.1.1 婴幼儿身心发展指标 4.1.2 婴幼儿发展状况观察、记录的要点 4.1.3 倾听技巧和谈话技巧 4.1.4 婴幼儿照护状况的知识
	4.2 环境评估	4.2.1 能指导看护人了解婴幼儿生活用品、玩具、图书、游戏材料等的配备要求 4.2.2 能使用适宜的沟通技巧了解婴幼儿照护环境状况	4.2.1 婴幼儿生活用品、玩具、图书、游戏材料等的配备要求 4.2.2 婴幼儿照护环境的知识
	4.3 资源咨询	4.3.1 能帮助看护人了解社区婴幼儿医疗保健机构 4.3.2 能帮助看护人了解社区婴幼儿保育和教育机构 4.3.3 能帮助看护人了解社区婴幼儿游戏场所	4.3.1 社区婴幼儿医疗保健机构的职能 4.3.2 婴幼儿保育与教育机构的职能 4.3.3 婴幼儿游戏场所的职能

3.2 三级/高级工（见表2）

表2 三级/高级工的技能要求和相关知识要求

职业功能	工作内容	技能要求	相关知识要求
1. 孕期引导	1.1 生理健康	1.1.1 能提醒并讲解重点产检项目及注意事项 1.1.2 能指导孕妇识别常见症状，并给予保健指导 1.1.3 能指导孕妇识别临产征兆，做好分娩物品准备	1.1.1 重点产检筛查项目及注意事项 1.1.2 孕期常见症状的表现及处理方法 1.1.3 临产的表现特点及应对策略，物品准备及注意事项
	1.2 心理健康	1.2.1 能帮助孕、产妇识别一般心理问题 1.2.2 能指导孕妇进行系统的放松练习 1.2.3 能指导孕、产夫妇建立和谐的夫妻关系、亲子关系	1.2.1 孕、产妇一般心理问题的表现 1.2.2 孕妇放松练习的操作方法及注意事项 1.2.3 夫妻关系、亲子关系特点及应对策略
	1.3 营养运动	1.3.1 能指导孕、产妇合理摄入营养补充剂 1.3.2 能根据膳食食谱为孕、产妇及家属示范营养餐的制作方法 1.3.3 能指导并教授孕妇学习基本的凯格尔运动、孕期韵律操等孕期运动	1.3.1 孕期常见营养补充剂 1.3.2 营养餐制作方法及注意事项 1.3.3 盆底肌锻炼及孕期韵律操的基础运动方法及注意事项

职业功能	工作内容	技能要求	相关知识要求
2. 照护引导	2.1 营养喂养	2.1.1 能指导看护人观察母乳喂养、人工喂养的质量指标 2.1.2 能指导看护人对婴幼儿食物过敏进行预防和照护 2.1.3 能指导看护人制订适宜的膳食计划和食谱 2.1.4 能指导看护人培养婴幼儿良好的饮食习惯	2.1.1 母乳喂养、人工喂养的质量观察指标及建议 2.1.2 乳母膳食安排及喂奶期间注意事项 2.1.3 不同月龄婴幼儿食品选择的相关知识 2.1.4 平衡膳食的原则与要求 2.1.5 婴幼儿饮食习惯的培养方法
	2.2 保健护理	2.2.1 能指导看护人观察处理婴幼儿盥洗、排便中的问题 2.2.2 能指导看护人观察判断婴幼儿睡眠情况，引导婴幼儿规律作息 2.2.3 能指导看护人观察判断婴幼儿眼、耳、口腔等感觉器官的发育情况 2.2.4 能指导看护人对婴幼儿常见疾病、传染病进行简单护理	2.2.1 婴幼儿卫生习惯培养方法 2.2.2 婴幼儿大小便异常问题的应对方法 2.2.3 婴幼儿睡眠质量观察指标 2.2.4 婴幼儿眼、耳、口腔等感觉器官的发育指标和指导方法 2.2.5 婴幼儿常见疾病、传染病护理的知识和方法
	2.3 安全防护	2.3.1 能指导看护人及时发现并制止婴幼儿可能引发危险后果的行为 2.3.2 能指导看护人引导婴幼儿理解并遵守简单的安全规则 2.3.3 能指导看护人预防与紧急处置婴幼儿烧烫伤、窒息、触电、创伤、鼻出血、动物咬伤等意外伤害	2.3.1 危害婴幼儿安全的常见行为与处理方式 2.3.2 婴幼儿安全教育实施方法 2.3.3 婴幼儿自我保护能力培养要点 2.3.4 婴幼儿意外伤害的处理方法和注意事项
3. 发展引导	3.1 动作发展	3.1.1 能指导看护人定期更换游戏材料，创设具有一定挑战性的身体活动环境 3.1.2 能指导看护人丰富婴幼儿的运动活动和经验，增加户外运动的机会 3.1.3 能指导看护人提供多类型材料，促进婴幼儿剪贴、拼搭、叠套、搭建、制作等精细动作发展	3.1.1 自制玩具创设运动环境的方法和技巧 3.1.2 婴幼儿粗大动作发展的类型与训练 3.1.3 婴幼儿精细动作发展的类型与训练
	3.2 语言发展	3.2.1 能指导看护人结合日常生活，用丰富的语言与婴幼儿互动 3.2.2 能指导看护人鼓励婴幼儿多听、多看、多说和多问 3.2.3 能指导看护人为婴幼儿提供适宜的儿歌、故事和图画书	3.2.1 婴幼儿前言语时期的特点 3.2.2 婴幼儿单词句时期的特点 3.2.3 婴幼儿电报句时期的特点 3.2.4 婴幼儿简单句时期的特点 3.2.5 婴幼儿语用发展的特点
	3.3 认知发展	3.3.1 能指导看护人引导婴幼儿对周围事物产生和保持好奇心和求知欲 3.3.2 能指导看护人鼓励婴幼儿探索周围环境 3.3.3 能指导看护人引导婴幼儿发现问题并尝试解决问题	3.3.1 婴幼儿认知游戏的方法 3.3.2 婴幼儿注意、记忆的影响因素与培养策略 3.3.3 婴幼儿思维、想象发展的影响因素及培养策略

表2(续)

职业功能	工作内容	技能要求	相关知识要求
	3.4 情绪与社会性发展	3.4.1 能指导看护人理解并接纳婴幼儿的情绪，寻找情绪产生的原因 3.4.2 能指导看护人及时肯定和鼓励婴幼儿的情绪表达 3.4.3 能指导看护人帮助婴幼儿调节情绪 3.4.4 能指导看护人为婴幼儿提供社会交往的机会和条件	3.4.1 情绪在婴幼儿心理发展中的作用 3.4.2 婴幼儿情绪反应的识别与回应 3.4.3 婴幼儿的情绪表达特点与支持策略 3.4.4 婴幼儿社会交往的特点及支持策略
4. 发展测评与咨询	4.1 发展测评	4.1.1 能指导看护人对婴幼儿发展状况进行系统性、针对性观察 4.1.2 能正确使用测评工具检测婴幼儿身心发展指标 4.1.3 能就婴幼儿发展方面的常见问题提供咨询	4.1.1 婴幼儿发展观察记录的设计与实施 4.1.2 婴幼儿身心发展指标检测的方法 4.1.3 就婴幼儿发展方面常见问题提供咨询的方法
	4.2 环境评估	4.2.1 能评估看护人养育婴幼儿的理念 4.2.2 能就婴幼儿养育环境方面的常见问题提供咨询	4.2.1 科学的婴幼儿养育理念 4.2.2 就婴幼儿养育环境方面常见问题提供咨询的方法
	4.3 资源咨询	4.3.1 能评估有关婴幼儿养育的讲座及其他来源的知识与经验 4.3.2 能向看护人推荐适宜的婴幼儿养育讲座及专家等	4.3.1 婴幼儿发展与养育的科学理念 4.3.2 婴幼儿发展与养育相关的讲座与专家资源获取及学习与咨询的知识

3.3 二级/技师（见表3）

表3 二级/技师的技能要求和相关知识要求

职业功能	工作内容	技能要求	相关知识要求
1. 孕期引导	1.1 生理健康	1.1.1 能提醒、告知孕妇在医师指导下合理用药 1.1.2 能示范、教授陪产者做好陪产准备	1.1.1 孕期合理用药特点、基本原则、药物对妊娠危险等级分类的知识 1.1.2 陪产者需具备的素质、陪产知识及支持策略
	1.2 心理健康	1.2.1 能使用心理量表筛查孕、产妇的焦虑、抑郁，并提供建议与支持 1.2.2 能指导孕、产妇及家属建立相对和谐的家庭关系	1.2.1 焦虑、抑郁筛查量表的使用方法 1.2.2 亲属关系特点及应对策略
	1.3 营养运动	1.3.1 能指导孕妇及家属进行膳食食谱制作 1.3.2 能对孕、产妇常见生理不适进行运动指导	1.3.1 食谱的制作知识及方法 1.3.2 食物交换份法及能量计算 1.3.3 孕期常见不适的缓解方法

表3(续)

职业功能	工作内容	技能要求	相关知识要求
2. 照护引导	2.1 营养喂养	2.1.1 能根据医嘱指导看护人对婴幼儿发热、腹泻等常见疾病进行膳食喂养指导 2.1.2 能指导看护人矫正婴幼儿不良的饮食习惯	2.1.1 幼儿食谱的制作方法 2.1.2 婴幼儿饮食健康知识
	2.2 保健护理	2.2.1 能指导看护人针对婴幼儿发育情况制订和落实个性化保健护理方案 2.2.2 能指导看护人及时处理婴幼儿疑似传染病,必要时建议送医	2.2.1 婴幼儿个性化保健护理方案制订要点 2.2.2 婴幼儿传染病的预防和护理知识
	2.3 安全防护	2.3.1 能指导看护人制订和落实婴幼儿伤害预防与处置预案 2.3.2 能识别与处置婴幼儿呼吸困难、晕厥、过敏反应、中毒等紧急突发症状	2.3.1 婴幼儿伤害预防与处置预案 2.3.2 婴幼儿紧急突发症状的特点及相应的护理要求
3. 发展引导	3.1 动作发展	3.1.1 能指导看护人合理调节促进婴幼儿各类动作发展的机会和条件的均衡性 3.1.2 能指导看护人改编或创编简单的动作游戏	3.1.1 婴幼儿动作发展的途径及注意事项 3.1.2 改编或创编动作游戏的要求与注意事项
	3.2 语言发展	3.2.1 能指导看护人创设环境增进与婴幼儿的互动交流 3.2.2 能指导看护人改编或创编简单的语言游戏	3.2.1 创设语言环境的方法 3.2.2 改编或创编语言游戏的要求与注意事项
	3.3 认知发展	3.3.1 能指导看护人利用各种场合和机会帮助婴幼儿认识周围环境中的事物和现象 3.3.2 能指导看护人改编或创编简单的认知游戏	3.3.1 创设认知环境的方法 3.3.2 改编或创编认知游戏的要求与注意事项
	3.4 情绪和社会性发展	3.4.1 能指导看护人帮助婴幼儿调节情绪 3.4.2 能指导看护人改编或创编简单的规则游戏	3.4.1 婴幼儿不良情绪的调整方法 3.4.2 改编或创编规则游戏的要求及注意事项
4. 发展测评与咨询	4.1 发展测评	4.1.1 能结合对婴幼儿的观察,解释婴幼儿身心发展测评结果 4.1.2 能就婴幼儿发展方面的个性化问题提供咨询	4.1.1 身心发展测评结果的分析方法 4.1.2 就婴幼儿发展方面的个性化问题提供咨询的方法
	4.2 环境评估	4.2.1 能综合评估看护人的养育情况 4.2.2 能就个性化养育环境状况提供咨询	4.2.1 婴幼儿发展与养育的科学知识 4.2.2 就个性化养育环境状况提供咨询的方法
	4.3 资源咨询	4.3.1 能为看护人推荐适宜的婴幼儿养育社会资源 4.3.2 能评估看护人利用社会资源的效果	4.3.1 婴幼儿养育社会资源的获取 4.3.2 社会资源干预措施的实施

附录

3.4 一级/高级技师（见表4）

表4　一级/高级技师的技能要求和相关知识要求

职业功能	工作内容	技能要求	相关知识要求
1. 孕期 引导	1.1 生理 健康	1.1.1 能帮助孕妇识别孕期异常症状 1.1.2 能及时提醒、辅助特殊疾病孕妇日常保健	1.1.1 孕期异常症状的表现 1.1.2 孕期高血压、糖尿病、贫血等疾病的知识、日常保健方法及注意事项
	1.2 心理 健康	1.2.1 能帮助孕、产妇识别严重心理问题，并建议及时送医 1.2.2 能对危机状态的孕、产妇进行初步干预	1.2.1 孕、产妇严重心理问题的表现 1.2.2 孕、产妇危机干预的知识、方法
	1.3 营养 运动	1.3.1 能配合医嘱，指导特殊孕妇进行营养餐制作 1.3.2 能配合医嘱，指导特殊孕妇的运动	1.3.1 妊娠期糖尿病、妊高症等妊娠合并症的营养膳食要点及注意事项 1.3.2 妊娠期糖尿病、胎盘低置等特殊情况的运动指导
2. 照护 引导	2.1 营养 喂养	2.1.1 能指导看护人依据婴幼儿发育指标及时调整喂养策略 2.1.2 能指导看护人对过敏、食物不耐受、早产、低体重等婴幼儿进行喂养	2.1.1 婴幼儿生长发育曲线和科学制订食谱的方法 2.1.2 婴幼儿特殊情况的营养喂养知识
	2.2 保健 护理	2.2.1 能评估婴幼儿照护环境异常状况，并提出改进建议 2.2.2 能指导看护人识别与护理婴幼儿发育异常情况	2.2.1 婴幼儿照护环境异常状况及评估要点 2.2.2 婴幼儿发育异常表现及护理要点
	2.3 安全 防护	2.3.1 能评估婴幼儿伤害防控异常状况，并提出改进建议 2.3.2 能评估婴幼儿伤害预防与处置预案，并提出改进建议	2.3.1 婴幼儿伤害防控异常状况及评估要点 2.3.2 婴幼儿伤害预防与处置预案
3. 发展 引导	3.1 动作 发展	3.1.1 能指导看护人识别婴幼儿动作发展问题 3.1.2 能协助看护人配合医疗干预计划进行婴幼儿动作发展训练	3.1.1 婴幼儿动作发展常见问题及表现 3.1.2 婴幼儿动作发展医疗干预计划中家庭护理和训练的配合要点
	3.2 语言 发展	3.2.1 能指导看护人识别婴幼儿语言发展问题 3.2.2 能协助看护人配合医疗干预计划进行婴幼儿语言发展训练	3.2.1 婴幼儿语言发展常见问题及表现 3.2.2 婴幼儿语言发展医疗干预计划中家庭护理和训练的配合要点
	3.3 认知 发展	3.3.1 能指导看护人识别婴幼儿认知发展问题 3.3.2 能协助看护人配合医疗干预计划进行婴幼儿认知发展训练	3.3.1 婴幼儿认知发展常见问题及表现 3.3.2 婴幼儿认知发展医疗干预计划中家庭护理和训练的配合要点

表4(续)

职业功能	工作内容	技能要求	相关知识要求
	3.4 情绪和社会性发展	3.4.1 能指导看护人识别婴幼儿情绪社会性发展问题 3.4.2 能协助看护人配合医疗干预计划进行婴幼儿情绪和社会性发展训练	3.4.1 婴幼儿情绪社会性发展常见问题及表现 3.4.2 婴幼儿情绪社会性发展医疗干预计划中家庭护理和训练的配合要点
4. 发展测评与咨询	4.1 发展测评	4.1.1 能对婴幼儿发展异常问题进行评估 4.1.2 能对婴幼儿发展异常问题提供咨询	4.1.1 婴幼儿发展异常问题的知识 4.1.2 婴幼儿发展异常问题咨询方法
	4.2 环境评估	4.2.1 能对养育环境异常问题进行评估 4.2.2 能对养育环境异常问题提供咨询	4.2.1 养育环境异常问题的知识 4.2.2 养育环境异常问题咨询方法
	4.3 资源咨询	4.3.1 能根据需要向看护人推荐专业的心理咨询机构 4.3.2 能根据需要向看护人推荐专业的特殊教育服务资源	4.3.1 专业的心理咨询机构的职能及资源获取方法 4.3.2 专业的特殊教育服务资源的职能及资源获取方法
5. 指导与培训	5.1 业务指导	5.1.1 能对本职业二级/技师及以下级别人员提供业务指导 5.1.2 能对本二级/技师及以下级别人员进行工作评价	二级/技师及以下级别人员业务指导与评价策略
	5.2 业务培训	5.2.1 能根据本职业二级/技师及以下级别人员的工作需求制订恰当的培训方案 5.2.2 能根据本职业二级/技师及以下级别人员培训方案实施培训	5.2.1 培训方案的设计要点与注意事项 5.2.2 培训方案组织实施的策略

4 权重表

4.1 理论知识权重表（见表5）

表5　理论知识权重表

项目		四级/中级工/%	三级/高级工/%	二级/技师/%	一级/高级技师/%
基本要求	职业道德	10	10	10	10
	基础知识	15	15	10	10
相关知识要求	孕期引导	10	10	5	5
	照护引导	30	25	25	20
	发展引导	30	30	35	20
	发展测评与咨询	5	10	15	20
	指导与培训	—	—	—	15
合计		100	100	100	100

4.2 技能要求权重表（见表6）

表6　理论知识权重表

项目		四级/中级工 /%	三级/高级工 /%	二级/技师 /%	一级/高级 技师/%
技能要求	孕期引导	15	15	10	10
	照护引导	40	35	30	25
	发展引导	35	35	40	25
	发展测评与咨询	10	15	20	25
	指导与培训	—	—	—	15
合计		100	100	100	100

保育师国家职业技能标准（2021年版）

说明

为规范从业者的从业行为，引导职业教育培训的方向，为职业技能鉴定提供依据，依据《中华人民共和国劳动法》，适应经济社会发展和科技进步的客观需要，立足培育工匠精神和精益求精的敬业风气，人力资源社会保障部组织有关专家，制定了《保育师国家职业技能标准》（以下简称《标准》）。

一、本标准以《中华人民共和国职业分类大典（2015年版）》为依据，严格按照《国家职业技能标准编制技术规程（2018年版）》有关要求，以"职业活动为导向、职业能力为核心"为指导思想，对保育师从业人员的职业活动内容进行规范细致描述，对各等级从业者的技能水平和理论知识水平进行了明确规定。

二、本标准依据有关规定将本职业分为五级/初级工、四级/中级工、三级/高级工、二级/技师、一级/高级技师五个等级，包括职业概况、基本要求、工作要求、权重表和附录五个方面的内容。本次修订内容主要有以下变化：

——将"保育员"职业名称变更为"保育师"，增加了二级/技师和一级/高级技师两个职业技能等级。

——依据国家卫生健康委员会《托育机构设置标准（试行）》《托育机构管理规范（试行）》和《托育机构保育指导大纲（试行）》，"职业功能"聚焦生活照料、安全健康管理、早期学习支持和合作共育，增加了环境创设职业功能，满足托育机构保育工作不断发展的需要。

——"工作内容"和"技能要求"遵循婴幼儿成长特点和规律，促进婴幼儿身体和心理的全面发展。

三、本标准起草单位有：国家卫生健康委员会能力建设和继续教育中心、清华大学教育研究院、青岛儿童医院、温州大学、武汉大学、河南春苗职业培训学校。主要起草人有：李曼丽、许培斌、宋占美、余立平、程冠三、贾雪、黄振中、宋仙保、周伟、马慧芬。

四、本标准审定单位有：国家卫生健康委员会人口监测与家庭发展司、人力资源和社会保障部职业技能鉴定中心。主要审定人员有：徐轶群、贾成千、郝晓宁、王晓华、池瑾、王翠丽、胡丹、郝颖、张淑一、庄太凤、马菁、杨静文、韩颖、王治芳、王安林。

五、本标准在制定过程中，得到人力资源社会保障部职业能力建设司、人力资源社会保障部职业技能鉴定中心的指导和大力支持，在此一并感谢。

六、本标准业经人力资源社会保障部批准，自公布之日起①施行。

1 职业概况

1.1 职业名称

保育师

1.2 职业编码

4-10-01-03

1.3 职业定义

在托育机构及其他保育场所中，从事婴幼儿生活照料、安全看护、营养喂养和早期发展工作的人员。

1.4 职业技能等级

本职业共设五个等级，分别为：五级/初级工、四级/中级工、三级/高级工、二级/技师、一级/高级技师。

1.5 职业环境条件

室内、外，常温。

1.6 职业能力特征

身心健康，人格健全；热爱婴幼儿，认真负责；亲切和蔼，善于沟通；观察敏锐，身体灵活。

1.7 普通受教育程度

高中毕业（或同等学力）。

1.8 培训参考学时②

五级/初级工 160 不少于标准学时，四级/中级工不少于 120 标准学时，三级/高级工不少于 80 标准学时，二级/技师不少于 80 标准学时，一级/高级技师不少于 60 标准学时。

---

① 2021 年 12 月 2 日，本《标准》以《人力资源社会保障部办公厅关于颁布网约配送员等 18 个国家职业技能标准的通知》（人社厅发〔2021〕92 号）公布。

② 参考学时：完成本职业等级基本要求和工作要求所需的培训学时数。学时数仅作培训参考，培训单位可据实调整，不与晋级条件挂钩。

1.9 职业技能鉴定要求

1.9.1 申报条件

具备以下条件之一者，可申报五级/初级工：

（1）累计从事本职业或相关职业①工作1年（含）以上。

（2）本职业或相关职业学徒期满。

具备以下条件之一者，可申报四级/中级工：

（1）取得本职业或相关职业五级/初级工职业资格证书（技能等级证书）后，累计从事本职业或相关职业工作4年（含）以上。

（2）累计从事本职业或相关职业工作6年（含）以上。

（3）取得技工学校本专业或相关专业毕业证书（含尚未取得毕业证书的在校应届毕业生）；或取得经评估论证、以中级技能为培养目标的中等及以上职业学校本专业或相关专业毕业证书（含尚未取得毕业证书的在校应届毕业生）。②

具备以下条件之一者，可申报三级/高级工：

（1）取得本职业或相关职业四级/中级工职业资格证书（技能等级证书）后，累计从事本职业或相关职业工作5年（含）以上。

（2）取得本职业或相关职业四级/中级工职业资格证书（技能等级证书），并具有高级技工学校、技师学院毕业证书（含尚未取得毕业证书的在校应届毕业生）；或取得本职业或相关职业四级/中级工职业资格证书（技能等级证书），并具有经评估论证、以高级技能为培养目标的高等职业学校本专业或相关专业毕业证书（含尚未取得毕业证书的在校应届毕业生）。

（3）具有大专本专业或相关专业毕业证书，并取得本职业或相关职业四级/中级工职业资格证书（技能等级证书）后，累计从事本职业或相关职业工作2年（含）以上。

（4）具有本科及以上本专业或相关专业毕业证书，累计从事本职业或相关职业工作2年（含）以上。

具备以下条件之一者，可申报二级/技师：

（1）取得本职业或相关职业三级/高级工职业资格证书（技能等级证书）后，累计从事本职业或相关职业工作4年（含）以上。

---

① 相关职业：育婴员、婴幼儿发展引导员、母婴保健技术服务人员、母婴护理员、健康管理师、公共营养师、幼儿教育教师、助产士、儿科护士、儿科医师等，下同。

② 技工学校本专业为婴幼儿托育，相关专业包括护理、幼儿教育、健康服务与管理、健康与社会照护、公共营养保健、家政服务等。职业学校本专业包括中等职业教育的婴幼儿托育，高等职业教育专科的婴幼儿托育服务与管理，高等职业教育本科的婴幼儿发展与健康管理等。职业学校相关专业包括中等职业教育的幼儿保育、母婴照护、护理、中医护理、营养与保健、现代家政服务与管理等；高等职业教育专科的早期教育、学前教育、护理、食品营养与健康、健康管理、医学营养、预防医学、助产、特殊教育、心理健康教育、现代家政服务与管理、心理咨询等；高等职业教育本科的护理、儿童康复治疗、健康管理、学前教育、现代家政管理等，以及普通高等学校本科的教育学类、护理学类、心理学类、公共卫生与预防医学类、儿科学、健康服务与管理、公共事业管理、家政学等。下同。

（2）取得本职业或相关职业三级/高级工职业资格证书（技能等级证书）的高级技工学校、技师学院毕业生，累计从事本职业或相关职业工作3年（含）以上；或取得本职业或相关职业预备技师证书的技师学院毕业生，累计从事本职业或相关职业工作2年（含）以上。

具备以下条件者，可申报一级/高级技师：

取得本职业或相关职业二级/技师职业资格证书（技能等级证书）后，累计从事本职业或相关职业工作4年（含）以上。

1.9.2 鉴定方式

分为理论知识考试、技能考核以及综合评审。理论知识考试以笔试、机考等方式为主，主要考核从业人员从事本职业应掌握的基本要求和相关知识要求；技能考核主要采用模拟操作等方式进行，主要考核从业人员从事本职业应具备的技能水平；综合评审主要针对技师和高级技师，通常采取审阅申报材料、答辩等方式进行全面评议和审查。

理论知识考试、技能考核和综合评审均实行百分制，成绩皆达60分（含）以上者为合格。

1.9.3 监考人员、考评人员与考生配比

理论知识考试中的监考人员与考生配比不低于1∶15，且每个考场不少于2名监考人员；技能考核中的考评人员与考生配比1∶5，且考评人员为3人（含）以上单数；综合评审委员为3人（含）以上单数。

1.9.4 鉴定时间

理论知识考试时间不少于90分钟，技能考核时间不少于30分钟。综合评审时间不少于30分钟。

1.9.5 鉴定场所设备

理论知识考试在标准教室或在计算机机房进行；技能考核应配备实操考核所需的场地、玩具以及现场全方位监控和即时录像设备，室内卫生通风良好、光线充足、设施设备齐全；综合评审在小型会议室进行，备有实操模型、全方位监控和即时录像设备、音视频播放设备、投影仪等。

2 基本要求

2.1 职业道德

2.1.1 职业道德基本知识

2.1.2 职业守则

（1）品德高尚，富有爱心。

（2）敬业奉献，素质优良。

（3）尊重差异，积极回应。

（4）安全健康，科学规范。

2.2 基础知识

2.2.1 婴幼儿生理和心理知识

（1）婴幼儿生理学知识。

（2）婴幼儿心理学知识。

2.2.2 婴幼儿营养、喂养知识

（1）婴幼儿营养知识。

（2）婴幼儿喂养知识。

2.2.3 婴幼儿安全照护知识

（1）婴幼儿伤害预防知识。

（2）婴幼儿急救常识。

2.2.4 婴幼儿常见病和传染病知识

（1）婴幼儿常见病及保健知识。

（2）婴幼儿传染病及预防知识。

2.2.5 相关环境知识

（1）婴幼儿生活环境创设知识。

（2）婴幼儿支持性环境创设知识。

（3）合作共育基本知识。

2.2.6 相关法律、法规知识

（1）《中华人民共和国母婴保健法》相关知识。

（2）《中华人民共和国未成年人保护法》相关知识。

（3）《中华人民共和国食品安全法》相关知识。

（4）《中华人民共和国劳动法》相关知识。

（5）《托儿所、幼儿园卫生保健管理办法》相关知识。

（6）《托育机构设置标准（试行）》相关知识。

（7）《托育机构管理规范（试行）》相关知识。

（8）《托育机构保育指导大纲（试行）》相关知识。

3 工作要求

本标准对五级/初级工、四级/中级工、三级/高级工、二级/技师、一级/高级技师的技能要求和相关知识要求依次递进，高级别涵盖低级别的要求。

3.1 五级/初级工（见表1）

表1　五级/初级工的技能要求和相关知识要求

职业功能	工作内容	技能要求	相关知识要求
1. 环境 创设	1.1 环境 准备	1.1.1 能依规布置日常照料和游戏活动空间 1.1.2 能调节室内照明、温度并保持良好通风 1.1.3 能摆放、收纳日常照料和游戏活动所需的材料	1.1.1 室内空间设置知识 1.1.2 室内照明、温度、通风的基本规范 1.1.3 材料的摆放和收纳要求
	1.2 物品 管理	1.2.1 能对常见危险品进行保管 1.2.2 能做好物品的使用登记	1.2.1 物品保管方法与规则 1.2.2 常见危险品的特性及安全管理流程
	1.3 清洁 消毒	1.3.1 能配制常用的消毒液 1.3.2 能按程序对婴幼儿活动场所及各类设施设备、用品、材料等进行清洁消毒并做好记录	1.3.1 消毒液的配制和使用方法 1.3.2 清洁消毒的基本要求和注意事项
2. 生活 照料	2.1 营养与 喂养	2.1.1 能及时回应婴儿的进食信号，并灵活安排 2.1.2 能继续支持母乳喂养 2.1.3 能做好进食前准备、辅助进食和进食后整理 2.1.4 能正确储存和管理婴幼儿食品，并使用配方奶喂养 2.1.5 能引导婴幼儿安全饮水	2.1.1 回应性喂养的原理 2.1.2 母乳喂养知识 2.1.3 进食前后照料知识 2.1.4 食品储存和管理知识 2.1.5 配方奶喂养知识 2.1.6 婴幼儿饮水知识
	2.2 睡眠 照料	2.2.1 能识别婴幼儿困倦的信号 2.2.2 能为婴幼儿营造安全良好的睡眠环境 2.2.3 能安抚婴幼儿入睡 2.2.4 能做好睡眠巡视和看护	2.2.1 婴幼儿睡眠的特点和规律 2.2.2 准备睡眠床、寝具的程序和要求 2.2.3 常用的睡前准备活动 2.2.4 安抚婴幼儿入睡的方法和注意事项 2.2.5 睡眠巡视和看护的要点
	2.3 生活与 卫生 管理	2.3.1 能正确地抱婴幼儿、并照料婴幼儿出行 2.3.2 能为婴幼儿选择和更换适宜的衣服、鞋袜等 2.3.3 能为婴幼儿更换尿布，及时提醒幼儿安全如厕 2.3.4 能为婴幼儿做好基本的盥洗照料 2.3.5 能向婴幼儿描述和解释日常照料行为	2.3.1 抱婴幼儿的正确方法 2.3.2 婴幼儿出行的方法及注意事项 2.3.3 穿脱衣服、鞋袜的注意 2.3.4 婴幼儿如厕照料的基本 2.3.5 婴幼儿盥洗的基本要求

表1(续)

职业功能	工作内容	技能要求	相关知识要求
3. 安全 健康 管理	3.1 健康 管理	3.1.1 能为婴幼儿测量体重、身长(高)等 3.1.2 能开展"三浴"锻炼 3.1.3 能进行晨、午、晚检和全日观察健康观察	3.1.1 婴幼儿体格发育测量的基本方法 3.1.2 "三浴"锻炼知识 3.1.3 晨、午、晚检和全日健康观察的知识
	3.2 伤害 预防	3.2.1 能及时发现一日生活中的潜在风险 3.2.2 能预防磕碰伤、挤压伤、跌倒伤、异物伤、钝器伤、锐器伤等常见伤害 3.2.3 能做好一日生活的过程看护	3.2.1 婴幼儿生活环境的安全要求 3.2.2 常见危险品的安全排查知识 3.2.3 常见伤害类型与预防 3.2.4 一日生活过程安全看护要点
	3.3 应急 处理置	3.3.1 能对婴幼儿磕碰伤、挤压伤、跌倒伤、异物伤、钝器伤、锐器伤等进行初步处理 3.3.2 能做好基本的应急防护、避险、逃生、自救等 3.3.3 能在发生婴幼儿伤害时及时报告	3.3.1 婴幼儿基本急救知识 3.3.2 应急防护、避险、逃生、自救的基本方法 3.3.3 伤害与应急处置报告的原则与流程
4. 早期 学习 支持	4.1 保障 充分活动	4.1.1 能保障婴幼儿充足的活动时间 4.1.2 能为婴幼儿提供多种形式的活动机会	4.1.1 充分活动的重要性 4.1.2 提供充分活动机会的基本原则
	4.2 支持 示范	4.2.1 能保护婴幼儿对周围事物与环境的好奇心和求知欲 4.2.2 能为婴幼儿提供可信赖的探索环境 4.2.3 能提供适当的语言示范	4.2.1 婴幼儿学习的特点 4.2.2 依恋的基本原理 4.2.3 语言示范的基本知识
5. 合作 共育	5.1 沟通 交流	5.1.1 能向同事介绍婴幼儿的基本表现 5.1.2 能整理日常保育文档与资料	5.1.1 工作交流的主要内容和基本方法 5.1.2 婴幼儿档案整理知识
	5.2 育儿 指导	5.2.1 能向家长描述婴幼儿在机构的基本情况 5.2.2 能展示家园共育的宣传信息	5.2.1 与家长沟通交流的原则与主要方法 5.2.2 家园共育信息的宣传方法

3.2 四级/中级工(见表2)

表2 四级/中级工的技能要求和相关知识要求

职业功能	工作内容	技能要求	相关知识要求
1. 环境 创设	1.1 环境 准备	1.1.1 能合理布置婴幼儿一日生活区域 1.1.2 能维护保养日常所需的设备与材料	1.1.1 一日生活区域布置的基本要求 1.1.2 维护保养设备与材料的要求与规范
	1.2 物品 管理	1.2.1 能贴好设备、用品标签 1.2.2 能标记特殊用品的使用方法及注意事项	1.2.1 物品标注规范及注意事项 1.2.2 特殊用品的使用方法和标记要点

表2(续)

职业功能	工作内容	技能要求	相关知识要求
	1.3 清洁 消毒	1.3.1 能按程序做好预防性消毒 1.3.2 能正确处理婴幼儿的呕吐物和排泄物	1.3.1 预防性消毒相关知识 1.3.2 婴幼儿呕吐物和排泄物的处理方法
2. 生活 照料	2.1 营养与 喂养	2.1.1 能引导婴幼儿尝试和接受多种食物 2.1.2 能鼓励幼儿参加协助分餐、摆放餐具等活动 2.1.3 能引导幼儿独立自主进餐 2.1.4 能辅助婴幼儿使用水杯喝水	2.1.1 辅食添加相关知识 2.1.2 回应性喂养的注意事项 2.1.3 幼儿独立进餐的注意事项 2.1.4 婴幼儿饮水常见问题及解决方法
	2.2 睡眠 照料	2.2.1 能引导幼儿进行力所能及的晾被、叠被、整理铺床等 2.2.2 能引导幼儿独立就寝	2.2.1 培养幼儿独立就寝的方法 2.2.2 幼儿独立就寝的注意事项
	2.3 生活与 卫生 管理	2.3.1 能引导幼儿正确盥洗 2.3.2 能引导幼儿进行力所能及的整理和穿脱衣服、鞋袜等 2.3.3 能鼓励幼儿及时表达大小便需求 2.3.4 能在日常照料中与婴幼儿进行适宜的互动	2.3.1 培养幼儿盥洗习惯的方法 2.3.2 培养幼儿穿脱衣服、鞋袜等技能的方法 2.3.3 回应性照料知识
3. 安全 健康 管理	3.1 健康 管理	3.1.1 能对婴幼儿常见病进行早期识别 3.1.2 能识别疑似传染病例，并及时报告 3.1.3 能发现婴幼儿的健康状况和行为异常 3.1.4 能提醒婴幼儿家长按时参加儿保体检及预防接种	3.1.1 婴幼儿常见病和传染病的早期识别 3.1.2 传染病例报告流程及注意事项 3.1.3 婴幼儿健康指标 3.1.4 婴幼儿行为异常的类型及表现 3.1.5 婴幼儿定期体检及预防接种知识
	3.2 伤害 预防	3.2.1 能预防烧烫伤、动物伤、窒息、溺水等意外伤害 3.2.2 能对婴幼儿进行安全教育	3.2.1 意外伤害类型与预防 3.2.2 安全教育知识
	3.3 应急 处置	3.3.1 能对婴幼儿烧烫伤、动物、窒息、溺水等意外伤害进行初步处理 3.3.2 能在发生幼儿伤害时按规定进行记录	3.3.1 婴幼儿意外伤害急救知识 3.3.2 婴幼儿伤害及初步处理的记录方法
4. 早期 学习 支持	4.1 促进 动作 发展	4.1.1 能为婴幼儿提供机会促进大肌肉动作发展 4.1.2 能为婴幼儿提供机会促进精细动作发展	4.1.1 促进婴幼儿大肌肉动作发展的游戏活动 4.1.2 促进婴幼儿精细动作发展的游戏活动
	4.2 促进 语言 发展	4.2.1 能创设回应性的语言交流环境 4.2.2 能通过童谣、儿歌、故事、绘本等为婴幼儿提供丰富的语言经验	4.2.1 语言环境创设知识 4.2.2 促进婴幼儿语言发展的游戏活动

附录

表2(续)

职业功能	工作内容	技能要求	相关知识要求
	4.3 促进 认知 发展	4.3.1 能给婴幼儿运用各种感官探索周围环境的机会 4.3.2 能鼓励和支持婴幼儿的主动探索	4.3.1 婴幼儿的学习动机 4.3.2 促进婴幼儿认知发展的游戏活动
	4.4 促进情感 和社会性 的发展	4.4.1 能给婴幼儿自由表达情绪的机会 4.4.2 能辨识、理解和接纳婴幼儿的基本情绪，并给予及时回应 4.4.3 能简单引导和调节幼儿的情绪	4.4.1 辨识婴幼儿情绪的方法 4.4.2 婴幼儿的自我意识 4.4.3 婴幼儿情绪的引导与调节方法
5. 合作 共育	5.1 沟通 交流	5.1.1 能分析婴幼儿档案，与同事交流婴幼儿的各项表现 5.1.2 能鼓励家长提供婴幼儿在家里的基本情况和重要事件	5.1.1 婴幼儿档案的分析与解读 5.1.2 与家长沟通交流的技巧与注意事项
	5.2 育儿 指导	5.2.1 能根据观察记录，向家长介绍婴幼儿每日情况和重要事件 5.2.2 能组织家园共育活动	5.2.1 家庭育儿指导的内容与形式 5.2.2 家园共育活动的类型和方法

3.3 三级/高级工（见表3）

表3　三级/高级工的技能要求和相关知识要求

职业功能	工作内容	技能要求	相关知识要求
1. 环境 创设	1.1 区域 设置	1.1.1 能设置支持婴幼儿发展的物质环境 1.1.2 能设置与活动内容一致的空间 1.1.3 能设置安全活动路线	1.1.1 早期发展支持的物质环境 1.1.2 活动目标与内容的关系 1.1.3 安全活动路线的基本要求
	1.2 材料 配备	1.2.1 能配备一日生活所需的设施设备、用品、材料等 1.2.2 能指导五级/初级工、四级/中级工使用设施设备、用品、材料等	1.2.1 设施设备、用品、材料配备的基本要求与规范 1.2.2 设施设备、用品、材料使用的基本要求与规范
	1.3 物品管理	1.3.1 能制定物品管理制度 1.3.2 能按照物品管理流程进行管理	1.3.1 物品管理制度建设知识 1.3.2 物品管理流程
	1.4 清洁消毒	1.4.1 能制定机构清洁消毒制度 1.4.2 能督促、指导清洁消毒制度的落实	1.4.1 清洁消毒制度建设知识 1.4.2 清洁消毒制度落实知识
2. 生活 照料	2.1 营养与 喂养	2.1.1 能在进食前后，密切观察婴幼儿是否有不良反应 2.1.2 能识别并应对婴幼儿进食中遇到的问题	2.1.1 婴幼儿进食的不良反应 2.1.2 婴幼儿常见的进食问题与应对方法
	2.2 睡眠 照料	2.2.1 能观察、记录婴幼儿睡眠情况，引导婴幼儿规律作息 2.2.2 能识别并应对婴幼儿的睡眠问题	2.2.1 婴幼儿睡眠观察的记录内容与方法 2.2.2 婴幼儿睡眠问题的识别与应对方法

表3(续)

职业功能	工作内容	技能要求	相关知识要求
	2.3 生活与 卫生 管理	2.3.1 能应对婴幼儿盥洗如厕中的问题 2.3.2 能发现婴幼儿大小便异常，并正常应对 2.3.3 能引导幼儿自主如厕 2.3.4 能与婴幼儿建立信任和稳定的情感联结	2.3.1 婴幼儿盥洗如厕中的常见问题及应对方法 2.3.2 婴幼儿大小便异常的表现与应对方法 2.3.3 培养幼儿自主如厕的方法与注意事项 2.3.4 安全依恋关系的建立与发展
3. 安全 健康 管理	3.1 健康 管理	3.1.1 能对婴幼儿常见病进行预防和初步护理 3.1.2 能对健康状况和行为异常的婴幼儿进行重点观察 3.1.3 能观察预防接种后婴幼儿的不良反应	3.1.1 婴幼儿常见病护理知识 3.1.2 婴幼儿健康状况和行为异常的观察方法 3.1.3 预防接种不良反应的表现
	3.2 伤害 预防	3.2.1 能预防触电、中毒、冻伤等伤害 3.2.2 能参与制定伤害预防的方案	3.2.1 触电、中毒、冻伤等伤害预防知识 3.2.2 伤害预防方案的制定
	3.3 应急 处置	3.3.1 能对机构急救物资进行配置 3.3.2 能参与制定突发事件的应急预案 3.3.3 能对发生严重伤害、等待救援的婴幼儿予以适宜照料	3.3.1 急救物资相关知识 3.3.2 应急预案的主要内容 3.3.3 触电、中毒、冻伤等伤害的应急处置
4. 早期 学习 支持	4.1 促进 动作发展	4.1.1 能鼓励婴幼儿探索和积累运动经验 4.1.2 能根据婴幼儿体质状况调节活动强度和时间	4.1.1 婴幼儿运动的影响因素 4.1.2 婴幼儿运动的注意事项
	4.2 促进 语言 发展	4.2.1 能引导婴幼儿倾听、理解、模仿和运用语言 4.2.2 能培养婴幼儿早期阅读的兴趣和习惯 4.2.3 能支持婴幼儿与同伴、成人的交流互动	4.2.1 促进婴幼儿早期语言发展的主要原则和策略 4.2.2 培养早期阅读兴趣的策略 4.2.3 婴幼儿交流的支持方法
	4.3 促进 认知 发展	4.3.1 能鼓励婴幼儿感知各种事物特征 4.3.2 能鼓励婴幼儿发现和解决生活中遇到的问题	4.3.1 婴幼儿主动探索的支持方法 4.3.2 培养婴幼儿自主学习能力的方法和策略
	4.4 促进情感 和社会性 发展	4.4.1 能引导婴幼儿理解和辨别不同情绪 4.4.2 能支持幼儿自我调节情绪 4.4.3 能帮助婴幼儿逐步适应集体生活 4.4.4 能支持婴幼儿开展人际交往	4.4.1 幼儿自我引导与自我调节的相关知识 4.4.2 培养婴幼儿集体意识的方法 4.4.3 婴幼儿人际交往相关知识

表3(续)

职业功能	工作内容	技能要求	相关知识要求
5. 培训 与指导	5.1 培训	5.1.1 能根据家庭的需求,编制科学育儿培训计划 5.1.2 能根据五级/初级工、四级/中级工的工作内容和需求编制培训计划	5.1.1 家庭培训的类型、内容及流程 5.1.2 培训计划的编制与培训方法的选择
	5.2 指导	5.2.1 能对家长提供科学育儿的咨询和指导 5.2.2 能对五级/初级工、四级/中级工进行工作指导	5.2.1 家庭育儿指导的方法与技巧 5.2.2 工作经验交流与分享知识

3.4 二级/技师(见表4)

表4 二级/技师的技能要求和相关知识要求

职业功能	工作内容	技能要求	相关知识要求
1. 环境 创设	1.1 区域 规划	1.1.1 能创设适合不同活动内容的区域 1.1.2 能为特殊需要的婴幼儿创设安全区域	1.1.1 区域创设基本要求与规范 1.1.2 特殊区域创设知识
	1.2 材料 投放	1.2.1 能投放一日生活所需的设施设备、用品、材料等 1.2.2 能对设施设备、用品材料的投放进行评估与调整	1.2.1 设施设备、用品、材料投放的基本要求与规范 1.2.2 设施设备、用品、材料投放评估知识
2. 生活 照料	2.1 营养与 喂养	2.1.1 能为婴幼儿饮食进行均衡性、多样化配餐 2.1.2 能辅助婴幼儿专注进食和选择多种食物	2.1.1 婴幼儿饮食搭配知识 2.1.2 培养婴幼儿饮食习惯的方法
	2.2 睡眠 照料	2.2.1 能理解婴幼儿睡眠的个体差异,采取适宜的照料方式 2.2.2 能培养婴幼儿良好睡眠习惯	2.2.1 婴幼儿睡眠的影响因素 2.2.2 婴幼儿睡眠习惯的培养方法
	2.3 生活与 卫生 管理	2.3.1 能培养婴幼儿良好的用眼及口腔习惯 2.3.2 能引导婴幼儿逐步形成规则和安全意识	2.3.1 婴幼儿眼睛保护及口腔卫生的基本知识 2.3.2 培养规则和安全意识的方法
3. 安全 健康 管理	3.1 健康 管理	3.1.1 能及时处理疑似传染病例,并按规程登记上报 3.1.2 能针对婴幼儿发育水平制定个性化健康指导方案 3.1.3 能制定晨、午、晚检以及传染病预防的工作方案	3.1.1 传染病例处理及上报规程 3.1.2 婴幼儿个性化健康指导的方法 3.1.3 健康观察流程及处理规范
	3.2 伤害 预防	3.2.1 能制定和落实预防婴幼儿伤害的管理细则 3.2.2 能开发与组织实施安全教育课程体系	3.2.1 婴幼儿伤害管理细则的制定与落实 3.2.2 安全教育课程体系

表4(续)

职业功能	工作内容	技能要求	相关知识要求
	3.3 应急处置	3.3.1 能在发生婴幼儿伤害时，做好家长沟通，并寻求专业支持 3.3.2 能制定突发事件的应急预案	3.3.1 应急处置的流程与注意事项 3.3.2 应急预案的制定
4. 早期学习支持	4.1 促进动作发展	4.1.1 能设计与组织实施促进婴幼儿动作发展的游戏活动 4.1.2 能及时发现婴幼儿动作发展异常的预警现象	4.1.1 促进动作发展的游戏活动设计与组织实施 4.1.2 婴幼儿动作发展异常的表现
	4.2 促进语言发展	4.2.1 能设计与组织实施促进婴幼儿语言发展的游戏活动 4.2.2 能及时发现婴幼儿语言发展异常的预警现象	4.2.1 促进语言发展的游戏活动设计与组织实施 4.2.2 婴幼儿语言发展异常的表现
	4.3 促进认知发展	4.3.1 能设计与组织实施促进婴幼儿认知发展的游戏活动 4.3.2 能及时发现婴幼儿认知发展异常的预警现象	4.3.1 促进认知发展的游戏活动设计与组织实施 4.3.2 婴幼儿认知发展异常的表现
	4.4 促进情感和社会性发展	4.4.1 能设计与组织实施促进婴幼儿情感和社会性发展的游戏活动 4.4.2 能及时发现具有情感和社会性发展问题的婴幼儿	4.4.1 促进情感和社会性发展的游戏活动设计与组织实施 4.4.2 婴幼儿情感和社会性发展的常见问题
5. 培训与指导	5.1 培训	5.1.1 根据家庭和社区需求开设家长课堂和专题培训 5.1.2 能对三级/高级工及以下级别人员进行培训	5.1.1 家长课堂设计知识 5.1.2 培训的方法及策略
	5.2 指导	5.2.1 能对机构的日常工作进行指导 5.2.2 能对三级/高级工及以下级别人员进行指导	5.2.1 机构日常工作常见问题 5.2.2 保育工作指导的主要内容和方法

3.5 一级/高级技师（见表5）

表5 一级/高级技师的技能要求和相关知识要求

职业功能	工作内容	技能要求	相关知识要求
1. 环境创设	1.1 区域规划	1.1.1 能提出区域规划的方案 1.1.2 能对区域规划方案进行评估，并提出改进意见	1.1.1 区域规划的主要内容 1.1.2 区域规划方案评估知识
	1.2 材料开发	1.2.1 能自主研发活动所需的部分设施与材料 1.2.2 能利用自然材料整合形成多功能玩/教具	1.2.1 设施与材料的研发 1.2.2 多功能玩/教具的制作

表5(续)

· 276 ·

职业功能	工作内容	技能要求	相关知识要求
2. 生活 照料	2.1 营养 与喂养	2.1.1 能制定膳食计划和科学食谱 2.1.2 能根据婴幼儿生长发育指标判断其营养状况，并调整营养与喂养策略 2.1.3 能为有特殊饮食需求的婴幼儿提供喂养建议	2.1.1 膳食计划制定方法 2.1.2 婴幼儿营养状况与喂养策略评估知识 2.1.3 婴幼儿特殊饮食知识
	2.2 睡眠 照料	2.2.1 能评估婴幼儿睡眠的质量 2.2.2 能在观察评估的基础上改进婴幼儿睡眠的照料策略	2.2.1 婴幼儿睡眠质量评估知识 2.2.2 婴幼儿睡眠照料策略
	2.3 生活 与管理	2.3.1 能发现有精神状态不良、烦躁等表现的婴幼儿，并加强看护 2.3.2 能识别婴幼儿的偏差行为，并适当应对	2.3.1 婴幼儿精神状况不良的表现及应对方法 2.3.2 婴幼儿偏差行为的表现及应对方法
3. 安全 健康 管理	3.1 健康 管理	3.1.1 能评估健康指导方案，并提出改进意见 3.1.2 能协助家长寻求机构外的专业支持，解决婴幼儿的健康问题	3.1.1 婴幼儿健康指导方案评估知识 3.1.2 婴幼儿转介知识
	3.2 伤害 预防	3.2.1 能评估预防婴幼儿伤害的管理细则，并提出改进意见 3.2.2 能指导开展伤害防控工作	3.2.1 伤害预防管理细则评估知识 3.2.2 伤害防控指导知识
	3.3 应急 处置	3.3.1 能评估突发事件应急预案，并提出改进意见 3.3.2 能指导机构开展突发事件应急处理	3.3.1 突发事件应急预案评估知识 3.3.2 突发事件应急处理指导知识
4. 早期 学习 支持	4.1 促进 动作 发展	4.1.1 能评估婴幼儿动作发展水平 4.1.2 能对动作发展异常的婴幼儿给予指导或转介 4.1.3 能依据观察评估结果，改进婴幼儿动作发展领域的课程体系	4.1.1 婴幼儿动作发展评估知识 4.1.2 婴幼儿动作发展异常的干预知识 4.1.3 婴幼儿动作发展领域的课程体系
	4.2 促进 语言 发展	4.2.1 能评估婴幼儿语言发展水平 4.2.2 能对语言发展异常的婴幼儿给予指导或转介 4.2.3 能依据观察评估结果，改进婴幼儿语言发展领域的课程体系	4.2.1 婴幼儿语言发展评估知识 4.2.2 婴幼儿语言发展异常的干预知识 4.2.3 婴幼儿语言发展领域的课程体系
	4.3 促进 认知 发展	4.3.1 能评估婴幼儿认知发展水平 4.3.2 能对认知发展异常的婴幼儿给予指导或转介 4.3.3 能依据观察评估结果改进婴幼儿认知发展领域的课程体系	4.3.1 婴幼儿认知发展评估知识 4.3.2 婴幼儿认知发展异常的干预知识 4.3.3 婴幼儿认知发展领域的课程体系
	4.4 促进情感 和社会性 发展	4.4.1 能评估婴幼儿情绪和社会性发展水平 4.4.2 能识别婴幼儿情绪和社会性发展问题，并给予指导或转介 4.4.3 能依据观察评估结果，改进婴幼儿情绪和社会性发展领域的课程体系	4.4.1 婴幼儿情绪和社会性发展评估知识 4.4.2 婴幼儿情绪和社会性发展问题的应对知识 4.4.3 婴幼儿情绪和社会性发展领域的课程体系

表5(续)

职业功能	工作内容	技能要求	相关知识要求
5. 培训 与指导	5.1 培训	5.1.1 能制定区域性保育人才年度培训规划 5.1.2 能培训保育师师资队伍	5.1.1 培训规划的基本知识 5.1.2 师资培训知识
	5.2 指导	5.2.1 能根据机构发展水平进行业务指导 5.2.2 能对二级/技师及以下级别人员提供指导	5.2.1 机构业务相关知识 5.2.2 保育工作指导的方法和技巧
	5.3 研究	5.3.1 能针对机构发展需求进行相关分析与研究 5.3.2 能撰写相关研究报告或论文	5.3.1 调查研究的方法 5.3.2 报告或论文撰写知识

4 权重表

4.1 理论知识权重表（见表6）

表6 理论知识权重表

项目		五级/初级工 /%	四级/中级工 /%	三级/高级工 /%	二级/技师 /%	一级/高级 技师/%
基本要求	职业道德	5	5	5	5	5
	基础知识	20	15	10	5	5
相关知识 要求	环境创设	10	10	15	15	15
	生活照料	25	20	15	15	10
	安全健康管理	25	25	25	20	20
	早期学习支持	10	15	20	25	25
	合作共育	5	10	—	—	—
	培训与指导	—	—	10	15	20
合计		100	100	100	100	100

4.2 技能要求权重表（见表7）

表7 技能要求权重表

项目		五级/初级工 /%	四级/中级工 /%	三级/高级工 /%	二级/技师 /%	一级/高级 技师/%
技能要求	环境创设	10	15	20	20	20
	生活照料	35	30	20	15	10
	安全健康管理	30	25	20	20	20
	早期学习支持	20	25	30	30	30
	合作共育	5	5	—	—	—
	培训与指导	—	—	10	15	20
合计		100	100	100	100	100

5 附录

5.1 培训要求

5.1.1 培训教师

培训教师应具备本职业三级/高级工职业资格证书3年及以上；或中级及以上本专业或相关专业技术职务任职资格。

5.1.2 培训场地设备

理论知识培训场地应具有可容纳40名以上学员的标准教室，并配备投影仪和音、视频播放设备。技能操作培训场所应满足模拟操作的要求，具有必要的婴幼儿喂养用品，烹饪器具，流动水源，日常保健用品，婴幼儿睡眠、就餐、活动等用品或图书玩具等。室内卫生通风条件良好，光线充足，设施安全。

5.2 职业禁入

保育师应严格遵守国家相关法律法规和职业伦理道德规范要求，无犯罪记录或者社会不良记录。

早期教育服务规范（GB/T 31725—2015）

1 范围

本标准给出了早期教育服务的服务提供者、服务人员、服务场所、服务设施、学习资料、服务实施、服务质量评价等方面的要求。

本标准适用于早期教育服务的管理、实施与评价。

2 规范性引用文件

下列文件对于本文件的应用是必不可少的。凡是注日期的引用文件，仅注日期的版本适用于本文件。凡是不注日期的引用文件，其最新版本（包括所有的修改单）适用于本文件。

GB 2894 安全标志及其使用导则

GB 3096 声环境质量标准

GB/T 18883 室内空气质量标准

GB 24613 玩具用涂料中有害物质限量

GB/T 26997 非正规教育与培训的学习服务术语

GB/T 27689 无动力类游乐设施儿童滑梯

GB 27952 普通物体表面消毒剂的卫生要求

GB 28007 儿童家具通用技术条件

GB 28231 书写板安全卫生要求

GB/Z 28828 信息安全技术公共及商用服务信息系统个人信息保护指南

GB 50016 建筑设计防火规范

3 术语和定义

GB/T 26997 界定的以及下列术语和定义适用于本文件。

3.1

早期教育服务 early childhood education and care services

在托儿所、幼儿园保育教育活动之外，面向0岁至6岁婴幼儿及其家长，由相应组织提供，旨在促进婴幼儿身心发展的一系列教育活动与过程。

　　注：家长包括监护人及监护人委托人。

3.2

服务提供者 service provider

依法登记注册、提供早期教育服务（3.1）的组织。

3.3

顾客 customer

早期教育服务（3.1）的接受者和购买者。

4 服务提供者

4.1 基本要求

　　服务提供者应具备独立固定的服务场所，具有与所提供服务匹配的专职服务人员，建立服务管理制度并有效实施。

　　4.2 服务管理要求

　　4.2.1 服务活动管理

　　服务提供者应按照以下原则开展服务活动：

　　——促进婴幼儿身心发展；

　　——以游戏活动为主要形式，注重趣味性；

　　——面向全体婴幼儿，重视个别差异；

　　——坚持鼓励、启发、诱导等正面教育。

　　4.2.2 人力资源管理

　　4.2.2.1 服务提供者应聘用符合第5章要求的服务人员。

　　4.2.2.2 服务提供者应定期对全体服务人员进行职业培训。

　　注：职业培训包括职业道德、专业知识、专业能力、沟通技巧等。

　　4.2.2.3 服务提供者应每年至少组织一次服务人员体检。

　　4.2.2.4 在服务实施过程中，服务提供者宜将常规学习活动内的教学人员与婴幼儿人数比例控制在1∶8及以内。

　　4.2.3 顾客信息管理

　　4.2.3.1 服务提供者应建立顾客信息管理制度，按照 GB/Z 28828 等相关标准的要求管理顾客信息。

　　4.2.3.2 服务提供者应在顾客同意的情况下，收集、使用顾客信息，所收集的顾客信息应是满足服务需求的最少信息（例如顾客姓名与联系方式、婴幼儿接受早期教育服务的经历）。

　　4.2.3.3 服务提供者应保护顾客信息安全，防止顾客信息泄露、丢失；在发生或者可能发生信息泄露、丢失时，应立即采取补救措施；不应以出售等形式非法向他人提供顾客信息。

　　4.2.4 安全管理

　　4.2.4.1 服务提供者应建立并实施安全管理制度，制定突发事件应急预案，配备安全与应急设备用品，对服务人员、顾客进行安全培训。

4.2.4.2 服务提供者应使用符合 GB 24613 等相关标准安全要求的服务场所、服务设施、学习资料。

4.2.4.3 服务提供者对于服务人员、服务场所、服务设施、学习资料、服务实施的安全管理应符合第 5 章、第 6 章、第 7 章、第 8 章、第 9 章的相关要求。

4.2.5 卫生管理

4.2.5.1 服务提供者应建立并实施卫生管理制度。

4.2.5.2 服务提供者应配备使用符合 GB 27952 等相关标准要求的卫生消毒用品。

4.2.5.3 服务提供者对于服务人员、服务场所、服务设施、学习资料的卫生管理应符合第 5 章、第 6 章、第 7 章、第 8 章、第 9 章的相关要求。

5 服务人员

5.1 基本要求

5.1.1 服务人员包括教学人员和其他服务人员。

5.1.2 服务人员的健康状况应符合附录 A 规定，并持有有效健康证明。

5.1.3 服务人员的工作语言和行为应：

——文明、健康、礼貌、得体；

——符合婴幼儿年龄特点；

——能够引导、帮助婴幼儿形成良好的行为习惯、言语习惯和意志品质。

5.1.4 服务人员的工作服饰应：

——柔软、安全、无毒，无安全隐患；

——卫生、干净、整洁、无异味；

——符合婴幼儿审美特点与社会主流价值观，美观、大方、得体；

——便于服务实施。

5.1.5 在室内实施服务时，服务人员应穿着干净、卫生、柔软的袜子、袜套或鞋套，不应赤足；非一次性袜子、袜套和鞋套应每日清洗、消毒、更换。

5.1.6 服务人员应定期参加职业道德、专业知识、专业能力、沟通技巧等培训，持续提高服务能力。

5.2 教学人员

5.2.1 教学人员应具备以下条件之一：

——持有幼儿园教师资格证书；

——具有幼儿师范学校学历，或学前教育专业中专及以上学历；

——具有中专以上学历，并通过国家统一组织的、用于申请幼儿园教师资格的教育学和教育心理学补修考试；

——具有中专以上学历，并完成教育学和教育心理学课程学习或接受过从事早期教育服务活动的系统培训。

5.2.2 教学人员应对早期教育服务具有正确理解与认识，认同早期教育服务教学人员的专业性和独特性，关爱婴幼儿，关注婴幼儿身心健康，重视婴幼儿生命安全。

5.2.3 教学人员应掌握以下专业知识和专业能力：

——关于婴幼儿生存、发展和保护的有关法律法规及政策规定；

示例:《中华人民共和国未成年人保护法》《中华人民共和国教育法》。

——不同年龄婴幼儿身心发展特点、规律和促进婴幼儿发展的策略与方法;

——安全应急处理预案,以及意外事故和危险情况下婴幼儿安全防护与救助的基本方法;

——其他满足早期教育服务正常开展的专业知识和专业能力。

5.3 其他服务人员

5.3.1 其他服务人员主要负责咨询接待、反馈处理、活动场所与设施检修、安全管理、卫生管理等工作。

5.3.2 其他服务人员应具备支持早期教育服务顺利实施的工作能力,其中从事需有国家统一资格要求职业的其他服务人员,应持有国家统一颁发的相关职业资格证书。

6 服务场所

6.1 基本要求

6.1.1 服务提供者应具备独立的、满足早期教育服务需求的固定服务场所。

6.1.2 服务场所内应设置婴幼儿学习活动场所、咨询接待场所、鞋和衣物更换场所等不同功能区域,形成相对独立的功能空间,宜设置婴幼儿卫生间,并可根据需求设置母婴哺乳场所、备餐场所、顾客休息场所等功能区域。

6.1.3 在早期教育服务实施过程中,婴幼儿人均所占有的实际学习活动场所面积不应小于 4 m²。

注:服务实施过程中,婴幼儿人均所占有的实际学习活动场所面积=实际使用的婴幼儿学习活动场所面积/同时接受服务的婴幼儿数量。

6.1.4 服务场所应全面禁烟。

6.2 安全要求

服务场所安全应符合附录 B 规定。

6.3 环境与卫生要求

6.3.1 服务场所应远离各种污染源,卫生、整洁,环境、空气和物体表面等经检测应符合 GB/T 18883 等相关标准的卫生要求,预防性消毒参照附录 C 规定的方法和频率实施。

6.3.2 服务场所应采光充足,通风良好,远离噪声与电磁干扰,符合 GB 3096 等相关标准的要求。

6.3.3 服务场所中应设置防蚊、蝇、虫、鼠等设备,并放置于婴幼儿无法接触到的地方。

6.3.4 服务场所的设计、布置应有利于激发婴幼儿好奇心和求知欲,符合婴幼儿审美观。

7 服务设施

7.1 基本要求

7.1.1 服务设施的设置应满足不同服务场所功能和服务需求,其大小、高度等应与婴幼儿身高、坐高、手臂、跨度相符合。

7.1.2 服务设施应定期维护、及时更新、数量充足、功能完善,满足正常服务交付的需求。

7.2 安全要求

服务设施应光滑、牢固，无尖锐棱角、锋利切面、毛边、倒刺、零件脱落、绳索等安全隐患。

7.3 卫生要求

服务设施应卫生、无毒，符合 GB 28231 等相关标准的卫生要求，预防性消毒参照附录 C 规定的方法和频率实施。

7.4 婴幼儿盥洗和卫生设施

服务场所宜参照附录 D 的要求，设置婴幼儿专用盥洗和卫生设施。

7.5 专用设施

专用设施应能满足特定服务需求，规格、性状、安全性等符合 GB/T 27689 等相关标准要求。注：专用设施包括滑梯、秋千、婴幼儿游泳池、沙池等。

7.6 服务家具

服务家具应符合 GB 28007 等相关标准要求。

8 学习资料

8.1 基本要求

8.1.1 服务提供者应根据服务内容、目标与特点，配备满足服务需求的学习资料，建立学习资料库并适时更新。

8.1.2 学习资料的引进、更新、研发，应经过科学性、先进性、适用性论证，并进行试点试验。

8.1.3 教学人员所用学习资料应突出科学性、专业性，能帮助教学人员创设服务氛围、组织学习活动。

8.1.4 婴幼儿所用学习资料应符合婴幼儿心理发展规律和认知特点，颜色、画面、形状等应符合婴幼儿心理特征，趣味性强，能够激发婴幼儿好奇心和求知欲；并特别突出操作性，便于婴幼儿实施学习和操作行为，帮助婴幼儿集中注意力、深入参与学习活动。

8.1.5 家长所用学习资料应通俗易懂、科普性强，能够传递科学的早期教育知识和理念，指导家长有效参与学习活动，强调家庭对于婴幼儿发展的重要性，引导家长对婴幼儿科学实施早期教育，共同巩固早期服务效果。

8.2 安全要求

8.2.1 学习资料应由安全材料制成，不具有安全隐患或引发安全事故风险的可能性。

注：婴幼儿所用学习资料安全隐患或引发安全事故风险的可能性包括表面不光滑、带有尖锐棱角和锋利切面、带有绳索、小于婴幼儿口腔直径、组零件或电池易拆卸、含毒或重金属、可能引发窒息（如面具）、可能引发爆炸或燃烧（如氢气球）、易碎、易散落、面料或填充料不合格等。

8.2.2 服务实施前，学习资料的安全性应得到检查确认，未通过安全性检查的学习资料不应被使用。

8.2.3 服务实施过程中，教学人员应对顾客说明学习资料的正确使用方法和安全注意事项，做好安全保护措施，并对学习资料使用情况进行实时观察，及时消除安全隐患。

示例：及时收集清理游戏过程中破裂的玩具碎片。

8.3 卫生要求

学习资料均应定期清洁、消毒，预防性消毒参照附录 C 规定的方法和频率实施。

9 服务实施

9.1 服务信息提供

9.1.1 服务提供者应为顾客提供服务相关信息，主要包括：

——服务提供者基本情况；

——服务内容、活动安排；

——教学人员基本情况；

——所采用的学习资料；

——全部费用及明细，以及支付变更规定；

——服务变更手续；

——服务承诺和风险提示。

9.1.2 服务提供者应为顾客提供信息咨询服务，对顾客希望了解的服务相关事宜进行解释说明；咨询渠道应方便、快捷、畅通。

9.1.3 服务信息应真实、准确、完整，具有时效性，与实际的服务交付一致，以顾客能够理解的方式（例如符合婴幼儿年龄特点的语言、婴幼儿易理解的图片等）提供。

9.2 需求与特征分析

服务提供者应对顾客的需求进行分析，包括希望婴幼儿获得的身心健康、习惯养成、智力发展等方面的发展目标，以及顾客期望早期教育服务所采用的方式与形式、服务时间与长度等，并对婴幼儿的年龄、性别、曾接受早期教育服务的经历，以及现有发展水平等进行特征分析。

9.3 服务方案确定

9.3.1 服务提供者应根据需求与特征分析的结果确定服务目标。

9.3.2 服务提供者应以服务目标为依据，为顾客选择设计服务内容、服务方式、服务时间等，形成服务方案。

9.3.3 服务方案的内容和实施条件应得到顾客认可。

9.4 服务协议订立

9.4.1 服务提供者应与顾客订立书面服务协议。

9.4.2 服务协议应包括服务内容、服务时间与地点、全部费用及明细、服务变更手续、投诉与纠纷解决方法、隐私保护、风险警示，以及双方权利义务、法律责任等内容，同时应对影响服务质量的其他关键要素进行约定。

9.4.3 服务协议应体现公平、公正的原则，在双方平等、自愿的前提下订立。

9.4.4 服务提供者应履行告知义务，提醒顾客注意协议中与其利益密切相关的内容，告知形式包括口头告知、书面告知、公示告知等。

9.5 支付

9.5.1 服务提供者应向顾客说明支付的有关信息并达成一致，主要包括：

——全部费用及明细；

——支付方式；

——支付出现问题时的解决措施。

9.5.2 服务提供者应为顾客提供多种支付方式，当选用某种支付方式将产生额外费用时，应在支付前向顾客说明。

9.5.3 在支付完成后，服务提供者应向顾客提供支付凭证。

9.6 服务交付

9.6.1 服务提供者应确保实际服务交付的内容与服务协议约定的一致。

9.6.2 在服务交付过程中，服务人员应：

——维护婴幼儿正当权益，尊重婴幼儿人格和自尊心，保护婴幼儿隐私，将保护婴幼儿安全放在首位；

——不虐待、歧视、体罚和变相体罚、侮辱婴幼儿；

——引导顾客注意服务交付过程的安全卫生，提示顾客注意安全隐患，降低安全风险；

——按照突发事件应对方法和应急处理预案处理应急事件；

其中，教学人员亦应：

——充分利用学习活动场所，组织开展满足服务需求、符合婴幼儿特点的活动；

——注意培养婴幼儿生理、心理、审美和品德素质，促进婴幼儿身心健康、习惯养成和智力发展；

——关注、尊重婴幼儿个体差异，根据婴幼儿的具体需求与特点提供服务，帮助婴幼儿按照自身的速度和方式获得全面发展；

——保障服务交付适合婴幼儿的总体发展水平和需求，使全体婴幼儿都有成功的活动体验。

9.7 效果评价

9.7.1 概述

服务提供者应在服务交付过程中和完成后，对婴幼儿参与早期教育服务活动的效果进行评价，判断服务目标的完成情况，及时调整服务项目与安排。

9.7.2 评价内容

评价内容主要包括：

——婴幼儿身心健康、习惯养成、智力发展等方面的学习发展水平与所约定服务目标的比对情况；

——婴幼儿在学习活动中的表现等。

9.7.3 评价方法

观察、交流、测试、调查等。

9.8 沟通与反馈

9.8.1 服务提供者应建立沟通管理机制，明确反馈时限，按时答复、安排处理顾客诉求。

9.8.2 服务提供者应为顾客提供沟通渠道并保证渠道畅通、平等、公开。

9.8.3 在与婴幼儿沟通交流时，服务人员应尊重婴幼儿，关注婴幼儿年龄特征，使用婴幼儿易于理解的语言，选择与婴幼儿年龄和发展水平相适应的词汇。

9.8.4 在与家长沟通交流时，服务人员应：

——及时告知关于婴幼儿的信息；

——传递科学的早期教育知识和理念；

——强调家庭对于婴幼儿发展的重要性；

——与家长建立平等、尊重、信任、富有建设性的合作关系，引导家长有效配合、共同促进儿童发展。

10 服务质量评价

10.1 服务提供者应建立服务评价管理机制，定期收集来自内外部的评价信息并加以分析。

10.2 服务提供者可根据不同评价目标，依据第 4 章、第 5 章、第 6 章、第 7 章、第 8 章、第 9 章内容，从服务提供者、服务人员、服务场所、服务设施、学习资料、服务实施等方面建立评价指标体系，实施具体评价活动。

10.3 服务提供者应分析服务质量评价结果，制定整改措施，持续改进，不断提高服务质量。

附录 A

（规范性附录）

服务人员健康要求

A.1 服务人员不应患有以下疾病（史）：

——精神病（史）；

——法律、行政法规和国家相关部门规定的其他不应从事早期教育服务的疾病（史）。

A.2 当患有以下疾病时，服务人员应立即暂停参与早期教育服务活动：

——流感、活动性肺结核等呼吸道传染性疾病；

——痢疾、伤寒、甲型病毒性肝炎、戊型病毒性肝炎等消化道传染性疾病；

——淋病、梅毒、滴虫性阴道炎，化脓性或渗出性皮肤病；

——法律、行政法规和国家相关部门规定的应暂停参与早期教育服务活动的其他疾病。

A.3 当出现以下症状时，服务人员宜暂停参与早期教育服务活动：

——发热、腹泻等症状；

——法律、行政法规和国家相关部门规定的宜暂停参与早期教育服务活动的其他症状。

附录 B

（规范性附录）

服务场所安全要求

B.1 概述

B.1.1 服务场所应设置于符合 GB 50016 等相关标准安全要求的建筑。

B.1.2 服务场所宜设于三层及以下，不应设置于地下室或半地下室。

B.2 安全出口和紧急疏散通道

服务场所应按照 GB 2894 等相关标准的要求，管理、使用安全出口和紧急疏散通道，并告知顾客位置和使用方法。

B.3 地面与墙面

B.3.1 服务场所地面与墙面应采用暖性、弹性材料，不应使用尖锐、易碎、毛边等可能造成安全隐患的建筑与装饰配件，地面应采用防滑材料，墙面应采用光滑材料。

B.3.2 墙角、窗台、暖气罩、窗口竖边等阳角部位应设置为平滑圆角形状。

B.4 楼梯与台阶

服务场所内不宜设置楼梯和台阶。

B.5 门

B.5.1 服务场所内，门均应向疏散方向开启，开启的门扇不应影响疏散通行；门的双面均应平滑、无棱角。

B.5.2 婴幼儿使用的功能区域内，应设置双扇平开门，不应设置转门、弹簧门、推拉门，不应设置金属门；门净宽不应小于 1.20 m，门下不应设置门槛；门附近应张贴防夹手足安全警示，宜进行防夹手足处理。

B.6 窗户、玻璃与镜面

B.6.1 服务场所的窗台距地面高度不宜大于 0.60 m，距地面 1.50 m 内不应设平开窗。

B.6.2 窗台距地面高度低于 0.90 m 应采取防护措施，防护高度由室内地面计算不应低于 0.90 m。

B.6.3 在距地面 1.20 m 以下，不应安装易碎玻璃、镜面。

B.7 扶手与栏杆

B.7.1 服务场所应根据需求设置婴幼儿扶手，扶手高度应不大于 0.60 m。

B.7.2 服务场所内，外廊、阳台、平台等临空部位应设置防护栏杆，栏杆应以牢固耐久的材料制作，采用防止幼儿攀爬的构造，荷载能力应满足服务需求。

B.7.3 栏杆从地面计算净高不应小于 1.10 m，0.60 m 以下应采用实体护栏；采用垂直杆件设置的栏杆，其杆件净空距离不应大于 0.11 m。

B.8 其他

B.8.1 服务场所应使用安全型插座，婴幼儿使用的功能区域内插座安装高度不应低于 1.80 m。

B.8.2 具有婴幼儿手触安全风险的建筑材料、装饰物等距地面距离不应低于 1.70 m。

B.8.3 具有婴幼儿头触安全风险的建筑材料、装饰物等距地面距离不应低于 1.40 m。

B.8.4 绿化装饰不应选用有毒、带刺、有飞絮、病虫害多、有刺激性的植物。

附录 C

（资料性附录）

服务场所、服务设施、学习资料部分预防性消毒方法

早期教育服务的服务场所、服务设施、学习资料部分预防性消毒方法如表 C.1 所示。

表 C.1　服务场所、服务设施、学习资料部分预防性消毒方法汇总表

消毒对象	物理消毒方法	化学消毒方法	备注
空气	开窗通风每日至少 2 次；每次至少 10 分钟~15 分钟	—	在外界温度适宜、空气质量较好、保障安全性的条件下，应采取持续开窗通风的方式
	采用紫外线杀菌灯进行照射消毒每日 1 次，每次持续照射时间 60 分钟	—	不具备开窗通风空气消毒条件时使用；应使用移动式紫外线杀菌灯，按照 1.5W/m² 计算紫外线杀菌灯管需要量；禁止紫外线杀菌灯照射人体体表；采用反向式紫外线杀菌灯在室内有人环境持续照射消毒时，应使用无臭氧式紫外线杀菌灯
毛巾类织物	用洗涤剂清洗干净后，置阳光直接照射下暴晒干燥	—	暴晒时不应相互叠夹，暴晒时间不低于 6 小时
	煮沸消毒 15 分钟或蒸汽消毒 10 分钟	—	煮沸消毒时，被煮物品应全部浸没在水中；蒸汽消毒时，被蒸物品应疏松放置
	—	使用浓度为有效氯 250 mg/L~400 mg/L 的次氯酸钠类消毒剂浸泡消毒 20 分钟	使用符合《次氯酸钠类消毒剂卫生质量技术规范》规定的次氯酸钠类消毒剂；消毒时将织物全部浸没在消毒液中，消毒后用生活饮用水将残留消毒剂冲净
抹布	煮沸消毒 15 分钟或蒸汽消毒 10 分钟	—	煮沸消毒时，抹布应全部浸没在水中；蒸汽消毒时，抹布应疏松放置
	—	使用浓度为有效氯 400 mg/L 的次氯酸钠类消毒剂浸泡消毒 20 分钟	使用符合《次氯酸钠类消毒剂卫生质量技术规范》规定的次氯酸钠类消毒剂；消毒时将抹布全部浸没在消毒液中，消毒后可直接控干或晾干存放；或用生活饮用水将残留消毒剂冲净后控干或晾干存放
门、龙头等物体表面	—	使用浓度为有效氯 100 mg/L~250 mg/L 的次氯酸钠类消毒剂消毒 10 分钟~30 分钟	使用符合《次氯酸钠类消毒剂卫生质量技术规范》规定的次氯酸钠类消毒剂；可采用表面擦拭、冲洗消毒方式；餐桌消毒后要用生活饮用水将残留消毒剂擦净；家具等物体表面消毒后 可用生活饮用水将残留消毒剂去除

附录

消毒对象	物理消毒方法	化学消毒方法	备注
玩具、图书	每两周至少通风晾晒一次	—	适用于不能湿式擦拭、清洗的物品；暴晒时不得相互叠夹，暴晒时间不低于6小时得相互叠夹。
	—	使用浓度为有效氯100 mg/L~250 mg/L的次氯酸钠类消毒剂、表面擦拭、浸泡消毒10分钟~30分钟	使用符合《次氯酸钠类消毒剂卫生质量技术规范》规定的次氯酸钠类消毒剂；根据污染情况，每周至少消毒1次
便盆、坐便器与皮肤接触部位、盛装吐泻物的容器	—	使用浓度为有效氯400 mg/L~700 mg/L的次氯酸钠类消毒剂、浸泡或擦拭消毒30分钟	使用符合《次氯酸钠类消毒剂卫生质量技术规范》规定的次氯酸钠类消毒剂；应清洗后消毒；浸泡消毒时应将便盆全部浸没在消毒液中；消毒后用生活饮用水将残留消毒剂冲净后控干或晾干存放
体温计	—	使用75%~80%乙醇溶液浸泡消毒3分钟~5分钟	—

附录 D

（资料性附录）

婴幼儿专用盥洗和卫生设施建设参数

D.1 服务场所内应设置流动水洗手装置，婴幼儿专用盥洗池距地面高度宜为0.50 m~0.55 m，进深宜为0.40 m~0.45 m，水龙头的间距宜为0.35 m~0.40 m。

D.2 婴幼儿专用沟槽式大便器宽度宜为0.16 m~0.18 m，坐式大便器高度宜为0.25 m~0.30 m，每个大便器之间应设置隔板，并安装高度不超过0.6 m的婴幼儿扶手。

托儿所、幼儿园建筑设计规范[①]（2019-08-29）

1 总则

1.0.1 为了保证托儿所、幼儿园建筑设计质量，使建筑设计满足使用、安全、卫生、经济、美观等方面的基本要求，制定本规范。

1.0.2 本规范适用于新建、扩建、改建托儿所、幼儿园的建筑设计。

1.0.3 托儿所、幼儿园的规模应符合表1.0.3-1的规定，托儿所、幼儿园的每班人数应符合表1.0.3-2的规定。

---

① 1987年9月3日，原城乡建设环境保护部、国家教育委员会发布第一版《托儿所、幼儿园建筑设计规范》；2016年，住房和城乡建设部对其进行第二次修订；2019年，住房和城乡建设部对其进行第三次修订。具体修订说明可参见《行业标准〈托儿所、幼儿园建设设计规范〉JGJ 39—2016局部修订条文及条文说明》，出自《工程建设标准化》，2019年第10期。其中，第3.2.8、4.1.3、4.1.9、4.1.12、6.3.3条为强制性条文，必须严格执行。

表 1.0.3-1　托儿所、幼儿园的规模

规模	托儿所/班	幼儿园/班
小型	1~3	1~4
中型	4~7	5~8
大型	8~10	9~12

表 1.0.3-2　托儿所、幼儿园的每班人数

名称	班别	人数/人
托儿所	乳儿班（6~12 月）	10 人以下
	托小班（12~24 月）	15 人以下
	托大班（24~36 月）	20 人以下
幼儿园	小班（3~4 岁）	20~25
	中班（4~5 岁）	26~30
	大班（5~6 岁）	31~35

1.0.4 托儿所、幼儿园的建筑设计应遵循下列原则：

1 满足使用功能要求，有益于婴幼儿健康成长；

2 保证婴幼儿、教师及工作人员的环境安全，并具备防灾能力；

3 符合节约土地、能源，环境保护的基本方针。

1.0.5 托儿所、幼儿园建筑设计规范除应符合本规范外，尚应符合国家现行有关标准的规定。

2 术语

2.0.1 托儿所　nursery

用于哺育和培育 3 周岁以下婴幼儿使用的场所。

2.0.2 幼儿园　kindergarten

对 3~6 周岁的幼儿进行集中保育、教育的学前使用场所。

2.0.3 全日制幼儿园　full-time kindergarten

幼儿仅白天在园内生活的幼儿园。

2.0.4 寄宿制幼儿园　boarding kindergarten

幼儿昼夜均在园内生活的幼儿园。

2.0.5 生活用房 living room

供婴幼儿班级生活和多功能活动的空间。

2.0.6 生活单元　unit of living room

供婴幼儿班级独立生活的空间。

2.0.7 活动室　play chamber；activity room

幼儿生活单元中供幼儿进行各种室内日常活动的空间。

2.0.8 寝室　bedroom

幼儿生活单元中供幼儿睡眠的空间。

附录

·289·

2.0.9 多功能活动室 multi-functional room

供全园婴幼儿共同进行文艺、体育、家长集会等多功能活动的空间。

2.0.10 喂奶室 nursing room

供母亲直接哺乳的空间。

2.0.11 晨检室（厅）morning inspection room

供婴幼儿入园时进行健康检查的空间。

2.0.12 保健观察室 health-care and observation room

供病儿进行临时隔离、观察、治疗的空间。

2.0.13 服务管理用房 service room

供对外联系，对内为婴幼儿保健和教育服务管理的空间。

2.0.14 供应用房 supply room

供托儿所、幼儿园人员饮食、饮水、洗衣等后勤服务使用的空间。

3 基地和总平面

3.1 基地

3.1.1 托儿所、幼儿园建筑基地的选择应符合当地总体规划和国家现行有关标准的要求。

3.1.2 托儿所、幼儿园的基地应符合下列规定：

1 应建设在日照充足、交通方便、场地平整、干燥、排水通畅、环境优美、基础设施完善的地段；

2 不应置于易发生自然地质灾害的地段；

3 与易发生危险的建筑物、仓库、储罐、可燃物品和材料堆场等之间的距离应符合国家现行有关标准的规定；

4 不应与大型公共娱乐场所、商场、批发市场等人流密集的场所相毗邻；

5 应远离各种污染源，并应符合国家现行有关卫生、防护标准的要求；

6 园内不应有高压输电线、燃气、输油管道主干道等穿过。

3.1.3 托儿所、幼儿园的服务半径宜为 300 m。

3.2 总平面

3.2.1 托儿所、幼儿园的总平面设计应包括总平面布置、竖向设计和管网综合等设计。总平面布置应包括建筑物、室外活动场地、绿化、道路布置等内容，设计应功能分区合理、方便管理、朝向适宜、日照充足，创造符合幼儿生理、心理特点的环境空间。

3.2.2 四个班及以上的托儿所、幼儿园建筑应独立设置。三个班及以下时，可与居住、养老、教育、办公建筑合建，但应符合下列规定：

1A 合建的既有建筑应经有关部门验收合格，符合抗震、防火等安全方面的规定，其基地应符合本规范第3.1.2条规定；

2 应设独立的疏散楼梯和安全出口；

3 出入口处应设置人员安全集散和车辆停靠的空间；

4 应设独立的室外活动场地，场地周围应采取隔离措施；

5 建筑出入口及室外活动场地范围内应采取防止物体坠落措施。

3.2.3 托儿所、幼儿园应设室外活动场地，并应符合下列规定：

1 幼儿园每班应设专用室外活动场地，人均面积不应小于 2 m²。各班活动场地之间宜采取分隔措施。

2 幼儿园应设全园共用活动场地，人均面积不应小于 2 m²。

2A 托儿所室外活动场地人均面积不应小于 3 m²。

2B 城市人口密集地区改、扩建的托儿所，设置室外活动场地确有困难时，室外活动场地人均面积不应小于 2 m²。

3 地面应平整、防滑、无障碍、无尖锐突出物，并宜采用软质地坪。

4 共用活动场地应设置游戏器具、沙坑、30 m 跑道等，宜设戏水池，储水深度不应超过 0.30 m。游戏器具下地面及周围应设软质铺装。宜设洗手池、洗脚池。

5 室外活动场地应有 1/2 以上的面积在标准建筑日照阴影线之外。

3.2.4 托儿所、幼儿园场地内绿地率不应小于 30%，宜设置集中绿化用地。绿地内不应种植有毒、带刺、有飞絮、病虫害多、有刺激性的植物。

3.2.5 托儿所、幼儿园在供应区内宜设杂物院，并应与其他部分相隔离。杂物院应有单独的对外出入口。

3.2.6 托儿所、幼儿园基地周围应设围护设施，围护设施应安全、美观，并应防止幼儿穿过和攀爬。在出入口处应设大门和警卫室，警卫室对外应有良好的视野。

3.2.7 托儿所、幼儿园出入口不应直接设置在城市干道一侧；其出入口应设置供车辆和人员停留的场地，且不应影响城市道路交通。

3.2.8 托儿所、幼儿园的活动室、寝室及具有相同功能的区域，应布置在当地最好朝向，冬至日底层满窗日照不应小于 3 h。

3.2.8A 需要获得冬季日照的婴幼儿生活用房窗洞开口面积不应小于该房间面积的 20%。

3.2.9 夏热冬冷、夏热冬暖地区的幼儿生活用房不宜朝西向；当不可避免时，应采取遮阳措施。

4 建筑设计

4.1 一般规定

4.1.1 托儿所、幼儿园建筑应由生活用房、服务管理用房和供应用房等部分组成。

4.1.2 托儿所、幼儿园建筑宜按生活单元组合方法进行设计，各班生活单元应保持使用的相对独立性。

4.1.3 托儿所、幼儿园中的生活用房不应设置在地下室或半地下室。

4.1.3A 幼儿园生活用房应布置在三层及以下。

4.1.3B 托儿所生活用房应布置在首层。当布置在首层确有困难时，可将托大班布置在二层，其人数不应超过 60 人，并应符合有关防火安全疏散的规定。

4.1.4 托儿所、幼儿园的建筑造型和室内设计应符合幼儿的心理和生理特点。

4.1.5 托儿所、幼儿园建筑窗的设计应符合下列规定：

1 活动室、多功能活动室的窗台面距地面高度不宜大于 0.60 m；

2 当窗台面距楼地面高度低于 0.90 m 时，应采取防护措施，防护高度应从可踏部位顶面起算，不应低于 0.90 m。

3 窗距离楼地面的高度小于或等于 1.80 m 的部分，不应设内悬窗和内平开窗扇。

4 外窗开启扇均应设纱窗。

4.1.6 活动室、寝室、多功能活动室等幼儿使用的房间应设双扇平开门，门净宽不应小于 1.20 m。

4.1.7 严寒地区托儿所、幼儿园建筑的外门应设门斗，寒冷地区宜设门斗。

4.1.8 幼儿出入的门应符合下列规定：

1 当使用玻璃材料时，应采用安全玻璃；

2 距离地面 0.60 m 处宜加设幼儿专用拉手；

3 门的双面均应平滑、无棱角；

4 门下不应设门槛；平开门距离楼地面 1.2 m 以下部分应设防止夹手设施；

5 不应设置旋转门、弹簧门、推拉门，不宜设金属门；

6 生活用房开向疏散走道的门均应向人员疏散方向开启，开启的门扇不应妨碍走道疏散通行；

7 门上应设观察窗，观察窗应安装安全玻璃。

4.1.9 托儿所、幼儿园的外廊、室内回廊、内天井、阳台、上人屋面、平台、看台及室外楼梯等临空处应设置防护栏杆，栏杆应以坚固、耐久的材料制作。防护栏杆的高度应从可踏部位顶面起算，且净高不应小于 1.30 m。防护栏杆必须采用防止幼儿攀登和穿过的构造，当采用垂直杆件做栏杆时，其杆件净距离不应大于 0.09 m。

4.1.10 距离地面高度 1.30 m 以下，幼儿经常接触的室内外墙面，宜采用光滑易清洁的材料；墙角、窗台、暖气罩、窗口竖边等阳角处应做成圆角。

4.1.11 楼梯、扶手和踏步等应符合下列规定：

1 楼梯间应有直接的天然采光和自然通风；

2 楼梯除设成人扶手外，应在梯段两侧设幼儿扶手，其高度宜为 0.60 m；

3 供幼儿使用的楼梯踏步高度宜为 0.13 m，宽度宜为 0.26 m；

4 严寒地区不应设置室外楼梯；

5 幼儿使用的楼梯不应采用扇形、螺旋形踏步；

6 楼梯踏步面应采用防滑材料，踏步踢面不应漏空，踏步面应做明显警示标识；

7 楼梯间在首层应直通室外。

4.1.12 幼儿使用的楼梯，当楼梯井净宽度大于 0.11 m 时，必须采取防止幼儿攀滑措施。楼梯栏杆应采取不易攀爬的构造，当采用垂直杆件做栏杆时，其杆件净距不应大于 0.09 m。

4.1.13 幼儿经常通行和安全疏散的走道不应设有台阶，当有高差时，应设置防滑坡道，其坡度不应大于 1∶12。疏散走道的墙面距地面 2 m 以下不应设有壁柱、管道、消火栓箱、灭火器、广告牌等突出物。

4.1.14 托儿所、幼儿园建筑走廊最小净宽不应小于表 4.1.14 的规定。

表 4.1.14　走廊最小净宽度

房间名称	走廊布置	
	中间走廊/m	单面走廊或外廊/m
生活用房	2.4	1.8
服务、供应用房	1.5	1.3

4.1.15 建筑室外出入口应设雨篷,雨篷挑出长度宜超过首级踏步 0.50 m 以上。

4.1.16 出入口台阶高度超过 0.30 m,并侧面临空时,应设置防护设施,防护设施净高不应低于 1.05 m。

4.1.17 托儿所睡眠区、活动区,幼儿园活动室、寝室,多功能活动室的室内最小净高不应低于表 4.1.17 的规定。

表 4.1.17　室内最小净高

房间名称	净高
托儿所睡眠区、活动区	2.8
幼儿园活动室、寝室	3.0
多功能活动室	3.9

注:改、扩建的托儿所睡眠区和活动区室内净高不应小于 2.6 m。

4.1.17A 厨房、卫生间、试验室、医务室等使用水的房间不应设置在婴幼儿生活用房的上方。

4.1.17B 城市居住区按规划要求应按需配套设置托儿所。当托儿所独立设置有困难时,可联合建设。

4.1.18 托儿所、幼儿园建筑防火设计应符合现行国家标准《建筑设计防火规范》GB 50016 的规定。

4.2 托儿所生活用房

4.2.1 托儿所生活用房应由乳儿班、托小班、托大班组成,各班应为独立使用的生活单元。宜设公共活动空间。

4.2.2 托大班生活用房的使用面积及要求宜与幼儿园生活用房相同。

4.2.3 乳儿班应包括睡眠区、活动区、配餐区、清洁区、储藏区等,各区最小使用面积应符合表 4.2.3 的规定。

表 4.2.3　乳儿班各区最小使用面积

各区名称	最小使用面积/m²
睡眠区	30
活动区	15
配餐区	6
清洁区	6
储藏区	4

附录

4.2.3A 托小班应包括睡眠区、活动区、配餐区、清洁区、卫生间、储藏区等，各区最小使用面积应符合表 4.2.3A 的规定。

表 4.2.3A　托小班各区最小使用面积

各区名称	最小使用面积/m^2
睡眠区	35
活动区	35
配餐区	6
清洁区	6
卫生间	8
储藏区	4

注：睡眠区与活动区合用时，其使用面积不应小于 50 m^2。

4.2.3B 乳儿班和托小班宜设喂奶室，使用面积不宜小于 10 m^2，并应符合下列规定：

1 应邻近婴幼儿生活空间；

2 应设置开向疏散通道的门；

3 应设尿布台、洗手池，宜设成人厕所。

4.2.3C 乳儿班和托小班生活单元各功能分区之间宜采取分隔措施，并应互相通视。

4.2.3D 乳儿班和托小班活动区地面应做暖性、软质面层；距地 1.2 m 的墙面应做软质面层。

4.2.4 托儿所和幼儿园合建时，托儿所应单独分区，并应设独立安全出入口，室外活动场地宜分开。

4.2.5

4.2.5A 乳儿班和托小班生活单元各功能分区应符合下列规定：

1 睡眠区应布置供每个婴幼儿使用的床位，不应布置双层床。床位四周不宜贴靠外墙。

2 配餐区应临近对外出入口，并设有调理台、洗涤池、洗手池、储藏柜等，应设加热设施，宜设通风或排烟设施。

3 清洁区应设淋浴、尿布台、洗涤池、洗手池、污水池、成人厕位等设施。

4 成人厕位应与幼儿卫生间隔离。

4.2.5B 托小班卫生间内应设适合幼儿使用的卫生器具，坐便器高度宜为 0.25 m 以下。每班至少设 2 个大便器、2 个小便器，便器之间应设隔断；每班至少设 3 个适合幼儿使用的洗手池，高度宜为 0.4~0.45 m，宽度宜为 0.35~0.4 m。

4.2.6

4.2.6A 托儿所生活用房除应符合以上条款外，尚应符合本规范第 4.3.4 条、第 4.3.6 条、第 4.3.7 条、第 4.3.8 条、第 4.3.14 条、第 4.3.15 条、第 4.3.16 条的规定。

4.3 幼儿园生活用房

4.3.1 幼儿园的生活用房应由幼儿生活单元、公共活动空间和多功能活动室组成。公共活动空间可根据需要设置。

4.3.2 幼儿生活单元应设置活动室、寝室、卫生间、衣帽储藏间等基本空间。

4.3.3 幼儿园生活单元房间的最小使用面积不应小于表4.3.3的规定，当活动室与寝室合用时，其房间最小使用面积不应小于 105 m²。

表 4.3.3　幼儿生活单元房间的最小使用面积

房间名称		房间最小使用面积/m²
活动室		70
寝室		60
卫生间	厕所	12
	盥洗室	8
衣帽储藏间		9

4.4.4 单侧采光的活动室进深不宜大于 6.60 m。

4.3.5 设置的阳台或室外活动平台不应影响生活用房的日照。

4.3.6 同一个班的活动室与寝室应设置在同一楼层内。

4.3.7 活动室、寝室、多功能活动室等幼儿使用的房间应做暖性、有弹性的地面，儿童使用的通道地面应采用防滑材料。

4.3.8 活动室、多能活动室等室内墙面应具有展示教材、作品和空间布置的条件。

4.3.9 寝室应保证每一幼儿设置一张床铺的空间，不应布置双层床。床位侧面或端部距外墙距离不应小于 0.60 m。

4.3.10 卫生间应由厕所、盥洗室组成，并宜分间或分隔设置。无外窗的卫生间，应设置防止回流的机械通风设施。

4.3.10 卫生间应由厕所、盥洗室组成，并宜分间或分隔设置。无外窗的卫生间，应设置防止回流的机械通风设施。

4.3.11 每班卫生间的卫生设备数量不应少于表4.3.11的规定，且女厕大便器不应少于4个，男厕大便器不应少于2个。

表 4.3.11　每班卫生间卫生设备的最少数量

污水池 /个	大便器 /个	小便器（沟槽） /个或位	盥洗台（水龙头） /个
1	6	4	6

4.3.12 卫生间应邻近活动室或寝室，且开门不宜直对寝室或活动室。盥洗室与厕所之间应有良好的视线贯通。

4.3.13 卫生间所有设施的配置、形式、尺寸均应符合幼儿人体尺度和卫生防疫的要求。卫生洁具布置应符合下列规定：

1 盥洗池距地面的高度宜为 0.50~0.55 m，宽度宜为 0.40~0.45 m，水龙头的间距宜为 0.55~0.60 m；

2 大便器宜采用蹲式便器，大便器或小便器之间应设隔板，隔板处应加设幼儿扶手。厕位的平面尺寸不应小于 0.70 m×0.80 m（宽×深），坐式便器的高度宜为 0.25 m~0.30 m。

4.3.14 厕所、盥洗室、淋浴室地面不应设台阶，地面应防滑和易于清洗。

4.3.15 夏热冬冷和夏热冬暖地区，托儿所、幼儿园建筑的幼儿生活单元内宜设淋浴室；寄宿制幼儿生活单元内应设置淋浴室，并应独立设置。

4.3.16 封闭的衣帽储藏室宜设通风设施。

4.3.17 应设多功能活动室，位置宜临近生活单元，其使用面积宜每人 0.65 m²，且不应小于 90 m²。单独设置时宜与主体建筑用连廊连通，连廊应做雨篷，严寒地区应做封闭连廊。

4.4 服务管理用房

4.4.1 服务管理用房宜包括晨检室（厅）、保健观察室、教师值班室、警卫室、储藏室、园长室、所长室、财务室、教师办公室、会议室、教具制作室等房间。各房间的最小使用面积宜符合表 4.4.1 的规定。

表 4.4.1 服务管理用房各房间的最小使用面积

房间名称	规模/m²		
	小型	中型	大型
晨检室（厅）	10	10	15
保健观察室	12	12	15
教师值班室	10	10	10
警卫室	10	10	10
储藏室	15	18	24
园长室、所长室	15	15	18
财务室	15	15	18
教师办公室	18	18	24
会议室	24	24	30
教具制作室	18	18	24

注：①晨检室（厅）可设置在门厅内；

②寄宿制幼儿园应设置教师值班室；

③房间可以合用，合用的房间面积可适当减少。

4.4.2 托儿所、幼儿园建筑应设门厅，门厅内应设置晨检室和收发室，宜设置展示区、婴幼儿和成年人使用的洗手池、婴幼儿车存储等空间，宜设卫生间。

4.4.3 晨检室（厅）应设在建筑物的主入口处，并应靠近保健观察室。

4.4.4 保健观察室设置应符合下列规定：

1 应设有一张幼儿床的空间；

2 应与幼儿生活用房有适当的距离，并应与幼儿活动路线分开；

3 宜设单独出入口；

4 应设给水、排水设施；

5 应设独立的厕所，厕所内应设幼儿专用蹲位和洗手盆。

4.4.5 教职工的卫生间、淋浴室应单独设置，不应与幼儿合用。

4.5 供应用房

4.5.1 供应用房宜包括厨房、消毒室、洗衣间、开水间、车库等房间，厨房应自成一区，并与幼儿生活用房应有一定距离。

4.5.2 厨房应按工艺流程合理布局，并应符合国家现行有关卫生标准和现行行业标准《饮食建筑设计标准》JGJ 64 的规定。

4.5.2A 厨房使用面积宜 0.4 m^2/每人，且不应小于 12 m^2。

4.5.3 厨房加工间室内净高不应低于 3.00 m。

4.5.4 厨房室内墙面、隔断及各种工作台、水池等设施的表面应采用无毒、无污染、光滑和易清洁的材料；墙面阴角宜做弧形；地面应防滑，并应设排水设施。

4.5.5 当托儿所、幼儿园建筑为二层及以上时，应设提升食梯。食梯呼叫按钮距地面高度应大于 1.70 m。

4.5.6 寄宿制托儿所、幼儿园建筑应设置集中洗衣房。

4.5.7 托儿所、幼儿园建筑应设玩具、图书、衣被等物品专用消毒间。

4.5.8 当托儿所、幼儿园场地内设汽车库时，汽车库应与儿童活动区域分开，应设置单独的车道和出入口，并应符合现行行业标准《车库建筑设计规范》JGJ 100 和现行国家标准《汽车库、修车库、停车场设计防火规范》GB 50067 的规定。

5 室内环境

5.1 采光

5.1.1 托儿所、幼儿园的生活用房、服务管理用房和供应用房中的厨房等均应有直接天然采光，其采光系数标准值和窗地面积比应符合表 5.1.1 的规定。

表 5.1.1 采光系数标准值和窗地面积比

采光等级	场所名称	采光系数最低值/%	窗地面积比
Ⅲ	活动室、寝室	3.0	1/5
	多功能活动室	3.0	1/5
	办公室、保健观察室	3.0	1/5
	睡眠区、活动区	3.0	1/5
Ⅴ	卫生间	1.0	1/10
	楼梯间、走廊	1.0	1/10

5.1.2 托儿所、幼儿园建筑采光应符合现行国家标准《建筑采光设计标准》GB 50033 的有关规定。

5.2 隔声、噪声控制

5.2.1 托儿所、幼儿园室内允许噪声级应符合表 5.2.1 的规定。

表 5.2.1　室内允许噪声级

房间名称	允许噪声级（A 声级）/dB
生活单元、保健观察室	≤45
多功能活动室、办公室	≤50

5.2.2　托儿所、幼儿园主要房间的空气声隔声性能应符合表 5.2.2 的规定。

表 5.2.2　空气声隔声标准

房间名称	空气声隔声标准（计权隔声量）/dB	楼板撞击声隔声单值评价量/dB
生活单元、办公室、保健观察室与相邻房间之间	≥50	≤65
多功能活动室与相邻房间之间	≥45	≤75

5.2.3 托儿所、幼儿园建筑的环境噪声应符合现行国家标准《民用建筑隔声设计规范》GB 50118 的有关规定。

5.3 空气质量

5.3.1 托儿所、幼儿园的室内空气质量应符合现行国家标准《室内空气质量标准》GB/T18883 的有关规定。

5.3.2 托儿所、幼儿园的幼儿用房应有良好的自然通风，其通风口面积不应小于房间地板面积的 1/20。夏热冬冷、严寒和寒冷地区的幼儿用房应采取有效的通风设施。

5.3.3 托儿所、幼儿园建筑使用的建筑材料、装修材料和室内设施应符合现行国家标准《民用建筑工程室内环境污染控制规范》CB 50325 的有关规定。

6 建筑设备

6.1 给水排水

6.1.1 托儿所、幼儿园建筑应设置给水排水系统，且设备选型和系统配置应适合幼儿需要。用水量标准、系统选择和水质应符合国家现行标准《建筑给水排水设计规范》GB 50015、《生活饮用水卫生标准》GB 5749、《饮用净水水质标准》CJ 94 和《建筑给水排水及采暖工程施工质量验收规范》GB 50242 的规定。

6.1.2 托儿所、幼儿园建筑给水系统的引入管上应设置水表。水表宜设置在室内便于抄表位置；在夏热冬冷地区及严寒地区，当水表设置于室外时，应采取可靠的防冻胀破坏措施。供水总进口管道上可设置紫外线消毒设备。

6.1.3 托儿所、幼儿园建筑给水系统的压力应满足给水用水点配水器具的最低工作压力要求。当压力不能满足要求时，应设置系统增压给水设备，应符合下列规定：

1 当设有二次供水设施时，供水设施不应对水质产生污染；

2 当设置水箱时，应设置消毒设备，并宜采用紫外线消毒方式；

3 加压水泵应选用低噪声节能型产品，加压泵组及泵房应采取减振防噪措施；

3A 消防水池、各种供水机房、各种换热机房及变配电房间等不得与婴幼儿生活单元毗邻设置。

6.1.4 托儿所、幼儿园建筑给水系统入户管的给水压力不应大于 0.35 MPa；当水压大于 0.35 MPa 时，应设置减压设施。

6.1.5 托儿所、幼儿园建筑宜设置集中热水供应系统，也可采用分散制备热水或预留安装热水供应设施的条件。当设置集中热水供应系统时，应采用混合水箱单管供应定温热水系统。当采用太阳能、空气源热泵等制备热水时，热水温度低于 60 ℃ 的系统应设置辅助加热设施。

6.1.6 盥洗室、淋浴室、厕所、公共洗衣房应设置地漏，其水封深度不得小于 50 mm，洗衣机排水应设置专用地漏或洗衣机排水存水弯。

6.1.7 便池宜设置感应冲洗装置。

6.1.8 托儿所、幼儿园建筑内单独设置的清扫间、消毒间应配备给水和排水设施。

6.1.9 托儿所、幼儿园建筑厨房的含油污水，应经除油装置处理后再排入户外污水管道。

6.1.10 消火栓系统、自动喷水灭火系统及气体系统灭火设计等，应符合国家现行有关防火标准的规定。当设置消火栓灭火设施时，消防立管阀门布置应避免幼儿碰撞，并应将消火栓箱暗装设置。单独配置的灭火器箱设置在不妨碍通行处。

6.1.11 托儿所、幼儿园建筑应设置饮用水开水炉，宜采用电开水炉。开水炉应设置在专用房间内，并应设置防止幼儿接触的保护措施。

6.1.12 绿地可设置洒水栓，运动场地应设置排水设施。

6.1.12A 托儿所、幼儿园不应设置中水系统。

6.1.12B 托儿所、幼儿园不应设置管道直饮水系统。

6.2 供暖通风和空气调节

6.2.1 具备条件的托儿所、幼儿园建筑的供暖系统宜纳入区域集中供热管网，具备利用可再生能源条件且经技术经济合理时，应优先利用可再生能源为供暖热源。当符合现行国家标准《民用建筑供暖通风与空气调节设计规范》GB 50736 的规定时，可采用电供暖方式。

6.2.2 采用低温地面辐射供暖方式时，地面表面温度不应超过 28 ℃。热水地面辐射供暖系统供水温度宜采用 35 ℃~45 ℃，不应大于 60 ℃；供回水温差不宜大于 10 ℃，且不宜小于 5 ℃。

6.2.3 严寒与寒冷地区应设置集中供暖设施，并宜采用热水集中供暖系统；夏热冬冷地区宜设置集中供暖设施；对于其他区域，冬季有较高室温要求的房间宜设置单元式供暖装置。

6.2.4 用于供暖系统总体调节和检修的设施，应设置于幼儿活动室和寝室之外。

6.2.5 当采用散热器供暖时，散热器应暗装。

6.2.6 当采用电采暖时，应有可靠的安全防护措施。

6.2.7 供暖系统应设置热计量装置，并应在末端供暖设施设置恒温控制阀进行室温调控。

6.2.8 乡村托儿所、幼儿园建筑宜就地取材，采用可靠的能源形式供暖，并应保障环境安全。

6.2.9 托儿所、幼儿园房间的供暖设计温度宜符合表6.2.9的规定。

表6.2.9 托儿所、幼儿园房间的供暖设计温度

房间名称	室内设计温度/℃
活动室、寝室、保健观察室、晨检室（厅）、办公室	20
睡眠区、活动区、喂奶室	24
盥洗室、厕所	22
门厅、走廊、楼梯间、厨房	16
洗衣房	18
淋浴室、更衣室	25

6.2.10 托儿所、幼儿园建筑与其他建筑共用集中供暖热源时，宜设置过渡季供暖设施。

6.2.11 托儿所、幼儿园建筑通风设计应符合下列表6.2.11-1、表6.2.11-2规定：

表6.2.11-1 房间的换气次数

房间名称	换气次数/次·h
活动室、寝室、睡眠区、活动区、喂奶室	3~5
卫生间	10
多功能活动室	3~5

表6.2.11-2 人员所需最小新风量

房间名称	人均新风量/m³·h
活动室、寝室、活动区、睡眠区	30
保健观察室	38
多功能活动室	30

6.2.12 公共淋浴室、无外窗卫生间等，应设置带防止回流措施的机械排风装置。

6.2.13 对于夏热冬暖地区、夏热冬冷地区的托儿所、幼儿园建筑，当夏季依靠开窗不能实现基本热舒适要求，且幼儿活动室、寝室等房间不设置空调设施时，每间幼儿活动室、寝室等房间宜安装具有防护网且可变风向的吸顶式电风扇。

6.2.14 最热月平均室外气温大于和等于25℃地区的托儿所、幼儿园建筑，宜设置空调设备或预留安装空调设备的条件，并应符合下列规定：

1 空调房间室内设计参数应符合表6.2.14的规定；

表 6.2.14　空调房间室内设计参数

参数		冬季	夏季
温度/℃	活动室、寝室、保健观察室、晨检室（厅）、办公室	20	25
	睡眠区、活动区、喂奶室	24	25
风速（v）/m·s		0.10≤v≤0.20	0.15≤v≤0.30
相对湿度/%		30~60	40~60

　　2　当采用集中空调系统或集中新风系统时，应设置空气净化消毒装置和供风管系统清洗、消毒用的可开闭窗口；

　　3　当采用分散空调方式时，应设置保证室内新风量满足国家现行卫生标准的装置。

　　6.2.15　设置非集中空调设备的托儿所、幼儿园建筑，应对空调室外机的位置统一设计。空调设备的冷凝水应有组织排放。空调室外机应安装在室外地面或通道地面2.0m以上，且幼儿无法接触的位置。

6.3　建筑电气

　　6.3.1　活动室、寝室、图书室、美工室等幼儿用房宜采用细管径直管形三基色荧光灯，配用电子镇流器，也可采用防频闪性能好的其他节能光源，不宜采用裸管荧光灯灯具；保健观察室、办公室等可采用细管径直管形三基色荧光灯，配用电子镇流器或节能型电感镇流器，或采用LED等其他节能光源。

　　6.3.2　活动室、寝室、幼儿卫生间等幼儿用房宜设置紫外线杀菌灯，也可采用安全型移动式紫外线杀菌消毒设备。

　　6.3.3　托儿所、幼儿园的紫外线杀菌灯的控制装置应单独设置，并应采取防误开措施。

　　6.3.4　托儿所、幼儿园的房间照明标准值应符合表6.3.4的规定。

表 6.3.4　房间照明标准值

房间或场所	参考平面及其高度	照度标准值/lx	UGR	Ra
活动室	地面	300	19	
多功能活动室	地面	300	19	
寝室、睡眠区、活动区	0.5m水平面	100	19	
办公室、会议室	0.75m水平面	300	19	80
厨房	台面	200	—	
门厅、走道	地面	150	—	
喂奶室	0.5m水平面	150	19	

　　6.3.5　托儿所、幼儿园的房间内应设置插座，且位置和数量根据需要确定。活动室插座不应少于四组，寝室插座不应少于两组。插座应采用安全型，安装高度不应低于1.8m。插座回路与照明回路应分开设置，插座回路应设置剩余电流动作保护，其额定

动作电流不应大于 30 mA。

6.3.6 幼儿活动场所不宜安装配电箱、控制箱等电气装置；当不能避免时，应采取安全措施，装置底部距地面高度不得低于 1.80 m。

6.3.7 托儿所、幼儿园安全技术防范系统的设置应符合下列规定：

1 园区大门、建筑物出入口、楼梯间、走廊、厨房等应设置视频安防监控系统；

2 周界宜设置入侵报警系统、电子巡查系统；

3 财务室应设置入侵报警系统，建筑物出入口、楼梯间、厨房、配电间等处宜设置入侵报警系统；

3A 园区大门、厨房宜设置出入口控制系统。

6.3.8 大、中型托儿所、幼儿园建筑应设置电话系统、计算机网络系统、广播系统，并宜设置有线电视系统、教学多媒体设施。小型托儿所、幼儿园建筑应设置电话系统、计算机网络系统，宜设置广播系统、有线电视系统。

6.3.9 托儿所、幼儿园建筑的应急照明设计、火灾自动报警系统设计、防雷与接地设计、供配电系统设计、安防设计等，应符合国家现行有关标准的规定。

本规范用词说明

1 为便于在执行本规范条文时，对要求严格程度不同的用词说明如下：

1) 表示很严格，非这样做不可的：

正面词采用"必须"，反面词采用"严禁"。

2) 表示严格，在正常情况下均应这样做的：

正面词采用"应"，反面词采用"不应"或"不得"。

3) 表示允许稍有选择，在条件许可时首先应这样做的：

正面词采用"宜"，反面词采用"不宜"。

4) 表示有选择，在一定条件下可以这样做的，采用"可"。

2 条文中指明应按其他有关标准执行的写法为："应符合……的规定"或"应按……执行"。

引用标准名录

1 《生活饮用水卫生标准》 GB 5749

2 《室内空气质量标准》 GB/T 18883

3 《建筑给水排水设计规范》 GB 50015

4 《建筑设计防火规范》 GB 50016

5 《建筑采光设计标准》 GB 50033

6 《汽车库、修车库、停车场设计防火规范》 GB 50067

7 《民用建筑隔声设计规范》 GB 50118

8 《建筑给水排水及采暖工程施工质量验收规范》 GB 50242

9 《民用建筑工程室内环境污染控制规范》 GB 50325

10 《民用建筑供暖通风与空气调节设计规范》 GB 50736

11 《饮食建筑设计标准》 JGJ 64

12 《车库建筑设计规范》 JGJ 100

13 《饮用净水水质标准》 CJ 94

附录二：1949—2024 年 5 月我国婴幼儿照护服务政策法规目录 ├────

附录三：地方性婴幼儿照护服务政策法规目录 ├───────────